自主·理解·合作
中华人民共和国对外关系60年

北京大学中国与世界研究中心
许振洲　汪卫华　主编

当代世界出版社

图书在版编目（CIP）数据

自由　理解　合作：中华人民共和国对外关系60年／许振洲，汪卫华主编．—北京：当代世界出版社，2012.3
ISBN 978-7-5090-0485-2

Ⅰ．①自… Ⅱ．①许…②汪… Ⅲ．①外交史—中国—现代 Ⅳ．①D829

中国版本图书馆CIP数据核字（2012）第027075号

书　　名：	自主·理解·合作——中华人民共和国对外关系60年
出版发行：	当代世界出版社
地　　址：	北京市复兴路4号（100860）
网　　址：	http://www.worldpress.com.cn
编务电话：	（010）83907332
发行电话：	（010）83908409
	（010）83908410（传真）
	（010）83908377
	（010）83908423（邮购）
	（010）83908408
经　　销：	新华书店
印　　刷：	北京凯达印务有限公司
开　　本：	787×1092毫米　1/16
印　　张：	27
字　　数：	385千字
版　　次：	2012年3月第1版
印　　次：	2012年3月第1次
书　　号：	ISBN 978-7-5090-0485-2
定　　价：	58.00元

如发现印装质量问题，请与承印厂联系调换。
版权所有，翻印必究；未经许可，不得转载！

目 录 CONTENTS

会议开幕致辞 ... 1
吴志攀教授致辞 ... 2
章百家教授致辞 ... 5
潘维教授致辞 ... 6

第一部分 | 中国与世界

王逸舟　中国与世界关系的历史性变化 ... 15
潘　维　国际关系的新世纪与外交政策 ... 36
于　滨　"西方主义"与21世纪中国的国际环境 ... 46
赵汀阳　世界政治的核心问题 ... 68
牛　军　论中华人民共和国对外关系之经线(1949~2009) ... 107

第二部分 | 中国外交观念

章百家　中国外交成长历程中的观念变迁 ... 131
叶自成　中国国际秩序观的变迁 ... 147

| 王　军 | 论民族主义对新中国外交的影响 | **168** |
| 张睿壮 | 我们需要什么样的民族主义？ | **193** |

第三部分　对外战略与中国崛起

时殷弘	论当代中国对外战略	**205**
贾庆国	顺势而为、量力而为：对新时期中国外交战略的思考	**222**
张小明	中国的崛起与国际规范的变迁	**239**
张蕴岭	中国与邻国关系的转变与思考	**257**
翟　崑	中国与"东盟加"结构：走向适应性共赢	**271**

会议讨论选录

第一场	中国外交实践	**301**
第二场	中国外交史	**310**
第三场	中国外交战略	**328**
第四场	中国外交战略	**348**
第五场	中国模式和世界秩序	**367**
第六场	中国国际秩序观	**387**
第七场	中国外交实践	**411**

会议开幕致辞

许振洲教授主持会议开幕式

尊敬的各位学者、各位来宾，在国庆 60 周年即将到来的时候，由北京大学国际关系学院、北京大学中国与世界研究中心共同举办的中华人民共和国对外关系 60 年学术研讨会于今天开幕了。我谨代表主办方向参会的各位学者、各位来宾表示衷心的欢迎，感谢大家在暑假的周末能够拨冗出席。王缉思院长因为今天在主持一个同样重要的会议，不克前来，特别嘱托我代他向各位致意。此外，仓促间我们的招待肯定有诸多不周之处。我作为主办方的代表，也先恳请各位谅解。

建国 60 周年，我国的对外关系有了真正的发展，我们的国家地位有了大幅度的提高，我们对外部世界的认识也与以往不能同日而语。因此，我们有大量的经验值得总结。同时，这个世界也在急速变化，如何应对这种形势，如何在未来的国际格局中寻求我们的定位，如何认识和坚持我们的国家利益，也都是需要认真总结的。最近这段时间，类似的学术活动有很多。由于我们邀请到的学者和嘉宾都是这个领域中的领军人物，大家可能已经就类似的话题谈过多次。但是我们坚信，大家一定是把自己最精彩的见解留到了最后。我们在这两天里准备聆听各位的高论。我再次代表主办方预祝这次会议圆满成功。谢谢各位。

吴志攀教授致辞

尊敬的各位学者、各位领导、各位同学、来宾，大家上午好。首先请允许我代表北京大学向"自主·理解·合作——中华人民共和国对外关系60年"学术研讨会的开幕表示诚挚的祝贺，向各位学者的光临表示热烈欢迎。

这是我第三次参加北京大学中国与世界研究中心举办的年度学术研讨会。前两次会议上，我先后也致过辞，对中国改革开放30年中国社会核心价值体系的变迁、人民共和国60年与中国模式等重要的课题发表过看法，也在这里聆听过各位专家的高见，有关论文集和会议的讨论、记录都已经公开出版了，在学术界引起了强烈反响。这几次会议凝聚起来的思想共识已经形成了中国知识分子对中国现代化进程做出的重要贡献。

就我个人而言，这次研讨会也是一次重要的学习机会。在这里学习、聆听和参与讨论，我收获非常大，尤其让我体会到，应该大力提倡实事求是、脚踏实地、求真务实的学风。中国的知识分子首先要关注和研究中国现代化所面临的重大的现实问题，以及中国的传统、中国的国情，以中国模式为本位，这样才能做出真正的知识创新，这也是北京大学重要的学术传统。借此机会，我还要向北京大学国际关系学院，向北京大学中国与世界研究中心表达我自己崇高的敬意，谢谢你们长期以来为我们的学术工作发展做出的努力。

本次会议所研究的主题是60年来我国对外关系，对今日而言，中国的外交无疑是国运所系的大事，我们与世界之间已经不存在任何距离。但是仅仅在100年以前，外交对于大多数中国民众来说还显得那样离奇和遥远，假如"地球未辟，西泰不来"①，我们也许仍在严守夷夏之防，仍然相信自己

---

① 利玛窦（Matteo Ricci, 1552~1610），字西泰，意大利人。明末来华天主教耶稣会传教士。——编者注

是位居世界中央的天朝大国。所以说，今天我们讨论的外交其实并不是中国传统社会自然发展的结果，其中包括了西方资本主义国家用坚船利炮和不平等条约强加给我们的情况。中国的外交史也是中国主动或被动地被卷入世界现代化进程的一部历史，对于中国和其他后发展国家来说，现代意义的外交本身就是国家现代化的组成部分。我们将外交定义为民族国家为了生存和发展进行的对外努力，外交不仅仅是国家行政部门比如说外交部的任务，不仅仅是谈判的艺术，还包括了政治、军事、经济、文化等诸多方面的复杂活动。我们的现代化进程中，一切与世界相联系、向外的努力，都将纳入我们讨论的范围之中。也就是说，我们不仅仅要关注传统意义上讲的外交，还要注意能源、环境、气候、就业、金融等领域，这些领域的最新发展和最新变化很可能决定未来中国在世界上的位置。比如说清洁能源、低碳经济或者绿色经济的问题，美国新上任的奥巴马政府就认为，当今世界能够领导世界在21世纪发展清洁能源的国家，必定是领导21世纪全球经济的国家。2009年6月，美国众议院通过了"清洁能源安全法案"。在大前天，我们的全国人大常委会也通过了《关于积极应对气候变化的决议》①，表达了中国政府对清洁能源问题以及气候问题的立场。

美国将用十年时间投入1500亿美元支持绿色经济或者绿色能源的研究，而欧盟和日本以及澳大利亚等国都在并行发展。可能在个别技术方面，欧洲和日本还有专门的技术，比如说日本的锂离子电池，欧洲的太阳能，我国在这方面面临着巨大的压力。如果各位读了昨天的报纸就会看到，我们的工业发展还处于中级阶段，很多制造业都转移到中国来，这又跟中国的就业发生很密切的联系，一旦发达国家在新能源技术方面率先取得重大突破，我们与发达国家之间的产业技术差距就从代内的差距扩大为代际的差距，很可能成为被批评和谴责的对象。我们巨额的投资——那些工业制造业的投资——都可能变成沉淀的成本，不可能被收回，企业的利润空间大大压缩。甚至我们的出口也会受到清洁能源的税收或者所谓低碳的法律、排放的要求方面的制约，也将受到巨大的冲击。甚至可以说改革开放30年来，我们整整一套发

---

① 2009年8月27日第十一届全国人民代表大会常务委员会第十次会议通过。——编者注

展模式都将作出根本调整。这些重大的事情，从外交角度来看也必然要进行研究，提早进行应对。

外交要适应世界潮流，我们必须要加入到世界现代化的进程，以及由此形成的世界体系之中。自我封闭、自成一体的路是走不通的。中国的历史经验也反复证明，开放才能进步，但外交又必须坚持独立性。一个大国，如果没有独立自主的外交战略、价值体系和健康的心态，实际上它就算不上什么大国，它仅仅是一个强权的附庸。外交必须忠实地服务于本国的国家利益。国务委员戴秉国同志在中美首轮战略与经济对话中指出，"中国核心利益第一是维护基本制度和国家安全，其次是国家的主权和领土完整，第三是经济社会持续稳定发展"。从这个表述我们不难读出许多重要的信息，这就是中国的立场。

今天我们中国的市场经济已经基本发育成熟，现代化进程还在加速进行，随之而来的是我们越来越深入地参与到世界事务当中，越来越依赖于外部的世界，比如说外部的市场、外部的资金和技术，以及其他方面。当然世界也离不开中国，世界也依靠中国的市场、中国的资金、中国的劳动力以及中国的文化。当下的金融危机就使我们更加认识到这一点。未来的30年，乃至更长的时间，是中国现代化事业发展最关键的时期，也是最重要的战略机遇期。我们讨论中国外交，任何时候都离不开现代化这条主线。过去60年，我们已经用巨大的代价换来一个比较巩固的、现代化的民族国家，我们已经成为现存世界体系中一个重要的成员。未来我们还要完成一个强大国家的建设，通过改变自己来改变整个世界的面貌。我们的外交所需要回答的就是如何使中国现代化进程适应于世界现代化进程的新变化，并赶超先发国家——西方那些强国，从而从世界的边缘走向世界的中心。这样的问题，也当然是请教在座各位学者来研究和回答的问题，我也期待着在讨论会上继续聆听各位精湛的见解。

预祝本次研讨会取得圆满成功，谢谢大家。

章百家教授致辞

今天参加北京大学的研讨会,"自主·理解·合作",我觉得这个题目选得非常好,这反映了我们中国外交60年所经过的历程,而且反映了我们60年外交中的一个最核心的理念。这60年来,中国外交发生了非常大的变化,不管是我们的对外关系,我们的对外政策,还是我们跟整个世界的关系都发生了巨大的变化。当然,在变化中也有我们自己一贯追求的理念。对大学和学术界来说,一个很重要的变化,就是我们对外关系研究,从基本上没有什么研究,直接是政策制定的过程,只是少数领导人来专门负责的一个领域,到现在我们有许多的学者都可以坐在这儿讨论中国的外交,讨论我们面临的形势和问题。我想这也是60年来外交发展的一个非常巨大的变化。

在建国60周年的时候,由学者们来讨论中国外交的历史,来讨论现在面临的各种问题,讨论我们的政策,我想这对我们国家来说是具有非常大的积极意义的,而且这次的论文,反映了大家的视野是非常广阔的,这里面既有中国外交的问题,有不少还涉及全球性的问题,不仅有传统意义上的外交,也包括政治、经济、军事安全和环境等等各个方面面临的问题。现在的世界面临着一个巨大的变化,同时中国也是在取得成就之后面临着一种新的形势,可以说是到了非常重要的发展阶段,这个阶段处理得好的话我们发展会比较顺利,如果处理得不好,也可能面临着许多新的障碍。在这个时候,我们学术界的朋友、大学的教授们坐在一起,来讨论中华人民共和国对外关系60年,我想这是对我们建国60年的最好的纪念。

最后希望研讨会取得成功。谢谢。

潘维教授致辞
国际关系咏叹调

在世界上游荡了半年,刚刚回国。没写论文日程上也就没安排发言。借开幕式机会,谈五个感受,是个关于"国际关系"的"咏叹调"。

一

第一个感受,中国明显成为世界经济大危机的"最大赢家"。有五个标志:

1. 强大的金融实力。中国的国有金融体系十年前号称在"破产边缘",如今反而轮到"最健全"的西方金融机构破产。风水轮流转,拜金融危机之赐,中国三大银行(工商、建行、中银)市值排名世界前三,交行第十,第四是以香港为基地的汇丰,即 HSBC, Hongkong Shanghai Bank of China。因为坚强的金融实力,中石油市值与埃克森—美孚平起平坐,一度还略超。因为坚强的金融实力,美元又看软,我国要把人民币推向世界。这是个战略大手笔。20年后的2030年,我们大概能看到与美元、欧元平起平坐的人民币。

2. 中国在非洲和拉美的影响已经星火燎原。比如成为非洲第一大贸易伙伴,拉美第二大(但巴西的第一大)贸易伙伴。中国是南美洲资源型经济的支柱,也是拉美政治和社会稳定的支柱。在非洲,举个例子,很少有人注意到刚果(金),卡比拉的民主刚果。那儿打了10年内战,死了500万人,西方的"国际社会"装聋作哑,却来中国周边的缅甸、朝鲜折腾"人权"。美国今年给刚果3亿美元援助,还不肯免掉当年借给大独裁者蒙博托的巨额债务，可中国承诺给60亿美元，主要是铁路、公路，医院、学校。而且这还只是中国在当地开矿收益的一小部分。现在非洲一片繁荣，连赤道边上不到200万人口的加蓬都有大量的中国人在开矿筑路。那里曾是法国的天下，邦戈总统（原法国空军中尉）自1967年执政，今年死了才"下台"，执政42年有余。法国所有新老政要都去参加这个大独裁者的葬礼。他把加蓬惊人丰富的矿产资源拱手送给法国和法国政治家，自己的国家贫困依旧。法国在非洲不占道义制高点，炒什么民主人权？中国的非洲政策明显比法国要先进，比欧洲的老殖民国家先进。一番喧嚣之后，欧洲默认了中国在非洲，包括在苏丹的政策。欧盟地位下降，日本经济萎缩，被边缘化了。

3. 中国外向型经济结构向内需型结构的调整"初战告捷"。为什么说"初战告捷"？外部市场需求一直在萎缩，中国真的是靠内需增长撑住了至少8%的高速增长。人们从议论"世界工厂"开始议论中国要成为"世界市场"。

4. 西方对中国体制原有的批判正在丧失影响力。世界舆论对中国体制的调整适应能力非常震惊，从批判中国的政治、经济、社会体制转为承认中华体制有独到特点，开始承认中华体制的调适和学习能力。

5. 美国被迫承认了中国世界"老二"的地位。还是因为金融危机，中国成为仅次于美国的第二大贸易国，第二大经济体，不出意外，20年后第一大。40年后是美国经济规模的一倍。从三年前提出"利益相关方"（stake holder），到G2，Chimerica（中美国），到中美关系成为美国"最重要的双边关系"，到《中国统治世界》成为畅销书，恍如隔世。

二

中国成为经济危机的"最大赢家"引发了我的第二个感受：世界进入了"后极时代"（post – polarity era）。经济危机，奥运和中国在世界范围影响力扩大，俄罗斯入侵格鲁吉亚，朝鲜用半真半假的"核武器"威慑美国，美国开始撤离伊拉克，在阿富汗损兵折将，陷入深度危机。所有这些都在一年内发生。1991年开始的"单极世界"在2008年就结束了,持续了仅仅17年。什么是"后极时代"?大概有四个特征。

1. 这是个谈不上单极,也不是多极,更不是两极的时代。有强国,但谁说话都"不大顶用"。洪都拉斯向来是美国的掌中物,可政变了,美国说话也不顶用。美国当然还是最强大的国家。但20年后,当中国经济规模超越美国,两强就比肩而立。那时,若俄国也复兴,就形成三强鼎立。俄国早晚会复兴,至迟到本世纪中就可以预期三强时代。可不管是几强,没谁有能力一锤定音。

2. 战争不再是解决问题的主要方式。无论两强还是三强,与高度对抗,成固定集团的所谓"极"的时代非常不同,用战争来强迫别国不再是重要选项。今天所有国家的决策者都全明白了:战役胜利与治理国家是根本不同的两回事。

3. 各国有矛盾,有合作,端看焦点问题是什么。就不同的问题,哪怕"盟国"之间也异见纷呈。比如对"主权基金"的看法,欧盟内部看法非常不一致。

4. 内政塑造国际关系,使得国际关系成为缺少"规律"的领域,是个由"不确定性"主导的领域。焦点问题飘忽不定,一点儿都没谱,一会儿冒出一个,每个主题都各领风骚三五年,比如"反恐"概念在奥巴马埃及讲话后走向末路。"系统结构论"带来的确定性是我们学科的思维定式。认识到内政塑造的"不确定性",处理不确定性的需要,会改变我们带有"确定性"的学科思维方式。

我们无法料到苏联会垮台,出现"单极世界";无法料到单极世界如此短命,因为无法料到所谓"反恐"问题摇身一变,成为国际关系的核心问题,更无法料到"反恐"把阿富汗再次推上"帝国杀手"的地位,英帝国,苏联帝国,美利坚帝国,都在那里栽倒。对我们自己来说,继反恐"越反越恐"之后,突然冒出个"碳排放"问题,成为国际争端的焦点问题,完全出乎意料。国际政治学者不可能提得出"碳排放"的解决方案,就像国际政治学者无法预料和解决塑造了国际关系新时代的亚洲金融危机和世界金融危机。我们甚至没想到美国对朝鲜获得核武器能力的问题束手无策,干脆装聋作哑。我们认为"非政府组织"在国际关系里变得重要了,也看到中国商人在世界每个角落做生意对我国外交的决定性影响,但我们的学科原本是"国际"政治。

三

"后极时代"的国际关系引发了我的第三个感受,当代国际关系取决于国内政治,挑战了我们的学科,使国际政治学科出现了在国际政治中被边缘化的危险。反恐也好,中法中澳关系也罢,包括对台关系,还有那个"碳排放"问题,都是内政引发的。我们今天讲授所谓"三大国际关系理论",结构现实主义,自由制度主义,建构主义,一写论文就先上"三大主义"。然而,提出好问题,增强了中国地位的是疯狂奔向全球的中国商人。我并不是说国际关系理论没用,而是想说,在焦点飘忽不定的"后极时代",警惕教条主义,超越西方国际关系学各种所谓"主义"的思维定式,注重总结历史经验,特别有意义。我们的外交实践、政治思想交流实践、对外贸易实践、招商引资实践、人员交流实践、科技交流实践、军事交流实践、教育交流实践等等,都是塑造中国对外关系的要素,也是理解国际关系的根据。起初,国际关系是法学家的天下,国际法学家。后来是地缘政治学家。再后来是比较综合实力的专家。新的时代,要求国际关系领域培养政治通才,对世界事务和各国国内事务,包括对中国国内事务,有广泛兴趣的通才。知识"杂家"与国际关系理论的专家至少同等重要。时势似乎要求我们成为半个金融学家,半个历史学家,半个政治体制学家,半个外国政治专家,半个环境学家,半个文化学家,半个法学家,半个军事战略学家,半个地缘专家,等等。

四

国际政治知识多元化趋势引发了我的第四个感受:多元化有条主线,即生存方式。争论谁更了解沃尔兹、基欧汉、温特,或许还有用,争论这个那个"主义"的"原教旨"是什么或许还有用,但关注世界各地人民不同的生存方式很重要,对中华文明生存方式的了解和自觉更重要。国际关系有"国家理性"的假设,因此利益分析成为学科确定性的核心。然而,利益是历史的。20多年前修习沃尔兹"结构现实主义"课程,我认为他说得对,国际关系就是研究"战争的原因与和平的条件"。但我一直感到困惑,教书时也总提这件事:南美洲国家为什么不打仗?近来跟着顶级的考古学家在那里转了一圈,发现那里从古至今都不打仗,连武器都不造。当然,我说打仗指的是战争,西欧、北美、亚洲、非洲那类的战争,不是南美洲死几十上百人的那种"战争"。不打仗是印第安人的生活方式、生活态度。那里至今也谈不上西方意义上的民族国家,至今没人追求大规模杀伤性武器。同样,非洲也没什么民族国家,中东也没有。那么,中国是民族国家吗?中国大概属于一种文明的生存方式,是一种文明范畴。判断强大的国家不属于"民族国家",对国际关系理论是颠覆性的。人类自古就在盖房子,给自己盖,给人造的神祇盖,给精神世界盖,一座座、一层层。古时候,除掉睡觉,人类花三分之一的时间打土坯盖房子。我看今天还是这样。三分之一的工资用来买房租房,拼命盖有各种精神符号象征的大房子,与5000年前埃及人修金字塔没什么两样。文明不能简化为"理性盘算"。没有谁不"理性",但不同的人有不同的"理性"。理性是历史塑造的,关于战争与和平的理性也是历史塑造的。

五

  国际关系要从文明生存竞争的角度看。这引发了我的第五个也是最后一个感受。在核武器时代,世界上的主要生存方式已经不可能用热战手段摧毁了,所谓"国家安全"实际上是生存方式的安全。后极时代是生存方式的竞争。关于生存方式竞争的大战略围绕意识形态展开,围绕关于政治、经济、社会体制的争议展开,是话语权的竞争,是全球化的符号竞争。生存方式被抽象化、符号化，就成了一种现代图腾。因此，符号争夺成了国际安全战略的主要手段，成为文明兴衰的原因。冷战是第一场用符号打的战争。苏联不是被经济挫折打败的，不是被科技创新打败的，更不是被陆海空军打败的。苏联是被观念打败的。在虚拟的符号世界里被打败，损失程度与热战不相上下。话语权的竞争，在思想战线中求独立自主，是当代国际政治的核心。我举三个例子解释这个观点，作为我发言的结束。

1. 中国是当今世界最成功的国家，但我国很多学者"不识庐山真面目，只缘身在此山中"，他们把中国看做失败国家之一，或者行将失败崩溃。不少国际政治学者受西方学者影响，认为拆掉我们的体制，拆故宫，建白宫，才能避免失败前景。问题是，"落后"的体制若将导致我们失败，那是什么导致了我国的成功？这个问题是关系中华兴衰存亡的国际政治。

2. 从远古的"华不治夷"开始，我国外交传统政策是尊重各国"政府"的自主权，相互尊重，不干涉他国内政，平等互利。西方的干涉政策已经导致不断的惨重失败，而我们的政策导致朋友遍天下，几乎没有敌人。可是，我们不少国际关系学者却认为我们的政策"过时"了，别人失败的政策反而先进，呼吁服从人家"国际社会"的规则（norms）。比如在苏丹，明明是我们站在道义制高点上，可就莫名其妙地觉得自己"理亏"。别人说谁是流氓政权我们也跟着说；但更恶劣的政权，因为是美国或者英国、法国的朋友，就不是流氓政权。

3. 没有了话语权，打符号战就吃亏，国际政治日程就被别国左右。学者把自己不可能理解的事，当做本学科最大、最值得探讨的焦点问题，实在有些莫名其妙。"碳排放"就是这么件事。气候变化无常，突然变暖变冷，近两千年史不绝书，连专业气候专家们也不敢断定人为因素到底占多大成分。而且，大气层里的碳是个积累了若干个世纪的东西，碳排放量几十年里也不可能下降。我不是说不该"减排"，不该使用绿色能源、环保技术。但有人为了种种目的，把这事炒作成国际政治的新焦点，国际政治学者们煞有介事地扎堆讨论一个解决不了的问题。我们或许该认真探究为什么突然冒出个"碳排放"问题，为什么这个问题炒成国际政治的新焦点？我们怎么把"人权高于主权"的事儿给忘了？怎么不去炒作跨国界的人员往来是消除世界贫困的根本方法,更是当代超国界的"基本人权"?答案当然是"美国欧洲不可能同意"。我们不同意的事他们怎么就炒作呢?不同意才需要"炒"。把一个符号炒作起来,影响国际政治日程,是国际政治的大本领。暂时不具备这个本领不要紧,但要警惕在日程安排上被忽悠,丧失原本有限的话语权。

这就是符号时代的意义。虚拟经济左右实体经济,跨国界的符号政治左右实在的国际交往,左右文明的兴衰。

拉里拉杂谈些感想,与交响乐不能比,有感而发的"咏叹调"而已。谢谢各位,预祝研讨会圆满成功。

第一部分 中国与世界

中国与世界关系的历史性变化
——关于中国外交的一种研究大纲

王逸舟

一、引 子

国际社会一个公认的事实是,当代中国外交是全球范围最卓有成效的大国外交之一,中国的软实力和国际地位不止依靠中国国内的改革开放得到提升,同时也通过中国外交的持续而有效的努力得到了大力彰显。从新中国外交60年的过程可以清楚看出,中国与世界的关系呈现出不断发展、提升的历史性变化。

从研究角度看,即使是单纯从外交入手,分析中国与世界关系的变化,也存在多种路径和思路。比如,人们可以追溯中国几代高层领袖的外交大手笔、大战略,对于不同时期中外关系变化的奠基作用;可以探讨中国外交制度的调整及对外部环境的适应,对于全球外交民主化和制度化潮流的积极推动;可以分析中国大国外交的战略性对话协作框架及设计,对于中国改善周边环境与发挥全球角色的作用;可以讨论中国"以人为本、外交为本"的新时期外交理念,对于当下中国外部形象提升的潜在价值;等等。在笔者看来,这些均有可能发展成为深化中国外交政策研究的课题,也是中国外交学界理应推进的工作。

本文算是一种研究大纲,主要目标是从中国外交发展的不同阶段着眼,勾勒中外关系历史性变化的基本线索。它的取舍角度小而独特:首先,它把中外关系的重大变化，置放在三个"30年"的重大参照系下。这是一个简明但显著的对比，展现了"历史性变化"的含义。其次，笔者把建国60年外交分成"毛泽东时代"和"邓小平时代"两大历史性阶段，分别冠以"社会主义革命时期的中外关系"和"社会主义建设时期的中外关系"的称谓，再把60年细化为六个小的时期，看看不同时期中外关系具体有何变化，研究它们间的递进与校正，关注彼此间的异同；在对六个时期的分析过程中，本文尝试建立一种"多变量测量框架"，用于检验外交视野中的中国与世界关系之演进。

二、三个"30年"：中外关系的重大历史参照系

（一）1919~1949年：新民主主义革命阶段的中外关系

评说当代中国外交成就及其对中外关系的作用，不能不对比近代以来的中国与世界关系，不能不提到以签署丧权辱国的条约协定为重要特征的近代中国外交以及中国的国际地位。从某种意义上讲，从1919年到1949年的这30年，是研究新中国外交及中外关系的时间距离最近、反差最强烈的一个重要参照系[①]。

1919年以五四运动为标志，拉开了中国新民主主义革命的序幕。它高举的反帝国主义、反封建主义的旗帜，对新文化启蒙运动的推动和各种国内外先进思想的强烈追求，使俄国十月革命的精神迅速传开，使半封建半殖民地状态的中国有了一种全新的变革状态，为中国共产党的诞生和随后的中国革命斗争奠定了基础。从那以后的30年，是中国人民在中国共产党领导下开展可歌可泣的伟大解放斗争的30年，是朝着结束百年来任人宰割的屈辱历史和连年战乱的局面、实现了国家独立的30年，也是在全球范围内打击帝

---

① 认识新中国头30年的外交方位，不能不深刻了解它此前的中国革命性质和中国共产党人的目标。历史是传承的，影响是深刻的。这方面最好的作品，仍是毛泽东的名著《中国革命和中国共产党》。有深入研究兴趣的读者，不妨阅读一下这篇名作。

国主义和殖民主义势力，壮大世界和平、民主和社会主义力量的30年。在这30年间，在国内，中国共产党人把马克思列宁主义的基本原理同中国革命实际相结合，建立了一个坚强的政党和强大的人民军队，摸索了一整套开展武装斗争和建立广泛的革命统一战线的经验。在国际范围，中国共产党领导的中国革命力量，逐步摸索"以俄为师"的各种办法，在主要从事国内武装革命的同时，争取尽可能广泛的国际支持和合作。革命根据地既是传播革命思想、积聚革命力量的播种机，又是向外部宣传中国人民解放斗争之伟大意义的平台①。在反法西斯斗争和抗日战争中，中国共产党人和中国军队与包括美国在内的西方资本主义国家建立了某些联系渠道，初步接触和理解了近代国际外交的各种知识与手段。如果说，在1840年以后很长一段时间，中国人尚未完全从旧时的朝贡体系和"天下"概念摆脱出来，仍然对于西方列强主导的近代国际体系困惑不解和无从应对；那么，从1919年以后中国共产党人为核心展开的伟大革命思想和实践，则接受了最新的世界进步理念，对中国半殖民地半封建状态下的落后愚昧有深刻批判，创造出富有战斗力和创造力的革命做法。这是有趣而富有动感的崭新画面：一方面是中国社会经济和政治制度上的实际的落后与被压迫状态，一方面是表现在中国革命者那里的新的气质与精神状态在不断孕育和壮大。这也是中国与世界之关系一个破旧立新的过渡时期：中国整体上被视为一个积贫积弱的"东亚病夫"，中国的旧政权和各种旧势力的确腐败残破不堪，中国远远离开了昔日的世界中心位置，处于受支配、受压迫的边缘地位；以西方列强为主宰的国际体系，表现着恃强凌弱的霸权特征，对于维持中国弱小和被分割的实际状态心满意足②；虽然中国共产党人尚未掌握国家政权和外交工具，但他们代表的新兴力量日益强大和崛起，代表着中国广大地域和民众的要求，朝着夺取政

---

① 除开美国记者埃德加·斯诺的那本著名传记《西行漫记》外，另一个同样经历长征、同样被视为中国共产党人和中国人民伟大朋友的美国作者艾格尼·史沫特莱，也有一本广泛流传的作品《中国的战歌》（作家出版社在1986年出版了中文译本）。阅读《中国的战歌》，就不难知道长征一代的中国共产党人为什么期待世界的理解与支持，也不难懂得为什么他们只能做出革命和造反的抉择，更可以想象由此联想革命年代的氛围与风骨如何持续影响了老一代革命领袖在新中国建立后一段时间的外交思维与决策。

② 有关近现代史上世界列强对中国的凌辱、盘剥，以及中国外交的软弱应对，可参见熊志勇、苏浩著《中国近现代外交史》一书中的详细描述和分析，世界知识出版社2005年11月版。

权、实现革命的目标挺进。

小结：新民主主义革命时期，是新中国外交的一段特殊"前史"。从客观形势上看，中国已沦为受帝国主义列强操控的半殖民地、半封建社会，近代以前曾经有过的某些综合国力优势丧失殆尽，中国与西方主流世界的关系是一种严重不平等的、不公正的关系，偌大的一个国家被视为"东亚病夫"，完全谈不上对人类和国际社会的有效贡献与作用。另一方面，在这30年间，以中国共产党为代表的先进中国人，认清了近代以来中国在国际体系里落后挨打的悲惨地位，同国内的反动势力和支持纵容它们的外部强权进行了英勇顽强的斗争，新旧力量的此消彼长和民心向背引起了国际上的广泛关注。沉睡的东方巨人开始觉醒，中国自身的革命和解放，中国参与的国际反法西斯斗争，对于国际体系的转变起到一定作用。虽然延安等解放区的对外交往与严格意义上的国家外交不同，尤其在抗日战争胜利之后，中国共产党人已经开始学习如何同世界打交道，开始准备应对执政后复杂多变的国际关系。中国革命时代和观念，也给建国初期的中国内政和外交打下深刻的印记。

（二）1949～1979年，社会主义革命阶段的中外关系

研究中国与世界关系的第二大参照系，是中华人民共和国建立后的第一个30年，也是世人所说的"毛泽东时代"。这是中国共产党人执掌政权的第一个30年，是很大程度上承袭革命战争年代的基本思路与做法，发展新中国的对外交往、确立与不同地区和国家的正式关系、定位中国在当代国际体系位置的"初级阶段"。

1949年的中国，在世界历史的画面中，是一个既强大又贫弱的国家，一个让社会主义阵营无比振奋、令西方资本主义国家惊恐担忧的国家，一个经济上远远低于世界人均平均水平、提供不出任何吸引力的发展模式的弱国。第二次世界大战结束后一段时期的特殊国际背景，以及中国抗日战争和解放战争的特殊国内实践，决定了中国共产党领导下的中国，在建国初期立

即实行"一边倒"的对外方针①,从而使苏联模式得以在中国引进和广泛实施。新中国外交的最初阶段,深深打上了这一模式的烙印。中国在国际体系中的位置,很快由战后一段时期表面上的与各战胜国的等距离外交,变成实质上与苏联为首的社会主义阵营的同盟合作关系,不管是自觉或者被迫,这一位置适应了冷战开始后"不是东风压倒西风,就是西风压倒东风"的全球政治逻辑②。应当指出,即便在冷战逐渐风行的时期,中国外交仍有一段努力倡导和平共处五项原则,把自己与一大批新独立的发展中国家结为同志或盟友的经历,它同时积累了中国外交制度化、按国际惯例办事、与国际社会对话与合作的宝贵经验。然而,从1956年苏共二十大之后,由于内外各种原因,中共与苏共渐行渐远,最终分道扬镳,成为对峙的双方;随着这种大背景的转换,中国的外交也不得不向做出某些调整,朝着更加"左"倾的方向演化,它也加强了美国主导的国际体系对中国的怀疑和排斥的基本态度。到了"文革"时期,国内政治的某些"极左"做法达到登峰造极的地步,并且在一定程度上影响和损害了中国外交在周恩来主持下的稳健平和方针。必须看到,总体上逐渐偏向"左"倾的毛泽东时代,在最后阶段显现了某些积极的调整动向,尤其是随着中国恢复在联合国的席位以及中美对话的开启,中国外交的钟摆再次强劲回摆,提示了向国际体系中心趋近的势头。只是这种势头短暂且乏力,并没有像后来的邓小平引导的改革开放进程那样,能够全面引导中国走向国际体系的负责任大国位置。随着邓小平的再次受贬、毛泽东晚年的"极左"错误达到极点以及中国国内政治的混乱失序,中国在国际社会的整体形象和作用仍然相当边缘化,中国与世界的关系依旧没有得到根本改善。"无产阶级专政下继续革命"的理论和政策,对于中国这

---

① 这方面,可参见外交部档案专家徐京利的作品:《另起炉灶——崛起巨人的外交方略》,世界知识出版社1998年版;尤其是第九章"打扫屋子的铁腕行动",第272~313页。

② 国外研究毛泽东的一个著名学者,对这一时期的发展总的线索有一种比较客观的判断。他指出:"总的结果是一种曲折的发展,在此过程中,强调的重点是间歇性地一个时期强调阻碍落后国家工业化的各种困难,一个时期又强调所有新获得解放的各国人民,特别是中国人民所固有的非凡力量,这种力量可使他们能够按照自己的意志改造世界"。见[美]斯图尔特·施拉姆著:《毛泽东》,红旗出版社1987年翻译出版,第241~242页。

一时期的基本定位和外交取向产生了深刻的冲击①。

小结：新中国建立后的头30年，是既有伟大成就、也有重大失误的一段时期。在这段时期，毛泽东作为开国领袖和具有崇高威望的政治人物，创造了一个拥有人类五分之一人口的红色政权，彻底粉碎了西方列强继续奴役中国、并用资本主义制度一统天下的梦想，为中国走向社会主义时代创造了不可逆转的坚实基础。独立自主的新中国屹立于世界的东方，给几百年由资本主义发达国家主宰的当代国际体系以巨大震撼和冲击。总体上观察，新中国第一代掌权者基本上延续了革命战争年代的精神与做法，尚未完全适应和平发展的长期年代对于一个熟悉长期革命与战争的政党和领袖的要求（不管是国内建设与发展，还是国际斗争和交往）。在对外关系领域，延续革命的传统与适合国际外交惯例两种线索之间的关系构成这一时期中国外交微妙复杂的"双重变奏"。把新中国第一个30年的中国对外关系，大体称作"社会主义革命年代的外交"，并不为过。不论这30年间如何曲折，有哪些亮点和调整，大致的偏左方位是显而易见的；中国与世界的关系也只能基本上由此加以判别，即它是一种斗争大于合作、猜忌压倒协调、对峙多于对话的关系，是"造反者"对抗"权势者"的态势。

（三）1979~2009年，社会主义建设阶段的中外关系

改革开放以来的近30年，是中国与世界关系的第三个大的参照系。鉴于邓小平的主要设计师作用以及江泽民、胡锦涛对邓小平路线的继承性，把这一时期称为"邓小平时代"（与"毛泽东时代"的提法对应）是一种有道理、有意义的说法，也可以把它叫做"社会主义建设时期"（与头30年的"社会主义革命时期对应"），或索性简称为"改革开放年代"。

与头一个30年相比，"邓小平时代"是一个以经济建设为中心的时期，所有领域、所有工作完全转向服务于发展、有利于民生、着眼于综合国力提

---

① 在笔者看来，中国外交学界对于毛泽东时代中国外交导向及其实践的评价，有清醒的、公允的和有共识的。可参见下列著作：谢益显主编，《中国当代外交史（1949—2001）》，中国青年出版社1997年版；张历历著，《当代中国外交简史》，上海人民出版社2008年版；叶自成著，《新中国外交思想：从毛泽东到邓小平》，北京大学出版社2001年版；郝雨凡等编：《中国外交决策：开放与多元的社会因素分析》，社会科学文献出版社2007年版。

升的轨道，一切不适合这一重心的体制和观念都在进行这样那样的改革，对外开放、尤其对西方发达经济体的开放与借鉴成为经济发展的题中之意。这些转变与调整，使得前一时期具有的革命的、斗争的、意识形态的色彩大大减弱。与内政相一致，中国外交工作迅速适应了新的主题与要求，努力营造着适合国内改革、开放和经济建设的氛围。邓小平对于时代主题的判断，是一个具有转折性意味的重大判断：世界大战有可能避免，中国应当抓住时机发展自己——它与此前立足于准备世界革命、防备外来的各种帝国主义入侵、准备早打大打甚至打核战的认识有根本差异，也正是这一点创造出新时期中国人全力搞建设的信心与智慧，鼓励了发展与不同社会制度、意识形态国家交往与合作的勇气和办法。比较而言，中国这艘大船在毛泽东时代的主航标，是与形形色色的各种内外反动势力抗争，确保国家的政治独立不受干涉，并最终解决了"中国人民站立起来"的课题，一扫百年来外部各种列强分割欺负压迫之辱；它在邓小平时代的基本航向，则是努力推进使"中国人民富强起来"的目标，创造了改革开放的特殊机制，推进了社会主义市场经济在中国的建立，激发了人民群众追求美好富裕生活的强烈欲望。这中间当然存在无数曲折与干扰，出现了各种问题同麻烦，不过总体而言，从邓小平执政的时期到江泽民接替的时期再到胡锦涛为总书记的新一代领导集体当权，30年间由中共十一届三中全会奠定的航向始终没有改变，经济目标的优先性一直得到高度保障，中国的综合国力和人民生活水平由此一步一个台阶不断迈向新的高点。这一大的背景，决定了中国外交的着力方向，也决定了中国与世界关系的改善方向。在改革开放的30年间，中国让世界感受到逐渐壮大的实力与潜能，感受到一个充满活力与新貌的大国气象，以及中国公众深入了解世界和让世界更好认知中国的愿望；即便是那些对中国抱有成见与敌意的国家，也越来越无法压制中国的声音，无法把中国排斥在各种全球或地区问题的解决方案之外。在世界范围，这段时期也恰好是经济全球化、区域经济集团化和一体化迅猛发展的阶段，中国在与国际经济紧密联系、相互协作的过程中，逐步成为发展中世界最大的新兴市场，成为全球经济一个新的拉动力量，由一个地区性强国走向有全球意识和责任及影响的大国①。

小结：看待最近30年的中外关系，必须从邓小平奠定的经济重心及其后果出发，由此分析中国力量的优势与不足，以及扬长避短的具体目标②。改革开放以来的30年，既是中国社会经济发生翻天覆地的可喜变化的一段时期，也是中国对外交往和国际地位以前所未有的速度扩展提升的一段时期。从外交角度分析，邓小平的历史功绩在于，他使中国与外部主流世界的关系具有了一种全新的性质与态势，从原先的紧张和对峙局面，转向一种新的求同存异、合作对话过程；当代中国的改革开放和经济发展，使得中国的综合国力和国际地位得到空前提高，中国越来越成为现有国际体系中一个建设者、负责任大国与"利益攸关方"，中国人在国际事务中的分量与影响力，早已不是处在国际体系边缘的角色所能想象和具备。可以说，在21世纪初，由于中国和平发展的新现实、和平发展及和谐世界的新理念，加上一批主要来自发展中世界的新兴大国的崛起，国际体系越来越像一个富有动感的、充满变化可能性的格局，而不再是旧时那样由少数西方发达资本主义国家长期主宰的某种"给定"样式。尽管这中间依然存在诸多的不确定性，存在着某些怀疑与妨碍，中国在最近30年的飞速成长进步，无法阻挡地带动国际社会的和平发展及人类进步之最重大、最积极的因素之一。因而我们也有理由说，中国与世界的关系，在新世纪初期已越来越有建设性和全球意义。

---

① 直到20世纪90年代中后期，包括中国学者自己在内，对于中国是否算是全球大国的说法仍然众说纷纭。只是到了最近几年，特别是随着北京奥运的成功举办和中国经济总量进入世界前三的事实的确认，各方面对于中国作为一个有全球利益和影响的大国的定位，才有了比较趋近的看法。然而，究竟这个全球大国是什么性质的大国，朝着何种方向演化，发挥什么样的作用，成功与失败的前景如何，争论并没有完结。

② 英国著名的世界经济史学者麦迪森（Angus Maddison）指出，从公元14世纪到20世纪后期的大部分时间里，按人均收入和GDP来衡量，中国经济一直处在停滞不前的状态。"这种停滞源于当地的制度和政策，但由于西方霸权的殖民剥削而被强化了"。这是自18世纪以来（世界经济史）最显著的特点之一。然而，从20世纪最后几十年的世界经济史图表看，中国经济的恢复和活力又是特别抢眼的事实。在他制作的"中国与西欧人均GDP水平的比较（公元400年至1998年）"、"中国与美国人均GDP水平的比较（公元1700～1998年）"等图表中，上述事实有清晰的显现。他的结论之一是："在过去的四分之一个世纪中，复兴的亚洲（包括中国、印度和其他所谓的'亚洲虎地区'）已经极大地缩小了它们因落后产生的差距"。见［英］安格斯·麦迪森著：《世界经济千年史》，北京大学出版社2003年11月翻译出版，图1～4和图16，第30～31页，和第34页。同一作者的另一名著指出：1950年前后中国的人均GDP仅有西欧的十分之一左右，而到了2001年，西欧国家的人均GDP仅仅是中国的三倍半多一点。［英］安格斯·麦迪森著：《世界经济千年统计》，北京大学出版社2009年1月翻译出版，第256页。

三、中外关系在六个时期的演化：
一种综合性的评估

给定上述两个大的阶段划分，我们可以将"毛泽东思想引导的时代"与"邓小平路线开创的时代"再细化为六个具体的时期。它们分别是：

1. 探索新中国定位的建国初期（1949~1956年）；
2. 苏共二十大之后的调整时期（1956~1966年）；
3. "极左"路线占上风的文革时期（1966~1976年）；
4. 启动改革开放新航程的时期（70年代末至80年代末，也即邓小平执政的年代）；
5. 冷战结束后的适应与调整期（90年代初至21世纪初，也即江泽民执政的年代）；
6. 新世纪以来的全新成长时期（中共十六大以来，即胡锦涛着手新的布局的年代）。

关于这些时期的具体内涵，学界和外交部门都有许多研究和公论，不必在此赘述。需要讨论的，是它们对外交的塑造影响及对中外关系的潜移默化后果。确实，衡量尺度的确立，是比较困难的一件事情。本报告提出的综合性视角的评估，把如下一些参数纳入，尝试建立一种比较直观和容易对照的画面（及结论）。这些参数主要包括——

- 国家主权（领土完整）的保障与维护程度
- 与我建交国家的数量及地域分布
- 与邻国和周边地区的和谐程度（邦交、争端、战争或协作事件）
- 重大外交战略（领袖人物外交思想、方略等）的出台（次数）及影响
- 国民生产总值里外部因素（海外利益）所占比重
- 世界经济体系中的位置与作用
- 全球政治与安全系统里的影响力（包括加入国际组织与提供公共产

品情况分析)

● 作为中外关系变化折射之一的外交学及国际关系理论的繁荣程度

须指出的是,这些参数可以不断细化,对评估对象的分析将根据数据的获得而持续深入展开。下面仅仅是初步评估的结果——

对第一时期的分析及结论:

1949年中华人民共和国的建立,是当代世界上最具有历史意义的一件大事。几乎所有国家都意识到,毛泽东的中国不再是旧时那种仰人鼻息甚至任人宰割的"东亚病夫",而是一个有坚强意志和独立决心的东方社会主义国家;中国共产党作为唯一的执政党是通过艰苦卓绝的战争胜利和广大民众的支持,赢得了治理国家的权利与位置。尽管台湾仍然被西方帝国主义大国实际支配,整体上中国大陆的版图不再受西方及沙俄列强宰割,而是真正处于中国共产党、中国人民解放军和中国人民自己的手中,这是自1840年鸦片战争以来第一次实现的国家主权的回归、有力保障与维护。1949~1955年也见证了新中国历史上的第一次建交浪潮,在苏联的带领下,有遍及欧亚非广大区域的多达26个国家与社会主义新中国建立了正式的外交关系;尽管尚未得到主要发达资本主义国家的承认,也没有完全解决与多数邻国的边界划分纠纷,新生的红色政权第一次获得了世界范围的承认。新中国外交掌舵人周恩来最早设想的、并且与主要发展中大国印度共同倡导的"和平共处五项原则",通过万隆会议和其他场合得到一定程度的响应与传播。同时,应当指出,这一时期的中国距离国际体系的中心位置仍相当遥远,冷战开始后的全球对峙态势已折射到中国与西方主导的、联合国为象征的国际社会的关系上:在当时的国际环境下,中国被排斥在联合国及多个重大国际组织之外,因而只能选择向苏联和社会主义阵营靠拢的方针,苏联模式不管是政治、经济、文化及意识形态各个方面在中国全面输入和扎根;毛泽东用"另起炉灶"、"打扫干净屋子再请客"和"一边倒"的形象说法,提示了这一时期中国在国际关系上的重大抉择。由于特殊的历史原因,二战后一度出现的国际缓和与合作气象中断,中国与世界的关系总体而言不能用"和谐"与"合作"表达。中国经贸关系也是单一朝向的,基本上是自给自足为主、加上一定数量的苏联援助,海外利益在中国经济发展中所占比重可以忽略不计，中国在世界经济中的比重近乎微不足道。在百废待兴的前提下，中国人也没有可能提供多少全球公共产品，加入的国际组织数量十分有限（主要是参加了由苏联集团建立的一些国际机构，例如在工青妇及和平运动领域）。作为中外关系思想理论和教学一种折射的国际关系及外交学，在建国初期的中国十分薄弱，只能借用稍许改造后的旧中国存留的一点底子（政治学、社会学、心理学等），开始了起步的努力。

总之，在第一时期，新中国与外部世界刚刚开始磨合，两个阵营的压力与影响逐渐呈现，探索定位的努力有了一定成绩，但客观形势制约的总的内政和外交方位，决定了社会主义中国倒向苏联、与西方冷战架势对峙的大局。

对第二时期的分析及结论：

1956年至1966年，是国际共运历史上一段十分特殊而重要的时期。虽然东西方对峙及冷战的总体局面没有变化，社会主义国家内部在这一时期却出现了深刻的裂痕。苏共二十大的召开，赫鲁晓夫对斯大林的批判，以及随后发生的波匈事件，在社会主义阵营掀起巨大波澜。毛泽东及中国共产党先是惊愕不解、继而强烈抵制，最终选择与苏联分道扬镳。不论后人如何判断中苏分裂的原委与责任，包括毛泽东作为中国最高领导人的态度与决定，就中国与整个外部世界的关系判断，这场争论的直接后果之一是，中国的内政与外交开始向更加"左"倾的方向调整，国内一波甚于一波的"革命运动"给对外工作形成直接的压力，中国人的世界观与全球战略更加注重两大阵营之间的"中间地带"。在这一时期的国人那里，除开原先来自西方帝国主义的威胁外，又增加了对苏联老大哥控制野心的担忧，维护国家主权的任务似乎变得更加繁重而不易。这一时期中国与新独立的亚非拉国家的关系更显密切，在新建交的27个国家里有24个属于"穷兄弟"。中国与多半为非社会主义的邻国的关系却没有多少改进，邦交正常化及解决领土争端的事宜没有积极推进迹象，与印度的边界战争暴露出本应患难与共的两个发展中大国关系的脆弱。像前一时期一样，世界经济与中国的联系仍然很少，外部迅速发展的国际贸易与投资及科技进步，对于这个人口大国似乎没有什么影响。建国初期一段时期来自苏联的援助突然中断，也对新中国本来薄弱的工业基础造成不小的打击。有意思的是，作为中苏决裂的一个始料未及的结果，中国在一些既不愿受西方资本主义支配、也不希望依附苏联阵营的国家和地区那里受到欢迎与拥戴，中国是第三世界的重要成员、后者是中国的天然盟友的思想得以萌芽，为下一时期毛泽东提出著名的"三个世界"论断奠定了基础。"文革"前这段时期的另一个积极动向是，中国的外交学和国际政治教学工作得到由上而下的推动，毛泽东、周恩来都感受到培养自己的国际斗争及交往人才的迫切需要，因而建立了一批研究国际问题研究所[①]和大学专业系及课程（典型如中国社会科学院几个国际问题研究所和北京大学、复旦大学、中国人民大学三所大学的国际政治教学系）。

在有关国内政治的权威解说与教科书里，"文革"前的十年通常被认为是犯有各种错误但同时富有改进和成长潜力的一段时间，只是后来这一进程被"极左"路线所中止。事实上，在笔者看来，"文革"前的十年与"文革"本身的十年，存在着内在的逻辑联系，存在着由弱至强、从小变大的一条线索，即毛泽东在党的指导思想和大政方针上所强力推动的"不断革命"，始终是一个决定性的导向。以周恩来为代表的外交温和思想与合作方针受到了一定压抑，它与国内经济社会建设领域的类似情况是一致的。在外部的强权打压与内部的"左"倾影响之双重作用下，中国与世界的关系重新朝着紧张的方向演化。

对第三时期的分析及结论：

1966年至1976年，也即毛泽东发动"文化大革命"的十年，是中华人民共和国历史上留有惨痛记忆的特殊时期，也是当代中国迄今为止与外部世界关系最紧张的一段时期。这一时期的开始，中苏决裂到了高点，两个曾经的盟友一度剑拔弩张，由珍宝岛冲突点燃的火种几乎引发全面战争；与此同时，中国与美国为首的西方世界的关系似乎仍然是一种相互敌对的态势。可以说，这时中国人面临和感受的是最严峻的安全压力，一种

---

① 中国社会科学院世界经济与政治研究所的建立，便直接受益于毛泽东、周恩来的上述批示。详细情况，可参见世经政所所史编纂小组编：《中国社会科学院世界经济与政治研究所四十年》，2004年版。关于广义上的中国国际问题研究及其启动过程，联系文中叙述，读者可参见王军、但兴悟著：《中国国际关系研究四十年》，中央编译出版社2008年版。

史无前例的两个超级大国同时封锁遏制的局面。在国内政治的背景下，"极左"路线达到极端状态，各方面的生产和建设陷于停顿，被迫服从服务于"无产阶级专政下的继续革命"、铲除帝国主义和社会帝国主义（苏联修正主义在这一时期的代名词）祸根的总体要求。显然，外交工作不可能不受到消极影响：除开"三砸一烧"（砸印度、印尼、缅甸驻华使馆和火烧英国代办处）这类有极恶劣影响的行动外，世人见到了中国提出的"解放仍在受苦受难的三分之二地区"和实现"世界一片红"的口号，见到了某种类似"输出革命"的做法，见到了不惜代价援助阿尔巴尼亚、越南等社会主义国家的"同志加兄弟"的特殊国家间关系，见到了全球各地反帝反殖力量对毛泽东思想和政策的此起彼伏的呼应（即便仍然处于相对弱势位置），见到了一个位于东方的、有别于传统的苏联社会主义阵营和苏式战略的另一个红色中心。有关世界史的一般教科书，记录下的主要是上述情景，即中国与主流国际社会及主要阵营的全面对峙；然而，细细观察就不难发现，在看上去"全面出击、两个拳头打人"的造反派外表背后，实际上从70年代初开始，中国外交在毛泽东周恩来的指导下，出现了静悄悄而果断的重大调整，以适应美苏争霸全球、给予中国夹缝中求变及生存的机会的局面："三个世界"的理论是对中间地带学说的重大发展，确定了在两个超级大国的第一世界、西方资本主义多数国家的第二世界，以及广大的亚非拉国家组成的第三世界的中国定位，即反对第一世界的霸权、争取第二世界的合作、支持第三世界的事业；利用美国人对苏联的恐惧，毛泽东邀请尼克松访华、开启中美对话及缓和的大门，从而使中国在安全压力大大缓解的同时，其全球战略位置变得有利和灵活；得到第三世界广大新独立国家支持的中国，恢复了在联合国等主要国际组织中的席位，从而为改善中国与国际社会的关系开辟了可能，也为后来邓小平的开放改革政策事实上提供了某些条件。虽然后面提到的这些变化并没有根本改变扭转"极左"年代的内政氛围，没有根本改变中外关系上的紧张对峙局面，而且不被当代外交史家视为主线索而记录追踪，它们是分析一个完整复杂的画面所不可或缺的成分，是解读20世纪70年代中后期的承前启后与历史巨变的钥匙之一①。像前一时期一样，从中国国家主权（领土完整）的保障与维护程度衡量，呈现出来的是两面性：一方面当时的中国成功维护了自身的主权与领土完整，另一方面面临了前所未有的压力（尤其是60年代后期）。恢复新中国在联合国的合法席位，以及中国与美国的相互交往，引发多国争先恐后与中国建交的新一波浪潮，包括了一批西方主要资本主义国家（1966年至1977年与62个国家建立正式外交关系）。孤立中国甚至消灭社会主义新中国的阴谋彻底失败，中国在国际事务中表现了独立不羁的强大政治形象，毛泽东的革命思想（包括他发明的游击战理论）得到极其广泛的传播。不过，实事求是地讲，中国与周边邻国的关系仍然远谈不上和谐：中苏边界问题严重存在，中国受朝鲜半岛的冷战形势严重制约，中国直接参与了援越抗美战争，中国与南亚的印度的关系是冷淡的，中国与东盟各国严重对立，这些折射出"文革"时期中国与周边关系的特点。中国在世界经济中仍然边缘化，国际贸易和此时如火如荼的全球科技进步浪潮对这个大国仍然是无关紧要，中国在很大程度上仍然被很多国家视为一个有输出革命抱负和具体战略的威胁。不用说，中国国内经济社会各种事业的发展相当停滞和缺乏活力，有些领域和部门甚至到了崩溃的边缘；国际问题研究和教学工作无例外地受到冲击，大学和研究机构先是"关停并转"，后来虽然有所恢复却成效甚微。

总体而言，"文革"十年给毛泽东时代的中外关系以严重的消极影响，建国后温和路线和极端路线的较量，最终以"极左"势力占上风、到极度直至盛极而衰而结束。不管中国外交部门做了多少艰辛的挽回努力，中国在国际舞台上的好斗形象逐渐被定格、固化和传开，中国与周边国家乃至整个外部社会的关系上"斗"多于"和"。但是，辩证法教会人们，事物发展过头，会朝相反方向转化。

---

① 叶自成教授对毛泽东外交思想及战略的分析，比较复杂也比较有辩证思想。他指出了毛泽东外交思想中维护国家民族利益的一面，同时看到毛泽东内心中对于美国为首的西方世界霸权的深刻不满与挑战意志，以及毛泽东外交谋略里面包含的复杂矛盾关系。参见叶自成著：《新中国外交思想：从毛泽东到邓小平》，出处同前，第128~138页，"从中间地带论到第三世界论的发展"。

对第四时期的分析及结论：

以1978年底召开的中共十一届三中全会为标志，在改革开放总设计师邓小平的领导下，中国从20世纪70年代后期进入了一个全新的发展阶段。它既是中国国内政治经济社会发展的全新阶段，也是中国与世界各方面关系突飞猛进的全新阶段。在新中国历史上，邓小平是第一个提出了有别于毛泽东的重大战略思想和论断的重要领袖，对于毛泽东时代以后的30年中国的航向具有历史性的意义。尤其在邓小平本人执政的时期（70年代末至90年代初），对于中国与国际社会关系的定位，他做出了两次极其重大的贡献：首先，为了启动改革开放航程，邓小平做出了世界大战有可能避免、和平与发展正在成为当今世界主要问题、中国应抓住时机搞"四个现代化"和实行改革开放政策的判断。由此中国内政外交出现了一系列新举措、新方针、新布局，如：依据现实的变化，同时与美国和苏联改善关系（中美建交、中苏开始关系正常化谈判）；正式宣布了不结盟、独立自主的和平外交政策；外交工作服务于国内经济建设的中心任务，大力招商引资、鼓励年轻人出国留学、发展与包括西方发达资本主义国家在内的国际社会的经贸关系；提出"不管白猫黑猫、捉住老鼠就是好猫"的理论，强调社会主义绝不等于贫穷落后，鼓励尝试商品经济和市场机制，建立经济特区和实行土地承包责任制及用"一国两制"谈判解决香港澳门问题，大力消除各方面对于发展中国与西方关系的种种疑虑。正是这一切使得中国社会经济恢复了生机与活力，迅速培育出全球最大的新兴市场与制造基地，一举改变了中国经济成长乏力、缺少致富路径、与世界经济主流格格不入的局面。从邓小平执政时期开始，中国经济与世界经济的依存度大幅增加，外部因素对于中国发展的贡献度迅速上升，中国人对于全球经济和人类发展也有了完全不同于以往的巨大能动作用。其次，在1989年北京政治风波之后的一段特殊困难时期，面对苏联解体、东欧剧变、西方极力制裁和改变中国的不利国际氛围，也面对国内种种困难和混乱乃至非议的巨大压力，邓小平做出了对外要"冷静观察、沉着应对、韬光养晦、有所作为"，对内要坚持改革开放不动摇、经济建设仍为全局重心的战略决断。这一时期他有关国际形势的各种重大判断，有关在艰难困境下维护中国的主权安全、发展机遇的一系列方针，如对苏东解体原因的分析、反对美国霸权及西方制裁的办法、国际时局的长期走向、发展中世界可能面临的新挑战、中国即便将来强大了也不当头不称霸、中国不搞阴谋只有阳谋等精辟论述，不止在当时引导中国渡过难关、转危为安，至今看来它们仍然具有强大鲜活的生命力和指导意义。邓小平留下的精神财富，是当代中国外交史上继毛泽东国际战略思想之后另一伟大遗产，是长久散发光彩和被后人铭记的光辉一页。在那个年代，总体上观察，中外关系的发展有着一种全新的量的扩展与质的提升。正是在这一时期，中国国家主权（领土完整）的保障与维护程度，与我国建交国家的数量及分布，与邻国和周边地区的和谐关系，国民生产总值里海外利益的提高，中国在世界经济中的位置与作用，以及中国人对于全球安全和政治的看法及影响力，乃至中国国际关系学和外交理论研究的兴盛，都有极不同于改革开放之前的全新气象与进步，同时为此后的充实、完善和提高奠定了明确方向与扎实基础。也正因如此，人们把当下的时期仍然称为"改革开放阶段"，仍然把邓小平理论视为指导改革开放的主要思想学说之一①。

　　如果说毛泽东是当代中国最伟大的革命家，那么邓小平则是当代中国最了不起的建筑师；他们两人，一个创立了新中国并给头30年刻上"社会主义革命"的深刻烙印，一个启动了改革开放的航程并给最近的30年以"社会主义建设"的历史标记。那段时期，是整个中国改革开放和现代化进程的奠基期，经受住了冷战终结和苏联解体的巨大冲击，中国与世界的关系由此开辟了与毛泽东时代完全不同的新发展期、新合作期。中国的国际形象，也由过去那种比较边缘化和"造反者"的角色，转向现在这种比较负责任和"建设者"的位置。"邓小平现象"（或者说"邓小平进程"），仍然是一个当下的进行式。

---

① 通读《邓小平文选》第二卷（人民出版社1983年出版）和第三卷（人民出版社1993年版），不难看出这位总设计师既有一般人很难具备的高瞻远瞩，也有自己的思想发展和调整历程。在中国外交的指导原则和对国际大局的判断上亦是如此，比如，他在80年代初仍然强调战争的危险，但同时指出"战争的因素和制止战争的因素都在增长"，中国希望和平，希望20年不打仗，但也不怕威胁、不惧战争。（见《邓小平文选》第二卷，"中国的对外政策"，第415~417页）他到80年代中期提出"和平与发展是当今世界的两大问题"（《邓小平文选》第三卷，第104~106页），指出"和平共处原则具有强大的生命力"（《邓小平文选》第三卷，第96~97页）；1992年"南巡讲话"时，邓小平提出"中国是维护世界和平的坚定力量"（《邓小平文选》第三卷，"在武昌、深圳、珠海、上海等地谈话要点"，第383页）。包括他的外交指导原则在内的邓小平理论的沿革方向，是中国改革开放历程的某种折射与思想结晶。

对第五时期的分析及结论：

在邓小平之后，以江泽民为首的第三代领导集体继承了改革开放的大业，率领中国度过了一段艰难的日子。整个20世纪90年代既是全球范围的适应与调整期，从中国的特殊角度观察，它同时是中国从北京发生的政治风波后受西方制裁和压力的阴影中走出、恢复改革开放之初那种强劲发展势头、迅速进入经济全球化进程前列的时期。这段时期经历了大风大雨和各种艰难考验，却总体上实现了安定和谐、平顺向上，是非常不易的、值得一书的。从中国与外部世界的关系看，在实践层面，沿着邓小平开辟的航向，中国政治领导层和外交部门有效化解了美国及西方的制裁和围堵压力，使中美交往中的人权问题与贸易问题脱钩，缔结中俄睦邻友好合作条约并建立了上海合作组织，大力拓展了与东盟国家的友好互利关系，平稳实现香港和澳门回归祖国，在经过多年谈判之后成功加入世界贸易组织，妥善处理台海危机、北约飞机炸馆事件、美国间谍飞机入侵等重大危机；在战略思想层面，以江泽民为核心的党中央不仅在国内发展上创立了"三个代表"的重要思想，而且在对外关系上全面深刻论述了中国和平发展的可能性与基本步骤，提出"重大战略机遇期"的重大判断，率先倡导国际关系民主化的思想，对周边国家（尤其是东盟地区）宣示了"平等协作、互利共赢"的新安全观，并且对国际社会阐述了不同社会制度、文化和价值观的多样性的方针，丰富和发展了改革开放第一阶段的邓小平外交理论、战略与国际关系实践。依照本文提出的衡量框架，在这一时期，中外关系的各个重大指标都有相当的提升和加强。例如：国家主权与领土完整得到新的保障（以香港澳门回归为突出象征）；与中国建交的国家有新的突破（在保持与朝鲜的传统友谊的前提下实现与韩国的建交是一个典型）；同周边国家的和谐程度得到加强（特别是在解决边界问题达成共识的基础上建立了与俄罗斯的战略协作关系）；提出一系列重大外交方针和国际战略思想（新安全观、新发展观、新文明观，以及战略机遇期概念）；中国国家利益中海外利益的比重不断上升，中国在世界经济中的作用不断提高，中国成为经济全球化的主要受益者（加入WTO是一个里程碑）；中国在全球政治与安全系统里的影响力得到增强，开始提供更多的公共产品与战略外援（中俄主导建立的上海合作组织是一个样板，中国对阿富汗的大量经援是另一个典型）；学界有公议的一个看法是，中国国际关系理论与外交学的研究及教学，自20世纪90年代中期开始，进入了继改革开放初期的新启蒙运动（大力倡导"解放思想"、加强引进和学习过程）之后的又一段"黄金发展期"。尽管这一时期也有各种不足与遗憾，如台湾问题作为中国面临的一大挑战的逐渐升级，中日关系相对中美关系、中俄关系和中欧关系而言进展缓慢，中国与非洲传统友谊面临新的难题，等等，但瑕不掩瑜，它为当下的阶段奠定了坚实的基石，而且总体判断，中国的国际地位在提高，中国与世界的关系有新突破，中国实现了又一段跨越式成长。

对比1989年与2002年，不难见证巨大的反差（与进展）：苏东剧变及北京政治风波后，一度风雨飘摇、形势恶劣，国际上多不看好中国的前景，认为它将步苏联解体的后尘；而到2002年时，这时的中国已俨然是国际力量格局中最有希望的新兴大国（乃至出现了各式版本的"中国威胁论"）。这当然与以江泽民为核心的领导集体及外交部门的辛劳智慧有关，但它更是千百万中国人的心血、力量与成就所致，是改革开放总体方针延续与升华的结晶。

对第六时期的分析及结论：

中共十六大以来的这段时期，是继邓小平、江泽民之后以胡锦涛为总书记的新一届领导集体推进改革开放大业的新阶段，也是中国综合国力和国际地位达到新的高度、中国的全球影响力与对外关系持续发展的新阶段；站在全球角度观察，当下的时期同时是中国迅速成长为全球性大国以及国际力量格局发生深刻变革的全新时期，是国际社会对中国的期待与压力急剧上升、中国快速增长的海外利益同原有国际秩序经历复杂磨合的全新时期[1]。在国内背景下，新一代领导集体制订并提出了"以人为本"、推进"和谐社会"和"科学发展观"等等重大战略口号及目标，深化和丰富了邓小平理论和"三个代表"思想；在外交工作中，与内政的要求相适应，同样制订和推进

---

[1] 近些年来，特别是进入新世纪以来，为增进国内外人士对中国外交工作的了解，由中国外交部政策研究司主编、各地区业务司撰稿、世界知识出版社出版发行、每年一卷的《中国外交》，对于现在的中国外交研究者，起了很大的帮助作用。虽然它并不完善，却是外交部门自我评估与审视的权威结论，在笔者看来，也是研究人员不应当忽略的重要参照系。尤其里面对于宏观外部形势的判断（见"概论"部分），反映出中国政府外交政策的起始点和大体口径。

了一系列具有重大意义的举措（及要求）——例如，提出了"外交为民"的方针，外交领事保护制度出现了重大改革，不断适应着中国公民和企业走出国门、走向世界的新形势；高层领导在国务活动和世界讲坛上大力倡导了建设持久和平、共同繁荣的"和谐世界"的口号，外交部门在具体推动建设和谐的周边关系、有协调的大国战略对话与伙伴关系、实施与发展中世界的新型互利共赢的开放战略，以及积极参与国际多边机制并发挥更大作用方面，实施了大量有创意有成效的行动；胡锦涛本人近一时期内外多个场合反复强调的"坚持走和平发展道路"以及"统筹两个大局"的指导方针，使得中国的对内对外工作有了新的大国气象和风范。在这一时期，与中国新的领导集体更加务实、亲民、谨慎的要求一致，中国外交制度也有新的建设与发展，例如：推动的新一轮外交礼宾改革，更加务实、精干和节约；外交部增加了直接为百姓服务的诸多安排，像设立外交公众活动日，成立公众外交处，逐步开放外交历史，各级外交领导上网与网民对话，设置应对紧急突发事件的机制，加入《联合国人员和有关人员安全公约》，等等。中国的多边外交和大国外交均有创新与突破，如召开大规模、有影响的中非峰会，建立与美国、俄罗斯、日本、欧盟以及各个地区强国的双边战略协作与对话框架等，丰富和加强了中国外交的渠道及影响。在这一时期，中国外交在注重维护中国自身的发展利益和主权安全的基础上，加大了对国际义务与责任的投入，中国人担当了更多的国际组织和多边制度的高官、参与了更多重大国际规则的制订，涉及世界卫生组织、国际金融机构、联合国维和行动、世界贸易组织的上诉法庭、位于海牙的国际法院等不同领域和机制；中国在全球环境与气候变化、全球贸易新一轮谈判、全球金融改革与危机应对、全球防扩散与反恐怖、联合国安理会及联大改革中的不可或缺作用，得到日益广泛的承认。中国与世界的关系，在新世纪之初也达到了历史的新高：中国已和全球170个国家建立了正式外交关系，与200多个国家及地区建立了经贸联系和其他合作关系；中国成长为全球第三大经济体，最大的新兴市场和外资投向地，主要大国中增长速度最快和持续能力最强的国家，对世界经济新时期发展有显著拉动作用的金砖四国的"领头羊"。在这一时期，中国国家权益的保障程度、与周边国家的合作关系、重大外交方略的出台次数、中国对于全球经济发展的带动力和对于国际安全的保障力,乃至中国国际关系理论和外交学的进步步伐,等等,都是以往任何时期无法比拟的。然而,也应当看到,当中国人站到全球新的高地上,既看到更大更美的风景,享受着前所未有的机遇,同时感受到"高处不胜寒"、"树未大先招风"的特殊压力与孤寂,一种在过去罕见的外部"呼吁与要求":中国经济的成长及强劲对外需求,被很多国家和声音视为新的"中国威胁论"或"新殖民主义"的根源;中国与一些与西方有矛盾的国家的正常经贸交往,被解读为"培植势力范围"和对抗现有国际制度;甚至北京奥运的成功,也强化了外界对中国发展中国家的自我定位的质疑;越来越多的国家,包括曾经是中国传统盟友的第三世界兄弟,以及越来越多的国际组织,开始向中国伸手要钱、要援助、要承诺,其中很多超出中国能力所及和中国公众的想象(思想准备)。中国外交提供的战略外援和国际公共产品,相对于其他世界大国,尤其是老牌西方国家,仍然有一定的差距[①];中国的国际影响力与中国公众的期待有距离,与中国的经济成长速度和规模不太对称,与中国作为一个文明古国和当代政治文化独特大国的身份不一致。中国在新时期新起点上与外部世界的磨合,仍然是一个任重道远、充满挑战的过程。

经过最近30年的卓越努力,中国站到新的制高点上,中国与世界关系也具备了不同以往的面貌、性质和潜能。总体上判断,邓小平启动的改革开放进程,是有中国特色的社会主义成功的最大来源,也是有中国特色的新外交理念与实践的主要动因,当然还是中国与外部世界出现全新局面的根本所在。当下以胡锦涛为总书记的新一代领导集体推进的大业,是对上述基本线索的延续与扩展,是改革开放进程的新阶段、新贡献;中国与世界在新世纪初期的关系,由此展现出新的前景、新的亮点。

[①] 在当今的国际社会,北欧地区各国(瑞典、挪威、芬兰、丹麦等),被认为是提供的国际公共援助在其GDP中所占比重最高的国家群体。大体上,这些国家的国民和政府把0.7%左右人均GDP捐献给了国际和平过程,特别是联合国维和行动和各种地区热点冲突的调解过程,如有关中东和平的"奥斯陆进程"、有关斯里兰卡内战的调停过程、有关柬埔寨政治和解和联合国的介入过程、有关印尼政府与分裂省份亚齐相关政治势力的对话进程,等等。作为案例之一,下列作品可以供有兴趣的读者参阅(它属于挪威政府发布的白皮书之一):LEIV LUNDE & HENRIK THUNE, ed. *National Interest*: *Foreign Policy for a Globalised World*, *The Case of Norway*, report by the Ministry of Foreign Affairs' Refleks Project, Dec. 2008。

四、基本结论

- 中国与外部世界关系之迄今一个世纪的历史,充满了曲折与变化。对于中华民族来说,它是一种大悲大喜、刻骨铭心的记忆。随着中国从一个半殖民地半封建国家,变成一个独立自主的社会主义大国,再到一个强盛起来的世界大国,西方发达国家主导的国际体系对于中国的态度,也相应出现了由看不起和盘剥指使、到敌视对峙和封锁制裁、直至对话利用/协调合作/对话施压等多重复杂手段并举的巨大变化。

- 毛泽东时代的中国,比起新中国成立前的状况,发生了天翻地覆的变化。中国人民站起来的同时,这个国家不再是任人宰割和欺辱的对象。然而,由于特殊的国际国内条件,尤其是国际冷战大格局以及"继续革命"的内部逻辑,建国头 30 年间,中国与外部世界的关系始终存在着某种紧张对峙、令人倍感压力的状态,中国一直处于国际体系的相对边缘位置,中国在国际社会的"造反者"形象大于"建设者"作用。

- 邓小平启动改革开放以来的 30 年,中国成了经济全球化进程最重要的受益者之一,中国也逐渐成为当代全球发展的重要引擎之一。以经济建设和改善民生为国内重心的指导方针,同时带动了对外关系和整个国际战略的调整变化。不论磨合过程出现了多少新的问题与矛盾,中国与世界的关系朝着总体积极和建设性的方向大步迈进。中国与当代国际体系越来越紧密地联系到一起,中国的进步构成当代国际进步最显著的成就之一。

外交与内政始终是紧密联系在一块的。建国以来的 60 年间,中国外交的各种问题与主要成就,虽然很大程度上受制于国际大格局的变动,它更是国内政治、指导方针和总体局面的直接延续。"打铁先要本身硬"。中国对自身的设计及塑造方式,根本上决定着中国对外部世界的看法与应对。中国本身的进步,直接影响着中外关系的发展演化。从 20 世纪后半叶的发展线索观察,人们有理由对未来中国与世界的关系发展持乐观态度。

国际关系的新世纪与外交政策

潘 维

在2010年夏秋之交,美国的乔治·华盛顿号航空母舰从日本海到黄海、东海、南海围着中国巡游了一圈,频繁参与同中国周边国家的"演习"。为此,有人兴高采烈,有人垂头丧气,有人摩拳擦掌。其实,那条船游来荡去烧银子,你不理它,它就什么也改变不了。"炮舰外交"属于上个世纪。

回顾21世纪的头十年,国际关系呈现出与19和20世纪颇为不同的特征。突破以往的认识框架,从具体问题出发,我们有可能获得新的国际政治知识。

一、以往的逻辑

国际关系理论集中关注战争的原因与和平的条件。美国每年花掉相当于全球一半的军费,维持全球霸权,推迟所谓"权力转移";中国坚持"和平共处五项原则",主张"和平发展",都体现对战争与和平的关注。就战争的原因与和平的条件而言,教师们主要讲授下面四种产生于西方的国际关系理论。这些理论为国际关系学科打下了牢固的知识基础。

"新现实主义"理论认为,国际关系处于无政府状态,遵循弱肉强食法则。因此,主权国家之间的实力分配状态塑造国际关系,左右对外政策。因此,超级大国是全球国际关系的支配者;日常的国际关系体现为通过结盟获取势力均衡。"新(自由)制度主义"理论认为,20世纪后期,由于各主权国家"相互依存"的新现实，国家实力主要体现在多边的国际组织中。强权主导"制度"，使国际关系受体制约束，获得某种类似国内政治的"秩序"。所谓"英国学派"围绕"深层次的体制"展开讨论，宣扬"国际社会"和"全球治理"观念，也大体类似。因此，日常的国际关系体现为大国间就"制度"规则和"体制"价值观念进行的斗争。"建构主义"的国际关系理论则回归了19世纪后期流行的"理想主义"，但去掉了（和平主义的）"理想"，留下了唯心主义哲学信念，强调观念"塑造"国家利益，继而塑造国家的外交行为。塑造和传播观念的主体未必是主权国家，还可能是个人和非政府组织。因此，日常的国际关系属于观念的战场。上述三种理论在逻辑上有相关性，展示了时代变迁的痕迹。"新马克思列宁主义"的国际关系理论坚持"阶级分析"方法，认为世界分成富国和穷国阵营，即核心区与半边缘区、边缘区。资本主义的逻辑支配这个"世界体系"，使穷者愈穷，富者愈富。因此，日常的国际关系体现为"南方与北方"关于财富分配的斗争。

在海外，不同的学术圈分别信奉上述四种关于战争原因与和平条件的认识，通过相关立场的博士论文进行再生产，使理论"派系"自我强化。而我国的国际关系学术圈经常是西方时髦什么就谈论什么，博士论文大多试图"综合"每样理论，实际却是"两张皮"，研究的内容并不与"理论"紧密相关，主要是就事论事。除了"皮"的叙述常令读者不舒服，"问题意识"还是在不断增强，值得称道。

进入21世纪以来，由于新问题层出不穷，用上述四种理论定义和解释那些新问题经常遇到悖论。于是，西方国际关系学者对深化现存理论的兴趣逐渐降温，政策导向的研究趋于热络。在我国的国际关系学界，强调从细致的历史梳理出发，"多研究点问题，少谈点'主义'"，也日渐成为共识，呈现出回归我国学界传统习惯的趋势。

历史梳理和历史分析不可或缺，但全球视野依然是必要的。理论定义现实，提供比较和解释，也提供行动指南。没有了理论，知识无法积累，"学科"也就不存在了。

因为语言的特征，中国在世界上处于某种文明孤岛地位。但中国的发展极为迅猛，拥有特殊的视角。从疑问出发，我们或许有能力提出对21世国际关系的新认识。

二、当前的疑问

以下的五个"为什么"大概可以刺激我们追求对当代国际关系的新认识。

（1）为什么而今大国之间基本不存在发生战争的危险，和平变得明显可以预期？在 19 和 20 世纪，大国间的战争是经常的危险，也是国际关系学者的主要研究对象。关于"世界和平机遇期"的判断曾经构成中国实行改革开放的重要动力。70 年代末美苏之间还在竞赛核武库数量，这种准确判断属于"杰出"之类。而今，和平预期则是常识，主要国家之间的战争越来越难以想象了。最直观、简单的解释是：核国家之间的战争无法产生赢家；而预期打不赢的战争就很难打起来。印度和巴基斯坦有深刻的利益矛盾，全面战争不仅是危险而且曾是现实。双方拥有了核武器后，两国却再也打不起来。也因为如此，在有局部战争危险的地区制止核扩散非常难。在半个世纪里，核国家的数量翻了一番，据说还可能扩散到非主权国家的军事组织手里。然而，我们有足够的理由怀疑，核武器是持续和平唯一重要的原因吗？

（2）为什么而今"军事优势"的作用明显下降？在 19 和 20 世纪，弱肉强食的"强"主要体现为强大的军力。蒙古落后，但可以凭借优势的军事力量建立世界范围的帝国。日耳曼人对罗马帝国，满洲人对明朝，均不脱此"规律"。然而，苏联在 20 世纪末期的崩溃，至少部分地被归结为追求军事优势拖垮了经济。在 21 世纪初，美国拥有空前的、绝对的军事优势，却被视为相对衰落中的霸权国家。而中国军力迄今依然属于防卫性质，谈不上先进，却被视为"崛起"中的"新超级大国"。美国确实在东亚不断寻找机会，甚至制造机会，来加强与韩国、日本、东盟的"安全合作"，但中国在东亚影响的提升并非来自军事行动。用军事行动来"遏制"中国，如同拳打柳絮一样徒劳。美国军工利益集团不断吓唬自己的人民，为美国寻找敌人。但中国若坚持走自己成功的路，不闻鸡起舞，那么乔治·华盛顿号在周边的

"演习"就成了"演戏"。防卫威慑力量可以"不对称",可以"足够",可以如核武器一样廉价和"有效"。第二次世界大战后,美国挟强大的军事技术优势不断在世界各地打仗,不断赢得战役,却未曾打赢过战争。两场"反恐"战争"越反越恐",军事实力如日中天之际再次遭遇越战式失败。为何美国依然动辄派航空母舰去耀武扬威,甚至傲慢到用 1000 万美元一颗的导弹去打 100 美元一个的帐篷?最简单直观的解释是美国深陷 19 和 20 世纪的传统思维模式,或也可归结为制度缺陷催生了庞大的"军工利益集团"。然而,为什么军事优势在 19 和 20 世纪可以轻易转换成全面优势,在 21 世纪却不灵了?

(3) 为什么而今大国之间很难彼此定义对方为(全方位的)"敌国",为什么(为"安全")而进行的传统结盟活动正在丧失吸引力?定义"敌我友"是结盟政治的前提,通过多边的安全结盟在所有领域都削弱对方曾经是 19 和 20 世纪的惯例。在 19 和 20 世纪,对付法国、德国、苏联,曾经是结盟的主要理由。在 21 世纪,因为很难把另一个强大的国家或区域国家集团定义为全方位的"敌方",具有传统军事安全性质的结盟已不复是大国日常国际活动的主要目标。传统的"同盟"被形形色色的区域经济"合作组织"所取代。"华约"没了"北约"依然存在,却全无确切的敌国对象,淡出了新闻关注。日本、韩国与美国结成对付中国的安全同盟,但两国与中国经济联系的密切程度却远胜于同美国的经济联系。东盟最初起源于美国领导的对抗中国的准军事同盟,而今却是个区域经济合作组织,还吸纳了印支三国和缅甸。若不从"势力均衡"角度看待东盟十国探索 10 + X 伙伴关系,那么"X"数量增多,意味着合作关系的拓展,而非对中国区域地位的威胁。若中国感到马六甲海峡的石油运输通道遭到美国威胁,那陆上输油管明显更不安全,甚至连"恐怖分子"都有能力切断这能源通道了。问题是,美国有什么利益阻止中国的石油供应,断绝自己的商品供应,并与中国打一场全面战争?为什么大家对(安全)结盟逐渐丧失了兴趣,为什么结盟政治在衰落,为什么中国的快速崛起并未导致中国被视为美国和西方的明显敌国?我们固然可以简单地判定,美国一国超强,没有哪个国家敢于结成同盟全面对抗美国。但也可以说,结盟阻止不了其他国家的生存壮大,没有对抗的必要。然而，为什么明显的敌国不复存在，为什么结盟无法阻止其他国家的生存壮大？

（4）为什么而今的"大战略"（即以地缘考量为出发点，综合了军事、政治、经济、文化各方面要素的中、长期全球战略）丧失了魅力？在19和20世纪，包括中国毛泽东在内的出色战略家层出不穷。今天也有国际政治学者渴望成为"未出茅庐，先知天下三分"式的大战略设计者。但是，受国内政治变幻的话题影响，21世纪的世界变动不居，今天的战略计划明天就过时，难以设计有实际操作意义的全球战略策划。仅在21世纪的头十年，国际政治舞台上的"焦点问题"至少变幻了四次，如大规模杀伤性武器，对抗"伊斯兰恐怖主义"，金融风暴，气候变迁，还不包括新世纪伊始关于"美利坚帝国"的喧嚣和稍后"中国崛起"的热议。美国爆发金融危机，触发了全球慌乱的应对措施。议题突然冒出，突然消失，毫无章法线索。所有的这些"不确定"，使形形色色的国际组织倍感尴尬，而且穷于应付。什么导致了这种不确定性？最简单直观的原因是国内事务的不确定性。金融危机是美国导致的。中国的崛起是中国导致的。2003年中国的GDP还只是美国GDP的八分之一，而六年后的2009年就变成三分之一还略多。欧元似乎坚挺，却因为小小的希腊而凸显脆弱。一场墨西哥湾的漏油事故几乎让英国经济的象征BP公司趴下。国内事务变得异常不确定。国内政治不确定性导致的国际政治焦点的不确定性成了我们时代国际关系的基本特征。如何应对"不确定"，操作相互矛盾的军事、政治、社会、经济、文化"战略"是"国际战略家"们面临的一道新难题。美国是"大战略"的教学圣地，但美国的战略家们别说"中长期"，就连提前数年也不可能策划出"大战略"，以应对层出不穷的新"焦点"。为什么当今的国际关系变得如此深受国内政治影响，如此难以预见，如此不确定？

（5）为什么大型的欠发达国家突然获得了"发展"的良机？今天的发达国家，都是在19世纪"发达"起来的。在20世纪，只有发达国家堕入欠发达国家行列的现象（比如阿根廷，巴西，苏联），没有欠发达国家升入发达国家行列的先例。自二战后的半个世纪里，发达国家与欠发达国家的差距没有缩小，而是一直在拉大。但在21世纪，似乎欠发达国家中的大国获得了长足的发展机遇，穷国与富国差距第一次出现了缩小的趋势。新兴工业国在世界经济中的比例大幅上升至近半，而且债务占 GDP 的比例平均才 40%，发达国家则接近 100%，从债权国变为债务国。不仅拉美的墨西哥和巴西，甚至黑非洲地区也获得了亮丽的成绩单，东部和南部亚洲更出现了取代大西洋成为世界经济重心的前景。相形之下，"西方"和日本则陷入了停滞。为什么出现了这种与"世界（资本主义）体系"不相符合的新现象？最简单的解释是：在"第三次民主化浪潮"退潮之后，西方列强对欠发达国家内政的肆意干预减少了，而且世界经济增加了一台新的发动机——中国。然而，若印度也成为世界经济的新发动机，我们关于国际政治动力的旧知识能不更新？

三、新世纪里的新逻辑

战争、武力、结盟和大战略趋于过时，机构性质的"国际体制"黔驴技穷，"不确定性"和"发展"成为新潮，"南方"获得了丰富的"发展"机会。如此，流行的"四大理论"还能提供关于现实的定义，有用的解释，以及未来行动的指南吗？按照国际关系的传统思路，我们可以直观、简单地回答上述看似偶然而且互不关联的问题。但联系起来看，这五个疑问彼此互为因果，展示着更深层次的新原因。

什么是导致这些疑问的深层次原因？一言以蔽之，"全球化"。学者们对"全球化"议论纷纷，却囿于自己熟知的逻辑，不愿让这个新现象挑战我们从 19 和 20 世纪经验中获得的理论认知系统。

"全球化"的定义并不复杂，无非是商品、人员、货币、教育、生活方式和思想的全球交流，是市场机制和交通、运输、通讯等交流的技术手段扩散到一定程度的结果，是"生产力和生产关系"全球化的结果。因此，全球化在物质上表现为技术、商品和资本的全球化，在思想上表现为资本主义观念的全球化。

苏联帝国体系的崩溃和庞大中国人口的加入，给全球化注入了决定性的催化剂，引发了"质变"。如此，全球化突然聚成真正席卷全球的大潮。在21世纪，哪怕国家庞大到如中国和美国的地步，也不可能再"自给自足"了。一个最终消费品的生产往往通过数次原料和配件贸易才能完成，所谓"中国制造"其实是"世界制造"。资本主义市场逻辑下的生产分工使跨国贸易成几何级数飞速发展，庞大的"世界贸易组织"显出笨拙的本色，跟不上时代，各国之间开始自行签订"自由贸易协定"。

如此全球化，有人欢喜，有人发愁，有人仇恨。但不管是支持还是反对，没有哪个国家付得起隔绝于这个大潮的代价，落到类似某国的境地——买不起技术，找不到原料和能源供应，产品也没人要。具有讽刺意味的是，而今的"西方人"正在变成"反全球化"的主力军。"出来混，早晚是要还的。"数百年前从大西洋周边发动的全球化进攻或许会以大西洋势力抵抗全球化努力的失败而结束。

在全球化的21世纪，"国际焦点"飘忽不定。技术、商品、资本和资本主义思想像大洪水一样漫到世界的每个角落，在高低各异、坑坑洼洼的地球上，在不同地区形形色色的历史文化条件下，催生出截然不同的物质和精神结果，而且是完全不可预料的结果。这就是"国际焦点"不确定的原因。面对如此的"不确定"，我们当然感到需要一些确定性，需要机构化的"制度"。但"制度"与变化中的不确定性是一对悖论。

在全球化的21世纪，"不均衡"是常态。全球化不仅在金融贸易领域，而且在每个国家的国内事务中制造"不均衡"，在国际关系和全部世界事务上制造"不均衡"。传统认识里的均衡以及传统地缘意义上的均衡早晚都会被涌动的大潮所消解。在这个时代，不均衡是常态，均衡才是异数。"转型"是常态，平静才是异数。正所谓，"树欲静而风不止"。寻求"全球均衡"的努力是徒劳的。流动的前提是"差异"，有差异才有流动，有流动就有势，有势就有"化"。全球化方兴未艾，势头正猛，与中国人口同样庞大的印度人也势必被卷入，成为继中国之后的新动能。不把全人类在地球上的自由流动称为"基本人权"，全球化恐怕停不下来。

在全球化的21世纪，敌我友界限趋于模糊。"敌对"国家为彼此提供资金、技术、产品、市场、教育基地，甚至武器。如此，在某一领域的对抗随即被另一领域的合作抵消，传统的结盟正在丧失功效。今日之"敌"，明日是"友"，而"亦敌亦友"的情形更为寻常。今天刚签完"战略伙伴"协议，明天就相互指摘，甚至以"制裁"相威胁。金融危机期间，中资机构大规模进入拉美，好像是突入了美国传统的"后院"，却也稳住了原料价格，刺激了经济繁荣，阻止了"赤化"蔓延，帮了美国一个大忙。不从"零和"的角度看世界，中国人追求"双赢"的调门唱得最高，到处孜孜追求视中国为"敌"的国家给自己当"战略伙伴"。虽然西方主导的世界舆论每天都充斥着对中国的批判，但价值中立的实用主义政策使得中国在世界上几乎没有敌国。

在全球化的 21 世纪，"国族"处于人格分裂状态。尽管"主权国家"之间并不"相互依存"，但人类生活方方面面的各个部门却相互纠缠在一起，撕扯着主权国家的内聚力。"国族"这个 17 世纪才出现的、貌似坚强的社会组织，在全世界都患上了"精神分裂症"。在国内层面上，怎么说，怎么做，都有很多人反对，说得好听点叫"多元化"。在国际层面上，政策左一步、右一步，进一步、退一步，说得好听点叫"风险对冲"。于是，中国的爱国主义者们一面指责西方用不值钱的纸币"蒙"走中国海量的商品，一面又指责西方压迫中国的货币升值。于是，美国的国际主义者们一面追求"大中东地区"民主化，一面又以"国家利益"为名联手中东最"专制"的国家，打压那个地区最"开化"的国家。

在全球化的 21 世纪，军事手段的作用显著下降。世界上的大多数麻烦起源于技术、商品、资本和资本主义思想的流动，不是军事实力兴衰导致的，也无法靠军事手段解决。因此，19 和 20 世纪的"炮舰政策"走向没落，和平变成了普遍的预期。美国拥有超强的军事手段，却在伊拉克惨败，连阿富汗也搞不定。于是，对付航空母舰或者太空战的手段依然重要，军队依然是安全的终极保证，但诉诸战争手段来解决争端已经变得越来越不可思议了。中国军队的主要任务是抵抗"万一"的军事冒险。在传统思维模式支配下，美国政府穷兵黩武，却坐视本国的基础和高等教育经费不断萎缩，令人叹息。

在全球化的 21 世纪，孩子们在全球互联网的时代长大，对父辈认为重要的事情丧失了兴趣。他们不熟悉战争，也不关心战争，当然更不喜欢战争。他们的思想随着自己的国际经验而变幻莫测，他们不在意美国航空母舰去了哪里，他们为大学毕业后陷于失业的高概率忧心忡忡。他们学习五花八门的外国语言，在全世界寻求教育和就业机会。以往的"代沟"至少是十年，而现在三、五年的年龄差距就形成"代沟"。"不是我不明白，是这世界变得太快"。他们中间，不知是谁，因为什么，就忽然踢爆一个各国政府都不得不全力处理的话题。

概言之，技术、资本、商品和资本主义思想的全球化撕扯着"国族"这个统一体，使之出现人格分裂，并导致结果高度不确定，导致国际焦点变幻莫测，导致"敌我友"壁垒的虚化，导致"大战略"的萧条，导致军事优势的作用下降，导致和平预期，导致"制度"无能为力，也导致大量"欠发达"国家成为"发展中"国家。正因为如此，中国古典的"天下观"而今变得饶有趣味。

四、结　论

我们或可如此表述21世纪国际关系的新逻辑。

1. 全球化在每个国家的内部制造出变幻无常、层出不穷的新问题，也使过去的"普世价值"都成了特殊价值。国际关系的新焦点由内政的变幻而生，呈现高度不确定性，呈现冲突、合作、竞争三种情况。

2. 全球化撕裂主权国家的"人格"，没有哪个国家在所有问题领域里都与他国为敌，一个问题领域内的"冲突"可以被另一问题领域内的"合作"化解，化解成如中日关系那样的（健康）"竞争"。因此，军事解决方案越来越变得不可接受；"极"（无论一个两个还是多个）不复存在；国族的"霸权"成为过去时。美国不可能称"霸"，中国也不可能。世界进入了"后极时代"。

21世纪的新逻辑将迫使决策者集中关注内政问题，策划驾驭全球化要素的"流动性"。日常的国际关系活动则体现为随时准备谨慎、理性地处理国际关系中的"不确定性",用一个领域的合作来化解另一个领域的冲突,争取本国利益的动态平衡。忽略内政,在国际事务中与新闻界相互煽动,鲁莽地在单一焦点领域进行孤注一掷式的冒险,将使本国身陷"热点"漩涡,遭遇生存危机的惩罚。

21世纪的新逻辑可以称为"不确定主义"或"政策主义"。其特征是:在平衡不断被打破的世界中追求国家利益得失的动态平衡,追求可持续的"平稳"。因此,传统的国际关系理论走向没落,具体的外交政策研究成为热门。

这不是"主义"的时代,不是"制度"的时代,不是单个要素左右成败的时代,不是哪个"国族"张扬"软权力"、"硬权力"、"聪明权力"的时代,而是后极时代,是政策时代,靠谨慎和精明的"交换"求生存。这个时代以全球化的"天下"为背景,缺少英雄、缺少浪漫、缺少"大战略",却能给人类带来至少数十年的和平与发展黄金期。

"西方主义"与21世纪中国的国际环境

于 滨

进入新千年，一个综合实力不断上升的中国，比历史上任何时期都更有能力把握自身现代化的方向和节奏，更有效地与西方主导的国际社会平等互动。然而外部世界、尤其是主导国际体制的西方会如何应对这样一个中国？一个简单的对比：明治维新不到30年，日本打遍东亚（1879年吞并琉球，1894~1995年发动对华战争，占领朝鲜和台湾），反而被西方冠以"荣誉白人"（"honorary whites"）的"美称"。[①] 百年之后，占世界人口四分之一的中国已在和平、发展和共赢的道路上行进30年，"中国威胁论"仍不绝于耳。一个强大的中国如何与国际行为的"标准"接轨？什么是国际标准？由谁来制定？崛起的中国与西方的利益和价值观的交汇点在哪里？数亿学、说英语的中国人如何与西方沟通？能否沟通？中国的"和谐世界"观念为什么在西方难得认同？

上述问题的提出，并非要抹杀30年中国独立自主外交的业绩，而是为一个历史性崛起的中国，在面对复杂和并非友善的外部环境时，提供一个可供继续探讨的话题和视域。为此，本文以西方开创和主导的国际关系体系为切入点，试图以"西方主义"的概念来解释西方政治行为中所表现的"分"（divide and separate）的常态，及其在观念上和政策操作上与中国传统"和"的理念之不同。一个国力强大的中国能否有效地与强势的和统一的西方沟通、协调、合作，仍是中国知识和政治精英必须认真对待的课题。

---

① Yukiko Koshiro, *Trans-Pacific racisms and the U.S. occupation of Japan*, New York：Columbia University Press, 1999, p. 10.

一、西方世纪与西方主义

欲把握现实、预测未来，有必要回顾过去。刚刚过去的20世纪，无论对中国或世界，都极不寻常。在有形的方面，人类驾驭、改造、超越和摧毁世界的能力空前发展；以和平（贸易）或非和平（战争）互动的能量得以急速提升。进入21世纪，世界不仅有高科技、互联网和全球化，也有恐怖主义、大规模杀伤武器和先发制人战略在世界扩散的趋向；① 既有"老欧洲"的后现代主义出于对昔日殖民—帝国主义的反思所派生的细腻和复杂的多边主义，② 也是西方与非西方世界进行"文明冲突"的时代。用一句通俗的话讲，在这个充满机会与挑战的世界上，中国所面临的回报与风险几乎同等。

应该指出的是，20世纪虽然以西方的大规模"内斗"开始，却以西方"统一"而结束。西方自由主义和市场资本主义最终得以排除异己（德日俄），整合四方，以强力面对世界，尤其是中国这样快速崛起的非西方国家和势力。基于同样的道理，经过20世纪西方各类价值观念、意识形态和行为方式的剧烈冲撞，西方已经确立了相对统一的意识形态和价值观念并得以在世界范围推广。在21世纪，西方会竭尽全力维护这一价值观的主导地位。

西方对20世纪有多种定位。比较常见的是《时代周刊》创始人亨利·卢斯（Henry Luce）的所谓"美国世纪"（American century）。③ 也有从"英国强权下的世界和平"（Pax Britannica）过渡到"美国强权下的世界和平"

---

① 先发制人战略有美国布什政府在2002年9月发表的《美国国家安全战略》（"National Security Strategy of the United States"），http：//www.globalsecurity.org/military/library/policy/national/nss-020920.pdf，2009年7月20日。而俄国的核战略也在2000年4月放弃了前苏联的不首先使用核武器的原则。见 Jeanne L. Wilson, *Strategic Partners: Russian-Chinese Relations in the Post-Soviet Era*, New York: M. E. Sharpe, Inc., 2004, p.200. 如今，甚至日本、韩国、以色列等国纷纷放言，要对敌对国家进行先发制人的打击。

② Robert Kagan, *Of Paradise and Power: America and Europe in the New World Order*, New York: Knopf, 2003.

③ David Harvey, *The New Imperialism*, New York, NY: Oxford University Press, 2003.

(Pax Americana)一说,其交接点为查尔斯·金德伯格首创的"霸权稳定论"。① 福山(Francis Fukuyama)的"历史终结论",把西方自由主义与其对手西方共产主义的最后一战(即冷战)描述成前者对后者的历史性胜利,人类在意识形态方面的冲突从而"终止",② 这实际上以间接方式验证了美国军事史学家威廉·林德(William Lind)的"西方内战"(Western civil wars)一说。所不同的是,林德把直到冷战结束时为止的历史称为"西方内战",这不仅包括 20 世纪的两次世界大战和冷战,也包括自 1618 年(三十年战争,1618~1648)以后西方国家之间无休止的战事,这当然也包括西方在广袤的非西方世界为争夺殖民地而进行的战争。③ 如果排除任何价值判断的成分,刚刚过去的 20 世纪实际上是属于"西方内战"一部分的"西方世纪"。

上述论点至少给人以两点启示。首先,西方作为国际政治的主要参与者,其行为方式往往采取战争手段,不管这些战争是以"冷"或者"热"的方式,不管是在西方国家之间还是在对非西方国家。事实上,这个使历史"终结"的 20 世纪,也是人类历史上最血腥的世纪。在自公元 1000 年以来所有人类战争中死亡的 1.5 亿人中,75% 发生在 20 世纪。④ 林德以"西方内战"的时空观,高度浓缩了这段血与火的历史,不仅基于对历史大势的把握,更需要一些勇气。战争和杀戮古而有之,并非西方专利。然而战争的规模、频率、持久性和破坏力,却是与西方工业化和科学发展而同步提升。一个典型的例子是美国学者 David Kang 对欧洲和东亚地区政治"长周期"的比较研究,结论是中国同周边国家的疆界自公元 1200 年以后基本没有改变过。

---

① Charles Kindleberger, *The World in Depression*, 1929 – 39, London: Allen Lane, 1973.
② Francis Fukuyama, *The End of History and the Last Man*, New York: Harper Perennial, 1992. 福山的论点 1989 年首次发表于美国《国家利益》杂志(*National Interests*, summer 1989)。
③ 关于林德的观点,见 Samuel P. Huntington, "The Clash of Civilizations?" *Foreign Affairs* 72, no. 93 (Summer 1993), pp. 22 – 49. 美国保守主义作家、前共和党总统竞选人(初选)帕特·布凯南(Patrick J. Buchanan)的新作《丘吉尔、希特勒和不必要的战争:英国如何失去了帝国?西方如何失去世界?》中,也采用了"西方内战"的概念。然而布凯南的对"西方内战"时间范围的界定局限于一战和二战。见 *Churchill, Hitler and "The Unnecessary War": How Britain Lost Its Empire and the West Lost the World?* New York: Crown, 2009.
④ John Rourke and Mark Boyer, *International Politics on the World Stage*, Brief, 7th ed., Columbus, OH: McGraw-Hill, 2008, p. 232.

相比之下，1500 年欧洲的 500 个独立政体到 1900 年只剩下 20 余个。欧洲国家之间无休止的征战，使绝大部分独立的政治实体消亡。① 本文在此引用这个例子，不在于表明中国与周边国家的关系要"好于"欧洲的"丛林政治"，重要的是中国与西方地区政治的互动形式和结果之不同。

在"西方内战"期间无休止的尚武行为背后，是各种西方思想流派按照自身的逻辑和标准寻求理论和实践的最高纯洁度（或极端性）而进行的无休止的论战。19 世纪以来，西方的自由主义、理想主义、现实主义、资本主义、社会达尔文主义、种族主义、法西斯主义、社会主义、共产主义、国家主义、无政府主义、民族主义等等，都得以充分发挥和激情表演，并在这个林德称之为"西方内战"的最后阶段（20 世纪）达到顶峰。在西方主义各种流派之间你死我活的交锋之中，包括中国在内的广大非西方世界也被迫卷入其中并为之付出巨大代价。

这里，不妨把上述西方种种意识形态的表象和内涵定义为"西方主义"（Westernism）。② 这一概念是对西方主要意识形态和理论流派及其方法论的描述，既不同于 20 世纪初德日等国的后现代化西方国家（late modernizers）对盎格鲁—撒克逊的西方自由主义所代表的物质主义、个人主义、人本主义、理性主义和资本主义的仇视和批判，③ 也有别于近年来西方学者所关注的非西方世界的以反对西方价值观念为主旨的"西方主义"（"Occidentalism"）。

西方主义流派五花八门，然而各自对于事物因果关系的处理却惊人相似，即以一个主要自变量（independent variable）来分解和应对复杂的以人为核心的政治世界。最通常的做法是围绕"主"、"客"观为基本自变量，衍生无数解说和理论。以冷战期间的西方自由主义和西方马克思主义在制度上的代表美国和前苏联为例。二者都以政治制度或经济基础的变量来解释国

---

① David Kang, *China Rising: Peace, Power, and Order in East Asia*, New York: Columbia University Press, 2007, pp. 3 – 7, 37 – 41.
② 笔者在 2006 年首次使用"西方主义"的概念。见于滨《"9·11"与西方国际关系理论——兼论中国国际关系理论的发展与创新》，上海美国研究所，2006 年 6 月第 6 期。
③ 关于所谓"Occidentalism"，见 Ian Buruma and Avishai Margalit, *Occidentalism: the West in the Eyes of its Enemies*, Penguin Press HC, 2004。

家的对外行为方式。尽管它们在理论上水火不容，实践中不共戴天，但面对一个拥有各种色彩和层次的"混沌"世界，美苏两国所开出的药方却极为相似，即把复杂的国际事务划为黑白、善恶分明的两极世界，并按自身的价值观念和政治制度改造和征服对方。二战以后，美苏都不愿意欧洲殖民主义的延续，为此，美国要建立一个世界性的统一的自由贸易体制，而苏联则乐见共产主义在世界范围扩展。为了各自的意识形态的纯洁性以及公开或隐蔽的国家利益，美苏都难以容忍"第三条道路"，都在对外政策方面实行"有限主权论"（limited sovereignty）。美国以政变方式推翻智利的民选总统阿连德，苏联则把"布拉格之春"消灭在萌芽之中。西方主义在方法论上"从一而终"，意识形态上以"我"画线，在外交上肆意干涉他国内政。在这一点上，西方主义在各自意识形态方面的极端品性，与宗教原教旨主义强烈的排他性极为相似。

即便是在21世纪西方自由主义一手遮天的时代，后现代主义所派生出来的种种"主义"的极端性亦表露无遗：女权主义视男性为万恶之源；极端环保主义视一切人工痕迹为大逆不道；反全球化主义对全球化所有载体（大公司、工业化国家聚会等）采取暴力抗争；如此等等。在美国，新保守主义寥寥可数的几位"秀才"不仅在20世纪80年代以"保守革命"整合美国，更在布什执政八年间（2001~2008）以强势的单边主义和极端放任的市场经济搅乱世界。到奥巴马执政，共和党内极端保守人士为主体的"茶党运动"（Tea Bag Party），网罗了各路反政府、反纳税、反移民、反有色人种、反科学等等极端人士，已滑倒了暴力边缘。

二、中国与西方主义

西方主义伴随着西方工业化产生的巨大的经济—军事能量而传向世界，对处于弱势的非西方世界具有极大的震撼力和感召力。从广义的视角，中国20世纪以来的经济—社会发展模式和对外关系走向，在不同时期不同程度地认同了西方的三个主要思想和意识形态体系：即20世纪初的西方自由主义

(Western Liberalism)、"五四"以后的西方马克思主义（Western Marxism），以及1979年以来的西方市场资本主义（Western market-capitalism）。① 然而，上述西方主义都曾对中国的政治走向产生巨大影响和冲击，同时在中国都有"水土不服"的问题，最终也程度不同地被"中国化"。尽管如此，它们所折射出的中与西、新与旧等众多政治光谱，穿越了百年时空，至今仍在中国政治生态中以不同的方式表现自身的价值和地位。

关于"五四"的讨论恐怕要永远继续下去。② 然而无论今人如何在启蒙与救亡，人权与国权，保守与激进，改良与革命之间界定"五四"的历史意义，"五四"所完成的"转型"，在理论上仍然是在西方主义范式之内，即在中国内部政治的整合中，由西方自由主义向西方共产主义的转型。30年之后（1949年），即将夺取全国政权的中国共产党人，又在国际舞台上"一边倒"地选择了西方共产主义。

在两极世界中一边倒，并非中国在这一时期的唯一选择。从1960年中苏关系破裂到1971年基辛格秘密访华，中国在世界上实际是独立（或孤立）于东西两大阵营之外。然而在大部分时间里，中国外交要么以苏画线，要么以美画线，以至于一些西方的中国问题学者认为，中国作为一个地区大国却没有自己的地区政策（a regional power without a regional policy），或一个没有亚洲政策的亚洲国家（an Asian nation without its Asia policy）。③ 事实上，中国作为一个亚洲地区大国而"没有"自己的地区政策，并非始于冷战时期。在此之前的半个世纪，一个已经被列强划分为各自势力范围、饱受内战外乱的中国，即便有心也无力实行有实质意义的地区或周边政策。所谓弱国无外

---

① 笔者在此并未包括民族主义，原因有二。一是源于西方的民族主义，是以文化和族裔为核心的社团在政治上和领土上的诉求，与西方其他主要意识形态对事物进行理论（即因果）解释有所不同。二是民族主义在中国作为舶来品，迎合和驱动了中国各种新兴政治势力的基本诉求，即救亡和富国强兵。可以说，中国"西化"的政治生态背后，实际上是中国民族主义的动力。

② 关于"五四"的种种论点，见杨奎松：《"五四"有多重要?》，2009年5月8日，http://www.chinese-thought.org/zttg/wusijiushi/006910.htm，2009年7月20日。对一个近百年的历史事件仍众说纷纭，这本身就表明"五四"的历史和现实意义，正如1789年的大革命之于法国。

③ 见 Steven I. Levine, "China in Asia: The PRC as a Regional Power," in *China's Foreign Relations in the 1980s*, ed. Harry Harding, New Haven, CT: Yale University Press, 1984, pp. 107 – 14; Michael H. Hunt, "Chinese Foreign Relations in Historical Perspective," in Ibid., pp. 1 – 42; Samuel S. Kim, *China In and Out of the Changing World Order*, Princeton, NJ: Princeton University Press, 1991, p. 84.

交，对新中国以前100年的中国，是一个真实的写照。

相比之下，30年的改革开放、以和平加发展为主线的独立自主外交，①使中国的内外政策都远离西方主义的基本内核，更具中国传统政治文化的"中"与"和"的色调。②这里所说的"远离"，不是抛弃或决裂。③而是在经过百余年的彷徨、反思、追求和探索之后，中国在其历史性崛起的过程中，能够同时对西方共产主义、自由主义和市场资本主义的不同要素，都同时进行评估、筛选和理性借鉴，而不必在不同的西方主义范式之间被迫进行"零和"式的、而且往往是痛苦的抉择。④换言之，一个稳定、强大的中国，在与西方主义百年"不对称"交往之后，对各类西方主义已经由理性代替激情，正以"和"的姿态与外部世界接轨。

三、国际政治中的"分"与"和"

冷战以后的国际政治却走向另一条道路。1991年冷战戛然而止，历时数百年的"西方内战"也随之结束。在战胜了西方法西斯主义和西方共产主义之后，西方自由主义和市场资本主义在西方内部已无敌手，有能力也有意愿一致对"外"。在这个意义上，西方内部的"和"，意味着与非西方世界的"分"（"the West and 'rest'"）。1993年亨廷顿《文明冲突》一文，标志着这一转折的开始。亨廷顿所代表的西方现实派把注意力转向非西方世界，在相当程度上是基于美国内部凝聚力下降以及在没有外敌时呈现的认同危机（identity crisis）。为此，亨廷顿提出两个解决办法：寻找一个西方文明以外

---

① 国内外关于中国外交分期和中国自主外交问题的讨论，一般认定1982~1986年为中国独立自主外交的转型期。1982年9月1日邓小平在中共十二大正式提出了中国独立自主外交政策；1986年3月，六届全国人大四次会议《关于第七个五年计划的报告》第一次把中国外交政策概括为"独立自主的和平外交政策"，并分十个方面阐述了这一政策的主要内容和基本原则。至此，外交方针政策的调整基本完成。

② David Kang, *China Rising*, New York: Columbia University Press, 2007.

③ 十年来中国经济、政治和社会的转型采取了"摸着石头过河"的渐进的方式；而俄国的政治精英则是完全抛弃西方马克思主义的体制，以"震荡疗法"一挥而就，进入西方自由主义的殿堂。

④ 1919年的凡尔赛和约，使中国知识精英对西方自由主义理念的"一厢情愿"破灭，进而转向西方共产主义。1947年开始的冷战，又迫使新中国在两极世界中"一边倒"。

的敌人；同时以美国基督教主体的政治文化对美国"离心离德"的多元文化加以"重新美国化"（re-Americanization）。

美国现实派率先提出以文明来界定未来国际冲突的载体，有其历史和文化渊源。一部美利坚的"文明"史，就是一部在政治上和意识形态上与现存体制、思想、种群不断"分离"的过程。按照亨廷顿的说法，美国的立国之本就是要使美国与不自由或反自由的旧大陆划清界限。独立战争期间，由于美国无法在文化上与英国区别开来，就必须从政治入手，英国因此成为专制、贵族、压迫的象征；而美国则代表民主、平等和共和。在整个 19 世纪，美国将自身置于欧洲的对立面。欧洲代表过去，即落后、不自由、不平等的封建、王朝和帝国主义；而美国则代表未来的进步、自由、平等的共和体制。在 20 世纪，美国则成为美欧文明的领袖，反对纳粹德国和苏联共产主义。总之，由于美国作为一个移民国家而缺乏深层文化（deep culture），美国的存在取决于美国在政治上与一个外部的敌人或异类（"other"）划清界限，否则美国会国将不国。[①] 无独有偶，同样的美国，在 19 世纪末由于无法在文化上和人种上区别中国和日本，也只能从政治行为上把最西化、最富有侵略性的日本树为亚洲的"榜样"并赋予"荣誉白人"的称号。

亨廷顿关于政治化和意识形态化的美国之解说相当准确，但仅仅是对美国而言，却忽略了西方整体政治文化的主线，即西方近代、现代史，也是一个不断"分"和"离"（"divide" or "separate"）的过程。是市民社会与王权、神权和特权分离的过程；是新教和东正教与天主教的分离的过程，是政教合一体制走向政教分离的过程，是个体摆脱群体和整体的过程，是"新"西方（北美）与"旧"西方（欧洲）分道扬镳的过程和结果。在整个过程中，西方政治的基本操作方式以"分"为主。

对于非基督教、非西方世界，西方只实行两种政策，要么"自愿"皈依，要么强力征服，不存在平等、共存的第三条道路。在这一过程中，西方也常常对被征服对象国和地区采取分化瓦解、分而治之的方式。这包括东印

[①] Samuel Huntington, "The Erosion of American National Interests," *Foreign Affairs*, vol. 76, no. 5 (September/October 1997), pp. 28 – 49.

度公司对次大陆的征服；在北美对土著印第安人的漫长、血腥征战；欧洲各国19世纪末对非洲的瓜分和占领，为了殖民统治和管理的方便，人为地割裂自然部落和语言为基础的族裔群体，使独立后的非洲各国纷争不已。1913年的西姆拉会谈中，英国为挑动西藏"独立"而提出的所谓"外藏"、"内藏"，被中方拒绝后又随意划出所谓麦克马洪线，使中印之间至今纠缠不清。另一方面，"疆独"的"东突厥斯坦"概念，是由欧洲人在19世纪提出，在此之前，"突厥斯坦"的地理概念已相当模糊，而"突厥斯坦"在当时史籍中也已基本无人使用。① 一个鲜为人知的事实是，印度种姓制度的起源，也是由于公元前2000年欧洲迁移至次大陆的雅利安人种，为有别于土著民而开始使用，在英属印度时期为符合殖民者需要，被固定、僵化，成为阶级森严的阶序体系。②

西方的殖民政策是分而治之，二战后非殖民化的过程也贯穿了"分"的策略。比如，英国从次大陆脱身以前策划印巴分治和克什米尔独立。多年以后，当年策划和参与分治的英国官员 Penderel Moon 写了一本名为《分而离之》(*Divide and Quit*) 的书，③ 对英国的"临门一脚"有详细描述。按英方的说法，分治成功避免了英属印度的"内战"，然而这不过是把无法避免的冲突"出口"而已，为次大陆留下了已经燃烧的"火药桶"；对印巴两国来说，分治即战争，且永无休止。次年（1948）的巴以分治，也造成了犹太民族与阿拉伯世界的深刻裂痕，不仅至今无法消除，以色列自2002年开始修建的高8米、长700公里的隔离墙，永久性地把犹太人居住区与巴勒斯坦居民隔离开来。2006年以来，美国政府也开始在美墨边界修建隔离墙/网，以阻止非法移民。

在上述"分治"过程中，西方往往赋以"自治"、"民族自决"和民主等标签。事实上，西方共产主义和西方自由主义在20世纪初，都率先提出

---

① 冯建军：《东突的成因以及东突分子的由来》，2008年4月11日，http：//www.chinavalue.net/blog/BlogThread.aspx? EntryID=54477，2010年2月23日。
② 赵章云：《印度人难改种姓观念》，2001年9月20日，人民网，http：//www.people.com.cn/GB/guoji/25/95/20010920/565289.html，2010年2月23日。
③ Penderel Moon, *Divide and Quit*, London：Chatto & Windus, LTD, 1961.

"民族自决"概念，即列宁于1914年2月的《论民族自决权》一文①和美国总统威尔逊1918年1月8日在国会两院发表了《十四点和平纲领》的演说。其实，民族自决本身并非异端邪说，而是西方国家从未真心实意、公平合理地实施民族自决的原则。1919年4月28日结束的巴黎和会上，西方民主国家在对待两个亚洲盟国时（中国和日本），以强权为标准，将中国山东的权益奉送给日本，使战胜国之一的中国反而成为被宰割对象。西方民主国家的蛮横与虚伪，使众多崇拜"德"、"赛"二"先生"的中国"新青年"们痛不欲生。不仅如此，和会分赃不均，对战败国德国苛刻勒索，种下了复仇的种子。一战这场威尔逊所称"要结束一切战争的战争"②，最终成为引发更大规模冲突的前奏。西方自由主义在20年后又不得不面对德国法西斯主义和日本军国主义等凡尔赛和约的恶果。

西方民主国家随意阉割民族自决原则，西方共产主义则进一步、退两步。巴黎和会三个月后，布尔什维克政府不失时机地宣布，愿意将"沙皇政府独立从中国人民那里掠夺的或与日本人、协约国共同掠夺的一切交还中国人民"；包括无偿交还中东铁路及其所有租让的矿山、森林、金矿与他种产业；放弃庚子赔款；"废弃一切特权，废弃俄国商人在中国境内的一切商店"；放弃领事裁判权，等等。西方共产主义言辞，与西方民主国家的弱肉强食政策形成强烈反差，使中国内部对西方民主国家幻灭的人士加速转向苏俄。然而就在中国共产党成立之时（1921年7月），苏军也进入外蒙"剿匪"，并于同年11月与苏军所扶植的蒙古人民革命政府签订《俄蒙修好条约》，外蒙从此脱离中国，成为苏联的附庸。③

20世纪，西方自由主义和西方共产主义对中国都言行不一，言而无信。在对中国的主权和领土完整造成永久伤害方面（台湾、外蒙、新疆、西藏"问题"以及乌苏里江流域），西方共产主义（苏联）更甚于西方民主国家。

---

① 列宁：《论民族自决权》，1914年2－5月，http://www.marxists.org/chinese/Lenin/marxist.org-chinese-lenin-191402－05.htm，2010年2月23日。

② 引自美国总统威尔逊1917年4月2日在国会要求对德宣战时的演说，原文为"the war to end all wars"。

③ 1917年布尔什维克革命爆发以后，中国各界对俄国革命的最初反应并不积极。直到1918年中期，对俄国革命首先表示欢迎的却是一批无政府主义者。见沈志华主编：《中苏关系史纲：1917－1991》，新华出版社2007年版，第4～11页。

四、"同而和之"与"和而不同"

西方主义不是不要"和"。问题是与谁"和",怎么"和"。和是对"内"而言,即与政治体制、经济制度、文化信仰相同的国家。在这个意义上,北约和欧盟的扩大均建立在共同政治和经济体制基础之上,即政治民主和自由市场经济。在欧盟的扩大问题上,还有一个"文化"或"宗教"标准,即成员国应该是基督教国家。土耳其申请入盟20余年(自1987年)而不得其入,至今仍是欧盟的"联系成员"(associate member),主要障碍是土耳其不是基督教国家。

西方的"同而和"原则在国际关系理论上的体现是"民主和平论"(democracy-peace theory),即民主国家因为政治制度相同、民众要为国家外交和防务问题付出代价而反对使用武力,至少是反对在民主国家之间兵戎相见。关于"民主和平论"[1]的"盲点",学界已多有评说。[2] 这里要指出的是,与同文、同类、同制度的国家保持和平关系,实际上是国与国、人与人、不同动物种群之间关系之间的最低标准;能够与制度不同、文化信仰不同、种群不同的人群、社团和国家的沟通、交往、共存和互利,才是最应该注重和解决的问题。"民主和平论"作为一个议题,在西方学界已争论多年,不管是拥护或反对者,都还在理论的象牙塔里兜圈子,竟然完全忽略了这一简单常识。而中国学界对"民主和平论"的批判,至今仍停留在政策层面,未涉及其文化和宗教之渊源。

基于同一逻辑,西方很难理解中国独立自主外交政策的一些政策。比如,西方学者和观察家对上海合作组织的看法一般分为两个极端,相互水火

---

[1] R. J. Rummel, *Understanding Conflict and War*, Hoboken, NJ: John Wiley & Sons Inc., 1976; Michael Doyle, "Liberalism and World Politics," *American Political Science Review* (1986), pp. 1151 – 1169.

[2] 见 Wikipedia, "Democracy Peace Theory," http://en.wikipedia.org/wiki/Democratic_peace_theoryJHJStatistical_significance; 于滨:《"9·11"与西方国际关系理论——兼论中国国际关系理论的发展与创新》,上海美国研究所,2006年6月号。

不容。一个极端的观点是，上合组织是一个反西方、反美国的"准"军事同盟；否则，为什么会坐在一起没完没了地开会、发宣言、搞演习?! 从西方"同而和之"的观点来看，这些非西方国家另起炉灶本身不是阴谋就是阳谋。另一派的观点是，上合组织是一个大杂烩，什么国家都有，利益不同，目标不一，充其量是一个清谈会（talking club），成不了气候。然而西方也许永远不会理解，不同文明、不同制度、不同利益的国家能够聚在一起，讨论和解决相互之间的分歧，其难度和意义远远超过同文同种的西方聚会。① 上合组织成员国和观察员国涵盖了世界主要文明（基督教、印度教、伊斯兰教、孔教），拥有欧亚大陆的三个最大的国家（俄中印），面积约占欧亚大陆的五分之四，人口接近世界总人口的一半，且政治体制不一，发展水平千差万别。它们之间在文明、体制和利益方面的多样化，非西方历史上任何组织和团体所能比拟，或根本不成比例。这些国家之间众多的问题和矛盾，以及各自与西方和美国千丝万缕的联系，使成员国之间根本无法、也没有必要就反美或反西方达成共识，除非这些国家的核心利益在同一时间受到同一西方国家的严重侵害，而这种可能在相互依存程度极高的 21 世纪几乎不存在。最后也是最重要的是，上合组织的基本理念是"和而不同"或"不同而和"。这与西方的"同而和之"的哲学南辕北辙，属于完全不同的范式。

类似西方主义误读误判中国外交的例子还有很多，比如中俄目前的"战略伙伴"关系，是在毛泽东时代中俄之间浪漫的"沸点"和悲壮的"冰点"之后、自 17 世纪以来最平等、最正常、也最复杂的国与国关系。② 然而西方研究中俄关系的论著中，要么把中俄之间的任何往来都视为针对西方的联盟关系（alliance）；要么认为中俄之间在意识形态、社会制度和文化信仰方面的巨大差异，认定目前的中俄关系难以持续，更会走向对抗。③ 两种观点按

---

① 关于上合组织性质的讨论，见 Yu Bin, "Central Asia Between Competition and Cooperation," *Foreign Policy In Focus*, December 4, 2006, www.fpif.org/fpiftxt/3754 (accessed July 15, 2009)。

② 关于西方对中俄关系的"极端"看法，见 于滨：《后冷战时期的中－俄关系》，北京大学《国际政治研究》2006 年第 2 期，第 116～36 页。

③ Yu Bin, "In Search for a Normal Relationship: China and Russian Into the 21ˢᵗ Century," *China and Eurasia Forum Quarterly* 5, no. 4 (November 2007), Stockholm, Sweden, 47 - 81, http://www.isdp.eu/cefq (accessed July 15, 2009); Bobo Lo, *Axis of Convenience: Moscow, Beijing, and the New Geopolitics*, Washington D.C.: Brookings Institution Press, 2008.

照自身的理念和逻辑，对中俄关系的实质做出了截然相反的判断，却忽略了中俄关系的主线，即后冷战时期中俄关系基本上是遵循"和而不同"原则，它排除了意识形态因素，以务实、低调方式处理日益复杂的双边关系，有别于冷战期间非友即敌、大起大落、"冷""热"不均的"情绪化"、震荡式的双边关系。中俄之间长达三百多年的边界问题彻底解决，标志着三百余年的风雨恩怨、兵戎之争的终结，既有象征意义，也不乏实质内涵。

20年来的中俄关系逐步走向成熟，关键是"和而不同"。与此同时，中国的对朝关系也早已超越了西式的联盟关系。甚至在中韩建交前，中国对朝鲜半岛的政策就已趋向中立，即维护半岛和地区稳定，反对来自任何一方的过激行动。中朝传统关系的象征和内容仍在，不同的是，中国已将中朝关系置于地区安定的大框架之中，从而超越了相对狭隘的双边关系。① 这也就是中方主导的六方会谈能够坚持多年，成为事实上的地区安全框架的主要原因，其操作难度远远大于1905年的小罗斯福总统牵头而达成的《朴茨茅斯协议》。②

对同类的偏爱势必导致对异类的排斥。对自认为是占有道德制高点的美国来说，与敌国或潜在敌国对等谈判，至少是政治不正确，不到万不得已，绝不走此步。美国前副总统切尼的一句名言为："我们不同邪恶谈判。我们要战胜邪恶"。③ 切尼的观点虽然不代表所有西方人，但在至少一半美国人中大有市场。前总统克林顿2009年8月初赴朝鲜带回两位在押美国记者一事，对美国保守派和新保守主义者来说，无疑是纵容邪恶国家，背叛美国的价值观。多年来，在中美之间的战略对话中，美国都拒不使用"战略"（strategic）一词，原因是美国只与盟国进行的"战略"对话，与中国仅仅是

---

① 关于中朝关系，见 Yu Bin, "China's Dilemma in the Current Korean Crisis," no. 8, PacNet Newsletter, February 20, 2003, http://www.csis.org/media/csis/pubs/pac0308.pdf (accessed July 15, 2009); "China is in no position to pressure North Korea," *International Herald Tribune*, February 27, 2003, http://www.iht.com/articles/2003/02/27/edyu*.php, (accessed July 15, 2009)。

② 在任何意义上，《朴茨茅斯协议》都是列强瓜分远东的强盗行径。为了达成妥协，美国允许日本侵占朝鲜，而日本则默认美国在菲律宾的殖民"利益"。

③ 切尼的原话为："We do not talk to evils. We defeat them." 引自 Michael D. Intriligator, "Out How: The Economics of Ending Wars" (Economists for Peace and Security Roundtable), ASSA Conference, Chicago, January 5 – 7, 2007, http://www.epsusa.org/events/aea2007papers/intriligator.htm (accessed July 15, 2009).

"高层对话"（senior dialogue）。直到奥巴马执政，美方才启用"战略对话"的说法，而此时又可能是美方因经济困难十分有求于中国之时。

作为世纪之交的超级大国，美国的外交理念仍停留在顺者昌、逆者亡的狭隘的、简单的原始阶段，尽管白宫的不同主人对具体政策总会有所微调。纵览"9·11"以来美国政要的言论，在涉及外交和军事战略问题上，他们关切的几乎都是如何使美国更安全，或"国家安全"的概念（national security），几乎无人关切国际安全和稳定。甚至以"变革"为口号的民主党总统竞选人奥巴马，也屡屡迎合选民的口味，与共和党总统竞选人麦凯恩竟相允诺，如果当选，一定要使世界对美国更安全；而绝不会设想在一个恐怖主义和大规模杀伤武器都在扩散的世界上美国何以能独善其身；更不可能意识到独来独往、先发制人的美国对现存国际体制的极大破坏，已经而且正在减少美国自身的安全。如果说90年前威尔逊总统发誓要使世界对民主国家更安全，包括美国在内的国际社会今天所面临的，却是如何使美国对世界更安全。[①]

奥巴马在当选以后所行的"巧实力"外交（smart power）能否持久，还有待观察。至少，美国现政府的柔性外交是在美国八年单边主义遭受重大挫折之后。美国要学会善待他人或以平等方式对待他人，仍然面临如何超越自我狭隘利益的瓶颈。而这一美国外交中的秉性，不是白宫的"颜色革命"就可改弦易辙的。[②]

五、领导权与话语权问题

世纪之交的"文明冲突"概念，如今又注入了新的内容。对于西方来

---

① 见 Yu Bin, "Making America Safe for the World," *Asia Times* online, October 29, 2008, http://www.atimes.com/atimes/Middle_East/JJ29Ak03.html, (accessed July 15, 2009).

② 奥巴马当选总统前后，中国媒体竞相发掘奥氏家谱中亚裔或华裔的痕迹，以期奥本人会善待中国。有学者甚至把美国白宫的"颜色革命"喻为中国国内"民主与法制的春天"（见朱峰：《从美国大选看美国政治文化》，凤凰卫视《世纪大讲堂》，2008年10月27日）。一年后，奥巴马政府对台军售64亿美元，执意会见达赖。国人则由过度期待转向极度失望加愤怒，二者其实都是非理性的。对美国一厢情愿者也许应该猛醒，奥巴马首先也必须是美国总统，而不仅仅是"黑人"或"黑人的"总统。而中国的民主与法制更无须与美国国内的族裔关系挂钩。

说，中国的硬实力已经强大到不是靠"冲突"就可以使其就范了。更重要的是，中国本身对与西方冲撞根本不感兴趣，因为这根本违反中国和世界的利益。两者相加，如何容纳和接纳中国，自然成为无法绕过的问题。虽然一个强大的、已经与世界接轨、致力于建设"和谐世界"的中国不一定是一件"坏"事；然而一个非西方、非西式民主、非基督教、非白人的独立、强大和世俗的政治/经济/文化实体存在的本身，对习惯于与"同类"打交道的西方来说，至少是一个未知数。以下两个相隔15年的观点表明西方的这一观念上的延续。

亨廷顿"文明冲突"论发表数月之后，普林斯顿大学政治学教授埃隆·弗里德伯格（Aaron Friedberg）以欧洲的历史观，对亚洲的未来进行了极为悲观的预测：

从长远看来，更可能成为大国冲突热点的是亚洲而非欧洲。欧洲作为世界500年来主要战争策源地（以及经济发展的动力）的时代已近结束。无论如何，欧洲的过去可能就是亚洲的未来。[①]

因为弗里德伯格仅从西方自身的历史惯性看待与之不同的文明和国家，鲜有换位思考的意愿和能力，其结论必然是，一个强大的中国，一定要重蹈西方扩张的覆辙，与西方发生冲突。然而身为中国问题专家的弗里德伯格对中国历史的认知几乎是一张白纸，他根本无从想到，历史上的中国从来是弱国无外交，[②] 而统一和强大的中国，往往是地区稳定的基石。[③] 甚至鸦片战争以前，中国的制造业几乎占世界总量的三分之一，对外也只是输出丝绸、瓷器和茶叶，几乎无人会设想要去"发现"什么"新大陆"。在西人看来，中国要么聪明过人，要么愚昧透顶。无论如何，中国传统的思维和行为方式

---

① Aaron Friedberg, "Ripe for Rivalry: Prospects for Peace in a Multipolar Asia," *International Security* 18, no. 3 (Winter 1993), p. 7.
② 见前"中国与西方主义"一节。
③ 见 David Kang, *China Rising: Peace, Power, and Order in East Asia*, New York: Columbia University Press, 2007, pp. 3–7, 37–41.

与西方/美国的"强国无外交"恰恰相反。①

弗里德伯格所表达的对非西方发展的恐惧,在2008年又增添了新内容。英国前首相布莱尔2008年4月3日称:西方将必须面对一个巨变,这是数百年来首次。东方正在崛起。她至少会要求与西方平起平坐。可能还不止于此。然而,这一即将到来的新世界是以何种价值观念为主导的呢?我认为在这个全球化迅猛发展的今天,这个世界将会变得极为贫困,更加危险,更加脆弱,尤其是更加茫然。我是说,如果在这一过程中缺乏必要的目标感,如果没有坚定的精神的话。②

布莱尔的上述言论,至少表露了两种担忧:一是西方领导地位的弱化或丧失,二是西方价值观念的边缘化。作为维系欧美的"大西洋"体系的重量级人物,布莱尔的历史观和逻辑性其实都是相当欠缺的。然而布莱尔刚刚皈依天主教,担心一个由非基督教文化所主导的世界,也不令人惊奇。但作为以新教为主的英国人,布莱尔其实应该记得,上一次天主教主宰欧洲大陆时,是中世纪的黑暗时代。况且,文明不仅仅是基督教的,而西方现代化的过程也不都是文明的。然而对西方听众来说,文明总是来自西方的。布莱尔可以有选择地"摘取"历史 ("cherry-picking" history),其言论的最大盲点在于对现实的描述。中国对意识形态早已看淡,对"文革"时期短暂的狂热亦多有反思,甚至对相对成功的"中国模式"可移植性也多有疑虑。而历史上世俗的中国从未输出过宗教,也无宗教可输出;倒是世界各种宗教都先后登陆中国。不管中国强弱,西方的宗教、文化不可能受到中国的正面冲击。

布莱尔关于领导权的话题最具有误导性。首先,西方已习惯自我认同为

---

① 基辛格在"9·11"数月前出版的《美国还需要外交吗?》一书中认为,后冷战时期的美国除了军事和经济政策以外,已无外交而言。即便有,"美国的外交往往意识形态化,并有传教者的风格"。Henry Kissinger, *Does America Need a Foreign Policy*, New York: Touchstone Books, 2001.

而美国在未成为超级强国之前,尤其是20世纪初,在外交上欲多有建树,这包括美国1900年为协调列强在华利益的"门户开放"政策,不费一枪一弹,就获得与其他列强以武力取得的在华特权。美国带头退还部分庚子赔款,也使美国轻而易举夺得道德制高点,赢得了"心地善良的帝国主义"的称号。见 James Thompson, *Sentimental Imperialists*, New York: HarperCollins, 1985。1905年小罗斯福政府致力于调解日俄在朝鲜半岛的冲突,居然获得了当年的诺贝尔和平奖。1919年美国总统威尔逊充满理想主义的《十四点纲领》,对饱受战乱的欧洲大陆,至少是一副清凉剂。

② 见"Tony Blair 'Faith and Globalization' Lecture," The Cardinal's Lectures 2008, Westminster Cathedral, London, April 3, 2008, The Office of Tony Blair, http://tonyblairoffice.org/2008/04/speech-on-faith-globalisation.html, (accessed July 15, 2009).

世界"领导",不管是基于硬实力或软实力。一旦开始丧失或感到如此,便会产生强烈的失落感和危机感。然而,近年来西方领导地位的相对下降与中国可能没有直接关系,而是西方/美国滥用自身实力、不顾国际社会劝阻、执意对与"9·11"毫无关系的伊拉克用兵的结果。不仅伊拉克人民伤亡惨重、山河破碎,美国的国际形象和经济实力都受到巨大消耗。为此,前国防部长拉姆斯菲尔德曾秘密成立一个致力于塑造美国形象的"战略影响办公室"(Office of Strategic Influence),其职责包括向媒体传送假情报,然而美国的形象反降不升。拉氏应该懂得,一个损人也不利己的政策,正如一件劣质产品,无论怎样包装,也难以改变其秉性。① 在经济方面,美国人放纵消费,举债无度,热衷金融投机,视一切监管措施为自由的敌人,直接导致了美国的金融危机,并把整个世界拖下深渊。美国国际地位下滑,更多的是对外穷兵黩武和内部经济政策失调失控的结果。② 对于这些,掌握了国际话语权的西方似乎视而不见。直到2008年夏季,国际石油、粮食和原材料价格暴涨,一个主要是由于国际炒家疯狂的自私行为而导致的非理性现象,在西方看来也是中国和印度两个巨大"黑洞"吞噬世界原材料的结果。③ 美国总统布什和国务卿赖斯纷纷指责称,中印两国大量的中产阶级的生活改善,导致食肉量增加,从而引发国际粮食价格上升。④

从根本上说,所谓国际领导权问题是一个伪命题。因为一个有效的国际领导者的地位,往往是经过一段过程自然产生的(earned 或 emerged)。反

---

① Gerry J. Gilmore, "Strategic Influence Office 'Closed Down,' Says Rumsfeld," American Forces Press Service, February 26, 2002, http://www.defenselink.mil/news/newsarticle.aspx? id = 43904, (accessed July 15, 2009).

② Andrew Bacevich, *Limits of Power: The End of American Exceptionalism*, New York: Metropolitan Books, 2008).

③ 见美国传统基金会网站文, Ariel Cohen and Owen Graham, "What Is Driving the High Oil Prices?" June 9, 2008, http://www.heritage.org/Research/EnergyandEnvironment/wm1951.cfm (accessed July 15, 2009). 直到一年以后美国和世界已深陷金融危机而不能自拔,而国际石油炒家再度跃跃欲试时,美国政府的监管机构才"开始考虑"限制炒家的炒作"数量"。见 Marcy Gordon, "To ease price swings, US may limit energy trading," AP, July 28, 2009, http://www.businessweek.com/ap/financialnews/D99N92NG0.htm (accessed July 15, 2009).

④ 实际情况是,美国人年平均牛肉消费量为恶42.6公斤,而印中分别为1.6和5.9公斤。*Espressindia.com*, "Rising food prices: After Rice, Bush blames India," May 3, 2008, http://www.expressindia.com/latest-news/Rising-food-prices-After-Rice-Bush-blames-India/304902/ (accessed July 15, 2009).

之,某一国家也可以以强力使之处于"领导"地位,或自我标榜为世界领袖。除此之外,如果仅仅是要求(request)别国视自己为世界"领袖",几乎是不可能。即便是实力强大的国家,也必须兼顾实力(power)与权威(authority)之间的平衡,也必须以平等方式与国际社会的其他成员相处。在这个意义上,绝对的、永久的、无所不包的国际领导地位,历史上不曾有过;在仍以民族—国家为主体的国际社会中,这至少在理论上是不成立的。在实际操作层面,实力(军事和经济变量)与权威(亲和力与合法性)的运用往往是动态而非一成不变。过于依赖前者,恰恰表明后者的缺失;而愈缺乏权威,愈倾向诉诸强力。布什执政八年,恰恰陷入这一怪圈而无力自拔。

对此,美国前总统克林顿在2008年民主党大会上不无感慨地说,美国应该通过"榜样的力量,而非单纯使用武力"来领导世界。① 克林顿的肺腑之言,提出了美国应如何领导世界的问题。在理论层面,约瑟夫·奈2004年率先提出"软实力"(soft power)概念,② 希拉里·克林顿国务卿又推出"巧实力"(smart power)③ 外交。这些对美国国际领导地位的反思及配套政策能够持续多久,仍要拭目以待。相对于布什执政期间美国的单边主义和先发制人的简单粗暴的"实力决定论",美国的"软实力"和巧外交更具有国际亲和力。然而其底线仍然坚持由美国来领导世界,而不能设想、更无法认同一个没有美国主持的国际社会。对约瑟夫·奈来说,美国的国际领导地位是不容置疑的,即便是一个实力相对下降的美国。这似乎已经不是一个可供讨论的学术问题,而是成了约瑟夫·奈本人的信念。④

如果说美国和西方对自身领导地位的反思是在维护西方硬实力的同时,强调其政治文化和西方文明的"软实力"的话,西方对中国可能成为世界领

---

① 克林顿的原话为:"The U. S. should lead by the power of example, not example of power."
② Joseph Nye, Jr., *Soft Power: The Means to Success in World Politics*, New York: Public Affairs, 2004; *The Power to Lead*, New York: Oxford University Press, 2008.
③ "巧实力"概念由Suzanne Nossel于2004年首先使用。见"Smart Power," *Foreign Affairs*, vol. 83, no. 2 (March/April) 2004, pp. 131–142.
④ 见Joseph Nye, Jr., *Bound To Lead: The Changing Nature of American Power*, New York: Basic Books, 1991.

导的讨论却是一种极不对称的方式进行。① 所谓"北京共识"的提出和延伸讨论，②均由西方主导；都是把中国经济快速、持续发展与中国特有的维权政治和经济体制，作为一个与西方模式（华盛顿共识）相对应的"问题"或"异类"来审视、研究或理解。虽然其中不排除某种程度的容忍甚至欣赏，西方从未提出或设想从中国的经验中输入某些"合理"成分而"中为洋用"。充其量，西方在无法阻止中国经济实力增长的情况下而必须面对现实，也许可以有条件地对之加以疏导和运用；而对中国硬实力增长背后的文化体系和价值观即便有所理解，也难以认同，更不要说借鉴了。在这个意义上，西方主导的"中国威胁"和"中国模式"的讨论，尽管形式和动机不同，其结果又是相当接近。英国前首相布莱尔2008年4月的演讲，对非西方崛起以及西方价值观可能受到的挑战深表担忧，便是一例。数月后西方经济体系陷入深度危机，至今仍在蔓延，而西方主要国家对"华盛顿共识"本身的种种弊病并无深刻反思，要么怨天尤人，推卸责任；要么转嫁危机，祸及他人。

如今，这一由西方发起和主导的"北京共识"的讨论已步步推进，2008年美国引发的全球性金融危机前后，又陆续衍生出"中美国"（Chimerica）③、G2等诱惑力极强又昙花一现的时尚概念。然而，诸如此类的

---

① Minxing Pei, "Think Again: Asia's Rise?" *Foreign Policy*, June 22, 2009; http://www.foreignpolicy.com/articles/2009/06/22/think_again_asias_rise (accessed July 15, 2009).

② Joshua C. Ramo, *The Beijing Consensus*, London: The Foreign Policy Centre, 2004; Joseph S. Nye, 'The rise of China's soft power', *Wall Street Journal Asia*, December 29, 2005, http://belfercenter.ksg.harvard.edu/publication/1499/rise_of_chinas_soft_power.html (accessed December 10, 2009);
Arif Dirlik, 2006. "Beijing Consensus: Beijing 'Gongshi.' Who Recognizes Whom and to What End?" Position Paper, Globalization and Autonomy Online Compendium, 17 January 2006, http://www.globalautonomy.ca/global1/servlet/Position2pdf?fn=PP_Dirlik_BeijingConsensus (accessed December 15, 2009); Scott Kennedy, 'The myth of the Beijing Consensus', First draft, paper presented on the 6th International Symposium of the Centre for China-US Cooperation, May 30 – 31, 2008, Denver, Colorado, http://www.indiana.edu/~rccpb/Myth%20Paper%20May%2008.pdf (accessed, December 15, 2009).

③ Niall Ferguson, "Team 'Chimerica,'" *The Washington Post*, November 17, 2008, http://www.washingtonpost.com/wp-dyn/content/article/2008/11/16/AR2008111601736.html (accessed March 9, 2010). Also see Niall Ferguson and Moritz Schularick, "'Chimerica' and the Global Asset Market Boom", *International Finance* (December 2007); Niall Ferguson, "The Smart List: 'Chimerica' is Headed for Divorce," Newsweek, August 15, 2009, http://www.newsweek.com/id/212143 (accessed March 9, 2010).

领导权的话语越多，似乎西方对中国的防范越强，中国与西方在2009年底哥本哈根气候峰会上的对峙，似不可避免。此后奥巴马大笔对台军售，名为维系两岸平衡，实为阻滞中国统一进程和中国周边地区的经济整合，以保持美国在亚太地区和全球的综合优势。在西方话语中，所谓"北京共识"似已成为"中国威胁论"的代名词。

与之相对应的是，"北京共识"的话题却在中国学界一枝独秀，并不断深入。从黄平和崔之元2005年的《中国与全球化：华盛顿共识还是北京共识》一书，① 到潘维主编的《中国模式：解读人民共和国的60年》②，中国学界的探索可以说是相当平衡、冷静和有历史深度，多强调中国经验的特殊性以至不可复制性，毫无强加人意的意向。这与西方学者更为注重表象、功利性和政策性取向十分不同。

然而中国学界主流的理性努力似难以与英语世界沟通；西方偶尔捕捉到的有限信息也多有偏颇甚至误导。不仅把中国官方从未接受的"北京共识"作为既成"模式"加以"终结"，同时借中国学者之笔，对连西方本身都日益怀疑的"华盛顿共识"加以粉饰，并冠以"最先进的民主体制"（"the most advanced democracies"）之称。③ 中西之间"鸡对鸭讲"的现象，已近荒谬程度。

结束语：后现代的困惑与挑战

中西文明的碰撞中，中国实力强大而话语缺失等非对称的现象还要持续下去。个中原因之一是西方知识精英所为之着迷的"认同性"（identity）等后现代观念。"认同性"是后现代主义主要流派之一建构主义的主要话题/变

---

① 黄平，崔之元：《中国与全球化：华盛顿共识还是北京共识》，社会科学文献出版社2005年版。
② 潘维：《中国模式：解读人民共和国的60年》，中央编译出版社2009年版。
③ 见 Yang Yao, "The End of the Beijing Consensus: Can China's Model of Authoritarian Growth Survive?" *Foreign Affairs* (February 2, 2010), http://www.foreignaffairs.com/articles/65947/the-end-of-the-beijing-consensus (accessed March 9, 2010).

量。近来"藏独"和"疆独"问题在西方升温,不仅仅是要在奥运或建国60周年期间向中国施压,不仅仅是承袭了西方"分"的秉性,"藏独"和"疆独"在理念上更迎合了西方后现代主义对个人、社团、族裔在文化、宗教、文明的"身份认同"的诉求。这一理念强调文化和文明的个性和特性,不仅怀疑和挑战西方现实主义和自由主义等传统理论基石,也对"统一"、"共治"、"和谐"、"中庸"这些中国文明所倡导的观念有本能的抵制。用一句"文革"式的话语,建构主义基本理念是"怀疑一切,打倒一切"。在许多对涉藏、涉疆和台湾问题几乎一无所知的西方学者眼里,中国政治文化中任何少数族裔问题、弱势团体问题、人权问题,都可以而且应该以"认同性"的变量加以质疑、分析和解释。在这一点上,建构主义学者几乎是身不由己地同情所谓"弱者",即"藏独"、"疆独"和台独。中国本身的政治符号也强化了后现代派的价值取向。

然而后现代的建构主义本身并非是一个封闭的系统,而是潜移默化地影响了整个学界,尤其是美国的外国研究领域(foreign studies),甚至国际关系研究领域里的"龙头"现实主义。至少,所谓"认同性"的概念为现实主义学派注入了文化和种族意识,在90年代美国外敌消失后而内部向心力减弱时期,以亨廷顿为首的现实主义学者不失时机地提出以主流基督教文化重新整合美国的多元文化。① 另一方面,后现代主义渐成主流的学界与美国政治中的自由派人士在理念上的更为相通。事实上,美国众议院民主党的议长佩罗茜和国务卿希拉里在对"藏独"和"疆独"的认同,至少不亚于极端保守的布什和切尼。在政策制定和操作层面,冷战结束后美国在世界各地大打"族裔"牌,从90年代的南联盟分裂、科索沃自治问题,格鲁吉亚、乌克兰等国的"颜色革命",伊拉克分治问题,中国的台湾、涉藏和涉疆问题,中亚各国的整合问题,如此等等,美国政府、非政府组织和学界之间在理想、理论和政策方面的互动相当协调。

30年的改革开放和独立自主外交,中国已经告别了西方主义范式中的极

---

① Samuel P. Huntington, *Who Are We? The Challenges to America's National Identity*, New York: Simon & Schuster, 2004.

端成分，正以更自信和更包容的姿态，在传统与现代之间、国际化和中国化之间寻找自我并造福世界。也许正因为如此，中西之间在文化和理念上的碰撞才刚刚开始。它不但不会结束，反而会由于中国日益强大并逐步"非西方化"而日趋尖锐。对此，中方必须有足够的认识。

世界政治的核心问题

赵汀阳

一、人权政治

全球化时代的政治最强音莫过于"人权"。人权的政治王牌地位是由1776年北美《独立宣言》、1789年法国《人权与公民权利宣言》、1948年《世界人权宣言》以及1953年《欧洲人权公约》所树立的。人权思想主要以自由主义的个人权利概念为基础,如果进一步追溯,还可以在基督教新教甚至罗马万民法中找到一些渊源。现代性的两大政治基石,民族—国家和个人,在全球化时代正在发生深刻变化,民族—国家逐渐被削弱,而个人却借助人权而越来越强劲。这与全球化之大势是吻合的,全球化在两个方向上试图超越民族—国家:一方面政治问题的规模越变越大,正从国家政治和国际政治走向世界政治;另一方面政治问题的规模越变越小,国家被淡化而个人被强化。全球化的两个政治基本问题就是:如何创造世界和如何反思个人。

人权之声虽然高昂,但奇怪的是,人权却缺乏一个可信的哲学基础,这一隐患很少被认真反思,原因是,人权已发展为虽无宗教之名而有宗教之实的新宗教。现代以来,人的主体性原则消解了神的权威,人权巧妙消化了基督教的宗教性和自由主义的个人权利概念而成为新宗教,于是,人权实现了由思想向信仰的转变。当人权变成拒绝怀疑的信仰,它在思想上就死了,只剩下思想的尸体——信念。以人权为据去批评各种事情好像变成了不证自明的正确政治行为而为人们乐此不疲,而对人权的质疑也似乎天生政治不正确。

由西方话语霸权所误导的人权政治制造了全球化时代的新意识形态斗争。一方面，西方以西方所解释的人权概念去指责非西方国家人权供给不足；另一方面非西方国家又试图回击西方批评。不过，非西方国家常见的反驳策略并不成功甚至相当可笑，主要有这样几种辩护策略：（1）试图证明自己国家的人权状况正在逐步得到改善，并没有像西方所批评的那么糟糕；（2）反过来指出西方同样存在尚未解决的人权问题；（3）鼓吹文化多元论或相对主义。其中，策略（1）是愚蠢辩护。它预先承认了西方标准，即使把自己的错误说成小错，那也已经一败涂地；策略（2）是幼稚辩护，而且不成立，因为别人的错误不能用来为自己的错误辩护，更不是自己犯错误的正当理由；策略（3）是弱者辩护。这种辩护不算特别愚蠢，但也不高明。这是唯一值得分析的策略。

弱小国家以多元论或相对主义为理由去坚持自己的文化权利，例如亚洲有些政治家和学者主张"亚洲价值"（类似的还有"伊斯兰价值"）去反对普世主义价值观，其论证策略主要是强调价值观从属于文化，不同文化之间缺乏可通约性，因此无所谓谁对谁错。弱小国家求助于多元论和相对主义来回应西方的思想挑战，这样就发展了所谓特殊价值论。以特殊价值去反对普遍价值，表面上貌似对话语霸权的解构，实际上是自我贬低。地方主义或特殊主义注定弱于因此不能抵抗普世主义，因为地方特殊主义不准备为世界着想，不准备为所有人负责，更不能回答人类共同面对的普遍问题，因此缺乏普遍意义。哈贝马斯很清楚这一点，他指出人权要求的是超文化的普世价值，而亚洲价值之类的主张自己都承认不是普遍规范或原则，因此不值一提[①]。显然，文化多元论只能说明文化是不同的，却不能证明各种文化是同样好的。能够反对普世主义的必定也是普世主义。

既然人权是为每个人设想的，它理所当然就是普遍的，多元论或相对主义在这里完全没有意义。如果一种价值观拒绝成为一种普世主义，就没有资格对世界问题说话，这是不言而喻的。各种文化的价值观之间确实存在许多

---

① 哈贝马斯："论人权的合法性"，《后民族结构》，上海人民出版社2002年版。

不可兼容的差异和冲突,这一点并非证明了多元论,而是说明了目前尚未存在一个普遍承认的人权概念。人们有权拒绝西方单方面规定的人权概念,人们有权重新定义一种更优的人权概念,这才是真问题。全球化需要普遍交往和普遍合作,因此必定需要一种能够获得普遍认可并且能够解决共同问题的普遍价值体系。问题是,能够获得普遍承认的普遍价值体系目前尚未存在,它需要被创造出来。单就理论潜力而言,人权确有条件发展成一个超越文化特殊性的普遍观念,但西方定义的人权概念在哲学基础上有严重缺陷,它会导致荒谬甚至自相矛盾的解释。假装普遍有效的人权概念已经存在,这是典型的自欺欺人。西方人权概念只是人权的一个候选方案,而且可能是个坏的方案。人权既然是每个人的人权,就必须能够获得所有人的同意和支持,否则是无效的。人权必须是一个允许对话、辩论和重新解释的公共概念,因此,问题不是要不要人权,而是要什么样的人权。我们有理由寻找一个最好的人权概念,而要构思一个最好的人权概念就必须选择一种最合理的人的概念。人的概念正是人权的哲学基础,如果选错了人的概念,就会导致无法自圆其说的人权。

要论证一个普遍有效的人权理论,其论证策略必须把真实世界的所有可能生活即所有可能出现的行为策略考虑在内,必须把人权准备应用的整个生活场面考虑在内,必须检查这个理论所需要的生活场面的存在论条件,其中包括人、行为策略和世界状态,于是需要分析:(1)如果构造人权理论T,那么必须考虑T是否能够担当得起T所带来的可能后果,是否有能力应付T所可能导致的各种社会问题。有时候人们对某种观念盲目偏爱以至于只见其好处而忽视后果;(2)理论T必须在存在论上是可实现的,即T承诺的事情必须是真实世界能够支付的。这个问题也很容易被忽视,人们往往只考虑一个主张是不是"好的",而没有考虑所要求或承诺的事情是否是真实世界支付得起的。事实上,世界所能支付的好事情远没有人们希望的那么多,而且,人们的各种要求往往互相矛盾或互相消解,从而减低了世界的支付能力;(3)理论T所选择的人的概念在社会中是否可行,是否导致混乱和无法解决的困难。根据以上论证策略,我们有理由认为西方人权概念在哲学上是不谨慎或欠考虑的,它或许满足了所谓政治正确,但却造成"存在论不正确",而如果存在论上不正确,政治再正确也失去意义。

没有他人就根本不存在人权问题。所以需要人权,就是因为需要处理人与他人的关系,因此,不是"个人"而是"人际关系"才是人权的存在论条件,人权问题必须落实在人际关系上去分析。人际关系的存在论场面是这样的:他人的出场制造了人际关系,而人际关系定义了关系中的人。这当然没有否定人作为一个身体存在(body),但身体只是一个先于政治问题的自然存在,物理个人虽然先于人际关系,可是人际关系先于政治个人。人只有进入关系才变成问题。关系中的人是一个因关系而定的"在场现象"(presence of man)或者"人为事实"(fact of man),任何在场事实必定涉及他人,这就出事。显然,作为自身存在的人没有公共性,只有物理性,不适合作为政治问题的存在论基础。个体(individual)用来指示事物是个合适的存在论单位,但如果用来指示人就太贫乏了,不能正确表达人的存在性质,因为人的存在性质总是溢出个体而伸延在关系中,因此 Individual 只能表达人的身体存在,却不能表达人的精神存在。日常语言中可以说到"我的身体"和"我的情感",但其逻辑语义却完全不同,我的情感必须是"及物的"才有意义,在大多数情况下,它的及物性表现为涉及他人。这意味着,我的情感并不是属于个体本身的事件(event),而是属于人际互动空间的关系性事实(fact)。孔子用仁(二人关系)来解释人所以为人,深意在此。

人生活而不是活着,所以人是个精神性的事实而非物理性的行尸走肉。人的在场事实远远溢出在身体之外,人是一个场,人与他人在相互关系中被定义,因此说,人际关系先于个人,关系之外无个人(只有肉体),关系为实,个人为虚。在关系中,他人具有优先地位,因为他人是一个多数集合,远大于"我",是"我"的存在环境和条件,相对于"我",他人总是无限大。他人的存在论优先地位决定了"我"的所有权利都是经他人同意而获得的。"我"并没有因为自由意志就成为所谓的主体,自由意志仅仅表达了"我愿意如此这般",却不能保证"我可以如此这般",因为他人不见得允许我如此这般。现代哲学把个人偷换成主体,制造了个人自由和个人权利至上地位的幻觉。主体是个误导生活的虚拟存在。如果要正确使用主体这个概念,就必须理解到"主体总要从属于他人"(to be a subject is to be subject to the others），也就是首先承认他人的决定性意义。以关系为存在论场面，以他人为核心问题，这是以孔子为代表的中国哲学原理。西方哲学家中只有列维纳斯特别推重他人，但列维纳斯的他人理论是从宗教中化出来的，把他人看作是上帝的现世呈现，因此主张他人的至尊性和绝对性①。这又过于夸张了，既不真实也不现实，还有严重理论隐患。如果他人因为表现着背后的上帝才成为需要尊重的存在，这意味着他人本身终究是不重要的，背后的上帝才重要，因此人最终尊重的还是上帝而不是他人。而且，假如某个他人不愿意表现上帝而宁愿代表魔鬼，又该如何处理呢？因此，列维纳斯的他人理论并不纯粹，在学理上远不及孔子。孔子重视他人，不需要未经证明的假设，仅仅因为人际关系而重视他人，这样的他人理论才是无漏洞的。人与他人是互动关系，他人或善或恶，是尊是卑，要看具体关系。他人并不具有至尊性，而是具有决定性。

　　权利只能在相互关系中去理解。人际关系是一切事物所以需要分配、占有和保护的存在论条件，不存在人际关系就无所谓权利。如果没有他人，万物就都是我的，根本无需宣称拥有更无需划分占有的界限，诸如正当、合法、分配、占有、资格等等概念全都失去意义，简单地说，不存在人际关系就不存在任何政治和法律概念，所以，人际关系就是一切政治问题的存在论条件。假如不存在人际关系，有个人比如鲁宾逊说"我有不被干涉的权利"，这是无意义的说法，因为他的存在论自由（ontological freedom）直接自动生效了，根本无需画蛇添足地声称他还拥有保证其存在论自由的政治自由（political liberty），而且政治自由并不能给他的存在论自由增加任何内容和含义。正因为他人在场而创造了人际关系，每个人的存在论自由不可能具有无限性，人们才需要发明政治自由去认证和保护各自有限的存在论自由。甚至可以说，政治的本质就是争夺、分配和认证各自的存在论自由。人权与其说是个人自由，还不如说是人际关系对个人自由的正当限制，因为个人权利不是根据个人而定义的，而是根据人际相互责任而定义的，很显然，个人的存在论自由必定追求无穷大，这种无界的自由不是权利，只有通过界定相互责

---

① Levinas: Totality and Infinity, Martinus Nijhoff, 1979.

任才能够界定个人权利,使个人自由变成有界的。任何一种权利都存在于"关系"中,而不是事先存在于个人"身上",权利是人际关系的一个值,是关系赋予个人的一个值。责任决定权利或责任优先于权利的存在论顺序不可以颠倒,否则后果很严重,权利会因为缺乏限制而失控。

西方权利理论把政治的存在论单位选定为"个人/主体",这是一个根本错误,因为个人本身无政治,政治是关系的产物。假如一定要从个人推出权利,则要冒无法承担的风险,这意味着把个人之存在(one is)说成是个人拥有权利(one has)的理由,那么,个人的任何欲望就都有理由说成是对权利的合法要求,权利就失控了。个人没有理由去限制自身,所有能够限制个人的力量都来自他人,或者说,他人的存在是个人的唯一限制。在不存在他人约束的世界中,个人的唯一标准就是自己,因此个人自己的一切欲望、行为和观念都是对的(right),可是一切都对就反而是对权利(rights)的否定,或者说,"一切都对"(all right)的逻辑结果是"无所谓权利"(no rights)。一切都对是因为不需要他人同意,而权利却需要他人的同意和尊重。这个伟大而可怕的错误来自霍布斯,他误以为从"自然正确"(natural right)可以推出"自然权利"(natural rights),却不知两者失之毫厘差之千里,他没有意识到其中的存在论条件已经发生根本改变:在他人不计在内的存在论条件下,个人自身足以证明他的一切都是自然正确,但个人拥有权利却是因为增加了他人这一存在论条件。正因为忽视了"无他人"到"有他人"的存在论条件变化,霍布斯的伟大错误不正常地生产了自然人权。这一错误生产为人权埋下无法自圆其说的隐患。假如人是什么就什么都对,人想要的所有东西就都可以被宣称为权利,欲望的膨胀导致权利的膨胀,最后,权利会把生活空间挤爆。太多的权利使得一种权利变成对别的权利的破坏和侵犯,造成权利反对权利的战争。权利无限扩张使社会无法承担,不断扩张的权利甚至侵犯公共空间。只要权利绝对优先,无论什么样的责任也拯救不了失控的权利,权利太容易宣称,而责任很难落实,有限的责任能力无法支付无限高扬的权利。

我们有理由修改人权的存在论基础,把关系看作是权利的存在条件,于是,权利的正当性不再落实在个人身上,而是落实在关系中,这样,人权就是对他人的责任，而不是自己的特权。权利是他人所承认的责任的对应形式，如果没有他人的承认，权利就没有正当性，甚至不存在。由于人总是只想要权利而试图避免责任，于是，权利总是博弈的结果，而正当的权利就是公正博弈的结果。总之，个人由其本身无法证明他所宣称的权利的正当性，因此只能在人际关系中去确定权利的正当性。人际关系是权利所必需的世界状态。

　　人权的意义还需要由人的概念去解释。人的概念支配着人权的意义，因此必须慎重选择一个充分表达人性的概念。自然人权（即天赋人权）默认的人的概念是生理学的人，因此，只要生理上是人，就拥有无条件永享的人权。把人的自然性质看成拥有人权的理由，这意味着权利只与"是"（is）有关而与"做"（do）无关，是人即有人权，而不管做不做人事。如前所论，只有他人不存在的情况下，是什么样就什么样都对，而一旦他人出场，"是"就兑换不了"对"了，因为他人可能觉得"不对"。只要他人不允许，自诩的权利就失效。他人所以同意我享有权利，是因为我做得对，如果做不对事情，就不可能有权利。权利只与"做什么"有关而与"是什么"无关。假如自然性质与政治权利之间可以随便兑换，那么所有的自然生命就都拥有权利，而不止是人了。许多主张动物权利的人如 P. Singer 就看准这个可乘之机，因此宣称权利至少应该扩展到高级动物上，因为在动物和人的意识水平之间并没有截然界线（令人尴尬的是，许多高级动物与人的智力差距确实还不及人之间的智力差距那么大）。按照此种逻辑，很快就不得不承认所有动物甚至植物都应该享有政治权利，人类就直接饿死了。动物权利虽是个混乱问题，但正是混乱的人权概念导致的结果。

　　人的概念必须能够表达出人的独特价值才是有意义的。显然，只有道德才能表达出人的特殊性，才能表达属于人的独特生活问题（孟子在这一点上的见识是对的），因此，最合适的人的概念是"道德人"而不是"生理人"，甚至连社会科学一般都喜欢的"经济人"概念也并不能准确表达人，因为动物行为其实更符合"经济的"选择（动物才不会傻到去做浪漫或疯狂的事情）。生理人只能表明人的自然行为，却不能表达社会行为，更不能表达人的精神价值。以自然行为而要求人权这样的社会报酬，显然不合逻辑。在人权问题上,"人"本身不构成理由,"做人"才是有效理由。中国哲学强调的"做人"是对人的更深刻理解。一个人所以算是人,不是因为自然意义上"是"人(to be),而必须在"做"(to do)中实现为人。人是做成的,而非本来就是(a man does rather than is)。人因其道德行为而成为人,道德行为使人的概念具有可识别特征。人本身不是目的,人为自己创造目的,人的目的就是由生理人做成道德人。这一存在论原理是存在即做事(to be is to do),或者,我做故我在(Facio ergo sum。或 I do therefore I am)。

建立在生理人概念上的人权理论把人的标准降低为生物学指标,这不是博爱,而是向低看齐,是对人的道德价值和高尚努力的贬值和否定。假如人们无需追求高尚就能永远无偿享受一切权利,人类的优秀品德和道德行为就一钱不值了,其荒谬和危险性就像不管学习好坏人人都得优,或无论劳动与否人人都得同样报酬。如果社会如此不公,人们迟早会发现,最佳的行为策略就是做自私无耻的人。我们选择"道德人"概念作为人权基础,意义在于把人的概念与人类社会所需要的各种优秀价值联系起来,这样才使人的概念具有分量。缺德之人在生理上与道德人虽为同类,但在价值上却是异类。如果抹杀这一差别,把人的概念降低为自然存在,抹平价值去达到向低看齐的劣平等,这样不可能成就好社会。只有以道德人概念为标准才能形成见贤思齐的优平等。

生理人是人权理论所默认的人的概念的通俗版本,哲学家比较喜欢的版本是"理性人",它是康德意义上的自由意志理性人,有别于作为经济人的庸俗理性人。与生理人相比,理性人较为体面,但并不能避免人权概念所蕴含的矛盾。人皆有理性,理性就包含在人的生物性存在之中,因此,理性人等价于生理人,同样不能反映人的道德价值,仍然只是表达了"是"而没有表达"做"的意义,于是仍然重复了生理人所蕴含的全部困难。在某种意义上,理性人还不如生理人的内容丰富,理性人仅仅表达了心智(mind)而没有表达心事(heart),这不仅把人切掉了一部分,而且很可能切掉了更重要的一部分。回避了心事问题就等于回避了丰富多彩的可能生活,回避了各种偶然性,而实际上历史正是各种偶然性创造的。现代理性主义论证所以显得干脆利索,就是因为省略了许多本应计算在内的因素,也就省略了各种本来必须考虑的困难。回避心事问题的理性眼界太小，用来理解人和生活就是削足适履。而且，由"人皆有理性"也推不出"理性原则是唯一或最高原则"或者"所有事情由理性说了算"。能够满足"人皆有之"这一标准的人性除了心智，还有心事、潜意识和本能，每一样都有巨大能量去左右人的选择。现代哲学家总是省略掉人性的丰富性，把太多的可能生活忽略不计，这样的理论无法应付各种可能的困难。

权利的正当性是个大问题。在温和意义上，权利是对某些自由或利益的正当要求（claims）；在强硬意义上，权利意味着拥有某些自由或利益的正当资格（entitlements）。一种要求无非是想获得一种资格，因此权利的最终意义是资格。一种资格必在某个游戏中被定义，游戏是资格的语境，特定游戏规定了特定资格的限度，因此资格总是有条件的，这种条件就是游戏参加者的行为承诺，或者说，行为承诺是一种资格的生效条件。因此，权利具有这样的逻辑结构：

某人 p 有做 x 的资格 e，当且仅当，p 做 y，并且，p 不做 z。

比如，不付钱就不能获得商品；作弊就会被取消比赛或考试资格；犯法就会按法律判刑。在没有成文规则的日常生活中也存在自然约定或默认的游戏规则，比如有人品质很差，人们就没有兴趣与他合作，就会把他排除在游戏之外。如此等等。拒绝行为承诺就是要求特权。人权是人类生活这个最大规模游戏中资格，也可以说是"与人相处"这个游戏的资格，它必须承诺不侵犯他人的生命和自由，即表现为"不对他人做什么"的一系列承诺，这是人权的生效条件。天赋人权理论相信，人人生来平等地拥有一系列权利，这些权利终身无条件拥有，在任何情况下都不可剥夺并且不可让渡。这样人权就变成无条件生效的至上特权了，所以人权才会被说成高于主权、高于法律、高于真理、高于美德、高于责任。把人权变成特权是非常危险的，它意味着对一切价值标准的否定，后果很严重。

权利为本的现代性颠覆了以善为本的传统，把善者优先颠倒为权利优先，这不是价值观的变化，而是对任何价值釜底抽薪的消解。如果权利优先于善，权利的正当性又以什么为根据呢？它只能是无根据的或是任意的，因此，权利优先必定导致价值虚无主义。列奥·斯特劳斯提醒说：不以善为依据，就不再有任何正当依据了①。因此我们必须面对这样一个惊人事实：冠冕堂皇的人权根本没有价值依据。权利优先原则蕴涵着一个权利悖论：既然对某种自由和利益的要求可以成为一种权利，那么对任何一种自由和利益的要求就可以按照同样理由都成为权利。显然，既然权利优先于任何一种善，就不存在任何价值理由去限制哪些要求不能被搞成权利。这个权利悖论是价值混乱和社会失控的根源。目前权利种类已经很多，而且越来越多，权利终将过满为患，没有哪个世界能够支付其多无比的权利②。权利背后是欲望，欲望无数而互相冲突，因此权利也必定互相冲突，权利反对权利是个无法避免的问题。人权的混乱、膨胀和失控的根本原因在于人权的注册条件太低，随便什么自由和利益要求都可能通过足够凶猛的嚷嚷闹闹而被搞成人权，而各种批评都被认为是政治不正确。

问题还不止是世界支付不起太多权利，更吓人的问题还在后头。人权不仅注册条件太低，而且还要求太高，它要求永不剥夺的无条件权利。如此特权是社会游戏难以承担的。假如一个游戏规定：无论怎么耍赖作弊都不会被淘汰出局，这个不公正的游戏肯定玩不下去。考虑人权游戏的情况：给定任何人无论做什么事情都无条件地永久保有不可剥夺的人权，按照这一规定，无条件的人权就蕴涵着"破坏他人人权的人无条件永久保有不可剥夺的人权"。根据"破坏他人人权的人无条件永久保有不可剥夺的人权"的逻辑，如果某人为了私利去破坏他人的人权，比如谋财害命，然后以人权为名而减免相应的惩罚，他就等于获得额外奖励，即"为私利去破坏他人人权而无损于自己人权"这一不对称的奖励。如此不正当的奖励不仅破坏公正，而且破坏平等，破坏人们对善恶是非的正常理解，特别是破坏了人类生活所需的博弈环境和博弈规则，这一点将使社会崩溃。假如破坏他人的人权而可以减免相应惩罚真的成为游戏规则，这在逻辑上至少蕴涵着：（1）社会的博弈环境相对有利于坏人；（2）人权制度相对有利于破坏他人人权的人；（3）人权社会相对有利于不公正的行为；（4）破坏他人人权成为利益最大化的一个优

---

① 列奥·斯特劳斯：《自然权利与历史》，三联书店 2003 年版，第一章和第六章。
② 霍尔姆斯和桑斯坦：《权利的成本：为什么自由依赖于税》，北京大学出版社 2004 年版。

选策略。这些都是任何一个社会无法承受的后果。

假如真的完全按照天赋人权去设计社会,它必定造成有利于坏人不利于好人的恶劣生存博弈。关于这种危险,可以考虑一个策略的"模仿"问题:一种行为策略如果能够成功通行于世,它就必须能够经得起被所有人普遍模仿,或者说,只有当一种策略在被普遍模仿的情况下仍然是人们能够接受的策略,它才是一个普遍有效的公共策略。这是一个关键的检验标准。显然,一旦放弃公正原则所要求的行为与结果的对称关系(善有善报,恶有恶报),做坏事被惩罚的风险减低,而且惩罚相当轻微,于是,做坏事的成本变小而收益很大,通过坏事而获利就变成优选策略。每个人都会模仿他人的成功获利策略(没有人愿意当傻瓜而利益受损),因此,只要破坏他人人权而获利的策略成为一个成功策略,就会被无数人所模仿,以至于成为普遍通行的占优策略而形成整个社会的囚徒困境,结果将是每个人的人权都被侵犯,社会游戏崩溃。人们忽视这一无法承担的后果是因为这样可怕的事情尚未发生,但是,没有发生这样的事情不是因为天赋人权理论是对的,而是因为目前的法律还在勉强控制局面,更准确地说,现在虽然流行人权文化,但是目前的法律和社会规则还没有完全听从人权理论,还在遵循一些得以幸存的传统观念,因此社会游戏得以维持。假如天赋人权彻底改写了法律和社会规则,社会的末日就不远了。

天赋人权所以蕴含如此危险的后果,根本在于它的核心精神是反公正。人权尊重生命,捍卫个人自由,这是人人赞成的,但这一切都必须以公正为前提才是可能的。任何游戏都必须以公正作为元规则,否则必定导致混乱和失控,一旦取消公正原则,所有价值和游戏规则将如覆巢之卵。即使如棋牌球等简单游戏,如果允许作弊、耍赖或违规,游戏马上崩溃。法律就更是如此,公正原则是任何法律的正当性和有效性依据。德沃金指出,法律必须以公正原则作为"立法意图",而立法意图表现在法律的各种元定理中,例如"任何人都不得从其错误行为中获得利益"(参见德沃金对"埃尔默案件"的深入分析)[1]。每个人都需要公正的法律去保护每个人的人权,假如人权高

---

[1] 德沃金:《法律帝国》,中国大百科全书出版社1996年版,第14~19页。

于公正，人权就反而失去了保障。不可剥夺的无条件人权是一个自取其祸的理论，它偏袒了坏人的人权而危及好人的人权。一个好的社会游戏应该有这样的元规则：任何人都不得从其犯罪行为中获得利益，或者，存在着一种制度能够使犯罪行为成为得不偿失的行为。假如情况相反，人们就没有必要把自卫权利出让给作为正义代理人的国家和法律去换取国家和法律所提供的保护了。我们也不能忘记，为自然权利给出了关键论证的霍布斯并没有认为应该宽容罪犯，相反，霍布斯认为，正是自然权利使人们有权消灭试图危害自己的人。人权的伪善化是非常晚近的事情。

可以考虑死刑问题。天赋人权理论认为，死刑是个法律错误，尽管法律"有权"处死罪不可赦的罪犯，但从理论上说这是"错上加错"——无非都是杀人，所以应该取消死刑。死刑只是惩罚的一种形式而已，如果有别的有效惩罚能够替代死刑，取消死刑并非不可以。因此，重要的问题并不是死刑，而是有效惩罚。任何一个社会都需要有某种惩罚使犯罪成为得不偿失的行为，否则犯罪就会成为优选策略而被人们普遍模仿。按照天赋人权理论的想象，不仅应该取消死刑，其他的法律惩罚也都应该大大减免。假如全盘按照天赋人权来制订法律，社会必定是坏的。一旦取消罪与罚的对称性就破坏了游戏公正，坏人坏事就获得博弈优势，结果等于扶持坏人去破坏更多人的人权。假如残酷的犯罪只得到轻微惩罚，这等于说罪犯的人权重于受害人的人权，这样又如何告慰受害人以及受害人亲属？有人甚至认为不仅应该取消死刑而且应该减刑而让罪犯有比较好的生活，却没有考虑到被杀害的人连生活都没有了，而且受害人的亲人可能一生痛苦。把貌似多情的无情说成是"进步"和避免"错上加错"是非常恶心的。关心罪犯的痛苦超过关心受害人的痛苦是一种令人震惊的当代罪行，在此背后有着伪善的宽恕。伪善是最大的恶。另外，现代人权理论连同现代法律还有着物质主义倾向，看重生命和财产而忽视命运、心理、情感和精神，因此在衡量对人的伤害上有严重失误。比如残害妇女儿童、拐卖儿童、毁容、制造假药以及有毒食品等等，这些都可能毁掉受害人一生幸福，但由于没有"杀人"，罪犯往往只得到很轻微的惩罚，就好像只有生命才是重要的，而一生的痛苦却不值得计较。

显然，破坏公正最后必定导致人心失衡和社会崩溃。虽然我们不怀疑天赋人权理论的良好动机，但有理由认为它考虑不周，缺乏理论谨慎。对于任何游戏，公正原则必须绝对优先，否则不可行。西方承认的人权体系主要强调个人生命、私有财产和个人自由（政治自由）。在其中，自由和平等压倒了公正。现代的政治和道德理论（比如罗尔斯）还试图以自由和平等去篡改公正的本义，把公正减弱为自由和平等的一种组合方式，这样在实际上取消了公正，从而埋下自毁性隐患。权利意味着个人的自由主权空间，个人自由空间的边界在哪里？这是个问题。如果不把公正看作是最高原则，权利界定就失去普遍标准，这使得主体间永远是个是非之地，就像国际间永远是个是非之地。从个人自由出发去解决个人边界问题的现代方法是理性谈判，哈贝马斯就希望交往理性能够克服个人理性的缺点，通过理性对话达成互相理解从而形成一致意见。哈贝马斯虽然看到理性互动能够最大限度地发挥理性的潜力，但他忽视了从互相理解推不出一致同意[1]，因为一致同意的基础是互相接受而不是互相理解。如果不能解决"接受"问题，哈贝马斯方案至多相当于程序公正（形式公正），而不可能达到实质公正，也就无法解决实质性问题，比如说，根据什么标准来规定价值以及价值排序的问题，或者，根据什么标准来选择人权项目以及这些项目的排序问题。由于形式公正无法保证实质公正，因此公正一直是个未完成的问题，也就当然无法解决权利的正当性问题。如果要把自由、平等和公正这三种众望所归的价值结合起来，唯一有效的排序是公正、自由、平等。这几种价值的不同性质注定它们具有不同的弹性：自由和平等都有较大弹性，可以多一些或少一些，而公正没有弹性，只有"公正或不公正"，不存在比较级。因此，从技术性上说，只要稍微削弱自由和平等就能够与公正兼容，反过来则必定破坏公正而导致价值崩溃。所以，公正优先的模式是唯一能够同时保证公正、自由和平等的兼容排序。

　　公正的完美程度与真理相似，结构上也相似。真理就是把如此这般的说成如此这般；公正就是对如此这般的付出给予如此这般的回报，同样都是对

---

[1] 赵汀阳：Understanding and Acceptance, in Les Assises de la Connaissance Reciproque, Le Robert, Paris, 2003.

称关系。不以真理作为知识标准,知识就崩溃;不以公正作为游戏标准,游戏就崩溃。公正的对称性使任何反对意见都没有立足之地,而且,公正原则能够顺利通过"普遍模仿"检验。在连续博弈中,能力更强的人不断推出更高明的策略使自己利益最大化,但领先总是暂时的,高明的策略很快就变成公开的知识,别人将模仿那些优势策略。在足够多回合的博弈之后,出现"集体黔驴技穷"现象,大家拥有饱和的共同知识或对称知识(对称的知己知彼),再也很难占到别人的便宜了。这时将确定什么是可以普遍被模仿的策略,大家都模仿被证明为最成功的策略而达到均衡。假如冲突和背叛的策略被普遍模仿,必定所有人都吃亏(霍布斯丛林定理以及囚徒困境定理)。最能抑制互相伤害的合作策略是对称性公正,一旦公正策略被普遍模仿,人人都能各得其所,一切良好的相互关系都成为可能。因此,公正是任何权利获得普遍有效性的唯一条件,也是权利获得正当性的唯一根据。只有公正原则才能定义不会自毁的权利游戏。所谓人权,就是公正的相互关系所允许的个人自由和利益空间,而不是个人所要求的自由和利益空间,或者说,人权就是每个人被公正对待的权利。人们可以指望比公正更好的相互关系,但不能接受低于公正的相互关系。

天赋人权理论破坏了公正原则从而破坏了权利概念,它把人权搞成了不劳而获的特权,尽管天赋人权似乎是人人有份的特权,但是,平等解决不了冲突问题,而平等的特权等于人人可以不负责任。不知有意还是无意,天赋人权理论似乎忘记了义务是权利的条件。义务相当于成本,权利相当于收益,权利和义务的正当关系在于对称性,即权利和义务是互相蕴涵的:某人 p 拥有某权利 R,当且仅当,R 承诺了与之对称的义务 O。如果某人拥有的权利大于义务,就等于不负责任,而且多占了别人的利益。天赋人权错误地假定人权是无条件的,于是只强调这样的关系:p 的权利 R 蕴涵他人 q 尊重 p 的权利的义务 O,即 pR→qO。这样就隐瞒了权利本身的正当性问题并且搞乱了义务和权利的对称关系,pR→qO 是一个不对称关系,义务 qO 是一个"做"的概念,可是权利 pR 却是一个"是"的概念,由"是"的自然状态而要求"做"的道德回报,这是在要求单方面收益的人权。世界上没有免费午餐,也同样没有免费的权利。假如人人拥有单方面收益的权利,每个人各自都合适，但聚在一起就不合适了。既然不需要做什么就已经获得权利，那么谁去承担各种成本呢？显然，好人将承担各种社会成本，而坏人将坐享其成，正如前面讨论的，既然权利不是以"做"换来的而是永远白给的，这将仅仅保证坏人的人权不被剥夺而无法保障好人的人权不受侵犯。这个荒谬的结果虽然绝非天赋人权的意图，却是其逻辑结果，而其错误根源就在于以"是"偷换了"做"而搞乱了义务和权利的关系。其实，权利和义务自有内在逻辑：只有先承诺我的义务以获得我的权利的正当性，然后才有正当理由去申请他人尊重我的权利的义务，就是说，在逻辑上，义务先于权利，只有义务才能保证权利的正当性。于是，权利与义务的正当关系是：p 所承诺的义务 pO 在先而蕴涵权利 pR，因此又蕴涵他人 q 尊重 pR 的义务 qO，即（pO → pR）→ qO。这才是无机可乘的权利和义务结构。

根据以上分析，一人之自然所是（is）尚未完成人的概念，一个人必须在其文明所为（does）中去完成人的目的，于是，正当做人是一个人拥有人权的资格认证。考虑到人的概念的双重性和过程性（由生理人到道德人），能够充分全面表达公正原则的人权概念只能是预付人权（credit rights）①而不是天赋人权（natural rights）。天赋与人的仅仅是生命和能力，而人类文明把人权预付给每个人，期待他做成一个道德人。人权是一项文明投资，一个人必须"做"成道德人，才"是"完整意义上的人，才能永享人权。预付人权与天赋人权并不对立，而是一个排除了隐患的更合理的人权理论。假定在一个人人良善而决不损害他人的完美世界里，那么预付人权等价于天赋人权，但这个世界不存在。如果我们不能选择世界，就只能选择合适的世界观。既然世界不完美，预付人权就能够解决天赋人权所对付不了的问题。人权的根本问题不在于它许诺了多少权利，而在于它许诺的权利是否具有正当性。预付人权坚持公正原则的优先地位，并且认为，凡是违反公正原则的策略一旦被普遍模仿，世界将无法承担，人人都将利益受损。一个好的社会必须创造一个对善的事物更有利的博弈环境而不是相反，必须保证善有善报，

---

① 笔者在 1996 年第一次提出预付人权理论（《哲学研究》1996 年第 9 期），而后在 2006 年推出修改版预付人权理论（《中国社会科学》2006 年第 4 期），在此又有一些理论修正。

恶有恶报。凡与公正原则不能兼容的人权都是不正当的。

预付人权的核心观念是：人类以人类整体为名把人权无条件地预付给每个人，或者说借贷给每个人，一个人必须履行做人的义务才能一直保有预先支付的人权。先预付权利，然后完成相应义务，这是公正原则的体现。这意味着：每个人无条件而平等地获得预付人权，但并非无条件地保有这一人权，有人权必有人责，履行人责是保有人权的条件。可以这样解释：（1）由于做人或履行人的义务需要一个过程，因此人权只能事先给予而事后验证，所以人权必须预付。于是，每个人都无例外地得到预付的任何一项人权，或者说，每个人生来就获得人类借贷给他的与任何人相同的权利；（2）人权虽然可以不劳而获，但不能不劳而享，否则损害公正，因此，预付人权是有偿人权，是有条件而保有的。一个人获得预付人权就意味着承诺了做人的责任，并且将以正当做人的行为来偿还所借贷的人权。一个人可以自由选择是否履行做人的义务，如果选择履行做人的义务，则一直享有全部人权；如果拒绝预付人权所要求的部分或全部义务，就视同自动放弃了部分或全部人权。按照以上原则，预付人权保留了天赋人权理论所有能够实现的优点，而消除了天赋人权隐含的反公正危险因素。最重要的是，预付人权是一个经得起普遍模仿检验的权利策略。

二、文化政治

以社会集团为单位的政治斗争是老问题，以国家为单位的政治斗争也是老问题，但以文化为单位的政治斗争既是老问题又是新问题，应该说是历久弥新的问题。历史上各种宗教之争以及各种意识形态之争都是文化之争，但全球化使文化冲突变成了一线问题甚至是最大问题。这一点是由亨廷顿点破的，他说的是文明的冲突[1]，其实应该是文化的冲突，或许是有意无意的误用，不必深究。

---

[1] 亨廷顿：《文明的冲突与世界秩序的重建》，新华出版社1999年版。

如果一种文化不去干涉另一种文化的精神生活和价值观，文化就不可能被搞成一个问题，或者说，假如文化之间没有形成价值之争，文化就不会自动变成你死我活的问题，不会成为反思对象。在文化被"问题化"之前，各种文化都按照自身路径生长着，各过各的，各美其美。不同文化如果有机会相遇，双方的态度主要是知识论态度。一种陌生文化意味着另一种生活形式或另一个生活世界，一种文化会对另一种文化感到好奇，会在交往中互相学习对自己有益的实用技术。在自然而然的文化交通中，知识论上的好奇决定了对陌生文化的表述是知识描述。那些描述未必准确（事实上从来都不准确），这不重要，重要的是这种描述的目的是知识，它基本是价值中立的。例如最早的人类学作品之一《山海经》以单纯好奇态度描写了各种奇异物事。知识本身不会导致政治化的"文化问题"，不准确没关系，歪曲也没关系，用心单纯就好。

文化政治化应该追溯到基督教的兴起和传播，基督教是第一个否定他者文化并以文化征服为己任的文化，现代以来的帝国主义运动和全球传教运动深化了文化政治化。马克思主义在文化问题上引入阶级分析，这是一种新颖的文化理解，它不以文化的自然单位为准，而以经济水平对任何文化进行"横切面"的重新划分。文化的阶级分析显然不是普遍有效的分析模式，但它启发了一种分析模式，它发现文化和知识有着逃脱不了的政治经济背景。这种知识政治化的分析后来被福柯进一步发展和明确为"知识/权力"的辨证分析模式。文化政治化已经成为当今世界的一个最重要现象，各种文化之间不再是自然交通而是政治博弈，而且是最深刻的政治博弈。亨廷顿关于文明的冲突和约瑟夫·奈关于软实力之争都挑明了文化是政治的深层问题。

文化这个概念至少意味着：（1）从哲学角度去看，它是一个符号体系，它给各种事物赋予了这些事物本身所不具备的各种意义。当说到某个事物是如此这般的，并且这个事物确实如此这般，那么，这种观念是知识。当说到某个事物是如此这般的，而这个事物并非如此这般，或没有证据证明这个事物是如此这般的，那么，这种想象就是文化。在内容上，文化由主观意见所构成，其核心是价值观和制度观念。在形式上，文化表现为对各种事物的想象、表述和解释，并以此建构了社会话语、意象、规范和制度；（2）从政治学去看，作为话语、价值观和制度的文化代表着某个集体的利益而不代表个人利益。每个人都有自己的利益和价值观，但不能因此说他有"自己的"一种独特文化。只有代表集体利益的话语和制度才成为文化。个人关于某物的想象是经验，而集体对某物的想象是文化。显然，只有集体的想象才有政治力量。

最容易使"文化"概念变得模糊混乱的是"文明"概念，文明与文化过于密切，所以它可以啃掉文化的界线。一般地说，文明指的是能以理性指标（思想的普遍必然性、观念系统的复杂性和各种技术标准）进行衡量的人类成就；文化则是指以价值观或精神类型去定位的人类成就。如果粗略的说，文明是技术水平，文化则是精神境界；文明表现的是"理智"（mind）而文化表现的是"心志"（heart）。假如一种文化不能产生高度发达和复杂的文明生活，这种文化就是粗糙的；假如一种文明不能产生具有强烈精神吸引力或精神快感的文化，这种文明就是低俗的。文明和文化这两种观察方式的混同容易导致价值级别的排序和评价，这是文化政治化的根源。一种文化假如具有据说"较高"文明水平，就会批评其他文化是比较低级的；一种文化假如具有足够自信的精神力量，就会批评其他文化的文明是丑恶的。亨廷顿的《文明的冲突》是个好例子，他意味深长地在本该使用"文化"的地方使用了"文明"。亨廷顿恐怕不至于不懂文化和文明的区别，但他故意使用"文明"，这就把不可通约的价值观偷换为似乎可以比较的技术水平，生活理想的分歧就被搞成社会进步或落后的区别。

文明水平是否意味着相应的文化水平？是否存在着衡量文化价值的指标？如果有，什么样的指标？这些都是问题。文明与生活质量有着密切关系，但问题是，现在往往只以生活和社会的"技术水平"（technologies）去定义生活质量，这一点即使不是可疑的，也至少是片面的，因为生活和社会的"技艺水平"（arts）与生活质量同样有重要关系。Arts（广义的艺术，包括各种工艺和手工完成的技术）和 technologies 的区别不仅仅在于"手工"和"机器"的差别，更在于"技艺"按照人性思路去创造精致生活，它表达人性而决不超过人性；而"技术"却按照科学的可能性去创造标准化事物，它试图通过重新定义生活而歪曲人性。人们能够舒服地享受技艺所创造的精致生活，因为它与人性有着自然贴切又没有风险的关系，但显然不能肯定人与技术世界能够保持互相适宜的关系，尽管人类适应性很强，又喜欢新奇事物，但技术包含着一切可能无法承受的风险。也许文化不可通约，但多元论或相对主义并不能解决问题，因为即使文化不可通约也仍然存在着文化之间必须处理的共同问题，这些共同问题显然需要普遍标准。一种鼓励战争和侵略的文化就很难被认为与鼓励共荣和谐的文化是同样好的。可是如果引入普世标准，则又导致非常危险的文化政治问题。

对于文化这样复杂的事物，显然需要建立一个足够清楚的分析坐标。施米特对政治基本概念的追问是个启发[1]。我们用来分析知识的基本概念是"真/假"，伦理的基本概念是"善/恶"，法律的基本概念是"公正/不公正"，诸如此类，可是政治的基本概念是什么呢？施米特认为人们对此一直并不清楚（这一点是施米特的偏见或无知。柏拉图选择的是公正/不公正，中国选择的是治/乱，都是很优越的基本概念），因此他给出了落地有声的基本概念：政治就是区分"敌/友"。那么，什么是文化分析的基本概念？常见的有，"精英/大众"，"传统/现代"，"无产阶级/资产阶级"，"东方/西方"，"进步/停滞"，"文明/野蛮"等等，或以社会阶层为根据，或以历史阶段为根据，或以空间划分为根据，或以价值观为根据，都表现了文化的某些方面，但都不是普遍有效的概念。还可以发现，这些常见概念大多都与现代语境有关，表达的多为现代文化制造出来的问题，对现代之前或未来文化未必有效，所以不足以成为普遍有效的基本概念。或许，对于文化可能至少需要从两个角度去分析，仅仅一对基本概念恐怕不够，而是需要一个坐标系。从文化内部去看，每种文化自身内部都有"在时间中的"运动和变化，它构成文化自身的历史性和文化语法，分析这一历史性的基本概念应该是"新/旧"。新旧既能表现历史性又是价值中立的，至于新旧是好是坏，要看具体情景。上述那些常见的分析概念都暗含价值褒贬和意识形态标准，都不如"新/旧"稳妥公正；从各种文化之间的"文化间性"去看，基本概念则应该是"自己/他者"（Self/Other）。他者是异己，或敌或友，或对立或可兼

---

[1] Carl Schmitt: The Concept of the Political, the University of Chicago 1996. pp. 25 – 27.

容，全看关系如何处理。这样，"新/旧"和"自己/他者"构成了文化分析坐标。

文化的政治化使得"自己/他者"概念与施米特的"敌/友"概念之间可以产生一种互相解读的关系；一方面，"自己/他者"被政治化而采取了"敌/友"姿态；另一方面，在利益上的敌友关系并不深刻，也容易化解，但如果文化差异由于政治化而变成政治冲突，就反过来加深了敌友的深度，因此文化差异使政治变得深刻。施米特的"敌/友"分析模式虽然尖锐，但他把敌友问题过于形而上学化，把纯粹概念上的异己性看作是敌友问题的理由，这种纯粹化其实是简单化，反而没有能够进入隐秘的深层问题。施米特或许证明了敌友斗争的普遍性和必然性，但并没有揭示敌友斗争的目的，或者说，是为了什么。亨廷顿关于文明冲突的分析越来越被证明是可怕的远见，不知道是不是歪打正着，尽管亨廷顿的论述错误很多，却明显推进了文化政治化的分析模式。亨廷顿以文明冲突解释文化冲突，于是文化冲突就好像变成了高级文明与低级文明作斗争，用心颇为险恶，使人回想到基督教关于异教徒（pagan）的理解。不过亨廷顿理论开始涉及文化冲突的实质：文化之争是最深刻的"敌/友"问题。

文化之争为了什么？首先必须理解到文化是一种根本的政治利益，而要理解文化作为根本政治利益就需要理解文化存在论问题（ontology of culture）。一般存在论讨论的是抽象的"存在"问题。海德格尔把存在论由一般存在论落实为人的存在论，这是重要的改革。只有通过人的存在境遇，存在才成为一个值得反思的问题，或者说，一种"无人"的存在论无论说成什么样都是无所谓的。但人的经验所显示的存在问题仍太单薄，假如人不是成为一个文化的存在，从而分享了文化所创造的集体想象和权力斗争，人的单纯存在其实并没有什么严重问题去思考，至多有些"绝望"的问题，很快就无话可说了，即使有话可说，也不是人能够解决的问题。因此，人的存在论问题需要进一步表达为文化存在论问题。

文化存在论包含着一个特殊的政治经济学问题。文化是精神的存在形式，一方面，文化占有人的精神而"占有人"，另一方面又"被人占有"，因为它是人拥有的一种资源。于是，文化具有两种基本存在性质："可占有"

和"去占有"。人与文化物品的关系是：（1）如果一种文化物品（权力、权利或保密知识等）在存在论上是能够独占的，而且，一旦被分享就会贬值甚至完全失去价值，那么，人们将试图独占它；（2）如果一种文化物品（语言、价值观、制度等）在存在论上没有可能独占而不得不与人分享，那么，人们将使用它去占有或支配他人的心灵。这是个关键问题。不能独占而不得不分享的文化物品天生是侵略性的或者说是扩张性的，它的存在意义甚至它的生存条件就在于扩张自身，或者说最大化自身。以语言为例，一种语言的普遍推广就是占有他人的心灵。在文化物品上（特别是语言和价值观），"分享"并非"送给别人"，相反，分享就是占有他人。凡是可分享的文化物品越被分享权力就越大，因为它占有的人更多。

不管乐意不乐意，文化天生就是包含权力因素的物品。语言、价值观和制度观念虽是公共性的，却是非常特殊的公共资源，其性质与经济学上的物质性公共资源的性质恰好相反。对于物质性公共资源，由于任何一个人对某种公共资源的使用无法排除其他人的分享使用，因此会导致所谓"公共资源悲剧"，例如，缺乏有效管理的公共渔场很快就无鱼可捕，"租金消散"了。但对于语言或价值观这样的文化公共资源，情况恰好相反，一种语言或价值观越被公共开采和使用，储量就越变越多，利用价值就越来越大，权力也就越来越大，它就控制着越来越多的心灵和行为。假如一种价值观成功地推广成为普世价值，它就相当于精神垄断企业，它成为支配地位的话语而控制众心，人们只剩下"嘴"是自己的，但"话"都是别人的，一开口就是别人的话。文化成为公共资源非但不是悲剧，反倒是"公共资源的凯旋"。这种另类经济学的"公共资源凯旋"有两种重要成就：（1）文化依附体系。一种普遍化程度较高的文化获得更大的政治权力，在文化权力的诱导下，许多人唯恐自己落伍，于是放弃自己的文化而依附于另一种文化，是谓媚俗。在现代尤其全球化时代，媚俗成为文化间性的一个主要形式是不足为奇的；（2）"自动实现的预言"的历史。一种掌握政治权力的文化观念成为人们思想和行为的主导，于是，它所推销的"未来"通过它所引导的集体行为而变假为真，被实现的未来反过来证明了预言，于是，历史是提前写成的。这才真正是"历史的终结"。

文化的权力才是最大的政治权力。为了争夺文化权力，或者为了捍卫文化权利，人们为文化而战，这是全球化时代的一种新战争。亨廷顿有理由相信未来是一个文明冲突的时代，而文明的冲突将是"对世界和平的最大威胁"①。约瑟夫·奈也有理由相信，在争夺世界领导权中，软实力（文化、价值观和制度）甚至比硬实力更重要，它可以兵不血刃地达到"让你期望去做我所期望的事情，而我不需要迫使你做你不想做的事情"②。这是因为，经过软实力洗脑之后人们已经想不出自己原来想做什么了。文化之战是争心夺魂之战，它是政治统治和政治权力的深层问题，传统的政治哲学追问的是："谁来统治"和"凭什么统治"，今天的政治哲学还需要进一步追问："什么观念来支配统治者的头脑？"和"一种观念凭什么支配人们的头脑？"占领了心灵就最后占领了一切。

尽管文化之战无法避免，但几乎所有人，包括亨廷顿和奈这些文化战争研究者在内，都希望能够有避免冲突的解决方法。对于文化和平，人们不约而同选择的是对话。就目前局面来说，除了对话，也似乎没有别的办法。于是，文化冲突的时代同时又是对话的时代，这是全球化时代的一个显著特征。尽管对话是人们的共同愿望，可是，对话之路却总是坎坷不平、困难重重、步履维艰，如果不说没有任何实质性进展的话。问题在于，对话本身就是一个悖论：它既是解决文化冲突的办法，同时又是文化冲突的一个表现方式甚至是制造更多文化冲突的一种方式，就是说，对话即冲突。于是，对话本身就是对话需要解决的一个问题。那么，对话问题的困难到底在哪里？这是世界政治的一个根本问题。

在一个知识共同体内部进行对话，远远有别于不同知识共同体之间的对话。这种区别尚未引起人们足够的反思。人们一般相信，既然存在着普遍的人性和理性，因此人们就全都属于人类这个共同体，人同此心，心同此理，因此，对话理应不成问题。传统思想家们都习惯于认为，所有的知识原理都适用于所有地方的所有人，仿佛世界上只存在一种知识共同体。当然，确实

---

① 亨廷顿：《文明的冲突与世界秩序的重建》，新华出版社1999年版，第372页。
② 约瑟夫·奈：《硬权力与软权力》，北京大学出版社2005年版，第6页。

存在这么一个，那是逻辑所表述的世界，并非人所能实际居住的世界。现实世界有着大量文化/知识共同体，包括各种传统文化共同体以及各种新文化共同体，人们在共同体中获得安全、认同、信任和确定性，生活在一种文化中本质上就是获得一种安全知识。最简单的例子就是语言，当一个人处于完全陌生完全无法沟通的语言环境中，安全感就已经失去大半。人们拒绝异己环境，本质上是在拒绝危险。不过，在全球化这个大量信息交通的时代，人们拥有关于其他文化的大量知识，似乎可以通行于多种世界，但知识意味着互相理解吗？

理性对话理论假定，人类共享一种我思（cogito），他人之思（the other's mind）超不过通用的我思，因此，主体间性以及互相理解应该不成问题。不过有个重要问题，我与他人在心思上即使沟通无阻，也不等于能够解决我与他人的分歧和冲突。他人不仅有"思"而且有"心"。与西方哲学对"思"（mind）的关注形成对比，中国哲学更重视"心"（heart），这才是我与他人关系的困难所在。如果他者没有落实为他人心事，他者就根本不是个问题。人们以同样的方式思考，但喜欢不同的事物，人各有志，各有所爱，这才是问题关键所在。思的哲学（philosophy of mind）足以解释智性行为，但只有心的哲学（philosophy of heart）才能说明价值观、情感、偏好与生活经验。要深入对话问题，就必须转向他人心事问题。有关心事的对话与对错真假无关，或者说，对错不重要，大家都喜欢才重要。只要考虑谁对谁错，就等于承认有个绝对标准存在于对话之外，对话就变成了思想的论辩，即使说清楚了谁对谁错，也已经错过了心事问题，对话就反而失败了。假如不考虑对错，对话的标准就内化在对话本身之中，落实在人心之间的互相期待中，变成心心求和的过程。对话之真正目的不是求真而是求和，如果不理解这一点，就等于不理解对话。

总之，"思与思"其实不成问题，因为众思一致有着客观条件（逻辑与真理），而"心与心"才真正是个难题，因为众心一致缺乏客观条件。众心之和不可能是某个心单方面预期的实现，而是众心在对话过程中共同创造和承认的结果。心心相印所以无比困难，就是因为人们总是忍不住试图单方面推广自己之心，这是难以抗拒的政治权力诱惑。每一种语言、文化或知识共同体都试图推广其自诩的普遍有效观念,但那些所谓的普遍观念没有一个得到普遍接受,这已经很说明问题。理解他人心思不难,但接受他人心事不易。对话虽然以"思"为表现形式,但表现的是"心",虽然表面上是话语关系,实际上是人际关系。如果忽视心事,对话就会从两思之间最短的线变成两心之间最长的线。

单方面自我推广而且试图替人做主,这种文化侵略是导致对话失败的根本原因。一个有趣的例子是所谓"全球伦理"①或者"普世价值"。有人竭力在不同文化中找到一些仿佛相似的金科玉律,认为这意味着全球伦理。可是西方力推的"普世文明的思想在其他文明中几乎得不到支持"②,其中必有原因。首先,全球伦理之类的普世价值以圣经的金规则以及自由主义原理为底本,就像巴黎的标准米尺,要求其他文化都向它看齐,这是文化单边主义。从各种文化中挑出一些相似准则其实并非难事,但这远远不足以建立全球伦理。一般来说,人们在不喜欢的坏事上有较多共识,但是对好事却未必有那么多的共识,所谓各有所好。即使在好事上也有些共识,人们对好事的偏好排序或优先次序也大不相同。比如说,价值(A、B、C、D)在一种文化中的重要性排列顺序为(1、2、3、4),而在另一种文化中,它们的排列顺序也许是(3、8、2、9)。由于时间和条件的限制,人们不可能同时满足所有偏好,于是,优先次序就在事实上决定了做什么和不做什么,因此,只有优先的价值才是具有决定性的价值。例如中国的仁义忠孝之类在西方价值体系中也有类似价值,但显然并不优先,同样,西方的个人自由和民主也会为中国人所喜欢,但未必优先。如果将价值之间的一些固定搭配关系考虑进去,情况甚至会更复杂,比如,当且仅当 A > B 时,A 才是优先的,或者,当且仅当 B > D 时,B 才是好的,诸如此类。所有这些意味着,找到某些普遍价值,对于一个价值观的整体画面并没有什么决定性意义,真正决定一种价值观的关键因素是其价值排序方式。另一个更能说明问题的例子是人权。对于常见的那些基本人权项目,人们很少存在分歧,但在人权问题上总是存

---

① Hans kung and Karl-Josef Kuschel: A Global Ethic: The Declaration of the Parliament of the World's Religions. The Continuum Pub,1993.
② 亨廷顿:《文明的冲突与世界秩序的重建》,新华出版社 1999 年版,第 56 页。

在大量争论,原因何在?恐怕就是因为人们对各种价值的偏好排序不同,而价值排序不同又是因为不同的哲学理论。例如西方以个人为基本根据所以强调个人权利优先,而中国以关系为基本根据所以要求相互责任优先。要解决文化之间的深刻冲突,对话本身必须能够进入深刻问题。

我们是否真的理解他者?这是进入深刻问题的第一步。把自己的观念和标准强加于人就不可能理解他者。人们通常把理解他者的实地研究称为人类学,可是人类学也正是歪曲他者的一种主要方式,因为它试图发现的与其说是尚未理解的新事物还不如说是自己对新事物的想象,正如艾柯说的,当年曾经有无数西方人在神秘的东方"苦苦寻找"西方人幻想的独角兽。这是个深刻的暗喻,它说明人们在他乡寻找的只是自己喜闻乐见的东西①。萨伊德反对西方替东方塑造形象的"东方学"文化帝国主义行为,试图把强加给自己的说法给"说回去"(unsay the said),就是顺理成章的反抗了。格尔兹改进了理解他者的方法论,他利用赖尔(Ryle)最先倡导的"浓描"法,对他者文化的"地方知识"进行本地语境化理解,试图按照他者去理解他者②。这种从普遍知识向地方知识的知识论转向,似乎能够提供有关他者更为准确更多细节的信息,但仍然不足以解决理解他者的问题。理解人与认识物,很有些不同,人有话要说,因此,真正的理解必须是对话的结果,因此,对话先于理解。借助对话而使双方的思想得以被质问与讨论,然后共同创造出来的新观念才是理解。理解不是单方面的知识,也不仅是双方互相的知识,而必须是合作的作品,这才是问题之关键。

在此涉及一个老问题:何谓知识?至少存在两种知识:描述事实的知识与参与命运的知识。科学是描述事实的知识,目标是真理;人文是参与命运的知识,目标是幸福。人文知识不能以科学描述事物的方式来生产,而必须与被研究者进行"商量",就是必须考虑他人的价值观,因为幸福是与他人商量的结果。他人不是物体而是一个创造者,所以对他者的知识永远不像研究石头,能够仅仅通过细节描写去决定,更重要的是由他人对我们对待他的

---

① Umberto Eco: Ils cherchaient des licornes, In Alliage, No. 41-42. 2001. Nice, France.
② Geertz: Local knowledge, 1983; The Interpretation of cultures, 1973, New York.

方式做出的反应来决定。一个简单的例子是，如果我们友好对待某人，就非常可能会发现他是友好的人，而如果漠视甚至侵犯他，就会发现他是敌意的。可以看出，他人这个事实是活的，他人的性质是在变化中的，他因我们的变化而变化，他人的性质是我们诱导出来的，"我"存在论地规划了"他人"，反之亦然。这正是人际关系存在论的理解：某人的存在，自己或他人，并非直接就是"如此这般的"，而是在与他人的关系中被创造出来的——传统存在论的句式"是其所是"并不对所有事物有效，至少对人是无效的。所以说，在这里，存在论的根本问题不再是 to be 而变成 made to be。因此，关于他者的理解，除非得到他者的认可才能够成为普遍知识。如果一定要用真理概念来说话，那么，他者就是真理的标准。

假如人们相信对话能够建立良好的互相理解，并且愿意以他者语境去理解他者，这将是非常重要的转变，但是仍然不能太乐观，因为对话还隐藏着另一个更深刻的问题：理解不保证接受。这个问题正是乐观的哈贝马斯交往理论所忽视的致命困难。问题是这样的：当触及他人心事，就涉及不同乃至互相矛盾的精神世界、价值观和生活利益。人们很少在精神、价值和基本利益上做出让步，因为放弃基本的精神、价值和利益就等于放弃生活的希望，生活无望就会以死相拼。可以想象，即使对他者有了真实的理解也不能保证对他者的接受。我们经常听见这样的说法："是的，我完全理解你，但是……"。这就是"理解但不接受"的基本句法。谁也无法否认这个简单事实：人所希望、所热爱、所相信的，比他所知道和理解的在决定行动上更有力量。人们思维时听从真理，但行动时却听从价值观。这两者不一致使哲学家非常烦恼。试图克服知识与价值不一致的最有想象力方案是苏格拉底的"道德知识"理论，他试图通过"无人自愿犯错"的命题来论证假如人们有了关于道德的真知就不会在行为上犯错。如果这个理论能够成立，知识和价值的一致当然就有了希望。可是看来客观事实并不配合。尤其后来休谟关于 to be 推不出 ought to be 的理论否定了事实和价值之间一致性的想象。当代已经很少人坚持事实与价值统一的理论，但又寄希望于"理解"。其中理由在于，理解不是冷漠的科学知识，而是富有感情的知识（同情和设身处地）。理解的感情因素是令人鼓舞的，人们寄希望于它能够因此成为知识与价值的桥梁——以为感情是沟通知识与道德的中介，这是康德的老结构——可是事与愿违，我们几乎观察不到感情随着真理走的事实，相反，感情总是跟着价值走。

现代人们喜欢谈论相互理解，生产了以文化多元论或相对主义为名而以相互冷漠为实的"政治正确"。政治正确表面上是礼貌和互相尊重，实际上是互不关心、各行其是、互相歧视，只是不说出来而已。"谁也别管谁"貌似保护了各自的权利，实际上是消解他者利益、价值和力量的非暴力抵制策略。正如卖总要被买才有意义，说总要被听，做总要被认可，给予总要被接受才有意义。抵制他者的冷漠策略就是通过"没有感觉、不给反应"而达到取消他者的市场，没有市场就没有了价值。多元论的确是对普世主义的解构，但多元论也意味着各种多元观念各自都贬值、各自都被漠视和抵制。彼此独立自由的代价就是彼此冷漠和贬值。事实上，互相冷漠的多元论并非对话和理解的良好基础，相反，它使对话和理解成为互相拒斥的方式，甚至是敷衍了事的例行公事。

对话的怀疑论困惑是：人们将把对话永远继续下去，因为对话永远不能解决问题。理解不保证接受，这是对话不能解决问题的根本原因。即便处于哈贝马斯幻想的"理想的言说状况"之中，也是如此。理想的言说状况是个交往和对话乌托邦，按照哈贝马斯的设想，在其中人们永远真诚地以正确的方式谈论着真实事物[①]。哈贝马斯对人类理性相当乐观，他相信，在完好的理想商谈氛围中，人们将会非强制地达成一致观念。当然，哈贝马斯知道这种理想对话不可能一蹴而就，它需要异乎寻常的长久时间去磨合[②]。可是长生不老的乌托邦恐怕不现实，且不说事情日久生变，太久的等待也会使最好的东西变得一文不值，太久的对话如果总是不能有所兑现，可能终将变成与需要解决的问题毫不相干。而且，时间是双刃剑，既能磨掉矛盾，也会积累冲突，因此，对话的难题与时间并无根本关系，而在于对话本身的条件。哈

[①] 哈贝马斯：《交往行为理论》，第一卷，上海人民出版社2004版，第23页；第100页；第312页。哈贝马斯关于对话规范的理想要求有大同小异的多种说法，其中最重要的是"真实性、正确性、真诚性"。

[②] 我曾经对哈贝马斯提出"理解不能保证理解"的质疑，哈贝马斯辩解说，他仍然对合理对话有信心，必须把时间考虑在内，"足够长的时间能够磨合冲突而产生共识"。

贝马斯理论的局限性（也是现代哲学通常的局限性）在于相信理性万能，重思而忽视心，所以才会忽视"接受"问题。

完美的对话应该是这样一个程序：自由表达——交换意见—理性讨论—互相理解——共识—互相让步—互相接受—同意。即使在一个崇尚理性又以公共辩论为荣的城邦，比如雅典，也未必能够形成完美对话，事实上 agora 的对话多半很不理想。哈贝马斯的对话乌托邦虽然理想主义色彩浓厚，但一点都不完美，它强调理性固然不错，但它假定人们追求真理，那就错了。问题还不在于政治对话追求的不是真理，或者真理可追不可得，更重要的是，追求真理是错的，因为价值观冲突并不是真理与谬误之争，假如错位地看成是在追求真理，就意味着取消了互相让步和互相接受。自认为真理在手的一方显然不会让步，而被假定为"没有真理"的一方就只能单方面无条件投降，可是没有任何一方相信自己没有真理。哈贝马斯对话至少对于政治问题是无效的。政治对话是利益博弈，与真理毫无关系，它将根据实力而按比例达成不同程度的让步。不过，利益对话也不是完美对话，利益分配能够理性地解决，可是物质利益之外的许多事情是绝对不可让步的，除非能够达到互相接受，文化、精神和价值观问题就是如此。凡与心事（heart）有关的事情都必需达到互相接受，否则绝无解决之希望，可见"接受"问题才是对话的根本问题。对于解决分歧和冲突，仅仅认识他人（了解他人是什么样的）远远不够，而要进一步理解他人（理解他人做某事的可同情或可谅解的原因），可是理解他人仍然不足以达到同意，理解他人不意味接受他人，由理解无法推出人们的一致同意，因此，接受他人便成为对话的关键环节，互相接受才有同意。

在全球化时代，主体问题向他者问题的转向是无可阻挡的。他者问题已经成为所有问题都与之相关的新焦点，无论全球化、地方性、身份认同、普世主义、多元论和相对主义还是文明冲突、交往和对话、博弈与合作都从各自的方向联系到他者这一核心问题。现代的主体性原则（subjectivity）以及主体间原则（inter-subjectivity）已经处理不了全球化背景下产生的新问题。世界上各种文化获得了话语权并且开始发展自圆其说的辩护，尽管存在着强势文化，但其他文化有了不合作的能力。这个事实的理论后果是，通名或匿名的我思或主体性已经表达不了心灵。"他人"从原本假定为同质的我思或主体性的普遍概念中逃离出去，"他人"的逃逸同时等于剥夺了"我"在普遍我思中居留的意义。如果只有我在而他人不在，"我"就减弱为自言自语的心灵，这个单一心灵只能自虐，除此无事可做，因此"我"也不得不逃离出来。我思或主体性就只剩下抽象的意向性而没有精神内容了。我思（cogito）只不过是个思想的纯粹形式，当所思（cogitatum）拒绝了我思的统一支配，通名或匿名的主体性就只能退位。我们必须走向署名的观念，必须知道谁在说话。

在主体性概念影响下，现代哲学家曾经只注意作为主体的言说者，而他者不可阻挡的出场使我们发现听者以及倾听行为是更为本质的问题。发言的行为暗含想要教训和指导对方的霸权，但话语霸权可能引起他人的反抗，他人会拨乱反正地"反着说"（unsay the said of the other）。拨乱反正虽有理由，但缺乏建设性，而且有副作用，它破坏甚至中断了对话。这是萨伊德式批评的局限性，也是各种社会批判理论的局限性。对话包括发言又包括倾听，发言和倾听应该构成不断循环和创新的思想过程，否则是无效益的对话。其中关键是倾听。我们倾听那些我们没看见而他人可能碰巧看见了的东西。

倾听本是在中国哲学以及基督教中长期存在着的古老问题。在倾听的问题上，基督教传统与中国传统有着重要的差异。基督徒倾听向人们揭示上帝真理的先知或牧师（上帝不能直接听到，所以只能听先知的）；中国人则倾听有着伟大思想、品德和能力给人们带来幸福的圣人之言。于是人们听到不同的事情：先知告诉人们如何做必须做的事情；圣人告诉人们如何做想做的事情。基督教试图替所有人做主而规定普世价值；圣人向人推荐能够实现他人想要的幸福的有效方法。由此看来，中国式的言说—倾听意味着说出—听取别人对己有益的意见，这是人与人的关系；西方式的言说—倾听则是说出—听取真理或所谓普世价值，这在实质上是理与人的关系。西方式倾听潜在地暗含对他人之心的不重视：既然都听上帝的，就不用听别人的了。既然不再需要倾听他人心声，他人就不再是应该与之对话的他者（the other），而降低为无差别的别人（the else）。这个理论后果相当严重。他者与我是互相定义的互动关系，他者是我与之交心的人，他者与我互为精神支持和思想资源，他者心事是我所关心和尊重的，是我的生活意义的重要部分。一旦他人变成无差别的别人，他的心事不再重要，别人的唯一意义仅仅在于他是与我同质的"上帝子民"，于是，别人心事不新鲜，没有什么可听的，也不值得听，因此可以忽略。为什么西方总是需要发现异教徒？异教徒就是尚未统一为与我无异之别人的他人。既然我与相同的别人的心都是上帝之心，那么与我相异的他人的心就只能是魔鬼之心。别人是同道中人，而他人就是敌人。只有面对他者才需要对话，可是他者又总是敌人，其逻辑结果是，对话总是不成。在肉体上拯救他人比较容易，在精神上接受他者则无比困难。对话问题在今天变得如此重要而严肃，原因在此。因此，成功的对话首先必须重视倾听，并且把倾听定位为倾听他人。倾听意味着从他者的发言中发现可接受的思想，倾听近乎接受。奥古斯丁的名言"相信以便理解"如改写为"接受以便理解"恐怕就正确了。

　　哲学的根本问题不是通常认为的真理问题，而是幸福问题。人生所有问题，包括真理在内，由于与幸福相关才变得有价值。每个人之幸与不幸、爱与欢乐、成功与骄傲、和平与安全、好运与厄运、失败与痛苦都与他人相关并决定于他人，简单地说，幸福和痛苦，都是他人给的。假如自己想象某种"主观的"幸福，只要仔细思量就知道在这种主观幸福幻想中已经把他人的爱情、爱护、帮助、支持和承认都假设在内了。人的直接生活事实就是与他人相处，因此，事关幸福的事情都是关于他人的问题。有一个关键问题可以清楚地对比主体观点和他者观点在理论上的不同境界。在圣经和儒家文本中都有意思相似的普世原则，今天一般都称为金规则："若想别人如何对待你，你就如何对待别人"或"己所不欲勿施于人"。这条准则除了其主体视野的局限以外看来天衣无缝。毫无疑问，它充满善意，但其主体观点决定了，只有"我"才拥有决定事物好坏、正误乃至真假的权威，虽然"我"愿意对他人好，但价值标准和游戏规则要由"我"来定。这是精神霸权，他者被剥夺了参与制定价值、精神和规则的权利。取消他人的精神权利是严重的政治错误。谁有权利决定什么是知识和真理？谁有权利决定什么是价值？谁有权利决定游戏规则？这是比利益政治更为根本的精神政治问题。为了尊重他者的精神权利，普世金规则必须改写为："别人不希望你怎样对待他，就不要那样对待他"或者"人所不欲勿施于人"①。这种改写采取了他者视角，充分考虑了他者的权利。把金规则修改为"人所不欲勿施于人"，虽一字之差，境界天上地下。在"由己及人"的主体方法论中，可能眼界只有一个，即"我"的眼界，而"由人至人"的他者方法论则包含了所有可能眼界，这样才是尊重每个人。这个"由人至人"的方法论可以称为"无人被排挤"规则，它意味着一条关于任何通用规则的元规则：（1）以你同意的方式对待你，当且仅当，你以我同意的方式对待我；（2）每种文化都有建立自己的文化目标、生活目的和价值观的权利，如果文化间出现分歧，则以（1）为准；（3）承认他人参与共同制定规则和价值的权利，普世价值必须是共同创作和共同接受的作品。在理论上说，"无人被排挤"规则或者"人所不欲勿施于人"原则应该能够消除"对话即冲突"的对话悖论，它意味着：凡是能够互相接受的就是普遍有效的，凡是不能互相接受的就互不干涉。这是精神政治的正当性。

三、世界之治

世界之治远在未来，但已经是一个当下问题。世界之治取决于世界政治，中国周朝的天下观念最早提出世界政治的问题，但由于思想过于前卫而被遗忘很久了。世界政治重新成为当前问题，是与全球化有关。全球化是世界高度风险化的过程，但也可以是一个由大乱走向大治的过程，这要取决于什么样的观念和策略成为世界的主导观念和普遍策略。中国哲学以"治乱"为基本坐标去分析政治和社会问题，这一框架越来越显示出其普遍适用的优越性。无论多大规模的每个社会都会有风险和挑战，既然生活是动态的，欲望是活跃的，由动态的欲望和行动所开拓的未来都是未定不可知的。任何一种改变都暗含着某种风险，任何一种未来都是风险，没有风险的社会就是没有未来的社会，是没有任何改变而仅仅不断重复自身的社会。正如前面论证

---

① 赵汀阳：道德金规则的最佳版本，《中国社会科学》2005年第3期。

的，一般存在论的"存在"（being or existence）概念不足以表达人或社会的复杂存在论问题，存在只是时间性的持续，但没有历史性的未来，而人的存在是做出来的事情，或者说，人的未来不是延续，而是必须想办法去做成的事情，对于人来说，做是在的实现方式，to be is to do，所以人和社会的所有问题都是关于"做"（do）而非"在"（be）的问题。在做的存在论的视野中（ontology of doing），人所做的各种事情表现为创造未来的各种策略。既然因做而在，社会就总是处于变化和风险中，做事必生变易，变易必有风险，风险就有乱，所以社会的基本问题就是治乱。现代各种革命（科技的、经济的、政治的和文化的）带来的好处立竿见影，但隐含的危险却慢慢展开，人们乐观地接受了各种好处，现代一路高歌猛进，等到全球化的大规模运动充分暴露了现代乱世的各种隐患，全球治乱就变成政治的首要问题。

全球治乱将是有史以来最大的政治行动，它需要一种世界政治来创造一个兼容各种文化的智慧的新世界。很显然，全球一体的社会从未有过，如果全球一体的世界要获得各种文化的支持和合作，它就需要发展一种普遍兼容的世界政治。世界政治虽是新事物，但有着诸种传统思想资源：博大胸怀的罗马帝国贡献了对任何民族一视同仁的万民法，但罗马崇尚武力征服，为霸而不能为王，此种世界计划不可能获得各种文化的支持，更不可能长治久安；基督教虽有普世之心，但其普世主义实为强加于人的文化单边主义，视其他文化为不可接受之异教，因此不但不能创造世界反而分裂世界；康德的和平主义否定武力，立意高尚，但也缺乏文化和价值的兼容性，无法化敌为友，因此无力应对文明冲突问题；唯有天下思想具有化敌为友和兼容各种文化的能力，因此，天下思想可以成为世界政治的最佳底本。当然，这决不意味着要复制周朝天下体系的传统设计，而是需要利用传统智慧去重新创造开发一种适合未来社会的天下体系。今日世界形势与过去的周朝形势有一个极其重要的区别，这就是，周以天下共主的有利身份去实现天下体系，而今日世界不再有什么天下共主，因此，创造世界首先必须找到对世界冲突问题的理性解决方式。

如前所述，政治的最大问题就是如何化冲突为合作，或者按博弈论的说法，如何从冲突"演化"为合作，这个问题至今并无普遍有效的解法。博弈论研究此类问题最为突出，虽竭尽心力而始终难以克服以囚徒困境为代表的种种困难，虽有某些局部或特殊条件下的有效解法，如 Smith, Axelrod 和 Hamilton 的合作演化理论以及 Brams 和 Taylor 的校正赢家理论等等，都是富有启发性的成就，但这些解法的有效性都依赖一些特殊的假设条件或者人为设计的博弈环境，与真实的世界冲突有着明显差异，或者不能代表普遍情况，因此都不能解决人类冲突的根本和普遍困难。一般来说，在如何瓜分实利的问题上，博弈论研究比较有效，实利是能够瓜分的物品，即使做不到完全合理解决，比如说不能满足 Brams 和 Taylor 的"无妒忌"标准（这是一个非常杰出的标准）[1]，也总能够有个相对合理的解决，比如通常的公平解决，即使相对合理的解决也做不到，最不济也会有不公平的解决，但瓜分利益的问题总能有个解决，事情总有个完结。真正困难的是文化、价值观和制度的冲突，这种精神冲突如此深刻而且没完没了，甚至连暴力这种最后手段都无法解决问题。关键就在于精神无法瓜分，因此解决精神冲突就只有兼容和分享一途了。

如何化冲突为合作进一步深化为如何化敌为友的问题，更具体地说，如何与不愿与我相同的他者合作共处？这个问题预先就排除了霍布斯状态，而且，根据前面的分析可知，对话也不足以解决精神冲突问题，对话虽然能够增进互相理解从而减少不必要的误解所导致的冲突，但仍然不可能克服根本精神原则上的深刻冲突。同样，不同精神世界之间的合作也不可能通过博弈论式的讨价还价程序去形成，因为精神无价，无法瓜分和分配，也无法补偿。因此，精神合作的条件是：（1）放弃征服、取消或者支配任何一种异己价值观的企图和努力；（2）不同精神世界必须互相接受，而不仅仅停留在互相理解上；（3）不能指望多元论的解决，多元论只是掩盖冲突而不是解决冲突，但也不能指望单边普遍主义的解决，而只能发展一种共建普遍主义，即利用各种文化和精神世界的资源共同创作一种普遍接受而且普遍共享的新文化，这种新的普遍文化不属于某种特殊文化，但属于每种文化，而且能够沟通每种文化。

---

[1] 布拉姆斯和泰勒：《双赢之道》，中国人民大学出版社2002年版，第12页。

我们至今所拥有的只是一个物理学意义上的世界，仍然生活在互不承认的不同精神世界中，因此，目前的世界由于缺乏共通共享的精神本质而仍然是个非世界（a non-world）。如何达到不同文化的互相接受乃至共同创造一个精神世界，这是无比艰难的事情，首先需要一种根本性的和深度的哲学转向。对于从冲突到合作的问题，我们需要一种能够解释合作条件的"共在存在论"（ontology of coexistence）或者说"共在形而上学"（metaphysics of coexistence），它可以看作是中国传统哲学的一种新版本。共在存在论以"共在"（coexistence）为基本问题，它与以"存在"（being 或 existence）为基本问题的一般存在论有着完全不同的问题结构。共在存在论相信：（1）共在先于存在，并且，共在规定存在。无物能够因其自身而存在，他物永远是某物的存在条件，某物按照与他物的共存关系去调整其存在性质。关系改变存在，给定什么样的关系，就创造了什么样的存在，或者说，共在决定了任何存在都是一种相互存在（reciprocal existence）；（2）既然共在决定存在，那么，存在不是一个问题，共在才是问题。存在是关于某物的问题的结束，当能够说出"某物存在"，就必须能够说出"某物如此这般地存在"，这不是对某物存在的提问，而是对某物存在的报告：某物是这样的。这个问题结束了。只有共在是问题，因为共在是人创造的动态关系，只有人能够选择并且制造这样而不是那样的共在关系，显然，只有当共在关系是可选择并且可制造的，才是个问题。因此，共在存在论只与人有关，而与一般存在无关，也与自然事物的共存关系无关，自然事物的关系其实也是给定的存在，无可选择的关系就不是问题；因此（3）共在存在论是关于"事情"的哲学（philosophy of facts）而不是关于"事物"的哲学（philosophy of things）。事情是人造的，是人的行为结果（中国古典哲学称为"事"而区别于"物"，与西文 factum 之意相通）。事情都是关于人的存在状况的问题，无非是物质利益和精神权利的问题，或者说是身心两种利益问题。其中物质利益问题是"如何分利"，这一问题的解决要依靠建立一种合理的制度，而精神权利问题则是"何者做主"，这一问题的解决要依靠人们选择什么样的普遍观念；（4）精神权利是事关冲突的最根本问题。是否能够形成良好的共在取决于是否能够形成良好的精神共在，于是，共在存在论进一步成为关于"心事"的哲学（philosophy of heart）而不是关于"心智"的哲学（philosophy of mind）。最后必须解决的共在问题是心际和平问题，它是最后的和平问题。

根据共在存在论，一种良好的共在关系必须是普遍有效和普遍受惠的关系，于是，一种普遍有效的普遍主义不可能是单边普遍主义，而只能是共建共享的兼容普遍主义，以此为基础才能够形成一个共通共享的世界。我们需要对精神观念的普遍有效性进行检验，以便证明某种观念或价值观是否能够成为世界的普遍精神（普遍观念和普世价值）。精神不是知识，因此，知识的标准（无论是经验证实或逻辑证明）不适合于精神的证明。对于一个观念或价值观的普遍有效性的检验，我们发现至少需要两个标准：（1）普遍可模仿性；并且（2）最大兼容性。

考虑一个与真实世界虽有些不同但足够仿真的一般博弈语境，大概如下：

（1）每个人都优先考虑自己的利益，包括自己的专有利益（比如私有财产和个人自由）和自己可及的共享利益（比如公共物品和关系情感），并且，在专有利益与可及共享利益之间不存在固定不变的偏好排序，尤其不存在"专有利益总是优先于可及共享利益"的排序，每个人都将仅仅考虑某种利益，无论是专有的或是共享的，是否是自己可得的最大利益；

（2）每个人都是理性的。每个人都将按照自己决定的价值偏好排序去理性地计算得失。不存在所有人通用的价值排序表，并且，没有人能够强迫别人改变价值观。假定某人 p 的偏好是 c > a > b，而大多数人的偏好是 a > b > c，p 将仍然坚持他的偏好排序，这一"吾爱吾所爱"的利益取舍计算将被认为是充分理性的；

（3）每个人都不是傻瓜，尽管思维能力不等，因此各自独立能够想象的行为策略水平不等，但都有足够的学习能力；

（4）每个人各自拥有的初始策略知识不等，但是可能选择的策略总量是有限多个的，因此每个人迟早都能学会其他人的全部策略；

（5）足够多次的连续博弈。

这一仿真的社会博弈条件可以修正一个流行错误。在通常的分析模式中，个人利益的最大化仅仅计算到自己的专有利益，而往往没有把对自己同样有利甚至更有利的共享利益计算在内,并且默认地假定专有利益总是优于共享利益。这个分析模式是错误的。人追求最大利益,这一点是肯定的,但最大利益未必是专有利益。或者说,较大利益优于较小利益,这是一定的,可是专有利益优于共享利益,这就不一定了。事实上,每个人的大多数"最大利益"都只存在于共享关系中,因为最大利益往往只能存在于与人共有的关系中,而不可能个人独占,一旦试图独占,这种利益就反而消失了,例如家庭、爱情、友谊、合作的巨大利益。因此,人们真正关心的是"自己可及利益"中的最大利益,而不见得是个人独占的利益。人们对利益的理性排序完全不像现代理论所妄想的那样,永远把个人独占利益排在最前面,因为人们的最大利益往往是由"关系"所创造和保证的利益,比如安全、幸福、成就、荣誉和权力。强调理性计算没有错,但现代理论把需要计算的项目搞错了。

  在我们设计的博弈语境中,人人都能够在博弈过程中互相学习别人更成功的策略,并且在接下来的博弈中模仿习得的各种成功策略。能力更强的人不断推出更高明的策略使自己利益占优,但领先总是暂时的,高明的策略很快变成公开知识而被大家所模仿。一直到各种成功策略都出现了并且被普遍模仿,大家拥有足够饱和的共同知识或对称知识(对称的知己知彼),这时将出现"集体黔驴技穷"的普遍策略模仿现象,大家都模仿被证明为最优势的策略,于是达到普遍的策略均衡,此种成功策略就非常可能转化为稳定制度。虽然人人都将模仿成功策略,但这不意味着成功策略都是好策略。所谓"成功"的稳定策略是人人不比别人更吃亏或者说没有人能够多占别人额外便宜的策略,因此,一个被普遍模仿的稳定策略有可能是人人都受益的好策略,也有可能是人人利益受损的坏策略。于是,我们还必须进一步确定什么是好的普遍策略。最简单又最明显的标准是"无报应"的普遍可模仿策略:如果一个成功获利的策略被众人普遍模仿而不会形成作法自毙的反身报应,或者说,当一个策略被别人所模仿而不会反过来伤害自身,不会自取其祸、害人反害己,那么,这个成功策略就是经得起普遍模仿的策略,它就通过了普遍模仿的检验。也可以反过来说,假如一个获利策略被普遍模仿,别人的模仿形成以其人之道还治其人之身的效果而导致始作俑者自取其祸,就证明它是个坏策略。能够通得过这一检验的价值观才是普世价值。

其次，一种观念或价值观要成为普世通用的原则，除了必须满足无报应的普遍可模仿性，还需要满足最大兼容性。这是因为，一个世界所容纳的生活、文化和思想必须足够丰富才能保证人类精神的良好生态条件。丰富的可能性等于灵活性和生存潜力，因此，一种观念或价值观要具有普遍性就必须具有最大兼容性。这其实就是中国古典哲学强调的"同则不继"原理：多样性的互相兼容是最好的生存条件，而单调的同一将使生活和文化枯竭。另外，世界上本来就存在着多种文化和价值观，既然精神征服是不可能的也是不可取的，那么，最好的合作就是发展一种具有最大兼容能力的价值观以兼通和协调各种文化。兼容的普遍价值观明显优于多元论，因为多元论仅仅是对文化多样性的消极承认，它不能积极创造一个世界性的文化公共空间以使文化互相接受。中国哲学所以强调"和"，就在于意识到了多样性必须同时具有兼容性，否则仍然不能避免冲突。

根据以上分析可知，只有能够通过普遍模仿检验并且具有普遍兼容能力的价值观、行为策略和制度才可能化冲突为合作，才能够成为世界的普遍价值基础。我们选择的共在存在论所蕴含的三大政治原则，和谐的合作原则、他者观点的金规则和天下制度，都能够满足普遍可模仿性和普遍兼容性标准，于是有理由认为，这三大政治原则是世界政治所必需的基本原则。我们在前面已经分别论证了这些原则，这里只简要述其要义。

和谐的合作原则的原始资源是先秦思想（晏子、史伯和孔子等）。和谐的基本意义是兼容的多样性。单一性是一切事物的存在论灾难，因此需要多样性，而如果多样而不能兼容，则必定导致冲突，同样是一切事物的存在论灾难，因此，对一切事物都有利的最优存在状况就是兼容的多样性。社会合作的和谐策略可以称作"孔子改进"，它是一种强化的双赢帕累托改进：（1）对于任意两个博弈方 X，Y，和谐是一个互惠均衡，它使得，X 能够获得属于 X 的利益 x，当且仅当，Y 能够获得属于 Y 的利益 y，同时，X 如果受损，当且仅当，Y 也受损；并且（2）X 获得利益改进 x+，当且仅当，Y 获得利益改进 y+，反之亦然。于是，促成 x+ 出现就成为 Y 的优选策略，因为 Y 为了达到 y+ 就不得不承认并促成 x+，反之亦然；（3）在和谐策略的互惠中所能达到的各方利益改进均优于各自独立所能达到的利益改进，因此，和谐策略就是各方共同的最优选择。

他者观点的普遍行为原则能够避免主体观点的价值观霸权。为了尊重他者的精神权利，传统金规则"若想别人如何对待你，你就如何对待别人"或"己所不欲勿施于人"必须改写为："别人不希望你怎样对待他，就不要那样对待他"或者"人所不欲勿施于人"。这种改写采取了他者视角，充分考虑了他者的权利。主体观点的可能眼界只有一个，而他者观点包含了所有可能眼界。他者观点的普遍行为原则也可以称为"无人被排挤"规则：（1）以你同意的方式对待你，当且仅当，你以我同意的方式对待我；（2）每种文化都有建立自己的文化目标、生活目的和价值观的权利，如果文化间出现分歧，则以（1）为准；（3）承认他人参与共同制定规则和价值的权利，普世价值必须是共同创作和共同接受的作品。简单地说，游戏规则必须共同制定才是普遍有效的，如果一种游戏规则是单方面制定的，即使这一规则做到一视同仁，也仍然不是充分的普遍有效性。

天下观念是世界政治或世界制度的基本原则。追根溯源地说，世界政治和世界制度是周朝最早提出的天下问题，但社会条件已经发生巨大变化，因此天下问题显然需要一个当代和未来的解决。这意味着，天下原则虽然继承先秦的贡献，但更需要创新，因此我们今天所试图建立的天下原则与传统的天下原则自然有些不同，但在基本精神上仍然相通。传统的天下原则是一个以家庭方式（familyship）为核心原理的建构方法论，它所确认的天下无外四海一家的观念无疑是创造世界的必要原则，它奠定了普遍兼容和化敌为友的基本精神，这是兼容普遍主义的基础。但是今天的世界显然已经不需要君主制以及等级社会，这是必须放弃的旧制度。

根据改进的天下观念，未来的世界制度将满足这样的想象：

（1）要改变人类的冲突状况以及国际无政府状态而创造一个对所有人都有利的世界，首先必须改变世界观。因此，我们选择以共在存在论作为政治哲学的基础，于是，"关系"所定义的政治问题优先于"实体"所定义的政治问题，因为以实体为计算单位的政治必定追求实体的利益最大化，那样必定形成冲突，而且，世界也没有能力支付每个实体的利益最大化。于是，如何创造和谐关系，或者说，如何创造作为和谐的合作（cooperation as harmony），就成为最大的政治问题；

（2）以"关系"为准，而不能以"实体"为准，才能确定什么是和哪些是普世价值。假如以实体为准，就将有各种无法调和的各种价值观，只有以关系为准，才能发展普遍承认和接受的普世价值。关系是一个共享共建的事实，关系的良好性质就是兼容性，它直接否定了文化单边主义，因此，以关系原则为准的普世价值必定是最大兼容的价值观，假如不具有最大兼容性，就显然不可能建立普遍接受的价值观。能够满足最大兼容性的价值有和谐、公正、仁义、互惠、信任等，这些以"关系"为计算单位的价值显然不同于以"实体"为计算单位的价值比如自由、个人权利、国家主权等。不过，关系性价值与实体性价值并不矛盾，但存在协调问题。假如以实体性价值为本，自由、个人权利和国家主权这些自身膨胀的价值必定排斥关系性价值而导致普遍冲突，而且它们缺乏让步能力因此无法化解冲突。假如以关系性价值为本，则能够包容实体性价值并且将实体性价值限制在无冲突的可接受范围内。显然，关系性价值必须优先于实体性价值。于是，最大兼容的关系性价值就是世界制度的价值基础；

（3）世界是由普遍和谐关系所创造的，或者说，一旦形成普遍和谐关系，就形成并定义了世界，这意味着，世界共享利益（世界公善和公利）优先于任何非共享利益，并且，世界普遍利益（每个人的同步利益）优先于任何非同步利益，即"孔子改进"优先于"帕累托改进"；

（4）世界制度的设计必须能够通得过普遍模仿的检验，这一制度设计必须有利于那些在被普遍模仿的情况下对任何人都有利的社会行为，并且不利于那些在被普遍模仿的情况下对任何人都不利的社会行为。一个满足以上基本观念的世界制度应该能够形成一个社会合作最大化并且冲突最小化的世界。这就是我们能够希望的天下。

论中华人民共和国对外关系之经线

（1949~2009）

牛 军

本文的目的是梳理和分析贯穿60年中华人民共和国对外关系（以下简称中国对外关系）的基本线索。任何领域的历史研究之起步均在界定时间和空间，使用经纬的概念或许可以比较形象地界定时空。纬线类似研究者在认知过程中对时间的切割，即呈现所谓历史发展演变的阶段性，每个阶段构成一个包含着复杂和流动性内容的相对独立的空间，由于不同历史时期决定对外政策的国家发展战略和安全战略不同，制定和执行对外政策的国际国内环境不同，以及不同的最高领导人对世界形势的认识不同和对外交目标的追求各有其特点、侧重，致使中国对外关系60年的发展中出现明显的阶段性，在不同阶段呈现出不同的特点，并反映了国家发展战略和安全战略在不同时期和不同领域的不同需要。中华人民共和国成立迄今历经60个春秋，它的对外关系的历程同国家的历史进程一样，可以大致划分为前30年（1949~1978）和后30年（1979至今）两个时期。前30年又可以大致分为三个阶段，后30年则可以分为两个阶段。划分阶段的标准是以国内政治和与国内政治紧密联系的对外政策的变化为标准，至于为什么以此为标准和如何划分出这些阶段，不是本文论述的重点，故在此不赘述。

经线则类似事物发展的连续性的追寻和表述。中国对外关系60年的历史包含非常丰富的内容，包括对外政策、对外关系的发生和发展、重要的外交活动、有关的外交人物和丰富的外交思想，等等。认识、把握和阐述这些丰富的内容有很多角度，也有相当多的或长或短的线索，不过其中主要的也是贯穿始终的线索是：(1) 中国近代以来特别是中国共产党领导的革命运动的影响；(2) 中国内政的影响；(3) 中国对外关系产生和发展的国际环境及其与中国外交之间互动的影响。这三条经线本身肯定不是什么新东西，它们的存在应该是没有争议的。但是，对它们在这60年里是如何贯穿始终的，每条经线都包含什么内容、它们之间的关系等等，则大有必要深入分析和研究。本文只是在这方面做初步的尝试，很有可能是论文提出的问题比解决的问题要多得多。

一、中国革命运动的影响

要理解中国对外关系，首先必须理解近代以来特别是中国共产党领导的中国革命运动，理解中国革命运动与60年中国对外关系的"天然联系"。提出这个问题是基于一个简单而又基本的历史事实，即中华人民共和国对外关系是同中国革命运动联系在一起的，而不是同建国前历届政府的外交联系在一起的；它是基于对此前中国外交的彻底否定和深刻批判，而不是此前中国外交的自动延续或有意继承。在这方面，世界上相反的例证大大多于相同的例证。从全球史的角度看，中华人民共和国对外关系的发生对研究革命国家的外交是有典型意义的。

所谓"天然联系"，从历史连接的意义上就是指中华人民共和国对外关系是从中共领导的革命运动的对外关系直接转变过来的。在中华人民共和国建立之前，中国革命运动已经同外部世界建立了某种联系，如与苏联和共产国际的关系，与一些国家从事民族和革命运动的组织之间的关系，还有抗日战争时期与美英等西方国家驻华机构之间的复杂关系，等等。这些关系远谈不上是丰富全面的，但对后来成为中国执政党的中共的外交思想形成、组织建构和人员构成等等方面的影响，却是不可低估的。[①]

[①] 参阅牛军：《从延安走向世界：中国共产党对外关系的起源（1935－1949）》，中共党史资料出版社2008年版；刘德喜：《延安时期毛泽东外交战略（1943－1949）》，陕西人民出版社1993年版。

不过所谓的"天然联系"并不仅仅是，而且主要还不是指"历史连接"。它的核心是指新中国外交形成和发展的最初动力直接来自中国革命运动，它在形成阶段的主要目标产生于中国革命运动，它的主要特点也是由中国革命运动所塑造的，而且它也是直接从中国革命运动的对外关系延续下来的，中华人民共和国早期的对外政策就是在国共内战后期（1948年冬至1949年春）制定的。在最深层面上可以说，中华人民共和国外交的核心价值如独立、平等和尊严，以及以平等为中心的现代国际正义诉求等，都是在革命运动时期酝酿成熟并最终转移到60年的外交之中并逐步扎根。所以，只有了解这一历史过程，才能理解中国对外关系的缘起及其主要特征的来龙去脉。

中国革命运动的兴起同中国近代对外关系的形成与发展有直接的关系。中国革命运动之所以发生，直接的原因之一就是1840年鸦片战争以后，中国近代对外关系在其发生和发展的过程中，给中国政治、经济、社会和文化等等各个方面造成巨大的冲击、痛苦和破坏。总的看，从清王朝崩溃到辛亥革命失败，无论中国的统治者和各种政治势力基于什么样的现实需要、试图或已经采取何种政策和措施来应对越来越严重的外部威胁，以及争取建立符合他们利益的对外关系，其后果几乎都是导致中国的各种权益不断地丧失，以及列强对中国内部事务的干预日渐深入。[①]

另一方面，日益尖锐的民族矛盾和危机成为重要的催化剂，促成了一波又一波并日益加速的社会下层民众的反抗运动和上层各种形式的改革运动，并最终在20世纪初开始逐步汇聚成一场声势浩大的民族革命运动。站在这场运动前列的部分中国人普遍认为，中国反对帝国主义侵略和压迫的民族解放运动与中国的政治、社会的变革是相辅相成的。中国未来的革命运动必定同时兼具政治、社会改造和民族解放的双重使命，它的目标就包括推翻帝国主义在中国的统治，建立一种以独立、平等和尊严为其核心诉求的全新的对外关系，进而争取建立一种新型的国际秩序。

---

① 章百家：《改变自己，影响世界：20世纪中国外交基本线索刍议》，牛军主编：《中国学者看世界（外交卷）》，新世界出版社2007年版，第3～26页。

20世纪兴起的民族革命运动因为中国共产党的诞生和发展而展现了新的特点。中国共产党诞生本身就同社会主义思潮在世界很多地区蓬勃兴起有直接的关系,同第一次世界大战后列宁关于帝国主义、民族和殖民地问题的思想在亚洲广泛传播有直接的关系。更重要的是,中共的诞生和发展同中国对外关系中的一个极为巨大和深刻的变化密切相关,即1917年列宁领导的十月革命的胜利和苏联推行面貌一新的对华政策,裂解了列强在华的权势体系,缘起于中国下层社会和知识精英的反帝革命运动,终于得到一个大国真诚的同情与支持。"走俄国人的路",在争取民族解放的斗争中执行"联俄"政策,成为当时一大批中国政治精英的选择。后来的历史证明,这一选择对1949年以后中国对外关系的影响是极为深远的。

中共从诞生之日起便高举民族解放的旗帜,将推翻列强在中国的统治,废除不平等条约等等,作为革命运动的奋斗目标之一。列宁关于帝国主义时代的理论、十月革命的胜利、辛亥革命失败的教训以及中共早期领导人的经历和处境等,几乎从一开始就铸造了毛泽东等中共领导人对国际事务、中国革命与世界的关系以及中国未来对外政策等等重大问题的认识框架,这种认识框架一直深刻地影响着他们在各个时期的战略和策略。中共早期领导人当时认为:"最近世界政治发生两个正相反的趋势:(一)是世界资本帝国主义的列强企图协同宰割全世界的无产阶级和被压迫民族;(二)是推翻国际资本帝国主义的革命运动,即是全世界无产阶级的先锋——国际共产党和苏维埃俄罗斯——领导的世界革命运动和各被压迫民族的民族革命运动"。所以"中国的反帝国主义的运动也一定要并入全世界被压迫的民族革命潮流中,再与世界无产阶级革命运动联合起来,才能迅速地打倒共同的压迫者——国际资本帝国主义"。中国共产党人相信,"中国劳苦群众要从帝国主义的压迫中把自己解放出来,只有走这条唯一的道路"。[①] 正是基于这样的信念,从20年代到30年代中期,中共参加并参与领导了第一次国共合作和北伐战争,再到后来进行了长达十年的土地革命战争。也是在这个过程中,中

---

① 《中国共产党第二次全国大会宣言》,1922年5(7)月,中央档案馆编:《中共中央文件选集》,中共中央党校出版社1989年版,第1册,第106、108页。

共建立了基本的对外关系格局。中共在这十余年里与国际社会的全部联系，就是作为共产国际的一个支部，站在国际共产主义运动的行列里，当然也得到了苏联的各种支持和援助。

在抗日民族统一战线形成时期，中共中央曾经提出，应将"中国的抗日民族统一战线与世界的和平阵线相结合"，主张中国与英、美、法建立"共同反对日本帝国主义的关系"。① 但1940年1月，在德国入侵波兰后苏联与美、英、法等关系严重恶化和国共斗争尖锐化的背景下，毛泽东在《新民主主义论》中再次强调，中国革命运动是"世界无产阶级社会主义革命的一部分"，在当今时代，殖民地半殖民地的"英雄好汉们"要么站在帝国主义战线方面，要么站在苏联领导的世界革命战线方面，"二者必居其一，其他道路是没有的"。② 1941年末，苏联与美、英结成反法西斯同盟，导致中共领导人修正了关于国际上革命与反革命"两大势力"不可调和的观点。他们认为美、英、苏结盟导致了一种"世界新秩序"，在"世界新秩序"中，重大的国际问题必须以美英苏"为首的协议来解决"，各国内部的问题也"必须按照民主原则来解决"。在美英苏合作的大格局影响下，国民党不敢大举反共，中共也不宜进行激进的社会革命。③ 自1942年夏季到抗战结束，中共中央的内外政策曾几经变化，但不论其调整幅度有多大，从未超出过这个基本框架。

战后初期，中共领导人已经注意到美苏两国之间的分歧越来越明显，不过并不认为它们合作或相互妥协的局面会很快结束。毛泽东决定亲赴重庆谈判的重要原因之一，就是他相信全世界"都进入了和平建设的阶段"，"苏、美、英也需要和平，不赞成中国打内战"。④ 尽管重庆谈判的实际成果相当有

---

① 《中国共产党在抗日时期的任务》，1937年5月3日，《毛泽东选集》，第一卷，人民出版社2003年版，第253~254页。
② 毛泽东：《新民主主义论》，1940年11月，《毛泽东选集》，第二卷，第666~672页。
③ 毛泽东：《山东有可能成为战略转移的枢纽》，1942年7月9日，《毛泽东文集》，第二卷，人民出版社1993年版，第434页；《周恩来年谱》，中央文献出版社与人民出版社1989年版，第533~534页。
④ 毛泽东：《中共中央关于同国民党进行和平谈判的通知》，1945年8月26日，《毛泽东选集》，第四卷，第1152页。

限，毛泽东回到延安后仍然重申，美苏在"许多国际事务上，还是会妥协的"。① 重庆谈判结束后不久，国共在华北爆发了军事冲突。不过中共领导人对美苏关系的认识并没有发生根本变化。随着苏联调整在东北的政策，美国总统杜鲁门发表对华政策声明和国共谈判出现转机，中共中央即宣布"中国和平民主新阶段即将从此开始"。国共达成政治协议后，中共领导人相信，实现和平民主的最初推动力来自国际上美苏妥协的大趋势。②

全面内战的爆发和国际上美苏冷战的发生，促使中共领导人开始修改 1942 年夏季以来的基本看法，"中间地带"思想的提出便是重要的标志。"中间地带"思想无疑具有丰富的内涵并产生了深远的影响，它包含的重要观点之一便是美苏之间的争斗并不能决定性地影响中国的局势。③ 不过它是当时中共领导人的认识处于过渡状态的产物，而且这一过渡阶段是相当短暂的。1947 年 9 月，欧洲九国共产党情报局成立并发表宣言称，世界已经形成以苏联为首的民主反帝阵营和以美国为首的帝国主义阵营。虽然报告中并没有提及中国革命的重要意义，中共中央仍然毫不犹豫地表示接受"两大阵营"理论，并宣布站在苏联阵营一边。④ 大约是从 1948 年春季开始，中共领导人表明了加强与苏联关系的迫切愿望，同时在党内加紧进行政治和思想准备。苏联与南斯拉夫的关系破裂后，中共中央立即表示坚决支持苏联的政策，尽管毛泽东本人曾经在党内表示过对铁托的佩服和赞赏。⑤ 四个月后，刘少奇在他的文章中干脆提出，在当今的时代"中立"是不可能的，是否联合苏联是"革命与反革命的界限"，是一个民族"走向进步或走向倒退的界限"。⑥

当中共领导人开始考虑新国家的对外政策时，他们对世界政治形势及其

---

① 毛泽东：《关于重庆谈判》，1945 年 10 月 17 日，《毛泽东选集》，第四卷，第 1162 页。
② 《中共中央关于停止国内军事冲突的通告》，1946 年 1 月 10 日，《新华日报》，1946 年 1 月 12 日。刘少奇：《时局问题的报告》，1946 年 1 月 31 日，《中共党史教学参考资料》，解放战争时期（上），第 120 页。
③ 《和美国记者安娜·路易斯·斯特朗的谈话》，1946 年 8 月 6 日，《毛泽东选集》，第四卷，第 1193~1194 页。
④ 毛泽东：《目前形势和我们的任务》，1947 年 12 月 25 日，《毛泽东选集》，第四卷，第 1259~1260 页。
⑤ 《中央关于批转东北局关于学习南共问题决议的指示》，1948 年 8 月 11 日。
⑥ 刘少奇：《论国际主义与民族主义》，《人民日报》，1948 年 11 月 7 日。

发展方向已经有了相当深入和固定的认识，即美苏"两大集团的冲突，是根本的冲突，两大集团的斗争，是你死我活的斗争"。这种看法有着深厚的历史根源，是他们根据革命理论和长期领导革命运动的经验观察世界的结果。另一方面，他们当时提出的"一边倒"方针也说明，他们开始考虑未来中国与世界的关系时，是以认识中国革命运动与世界的关系为出发点的。正如毛泽东在建国前夕发表的《论人民民主专政》中所说的，中国革命的主要和基本的经验就是"两件事"，其中之一便是联合苏联阵营和其他各国的无产阶级和广大人民，"结成国际的统一战线"。①

强调中国对外关系与中国革命运动之联系的重要性，还因为建国后中国共产党经历了一个从革命政党向执政党的转变过程。这个转变过程又同毛泽东那一代中国领导人从革命运动的领袖向国家领导人的转变密不可分，或者说就是一个问题的两个不同层面。在这个转变过程中，中国领导人在革命时期形成的一套有关国际政治的理论观点、他们在革命时代对中国对外关系的认识和理解、他们在革命时期形成的某些思维方式和行为方式，不可避免地会对新中国外交产生重要的影响。

首先是关于独立自主原则的提出和坚持。任何一项对外政策原则能够有长期的生命力并得到公众的持久支持，必定是因为它同一国之国内政策有直接的关系，能够反映一国之基本的国内需求和理解。独立自主原则的提出和坚持，最初是同第二次国共合作与贯彻可能建立抗日民族统一战线问题联系在一起。中共中央在第二次国共合作开始后不久，即提出在抗日民族统一战线中必须坚持独立自主的原则。由于特殊的历史环境以及中共与苏联和共产国际的特殊关系，要在抗日民族统一战线中坚持独立自主，就必须在与苏联和共产国际的关系中坚持独立自主。这个历史逻辑与观念逻辑相互影响并高度统一的发展进程，最终铸造了新中国外交的最主要和最坚定的指导原则。

独立自主原则的提出和坚持固然有其客观需求，同时也需要有其他条件。国民政府在抗战初期同样提出在外交中要独立自主，但在现实中却难以贯彻、难以坚持。从近代历史看，晚清以来中国对外关系的一个突出特点是

---

① 毛泽东：《论人民民主专政》，1949年6月30日，《毛泽东选集》，第四卷，第1475页。

列强有能力对中国内政进行强有力的干预，它们甚至能够直接利用在中国据统治地位的政治集团的内部矛盾纵横捭阖，从而达到操弄中国外交的目的。从中国内部看，不论是晚清政府，还是北洋政府，以至后来的国民政府，无一不是内部矛盾重重，派系林立。在几乎所有那些矛盾纷争的背后，或明或暗地都可以看到列强假手其中的魅影。

中国共产党与当时中国所有那些政治集团的重要区别之一，就是它有至今看来也是罕见的极为坚强的组织。中共的领导核心是由一批有着共同理想的政治精英所组成的，他们长期保持着高度统一的思想和统一的意志，甚至有着相同或类似的政治性格。因此，任何一个大国当时几乎都没有可能在中共内部找到它们可以利用的矛盾，以达到影响中共内外政策的目的。这一特点在40年代初期延安整风运动以后显得尤为突出和鲜明。

另一方面，在中国近代历史上，从来没有一个政治组织曾经像中国共产党人那样如此坚忍不拔地顽强地深耕中国农村这片政治土地，从而获得占中国人口绝大多数的农民真诚和长期的支持与拥护。这片政治土地在那个时代蕴含着惊天动地的力量，同时又与中国现代政治生活存在着巨大的鸿沟。中国共产党人正是通过他们对中国乡土社会的史无前例的改造，将中国农民与中国近代政治发展进程，特别是与中国民族革命运动连结起来，从而获得了取之不尽、用之不竭的力量源泉。没有这样深厚的政治和社会基础，中华人民共和国从建立直到今天都视为指针的"独立自主"原则，最终会成为一句空话。蒋介石领导的国民政府即为前车之鉴。国民政府在抗日战争中曾经从国际上赢得了列强赋予的巨大合法性，它最终却由于失去了中国人民的认同和支持而迅速土崩瓦解。

从更深的层面看，中国对外关系不论曾经经历过什么样的形态，以及今后可能会出现多么复杂的变化，它最终还是要回应中国、中华民族的基本需求和愿望。任何政治集团如果不能有效地治理国家，不能从中国社会中获得政治合法性，在处理对外关系时得到中国民众的基本支持，其对外政策都将是软弱无力和难以长久维持的。

其次则是中国革命在最后阶段那种大规模群众和武装斗争的进程与形态，以及这种形态之深层反映的革命领袖对解决政治和社会问题的认知与经验。毛泽东这一代中共领导人差不多是在第一次世界大战前后走上中国政治舞台的,他们几乎都走过一段从救国到革命,从学习西方到赞赏十月革命,并最终信奉共产主义的心路历程。他们从鸦片战争到辛亥革命的历史记忆,特别是第一次世界大战后巴黎和会所加于中国人的耻辱,使他们越来越相信,只有通过激进的政治和社会革命,才能从根本上结束中国在国际社会中那种任人宰割和欺凌的屈辱地位,以及摧毁造成中国这种地位的国际体系。这个国际体系的核心就是压迫和不平等。

中国近代社会变革运动的经验也在激励着他们。自鸦片战争失败以后,从洋务运动到戊戌变法,从君主立宪到五族共和,从无政府主义到社会主义,中国的政治和社会运动一波未平一波又起。一系列的变革和革命呈加速度的发生和发展,社会思潮也在与外部世界的碰撞中飞速变化。那个革命的时代造就了革命的思维方式和革命的激情。中国的政治精英越来越相信和追求激进的变革,并充满了革命的激情。毛泽东是他们中的典型。中国革命运动在毛泽东的心目中,是荡涤旧世界一切污泥浊水的洪流,是史无前例的艰苦卓绝的奋斗,是中国历史上惊天地泣鬼神的空前壮举,是一首无比壮丽的史诗。毛泽东相信这场革命不仅可以创造一个新的中国,而且可以也应该创造出全新的中国外交,一举洗刷中国一百年来蒙受的屈辱,并进而建立一个"天下大同"的新型的国际秩序。可以说毛泽东这一代人在中国社会中造就了对革命的长期崇拜,其影响至大且久远。

总之,中国革命运动的兴起,它的特点和本质,对中国 60 年对外关系的影响至深且大。新的中国对外关系从其产生之日起,从某种意义上说就是在实现中国革命运动的目标。时至今日,革命运动的巨大影响仍然存在,包括革命的思维方式和革命运动的基本理论仍然在影响着对中国对外政策的评价和诉求。不过在经历了 60 年正反两方面的经验和教训之后,很有必要审视中国革命运动的部分诉求。中国近代追求的主权独立、保持领土完整这些理念本身就是现当代国际体系的产物,甚至是这个体系赖以存在至今的核心理念。所以,追求主权独立与领土完整是不可能靠摧毁现当代国际体系来实现的,其过程最终必定是导致这个体系的改革、改善。中国人在实现中国革命运动的诉求过程中最终导致的是重新认识和修订中国革命运动的理念和理论本身，这正是历史之深层逻辑值得玩味之处。

二、中国内政与中国对外关系

"外交是内政的延续"这句话在外交研究领域几乎像公理一样，是不言而喻的。学术界对某个国家的外交政策和对外关系的研究，差不多都要涉及该国内部政治和社会体制的特征、该国国内政治形势的重大变动、国家发展战略或国内一些重大政策的变动、国内不断出现的新的重要政治需求、由不同领域不同层面的问题引起的政治斗争，等等。这些因素在不同时期和不同条件下，都会对该国的外交政策和对外关系产生不同的影响。任何国家的外交政策和对外关系的指导思想，从根本上说只有来自各种不同的国内政策与措施，并在该国国民的历史经历中占据核心地位，才能阐释和主导该国有关的外交政策和重大外交事态的发展，从而形成重要和持久的影响力。

尽管如此，在中华人民共和国对外关系的研究中，对中国内政与外交的关系、尤其是内政对外交的影响等的分析和研究，存在明显的不足，甚至不少研究成果显示了明显的无自觉，这主要表现为这方面的历史描述无条理、不清晰，这方面的理论和方法的探讨则接近于零。中国对外关系的历史进程已经相当清楚地展示了中国内政对中国对外关系的重大影响，而且这种影响是贯彻始终的，它应该受到自觉的重视。由于中国内政在对外关系领域的巨大影响，分析和阐述这种影响的过程、程度和独特的方式，应该成为分析和研究中国对外关系的逻辑框架的组成部分。另一方面，对中国内政对对外关系影响的研究，不论是实证性研究，还是方法论的探讨，都构成了这个领域中的一类关键性知识。从经世致用的角度说，中国对外关系未来的发展仍然不可避免地要同内政纠缠在一起，有时甚至受到内政的决定性影响。积累这方面的知识，养成认知视角的自觉，是至关重要的。

影响中国对外关系的所谓内政基本上可以归为两个层次的因素。第一个层次是比较直接的，内容大致包括：（1）决策层内部在重大的政策问题上——包括对外政策和其他一些政策——的分歧和矛盾等等；（2）国内的发展战略或重大政策的转变,反映这些转变的政治斗争和政治运动等等;(3)国内政治气氛的变化,诸如媒体所造成的公众情绪变化、其他一些问题导致的社会氛围的变化,等等。这些因素都会直接或间接地影响甚至带动对外政策发生变化。中国对外关系60年的历史证明,国家发展战略和安全战略的转变所产生的影响是最关键的。

近些年来,历史学家的大量研究表明,中共领导人刘少奇在中华人民共和国成立前夕访问莫斯科,为新中国与苏联建立战略同盟奠定了基础,斯大林也从此决定,接纳中国成为社会主义大家庭的一员。有关这次访问中一个不太被重视但十分重要的情况是,刘少奇在历时40多天的访问中,与斯大林会谈的次数并不多,他利用其余的时间参观访问了苏联的政府部门、职能机构和工矿企业,了解苏联国家管理和建设的各个领域,包括企业党组织的活动和作用。① 他回国时脑子里装了一套苏联的国家发展模式。后来的历史表明,中共领导人差不多就是根据苏联的模式建立了新国家。这导致中华人民共和国一诞生便与社会主义国际体系全面接轨,包括政治、经济、贸易、教育、国防、外交等各个领域,从政策到体制,无一不是既迅速又顺畅。显然,建国初期的外交"一边倒"同当时中共领导人选择的建国模式和发展道路有关,这个选择甚至有可能是起决定性作用的

导致中苏同盟破裂和中国脱离苏联阵营的原因是多方面的,其中关键的因素是斯大林去世后,中国不再能容忍这个体系中苏联与其他国家那种"父子"、"猫鼠"式的不平等关系。不过中苏关系破裂的更深层的原因是,当赫鲁晓夫试图对苏联的政治经济体制进行有限的改革时,中国的发展道路却在向相反的方向延伸。② 这也是导致后来的中苏意识形态大论战的一个关键原因,当然它也是中苏意识形态大论战的重要内容。正是在这场论战中,毛泽东那一套"无产阶级专政下继续革命"的理论被逐步建构完成。中苏同盟破裂过程是中国内政与外交互动(也可以说是恶性循环)的一个典型案例。

---

① 师哲的回忆详细描述了刘少奇在莫斯科的访问活动,参阅《在历史巨人身边(师哲回忆录)》,中央文献出版社1995年版,第419~424页。

② 参阅沈志华主编:《中苏关系史纲》,人民出版社2006年版。

70年代初中国决定打开对美关系，主要是由于调整国家安全战略的需要。① 但是，发展与美国以及其他西方国家的关系与当时中国国内"文革"极端"左倾"的政策极不协调，这其实是制约中美关系正常化进程，使谈判长达多年的重要因素之一。② 而恰恰是对这一问题的忽视或缺乏研究，给相当多的中国人造成这样一种看法，即只要在战略安全方面有共同的利益，就足以维系与美国的关系。不过事实是共同的战略利益只促成了中美关系的缓和，中美关系的正常化却是与中国决定改革开放直接联系在一起的，即使在时间上也是基本同步的。③

十一届三中全会以后，中国的国家发展战略、安全战略和对外政策完成了一次历史性的协调，其标志性事件是中美关系正常化。这种协调的出现是以国家发展道路的巨大转变为基础和主要动力的，它为中国对外关系的全面发展开拓了广阔的空间。可以设想，如果没有中国发展战略的重大转变，冷战后中国对外关系面临的困难要严重得多。80年代的中苏关系正常化进程也证明，中国之所以后来奉行"独立自主的不结盟的和平外交政策"，从根本上说也是因为邓小平领导的中国决心退出美国与苏联两种社会发展模式的竞争，走一条适合中国国情的发展道路。④ 当今中国对外关系的发展，仍然在不断地证明上述结论。

第二个层次是中国多民族统一国家的建设与发展。从现代多民族统一国家发展的角度看，中华人民共和国是一个新的特殊阶段。如同20世纪的新兴民族国家特别是第二次世界大战以后的新兴民族国家发展一样，中国的现代国家建设在1949年以后面临着一些基本的问题。在中国任何政治力量、政党的存在和是否拥有合法性，都同解决这些基本问题有关；这些政治力量、政党提出和推行的各种思想、各项政策，包括对外政策，也必须能够解决或有利于解决这些问题，才具有持久性和指导意义。这些基本问题主要包

---

① 参阅官力：《跨越鸿沟：1969—1979年中美关系的演变》，河南人民出版社1992年版。
② 参阅李捷：《从解冻到建交：中国政治变动与中美关系》，官力、威廉.C.柯比和罗伯特.S.罗斯编：《从解冻走向建交：中美关系正常化进程再探讨》，中央文献出版社2004年版，第264~289页。
③ 参阅陶文钊主编：《中美关系史》，上海人民出版社2005年版，第三册第2章。
④ 参阅牛军：《告别冷战：中苏关系正常化的历史含义》，《历史研究》，2008年第1期。

括如下几个方面。

首先是确保主权与领土完整。主权与领土完整作为现代民族国家生存和发展的最基本条件，它们不能受到侵犯和损害，或者不能让它们受到的威胁达到这样的程度，即在这个国家生活的国民普遍感到不安全，或者感到没有基本的发展前途。不论当今世界上有关国家主权不可侵犯的问题存在多少争论，对第二次世界大战以后的新兴民族国家来说，维护国家主权不受侵犯仍然是生存尤其是发展的起码条件。

其次是发展经济和实现社会进步，或统称为实现现代化。这也是新兴民族国家在当今世界上保持国家生存的基本条件。改革开放以后的中国具有典型意义，中国社会的各个阶层对此问题有高度的共识。在经历了建国后多年的曲折后，当今的中国有两个强大的推动力，推动决策者集中力于"发展经济，实现现代化"。一个推动力是人们追求发财致富的强烈愿望；另一个是实现中华民族伟大复兴的历史性追求。这两个动力产生于中华民族近代的历史和当今的中国社会，基础极其深厚。中国的对外政策必须为现代化首先是为经济发展服务，是没有多大争议的原则。

第三是实现和维护国家的统一。二战后亚洲一些新兴民族国家长期存在实现和维护国家统一的严重任务。如越南通过十余年的战争，才在1975年实现了国家统一；朝鲜半岛现在还处于分裂状态，等等。维护国家统一问题对中国更为突出，也更为敏感，这一方面是因为中国目前还没有实现国家的完全统一，以及面临着反分裂的严峻挑战。争取早日解决台湾问题，实现国家完全统一，同时反对各种分裂势力，以及各种被认为可能导致中国出现分裂内乱的政治意图、意识形态和活动，一直是中国对外政策中的一个非常重要的内容，也得到中国公众广泛的支持和认同。另一方面，在中华民族几千年的历史中，维护国家统一一直是政治治理的核心问题，也是一种"核心价值"。从历史上看，秦以后的中国一直是靠实行中央集权的政治制度来维护国家统一的，没有任何一种历史经验证明，中国可以用别的方式实现这个目标，或者说是维护这个价值。这是中国政治体制改革具有高难度的重要原因（今后有可能成为主要原因）。当今的一个突出的问题是，这种政治治理模式（它的建构当然不全是为了维护国家统一）成了中国同一部分发达国家的所谓"结构性矛盾"的一个根源。

第四是社会核心价值的建构与国家认同的形成。二战后所有新兴民族国家都必定要经历一个社会核心价值的建构过程,并在已建立的核心价值基础上,逐步形成相对牢固的国家认同,包括对国家特性和基本形象的认知、认可甚至欣赏,以及对国家的忠诚和国家基本制度的信任和信心。这是历史进程决定的,二战结束后不久发生的冷战使这个问题更为突出,并经常在一些国家导致极其尖锐的政治斗争。1949年10月中华人民共和国建立以后,中华民族同样面临社会核心价值建构的问题。解决这个问题的过程同中国对外关系的发展存在着明显的互动,其影响巨大是不争的事实。中国今后完成现代国家核心价值的建构过程,必定会伴随着对外政策的讨论,伴随着如何认识中外关系的讨论,来自外部世界的影响很可能会比以往更强烈。

第五是执政集团的合法性问题。二战后所有新兴民族国家的执政者都面临合法性的挑战,这部分的是因为这些执政集团最初得到支持是因为他们在革命阶段满足了公众对民族解放和国家主权独立的诉求。但在完成这一历史使命后,能否为国民提供基本的安全感、必要的荣誉感,以及满足国民对国家经济发展和社会进步的日益强烈的要求,则成为对合法性的挑战。应对这一挑战的成功与否既取决于能否遵循大致满足公众知情权、参与权、表达权的正义程序;也取决于能否制定和有效地贯彻合理的国家战略和政策。在此前提下,为国家的生存和发展包括解决上述几个基本问题创造比较有利甚至是越来越有利的外部环境,是衡量当今中国外交成就的基本标准,是执政者合法性的重要来源之一。

最后是中央与地方的关系。这既是中国历史延续下来的问题,也是中国现代国家建设中独特的重大问题,它不可避免地影响到中国对外政策,今后可能影响会更突出。这类问题有几种不同的形式,如不同地区与中央的关系、不同地区对外部世界不同的依存程度、同中国周边不同地区形成的不同关系、受到性质和程度不同的外部影响、在不同的边疆地区也面临着不同类型的安全威胁,等等。它们反映到中国外交上,不同地区表现出不同的需求,甚至有不同的价值取向。可以预期,随着中国对外关系更全面地发展,以及地方国际化进程的深入,包括中国地区社会特别是边疆地区社会在同外部交往中不断发生变化等等，变化中的中央与地方的关系有可能对中国外交政策产生更为重要和复杂的影响。①

以上几个问题是相互关联的，中国对外政策和对外关系在根本上是为解决这些基本问题服务的，是为解决这些基本问题创造有利的外部条件。中国对外关系在其发展的过程中虽然出现过特殊时期，但绝不可能长期与回应这些问题的基本需要背道而驰。换一个角度说，上述几个问题结合在一起构成了一个理解对外政策问题的框架。执政者在其中思考和制定对外政策；公众依靠它衡量对外政策和提出诉求，研究者则可以通过它观察和分析对外政策。

三、国际环境及其与中国对外关系的互动

国际环境对中国对外关系有重大的影响，这是不需要更多论证的结论，中国的对外政策在一些方面就是对不断变化的外部形势作出的反应。但是，国际环境作为影响中国对外关系的重要因素，在不同的历史时期主要包括哪些内容，通过什么途径和方式产生影响，以及在那些值得研究的重大事件中它的影响达到什么程度等等，都还是需要讨论和研究的，对这些问题的理解仍大有丰富和深化的必要。

在最表层，国际环境对中国对外关系的影响表现在国际政治形势的变化，以及中国领导人如何认识那些变化并作出反应，制定或调整对外政策。从二战后国际政治的历史进程看，影响中国对外关系的外部环境基本上可以分为两个时期。一个是冷战时期，另一个是"后冷战"或冷战后时期。前一个时期世界政治的主要特征被简单地称为是美苏两极对立，美苏两个超级大国及其阵营的对抗决定着世界政治的基本特点和基本走向。后一个时期在中国被称为是走向多极世界，国际政治力量的基本格局是"一超多强"，这种

---

① 关于中国"地方国际化"的研究可参阅上海外国语大学苏长河著：《国际化与地方的全球联系：中国地方的国际化研究（1978~2008年）》，《世界经济与政治》，2008年第11期。

力量格局和多极化发展趋势支配着世界政治。当然两个时期只是大略的划分而已，随着近十几年来"全球史"研究的兴起，越来越多的历史研究成果描述出一个更为丰富也更为复杂的世界图景。在每个时期都有远比所谓"两极世界"或"一超多强"、"多极化趋势"等复杂得多的内容，它们很可能同样在影响中国对外关系。

中国革命取得最后胜利同二战结束后不久爆发的冷战有密切的关系。正是美苏两国在中国都奉行既互相限制又互相妥协的政策，造成了独特且有利于中国革命运动发展的外部条件。当时在中国出现的美苏互相遏制，国共一竞雄长的局面，使国共两党都有机会尽其所能地利用美苏的矛盾，争取形成对自己有利的国际条件。在这方面，中国共产党人看起来显然更有智慧和谋略，当然首先是因为他们在中国具有更坚实和广泛的社会基础。

美苏冷战既是中国革命胜利的外部条件，也是中共建国时不得不面对的主要外部环境，中华人民共和国对外政策部分地就是为应付美苏对抗的局面而制定的。中国选择"一边倒"向苏联的对外政策塑造了后来十几年中国对外关系的基本格局，即站在苏联阵营一边，与美国对抗。这种对外关系格局的出现，除了前述理论观点和经验使然，也是中国当时在两极对抗的国际格局中，针对美苏对中国革命运动的态度作出的反应，是中国分别与美苏互动的结果。美苏同中国的关系的确有本质的区别：苏联是中国的支持者，不论这种支持达到何种程度和有何种复杂的特点；美国则是中国革命运动的反对者。

60年代中期中国对外政策的调整和对外关系随之发生变化等，固然有其内政的原因，但也包含着对变动的外部环境作出反应。这种外部环境的变化主要是指美苏力量对比和相互关系的变化，苏联对外政策和对华政策的变化，以及美国对外政策和对华政策的变化等等。

从美苏关系的变化看，60年代末美苏两国的力量对比发生了重大变化，即两个超级大国之间形成了战略均势，特别是核均势。这给美苏双方提出了重大的对外政策问题，即选择继续对抗，还是选择缓和。苏联选择了前者，美国则选择"缓和"。美苏关系的变化带动了欧洲和广大第三世界地区的形势变化。与此相联系，60年代末期中国直接面对的外部环境也出现了两个基本变化。一个是中国同苏联从盟友变成敌人，苏联对中国的国家安全构成了威胁，也成为中国对外政策的严重挑战。中苏边界持续升温的紧张局势最终在1969年3月酿成了双方在中苏边界东段的珍宝岛发生军事冲突，并在夏季蔓延到中苏边界的西段。此前不久，1968年8月21日苏军入侵捷克斯洛伐克，这一事件在促使中国大幅度改变对外政策方面也是至关重要的，它推动中国领导人开始从国家安全战略的全局考虑苏联威胁的问题。10月31日通过的中共八届十二中全会公报确认了苏联已经成为新的战争策源地的判断，这导致了后来中国安全战略和对外政策的革命性转变。[1]

另一个重要的因素是60年代中期，美国对华政策开始酝酿重大的调整。尼克松执政后不久，便决定采取措施缓和中美关系。美国的战略调整和有关调整对华政策的宣示和措施是促使中国领导人重新认识国际形势的重要国际因素。1969年秋季，在初步稳定了中苏边界局势并大致判断清楚美国对华政策调整的方向之后，中国领导人决心迈出缓和中美关系的步伐。[2] 1972年2月，在经过艰苦的外交努力以后，尼克松终于实现访华。中美双方在上海签订了联合公报，从而迈出了中美和解并最终实现关系正常化的第一步。

在中苏关系全面紧张和中美关系开始缓和的背景下，针对冷战中美苏战略态势的变化，中国从70年代中期开始推行被称为是"一条线"和"一大片"的国际反霸统一战线政策。这项政策的主要内容是联合世界上一切主张和平和反对霸权主义的国家、民族和各种政治力量，组成反对美国和苏联两个超级大国的扩张政策和战争政策的国际统一战线，其中主要是反苏联的扩张政策。[3] 这个时期毛泽东提出的"三个世界"思想就包含了国际反霸统一战线政策的思想。[4]

特别需要强调的是，"三个世界"的思想并不完全是对美苏关系格局变

---

[1] 《中国共产党第八届扩大的第十二次中央委员会全会公报》，1968年10月31日，1968年11月1日《人民日报》。

[2] 参阅牛军：《1969年中苏边界冲突与中国外交的调整》，《当代中国史研究》1999年第1期。

[3] "Memorandum Conversation", November 12, 1973, FRUS, 1969-1976, XVIII, 1973~1976, China, pp. 123-138, 380-399. 另参阅王泰平主编：《中华人民共和国对外关系史（第三卷）1970~1978》，世界知识出版社1999年版，第7页。

[4] 参阅牛军：《毛泽东"三个世界"理论研究纲要》，萧延中主编：《晚年毛泽东》，春秋出版社1989年版。

化的反应。毛泽东使用这个概念并试图据此建立一套理论，目的主要还是回应世界政治中的另一个巨大变化，即二战后兴起的民族解放运动出现历史性转变，包括中国在内的一大批新兴国家力量蓬勃兴起，正成为世界政治中越来越重要的力量。70年代初中国恢复在联合国合法地位以及因中东石油输出国联合限制石油出口所造成的石油危机等事件，极大地影响了中国领导人对世界政治的看法和判断。他们提出"三个世界"的理论就是要为中国在日益复杂的世界格局中界定位置，以及为相关的政策提供认识框架和理论支撑。① 相比较而言，中国在这个时期对二战后新兴民族国家重视的程度大大超过后30年，其原因需专文探讨。对中国恢复在联合国合法地位对中国对外关系的巨大影响，学术界至今还缺乏深入的探讨，这需要弥补。

90年代初，冷战以东欧剧变和苏联的突然解体而告结束，而后世界政治的一个时代结束了，这也是1949年以来中国外部环境的最大变化。从1989年东欧国家发生剧变开始，中国领导人已经在关注国际政治局势的变化。当时中国面对的另一个直接和突出的问题就是以美国为首的西方发达国家对中国的全面制裁。这些变化是推动中国领导人提出"韬光养晦"政策的主要国际背景。

从冷战结束至今，国际形势虽然不断发生着变化，但是苏联解体后所形成的国际政治格局并没有发生根本性的变化。在中国国内，不断就冷战后的国际格局和中国所处的国际环境进行研究和讨论。特别是针对冷战后美国的世界地位和美国对华政策的讨论，从90年代中期到末期从未中断并日益深入，在1999年北约轰炸南联盟时甚至达到一个高潮。这些讨论的发生和持续本身就表明，国际环境对中国对外关系的影响正日益深入，因为中国同国际社会的关系正在经历极其深刻的变化，人们必然更加关注外部环境的变化及其可能造成的各种影响。

以上指出国际环境的变动及其与中国对外关系之间互动的重要影响，除

---

① 毛泽东：《帝国主义怕第三世界》，1970年7月11日；《关于三个世界划分问题》，1974年2月22日；均见中央文献研究室、中华人民共和国外交部编：《毛泽东外交文选》，第587～588，600～601页。《邓小平团长在联合国大会第六届特别会议上的发言》，1974年4月10日，1974年4月11日《人民日报》。

了因为这是理解中国对外关系发展方面必须认识到的一个基本因素之外，还因为它可以促成更有启发性的思考。在上述互动的过程中，中国人对世界国际政治潮流（有时被称为是时代）的认识起着关键的作用。历史进程表明，决定中国外交成败的重要条件（如果不是首要条件），就是中国人对世界政治潮流的判断合理与否，包括全面认识和理解世界政治主要潮流的发展方向，合理判断它们在各个阶段上的影响和相互关系。世界政治潮流的内涵并不是单一的，是由几个大趋势构成的，它们是相互影响和变动不居的。世界政治格局通常都是在它们的相互激荡、相互抵消或促进的共同作用下，通过重大事变来实现飞跃性发展。

二战结束至今虽然有冷战和后冷战两个时期，决定世界政治发展的主要潮流在本质上并无变化。这些主要潮流包括：（1）世界强国之间的复杂关系，在冷战时期主要表现为美苏两个超级大国和各自控制的军事集团的对抗与对峙；在后冷战时期主要表现为一超多强之间复杂的合作、竞争与地缘政治对抗。（2）民族解放运动的兴起及其后果，即大批新独立的国家成为世界政治中的新兴力量，并在冷战后形成世界政治中一些新的力量中心。（3）以经济全球化为主要表现形式的现代化潮流的快速扩展，在中国实行改革开放和冷战结束后，现代化潮流的全球性愈显其突出。（4）科学技术巨大跨越式的进步，它持续不断地改变人类社会的生存方式和思考方式，也极大地改变了世界政治的基本面貌，包括改变大国政治的存在和发展方式。（5）意识形态斗争，在冷战时期比较集中地表现为美苏两国围绕两种社会制度和新兴国家现代化实现模式的激烈斗争，同时也存在其他一些重要的思潮；冷战后则演变为"西化"与非西方思潮、全球化与反全球化思潮的争论与斗争。

中国对外关系60年的发展证明，中国外交与国际环境的互动曾经由于主观认知的历史局限性、片面性——忽视或过度强调世界政治潮流的某个方面——而受到影响，甚至导致对外关系出现全局性的错误。以前30年为例，毛泽东比较重视民族解放运动及其前途和对世界政治的影响，支持民族解放运动以及后来大力发展同第三世界国家的关系，成为中国外交的突出任务。再如对美苏两个超级大国之间对抗的认识，使毛泽东极为重视中国的国家安全，并在一个时期形成了同时同美苏两个大国对抗的局面。如果将毛泽东这些认识分开来看，都各有其根据。问题是他严重忽视世界政治中的其他潮流，诸如忽视追求现代化的世界性潮流，忽视科学技术进步对世界政治越来越突出的影响，等等。结果导致对时代问题的认识长期摇摆，不承认有维持较长时间基本和平的可能性，否定国际形势中缓和因素的存在以及出现缓和趋势的历史性原因，甚至夸大"世界战争"与"世界革命"的可能性，一度断言世界正处于"资本主义和帝国主义走向灭亡，社会主义和共产主义走向胜利的时代"，"世界已进入毛泽东思想的新时代"，提出以亚非拉"广大农村"包围资本主义"世界城市"，等等。① 这些认识和政策导致相当极端的外交行为，致使中国一度陷入孤立。

改革开放以后，在总结前30年的经验和教训的基础上，也是经过长时间的观察和思考，中国领导人提出"和平"与"发展"两个主题的思想，即在各种复杂的世界政治潮流相互影响和相互激荡中，"和平"与"发展"逐步发展成为世界绝大多数国家和人民的主要追求和世界政治发展的主要方向。世界规模的战争是可以避免的，不存在对中国大规模入侵的可能性。这一思想是基于对大国关系、经济全球化的趋势、发展中国家的历史地位、科学技术的重要性以及意识形态斗争在国家关系中的作用等重大问题的长期思考和判断，在80年代中期提出后经过多次争论和论证，在中国形成了高度的共识。60年正反两方面的经验证明，时时关注时代潮流的变化并顺应时代潮流的发展是非常必要的。

从更长的历史时段看，研究国际环境与中国外交的互动是由一个历史性的命题决定的，这个历史性的命题可以简称为"中国与世界"。自1840年鸦片战争至今160年来，中国人对这一问题的思考和回答，从根本上决定着中国对外关系的走向和成败。这一古老命题演化至今，其核心部分就是中国与现存国际体系的关系。

中国与现存国际体系之关系这一命题之所以日显突出，最初是由冷战后中美关系变化引起的，因为人们越来越认识到，影响中美关系发展的最深层

---

① 林彪：《人民战争胜利万岁》，《人民日报》，1965年9月3日；《中国共产党第八届中央委员会第十一次全体会议公报》，1966年8月12日，1966年8月14日《人民日报》；毛泽东：《致阿尔巴尼亚劳动党第五次代表大会的贺电》，1966年10月25日，1966年11月4日《人民日报》。

因素是中国与当今国际体系的关系，这是由冷战后世界政治经济格局的基本特征、中美各自在其中的地位以及中国所处的历史进程所决定的。改革开放30年来，中国与外部世界的关系发生了巨大和深刻的变化。也许正是由于中国与外部世界正形成着越来越密切的关系，同时又不断遇到困难和麻烦，中国人开始越来越多地关注和谈论中国与现存国际体系的关系。与之相伴而生的诸如"与国际经济接轨"、"参与全球化进程"、"建设性融入"、"做负责任的大国"等等观点，从不同层次和不同角度反映了中国人在此领域的思考及其达到的深度。①

"中国与现存国际体系的关系"之所以成为一个重要的问题，无疑包括内外两方面的原因。外部原因主要与现存国际体系的一些主要特征联系在一起，即以美国为代表的西方发达国家在其中占主导地位，这个体系的主要规则是由它们主导制订的，当然也就更符合它们的利益，而且一些规则还在按照它们的愿望修改或调整。另一个更为深刻一些的因素则来自中国的内部，即中国发展道路的选择。历史的进程表明，改革开放以来的国家发展道路固然给中国发展与现存国际体系的关系提供了巨大的推动力。不过这条发展道路在其演变过程中逐步显露出来的某些特点，同样也构成了目前中国与现存国际体系融合的内在限度。正是内外两方面的因素，特别是内部的因素，决定了中国完全认同现存国际体系注定经历了一个曲折和漫长的过程后才变成现实。在这个过程中，中国对外关系的发展自然展现了一些独特的面貌。

中国人对现当代国际体系的认同是国家认同的延伸。中国人的国家认同形成与对外关系联系紧密，中国对外关系的缘起同革命与冷战紧密相关，中国人的国家认同是在冷战的背景下塑造成型的，它在很大程度上决定了当时中国人对现当代国际体系的态度。中国人对现代国际体系的认同大致起始于1971年中华人民共和国恢复在联合国的席位和一切合法权利。从那时起到今天，中国已经全面参与到包括全球的和地区的几乎所有国际组织。作为逐步走上认同现代国际体系道路的一个结果，各种国际组织对中国对外关系的影

---

① 参阅肖欢容：《中国的大国责任与地区主义战略》；门洪华：《压力、认知与国际形象——关于中国参与国际制度战略的历史解释》；均见牛军主编：《中国学者看世界（中国外交卷）》，新世界出版社2007年版。

响日益增强，与各种国际组织之间的互动已经成为中国对外关系的一个重要方面，而且肯定会变得越来越重要。中国对外关系的研究必定要大大超越传统论述中专注于双边关系、大国关系、战略关系等范畴，从全球史和现代国际体系演变史等更广阔的视角，界定中国对外关系的研究领域和问题。

结　论

以上概述了60年中国对外关系的三条经线，也即是理解60年中国对外关系的三条基本线索。本文的内容只能算是粗略地提出并界定了每条基本线索的主要内容，实际上在每一个方面都还需要更为深入和丰富的论述。尤为重要的是这三条线索是如何在一系列重大事件中相互交织、相互影响，以及那些处于领导地位的历史人物是如何有意或无意地回应这些经线中包含的历史性需求，并用他们的思考和个性给历史留下独特的烙印等等，这些都是需要大量的专门和深入的研究的，如此才有可能更为清晰地展示着三条经线之间的连结，中国对外关系也因此才是鲜活和引人入胜的。可以说这些专门和深入的研究在中国外交研究领域是特别缺乏的，这种缺乏正是造成宏观思考难以深入、结构探讨和方法少有创新的关键性原因。

第二部分 中国外交观念

中国神圣地名沿革

中国外交成长历程中的观念变迁
——从革命的、民族的视角到发展的、全球的视野

章百家

今年是中华人民共和国成立 60 周年。60 年一个甲子，是国人心目中的大周期。60 年来，中国各方面都发生了巨大的变化，外交方面的变化只是其中之一。改革开放以来，学术界对共和国外交史的研究有了长足的发展。通过多年的梳理和分析，新中国外交史的线索已相当清晰，中国外交政策的演变、对外格局的演变等等已成为学者们十分熟悉的内容。

新中国外交的 60 年犹如一个成长过程，一个古老民族通过革命获得新生之后，重新认识自我、重新认识世界。成长的经历丰富多彩，变化是多方面的；在这诸多变化之中，笔者以为相对于政策的演变、对外格局的调整等等，更能反映成长特征、更深层次的变化体现在思想观念和认识方法上，它指导着我们如何观察和认识世界，如何处理与现存世界的关系。作为成长中的大国，中国外交一直带有很强的探索性，对政策制定起着指导作用的思想观念和认识方法正是围绕着对重大问题的探索显现出来的。

一般地说，共和国历史可以分成两个大的时期，以改革开放的启动为界，此前一段，此后一段。外交史也不例外。本文的目的是对中国外交在探索过程中所表现出来的最主要思想观念和认识方法进行梳理，分析其产生的背景及其在两大时期所表现出来的继承性与发展变化。

一、新中国革命外交的探索与实践

新中国外交中一些最基本的观念是在革命过程中萌生,在建国后成形并发展起来的。在新中国历史的第一时期,中国外交带有鲜明的革命性,其观念和视角集中反映了中国取得独立自主地位后在外交方面最基本的诉求。

1. 建立新型外交关系——中国革命的基本诉求

中国共产党人是在革命的过程中逐渐积累起自己最初的外交经验的。抗日战争后期至战后初期是中国共产党外交工作的起源时期。革命的理想,改变旧中国屈辱外交的抱负和那个时期对外交往的经历,塑造了中国共产党领导人最初的外交观念。新中国建立之初的外交政策就是在这些观念的指导下制定的。

中国共产党人在革命时代形成的外交观念中有三点最值得注意:

第一,民族的立场。抗日战争后期,中共中央于1944年8月发出第一份关于外交工作的指示。这份文件强调:共产党人办外交首先要"站稳民族立场",要在外国人面前树立"中国的新人典型";为此,必须反对近百年中国外交史上"排外"与"惧外媚外"两种错误观念。① 这样的立场突出反映了旧中国外交的丧权辱国给那一代中国共产党领导人留下的印象是难以磨灭的。从这时起直到新中国建立之时,怎样摆脱旧的外交传统,怎样使新中国外交与旧中国的屈辱外交区别开来就成为他们十分关注的问题。解放战争期间,周恩来曾布置中央外事组研究讨论新型外交所应具有的特点及其与旧式外交的区别。

第二,国际统一战线政策是中国共产党最基本的外交政策。上述文件指出,统一战线政策的各项原则也一般地适用于外交工作。事实上,中国共产党的外交工作是从组织国际统一战线的实践中派生出来的,是国际统一战线发展的结果。统一战线的分析方法和策略对共产党人有极其深刻的影响。新

---

① 中央档案馆编:《中共中央文件选集》第12卷,中共中央党校出版社1986年版,第573页。

中国诞生之后，国际统一战线策略逐渐转变为外交政策中的一个组成部分，但其地位影响绝非一般。按周恩来的解释，外交工作"一面是联合，一面是斗争"；开辟外交阵线，"首先要认清敌友"。① 这显然是革命统一战线思想和策略的延续。

第三，对战后国际形势的基本看法。1946 年下半年，毛泽东提出了美国是"纸老虎"和"中间地带"这两个观点。他认为，战后世界有三块地方：美国、苏联、美苏之间。在美苏之间隔着辽阔的中间地带，由欧、亚、非三洲的许多资本主义国家和殖民地半殖民地国家构成。当前世界面临的现实问题不是美苏之间会爆发一场战争并引起新的世界大战，而是美国力图控制和侵略中间地带国家。② 这两个观点不仅包含着对战后国际形势的估计，也解决了中国革命的前途和未来新中国在国际上的定位问题。胡乔木曾说，从这两点出发，就引出了后来的"一边倒"，这是一脉相承的。③

民族的立场、国际统一战线策略和"中间地带"理论构成了新中国制定外交政策的思想和理论基础。正是在这些基本观念的指导下，1949 年春季，毛泽东为新中国提出了三条外交方针，即"另起炉灶"、"一边倒"和"打扫干净屋子再请客"。作为一个完整的体系，这三条方针解决了两个关键问题：一是如何割断旧的、屈辱的传统，尽快摆脱旧的半殖民地的政治地位，建立新型外交关系；二是在既定国际格局下，采取怎样的外交政策有利于巩固新生的革命政权。

2. 独立自主与和平——新中国外交的核心观念

新中国的诞生带来了近代以来中国与世界关系的重大变化。在这一历史性的转折中，共产党领导人提出了中国外交的两个最基本的观念——"独立自主"与"和平"。这是新中国谋求建立新型外交关系的最核心的内容。"独立自主"与"和平"这两个词集中体现了中国在外交方面长期以来最基本的诉求，反映了历史经验的积淀和共产党人改变近代以来屈辱外交的决

---

① 中华人民共和国外交部、中共中央文献研究室编：《周恩来外交文选》，中央文献出版社 1990 年版，第 2~3 页。
② 《毛泽东选集》第四卷，人民出版社 1991 年版，第 1193~1195 页。
③ 《胡乔木回忆毛泽东》，人民出版社 1994 年版，第 92~93 页。

心，以及新中国对国际和平环境的需要。

独立自主被看作是新中国外交的基本方针或原则。建国之初，周恩来就反复强调：外交问题的基本立场是"中华民族独立的立场，独立自主、自力更生的立场"。在同苏联结盟后，他特别说明，独立自主的关键"在于不要置身于一个国家的影响之下，以致成为一国的工具"；我们与苏联"并不是没有差别"，不能盲从，不能依赖它的援助，不能没有批评，"不能把自己党和国家的独立性失掉"。①

中华人民共和国成立之时就宣布奉行和平外交政策。此后不久，周恩来就把新中国的和平外交政策总结为六条方针：（一）"另起炉灶"——不承袭国民党与各国建立的外交关系，重新建立新关系；（二）"一边倒"——明确宣布中国站在以苏联为首的和平民主阵营之内；（三）"打扫干净屋子再请客"——首先清除国内的帝国主义残余势力，不急于和帝国主义国家建交；（四）"礼尚往来"——在处理与资本主义国家的关系时，按照后发制人的原则，根据情况采取对应的外交行动；（五）"互通有无"——按照平等互利的原则与外国做买卖；（六）"团结世界人民"——巩固国际和平力量，扩大新中国影响。② 这六条方针实际包含着实现独立自主与争取和平两个方面。

独立自主与和平可以说处于中国外交政策的最顶层，其他各项政策实际是在其指导之下。新中国成立初期采取了"一边倒"的外交政策，形成了"一边倒"的对外关系格局，这引起了一些人对新中国是否真正独立自主的质疑。"一边倒"的出现，一方面是冷战外部环境造成的，另一方面也是面对这种环境所做的政策选择。当时的特殊之处是，中国共产党主张的意识形态、新中国的国家利益恰好高度统一。通过采取"一边倒"的政策，中国最初追求的外交目标基本都实现了，这包括获得国际承认、巩固国家安全、获取外来援助等。历史地看，是否独立自主并非由一段特定时期的政策所标注。在"一边倒"的情况下仍强调并坚持独立自主这一更高的原则，决定着

---

① 裴坚章主编：《研究周恩来——外交思想与实践》，世界知识出版社1989年版，第5页。
② 外交部、中共中央文献研究室编：《周恩来外交文选》，中央文献出版社1990年版，第48~50页。

后来中国外交的走向。

值得注意的是,在1955年的万隆会议上,周恩来开始使用"独立自主的和平外交政策"来概括新中国的基本外交政策。① 不过,此后很长时间,这一概括并没有成为现今这样的规范提法。

3. 和平共处五项原则——求同存异的思想方法的结晶

朝鲜战争结束后,中国领导人作出了新的判断,认为缓和将成为国际形势发展的主要趋向。此时,中国即将展开大规模经济建设,需要一个有利的国际和平环境。在这种情况下,周恩来提出了著名的和平共处五项原则与和平统一战线的策略,为开拓和发展新中国对外关系,突破美国的遏制和孤立政策,做出了巨大努力。

和平共处五项原则最初是为解决中印关系问题而提出的,但很快就被中国领导人视为建立新型国家关系和国际新秩序的普遍准则。其应用范围逐步扩大,被用于处理与周边国家、民族独立国家、资本主义国家和社会主义国家之间的关系。和平共处五项原则自1953年初次提出,其文字几经斟酌,到1955年万隆会议最后确定。内容是:互相尊重领土主权、互不侵犯、互不干涉内政、平等互惠和和平共处。②

事实上,这五项原则中的每一项都不是新东西;周恩来的创造性表现在他把这五条结合成一个有机体,言简意赅地概括出新型国家关系的总体特征。这五个原则之间含有两个修饰层次。第一个层次是互不侵犯和互不干涉内政,是互相尊重领土主权的最重要表现;第二个层次是前四项原则既是实现和平共处的前提条件,又是和平共处所包含的内容。五项原则不仅是处理国家间政治关系的原则,它也包含了处理经济关系的内容。

"和平共处五项原则"的提出,可以说是周恩来运用他特有的"求同存异"的哲学思想,在国际关系领域里探索的结果。他曾说,"世界各国政治制度、意识形态都各有不同,很难一致起来,我们要找共同点……把不同的

---

① 李慎之、张彦:《人民的心同亚非会议在一起——亚非会议日记》,载于《人民日报》,1955年6月4日。
② 外交部、中共中央文献研究室编:《周恩来外交文选》,中央文献出版社1990年版,第119页。

保留，不发展争论"。① 他所找到的能使各种类型的国家都接受，并可以在其中实行"和平共处和和平竞赛"，以达到"共存共荣"的这个"共同点"，就是作为一个整体的五项原则。

周恩来在解释中国对外政策时经常提到"己所不欲，勿施于人"的儒家戒条；他所提出的五项原则也反映了中国文化传统的一个特点，即法律约束和道义约束的合一。作为处理国家间关系的一种法律约束，它被写入中国与外国签署的一系列双边和多边协定中；同时，它也是一种国际道义约束，周恩来倡议，各国应遵照和平共处的原则自我约束，互相监督。②

与和平共处五项原则同时期提出的还有"平等相待"和"国家不分大小一律平等"。这也是新中国在处理国与国关系、特别是处理与新兴民族独立国家关系时的重要原则。中国领导人曾反复强调，在同其他国家的关系上，必须反对大国主义。③ "国家不分大小一律平等"，是对传统国际秩序观、对强权政治的颠覆，反映了亚非新兴民族独立国家的共同心声，对塑造新中国的外交形象具有重要意义。这一主张的提出使新中国被亚非新兴国家普遍视为朋友。

和平共处五项原则提出之后，迅即在国际上引起广泛反响。它超越了冷战时代尖锐的意识形态对立，是新中国突破美国遏制和孤立政策的锐利武器。尽管在20世纪50年代后期至70年代中期，它在中国外交政策中的地位由于种种原因呈波动状态，但总的来看，其影响力是逐渐增长的，并最终被确认为中国外交政策的基石。同样，求同存异也成为中国处理外交事务时的重要思想方法。1972年《中美联合公报》可被视为求同存异的经典案例。

4. 战争、和平与革命——冷战时代的困惑

在共和国历史的前一时期，外交探索是在许多方面同时展开的，学习的过程不可能在短时间内结束，冷战国际环境使这一过程变得十分复杂。这一时期中国在外交方面遇到的难题主要表现在两个方面：

---

① 裴坚章主编：《研究周恩来——外交思想与实践》，世界知识出版社1989年版，第7页。
② 外交部、中共中央文献研究室编：《周恩来外交文选》，中央文献出版社1990年版，第179页。
③ 《张闻天文集》第四卷，中共党史出版社1995年版，第191页。

首先，如何看待国际形势的发展。朝鲜停战后，最初看来国际形势朝着有利缓和的方向发展。1953年6月，周恩来明确提出："如果新战争能够被推迟，也就可能被制止"；"今天国际上的主要矛盾是和平与战争问题"。① 这个判断构成当时中国主张和平共处和争取缓和的行动基础。1955年3月，在中国共产党全国代表会议上，刘少奇罕见地就国际形势问题作长篇发言。他明确提出：我国的社会主义建设需要一个长期的国际和平环境；只要我们的政策是正确的，工作做得好，争取一个较长时期的和平国际环境是可能的。② 这表明当时中共中央对国际形势抱着比较乐观的看法。

　　然而，1956年之后，中国领导人对国际形势的估计逐渐改变了。20世纪50年代下半期至60年代初期，出现了一系列引起国际紧张局势的因素，如苏伊士运河战争、波匈事件、柏林危机，中东、非洲和拉丁美洲国家革命运动的高涨等等；影响更大的是，中美关系的持续紧张、美国侵越战争的扩大和中苏关系的逆转。60年代上半期，中国的周边形势明显地恶化。面对这种形势，毛泽东对战争问题越来越担忧，这种担忧由于苏联谋求同美国缓和关系而变得更加严重。

　　"战争与和平"似乎是国际关系中一个老生常谈的话题，但对于中国共产党领导人来说，在战争与和平之间还有一个革命的问题。这是他们在切身经历中所感受到的。相比较之下，在分析国际形势时，周恩来更注重战争与和平的关系。在他那里，"战争与和平"是世界各国人民和各国政府共同关心的问题，维护世界和平是绝大多数国家共同利益的交点，也是中国对外政策的出发点。而毛泽东更关注革命形势。在他那里更为基本的问题是"战争引起革命，还是革命制止战争"。进入20世纪60年代，随着毛泽东对战争担忧的增长，他对世界革命的期盼似乎也在不断提高。毛泽东和周恩来等其他领导人思想深层的差异可能是导致中国外交政策在1956年之后逐渐发生变化的诸多原因之一。

　　美苏关系是趋于缓和还是紧张、世界革命和世界大战的前景，这是当时

---

① 外交部、中共中央文献研究室编：《周恩来外交文选》，中央文献出版社1990年版，第61~62页。
② 《建国以来刘少奇文稿》第七册，中央文献出版社2008年版，第107、138页。

中国领导人最关注的三个国际问题。事实上，直至上个世纪60年代，人们还很难就这三个问题得出明确的结论。现在看来，自朝鲜战争结束之后，美苏关系就呈现出周期性的缓和与紧张的交替，无论是紧张还是缓和都是有限度的，直至苏联解体。而战后出现的革命，基本是以实现国家独立为目标的反帝反殖民族革命，除少数国家外，大都不具有向社会主义革命转变的性质。70年代中期以后革命浪潮基本结束了。世界大战虽未发生，但基于历史经验，中国领导人却对此长期抱有忧虑。

对国际形势的判断对中国外交工作的重点和取向有着十分重要的影响。从建国之初起，中国外交遇到的一个棘手难题就是如何处理维护本国利益与支持各国人民革命斗争之间的关系。周恩来力图把外交和革命划分开来。他明确指出，外交工作是"以国家和国家的关系为对象"①，即主要以各国政府和当权者为对象；他还反复说明，革命是各国人民自己的事，不能输出也不能输入。但这两者在实际的外交工作中是很难截然分开的。在当时的情况下，作为一个已经取得独立的社会主义大国，中国无法不承担支持其他国家人民进行革命的义务，特别是周边民族国家寻求独立和统一的斗争。事实上，对亚非拉民族解放和独立运动的支持也是中国国际威望的重要来源之一。但是，这种支持又使得中国难以处理同一些有殖民利益的大国的关系，有时也难于处理同一些民族国家的政府和革命组织的关系。

在不确定的背景下，中国的外交实践中有两种不同的观念在交错发展、此起彼伏。从20世纪50年代初期至70年代初期，关于如何认识中国外交工作的主要任务，既可以看到主要是为中国的建设争取有利的国际环境的观点，也可以看到强调支援世界各国人民革命的观点。关于如何处理与世界各国的关系，我们既可以看到强调和平共处的观点，也可以看到坚决同"帝、修、反"斗争的观点。这一时期，中国外交政策的取向是日趋激进，直至70年代初发生了戏剧性的转折。难题的最终解决不是因为找到了在两者之间寻求平衡的好办法，而是因为民族革命的浪潮已经结束，世界进入了和平与发

---

① 外交部、中共中央文献研究室编：《周恩来外交文选》，中央文献出版社1990年版，第53页。

展的新阶段。

5. 从"两个阵营、一个中间地带"到"三个世界"——斗争哲学的异化

从新中国成立至上个世纪70年代初，总的来说中国是以现存世界秩序挑战者的身份来行事的。众所周知，这个时期中国的对外关系格局经历了三次大的变动，从最初的"一边倒"，经过"反两霸"，演变为最后联美反苏的"一条线"。尽管中国外交政策和外交格局出现了极大的变化，但在外交工作的指导思想中却贯穿着始终如一的现实主义，就是通过斗争、通过某种形式的统一战线来保证国家的独立自主与安全。

改革开放之后，在反思以往的外交政策时，人们曾指出20世纪60年代在处理国际关系时的过火斗争曾加剧了国家安全所承受的压力。这种批评不无道理；但事实上，我们很难以或对或错这种简单标准来评判那个时代的政策。这些政策有其产生的历史背景与合理成分，在中国外交发展的过程中也具有一定的正面效应。例如，在国际领域开展过火斗争曾给中国对外关系造成严重损害，但对当时进行的斗争也需要具体分析。冷战时代，中国处于被孤立和隔绝的状态，开展国际斗争也是中国与世界交往、特别是与美苏两个大国交往的一种形式。敢于斗争、特别是敢于同美、苏两个超级大国斗争是中国被世界各国普遍视为国际政治中一支独立力量的重要原因，也是中国能够较早从冷战中脱身的重要原因。

如何对现实世界进行划分是一个重要的理论问题。毛泽东晚年提出了划分"三个世界"的理论，即美、苏两家属于第一世界，日本、欧洲等资本主义国家是第二世界，亚非拉国家是第三世界。[①] 从形式上看，这种划分与毛泽东以前提出过的"两个阵营"、一个"中间地带"，以及后来又提出"两个中间地带"一脉相承；但是，我们却可以从中看到斗争哲学的一种异化。从历史过程来看，"反修"的提出是因苏联"反帝"不坚决，但其结果却是中国与美国联合起来共同反对苏联霸权主义。从理论角度看，前一个划分以

---

① 中华人民共和国外交部、中共中央文献研究室编：《毛泽东外交文选》，中央文献出版社、世界知识出版社1994年版，第600~601页。

国际阶级斗争为基础，而后一个划分多少是以国家的综合实力或发展水平来划分的，近似于后来被普遍使用的"超级大国"、"发达国家"和"发展中国家"的概念。中美关系正常化进程的启动为中国打开了同世界普遍交往的大门，这种理论视角的变化似乎也预示了中国将从传统的斗争哲学转向发展哲学。

二、改革开放时代中国外交观念的演进

上个世纪70年代末期开始的改革开放，再次带来了中国与世界关系的重大变化。改革开放初期，中国的外交政策出现了显而易见的调整，而在政策层面之上，更值得我们关注的是中国外交工作的思想观念和观察国际问题的视角所发生的深刻变化。这种变化最初带有"拨乱反正"的性质，通过反思和总结经验教训，在继承以往的同时又有了新的重大发展。

1. 以经济建设为中心——明确外交工作的主要任务、调整外交战略

从政策演变的角度来看，中国外交政策的调整实际从"文化大革命"结束之后就开始了。打倒"四人帮"之后，负责外交工作的叶剑英说，我们现在执行的是"周总理的外交路线"。相对于那时惯用的"毛主席的革命外交路线"，这是一个进行调整的重要信号。尽管当时外交政策将如何调整并不很明确，但中国在加快步伐走出封闭状态已显露无遗。

1978年底召开的中共十一届三中全会完成了政治路线的转变，确定了以经济建设为中心的方针。中国外交工作的任务也由此变得明确，这就是除一如既往地维护国家独立、主权和社会主义制度之外，主要是配合国家的经济建设和祖国统一大业的完成，并为此创造一个和平的国际环境，特别是有利的周边环境。尽管这样的观点在上世纪50年代中期曾经被提出，但未能坚持；直到改革开放之后，这种观点才真正在党内取得共识，成为指导外交工作的基本思想。

外交战略的调整是政策调整的核心。"文化大革命"后期，毛泽东提出

了"一条线"战略。① 改革开放之初，中国一度更加强调这一战略。邓小平坚持"一条线"的理由不仅是出于维护国家安全的需要，更重要的是考虑现代化建设的需要。但事实上，"一条线"战略从来都不很成功。中美建交之后，由于美国国会通过了《与台湾关系法》，使中国最终放弃了这一战略。1979年之后，中国即开始有意识地拉开与美国的距离，并考虑调整中苏关系。到1982年，中国在事实上已经放弃了"一条线"战略，对外关系格局开始朝向全方位发展。邓小平重视中苏关系的正常化，但从中国经济建设的需要出发，他始终认为中美关系是个大局，苏联所能提供给中国的东西有限。在调整与美、苏的关系时，他巧妙地把握节奏，注意不使外界觉察中国外交战略的变化。运用娴熟的外交技巧，他成功地把国家的中短期利益与长期利益的需要结合起来。直到20世纪80年代下半期，中国对外关系格局的调整才变得引人瞩目。

2. 重新判断国际形势——提出和平与发展的时代主题

重新判断国际形势对改革开放的进程、对中国外交的发展具有广泛的意义。其核心是放弃以往关于大规模世界战争不可避免的判断，提出和平与发展的时代主题。这个转变是逐步的，并非如一些文章所认为的那样是作出改革开放决策的前提条件。

早在20世纪70年代初启动中美关系正常化进程之前，陈毅等四位元帅就对战争迫在眉睫的看法提出质疑。70年代末在改革开放启动之时，邓小平提出世界大战可以推迟，要抢时间搞建设。80年代初，中联部副部长李一氓向中央建议，不宜继续使用"三个世界"理论，也不宜再强调世界大战不可避免。经讨论，中央同意不再提"三个世界"理论，只保留"第三世界"的提法。中共十二大以后，在中国领导人的正式讲话中这一提法消失了。对于国际形势，当时邓小平认为仍需要观察。

众所周知，1985年，邓小平明确指出世界大战可以避免，同时他还提出当代世界的两个主要问题是"和平与发展"的论断。② 此后，中共十三大更

---

① 即建立一条从东面的日本到西面的欧洲国家再到美国的反对苏联霸权主义的统一战线。
② 《邓小平文选》第三卷，人民出版社1993年版，第105页。

明确地指出"和平与发展"是时代主题。如果仔细考察中国领导人的讲话可以发现，早在1981年10月举行的"关于合作与发展的国际会议"上，中国总理提出"当今世界有两大问题：一个是维护和平，一个是促进发展"。①这可以说是提出"和平与发展"这一论断的先声。

对国际形势的新判断所带来的影响是巨大的、多方面的。首先，这使中国可以不受干扰地把经济建设置于中心地位，大胆实行全方位对外开放，继而又使得中国能够抓住经济全球化的机遇加快自己的发展。其次，在两极格局解体、苏东发生剧变之时，坚持这一判断使中国能够稳住阵脚、从容应对，并在世纪之交建立起全方位的对外关系格局。再次，中国的国防与军队建设也是依据这一判断制定了正确方针，与改革开放相配合。最后，中国"一国两制"方针的实行也得益于对国际形势这样一个总的判断。可以说，在改革开放的过程中，中国许多方面工作取得的进展都离不开和平与发展这个国际大环境，离不开对国际形势的正确判断。

3. 对基本外交政策的新诠释——独立自主的和平外交政策

从1982年至1986年是中国外交政策调整的一个重要阶段，中国领导人和中国政府对独立自主的和平外交政策作了新的诠释。这个阶段调整的重要特点是既表明了对以往基本外交观念的继承，又根据国际国内形势的变化扩展和丰富其内涵。

1982年8月，邓小平在会见联合国秘书长时把中国外交政策总结为三句话：反对霸权主义、维护世界和平与中国属于第三世界。②与此同时，中国领导人也越来越经常地使用"独立自主的和平外交政策"这一早已有之的提法来概括中国的基本外交政策。在此后的几年里，外交部长黄华在多次外交会谈中说：中国一贯奉行独立自主的和平外交政策，并愿意在和平共处五项原则的基础上同世界各国建立和发展关系。中国总理几次以"独立自主的和平外交政策"为题在国外发表演讲。

1986年3月，中国政府全面阐述了"独立自主的和平外交政策"的内

---

① 《人民日报》，1981年10月24日。
② 《邓小平文选》第二卷，人民出版社1983年版，第415页。

涵，全面概述了其包括的十个方面：第一，中国外交工作的根本目标是反对霸权主义、维护世界和平、发展各国友好合作和促进共同经济繁荣；第二，中国主张世界所有国家不论大小、贫富、强弱一律平等；第三，中国坚持独立自主，对一切国际问题都根据其本身的是非曲直决定自己的态度和对策；第四，中国决不依附于任何一个超级大国，也决不同它们任何一方结盟；第五，中国信守和平共处五项原则，并努力在这个基础上同世界各国建立、恢复和发展正常关系；第六，中国属于第三世界，坚持把加强和发展同第三世界国家的团结与合作作为对外工作的一个基本立足点；第七，中国反对军备竞赛；第八，中国坚持长期实行对外开放，中国的开放政策面向全世界；第九，中国遵循联合国宪章的宗旨和原则，广泛参加各种国际组织，开展积极的多边外交活动；第十，中国重视各国人民之间的交往。① 可以说，这是对改革开放以来中国外交政策的调整作了归纳和总结。至此，与改革开放相配合的外交政策基本定型。

20世纪80年代末至90年代初，苏东剧变、冷战结束。中国基本外交政策经受住了国际形势大变化的考验，没有发生大的变化，表现出不同以往的稳定性和连续性。这是中国外交趋于成熟的重要表现。

根据形势发展的需要，中国政府和领导人在阐释独立自主的和平外交政策时又增加了一些新的内容。如进一步强调实行真正的不结盟，在国际共产主义运动中不扛旗，在第三世界国家中不当头；切实维护本国利益，把维护国家的主权和安全放在首位；不屈从外部压力，按照国情自主决定改革的步骤和速度等等。

4. 在多样化的世界中寻求均衡——建立全方位的对外关系格局

一般地说，中国外交包括四个方面，即同大国的关系、同周边国家的关系、同第三世界国家的关系和同国际组织的关系。不过，长期以来无论是从总体上看，还是从某个方面看，中国外交存在着诸多的不平衡。从20世纪70年代末、80年代初起，中国开始朝着建立比较均衡的对外关系的方向努力。80年代下半期，中国外交向"全方位、多层次"发展的趋势已比较明

---

① 《十二大以来重要文献选编》（中），人民出版社1982年版，第960~964页。

显。90年代，这种趋势得到了国际、国内两方面因素的有力推动。世纪之交，中国基本构筑起全方位、多层次的对外关系格局。

在这种外交格局变化的背后，可以看到观察和认识现存世界的观念和方法的巨大变化。这就是承认现存世界是多样化的，认为多样化世界的各个组成部分有矛盾斗争的一面，也还有互相依赖的一面。国家之间特别是大国之间，在处理一系列国际问题时存在着共同利益，需要进行合作，也可以进行合作。中国领导人说明，在与世界各国的交往中，中国将根据世界的发展趋势和自身的利益要求来处理与不同类型国家的关系，不再以意识形态画线，也不再重复划分敌、我、友，团结一部分国家打击某个或某些国家的策略。

在一系列新观念的指导下，中国在世纪之交建立起全方位的对外关系格局，实现了前所未有的均衡。在这一格局中，中国既考虑到同大国和同发达国家的关系，也考虑到同周边国家和广大发展中国家的关系；既重视发展与各国的双边关系，也积极开展多边外交活动。各方面的外交均表现出新的特点。

中国同大国的关系长期以来一直是影响中国对外关系格局的重要因素。在改革开放之前，中国同大国关系从某种意义上说实际是一种周边关系，安全问题是中国在处理与大国的关系时最关注的。改革开放之后，这种情况逐渐出现了重大变化：一是经济关系在中国同大国的关系中日益占有重要位置；二是双方共同关注、需要合作的区域性和全球性问题越来越多。

中国同邻国的关系在很大程度上决定着中国的周边环境。20世纪90年代初期，中国终于完成了同所有周边国家关系的正常化，与周边国家的关系从总体看进入了前所未有的密切时期，双边及区域性合作在政治、经济、安全等各方面逐步展开，日益深化。

与此同时，中国同发展中国家的政治、经济往来与合作也日益扩大。以往经济上基本是中国提供单向援助的情况已发生了很大变化。

在多边外交舞台上，中国也日趋活跃。中国的多边外交在20世纪50年代中期曾卓有成效，此后陷于停顿；联合国恢复中国合法席位后重新展开；90年代之后取得的成果显著。

进入21世纪，中国开展全方位外交的思路更为明确、清晰，从历史经验和现实需要出发，逐渐形成了以"大国是关键、周边是首要、发展中国家是基础、多边是重要舞台"为思路的总体布局。全方位外交的四个方面互相配合和渗透，已经成为一个比较协调的整体。

5. 以渐进的方式推动国际秩序的进步——合作、共赢与和谐

在新中国成立后的最初二十几年里，中国与当时的世界秩序发生了激烈的冲突。20 世纪 70 年代初，这种情况开始改变。

改革开放以来，中国基本是现存国际秩序的受益者。中国虽然主张建立更加公正合理的国际政治经济秩序，认为世界将朝多极化方向发展；但中国认识到这种转变将是长期曲折的过程，最终结果将取决于各种矛盾的发展和各种力量对比的变化。中国希望，实现这种转变的过程是有序的，并希望以合作而不是对抗的方式来实现。

世纪之交，中国外交在内容和形式上都表现出新的特点：一是外交事务的内涵有明显扩大，涉及经济、安全、人权、环保等一系列区域性和全球性问题；二是中国寻求建立普遍的伙伴关系，在中国与其他国家和地区性组织结成的伙伴关系和合作关系中，建立了不同层次的定期会晤、磋商和对话制度，特别是首脑外交发挥了前所未有的和不可替代的重要作用。

21 世纪初期，世界仍旧处在两极格局解体后的过渡阶段。无论外部世界怎样，中国最重要的目标是在国内，即在本世纪头 25 年里建成全面的"小康社会"。中国外交将配合这一中心工作展开。为此，中国领导人更准确地提出和平、发展、合作是国际形势的主流，积极倡导和推动"和谐世界"的建设；中国外交也更加透明、更加务实，更加主动。

从进入新世纪近十年的发展来看，中国外交工作在前一时期取得的各项成绩的基础上又有所发展。中国的对外政策根据国际形势的演变和中国实力的增长，在保持稳定的基础上也有所调整。

三、几点初步的结论

在追溯了共和国外交观念的变迁之后，可以初步得出这样四点结论：

第一，中国外交政策最核心的观念——独立自主与和平，是在新中国建立初期就提出来的，稍后提出并最终成为中国外交政策基石的和平共处五项原则进一步阐明了这一核心观念所包含的要素和价值取向。这些对共和国外交产生了深刻影响的基本观念能够经住时间和实践的考验，并不断有所发展的原因有两个：一是它们体现了中华民族对外交往历史经验教训的积淀和最基本的诉求；二是它们超越了冷战时代与对立意识形态的局限。

第二，在从新中国建立至改革开放之前的30年里，中国外交的主要成就是按照新型外交的要求与世界各国普遍建立了正常的外交关系；维护了国家的主权和安全，为此后的发展奠定了基础；与此同时，积累起丰富的外交经验和教训，改革开放以来中国外交观念的变化，不仅受政治和经济变革进程的实际需要所推动，也来自对以往历史的反思。

第三，改革开放以后，中国外交基本观念既体现出继承性，也发生了重要变化。中国外交工作指导思想的变化、中国对重大国际问题以及中国与世界关系的新认识表明，中国已不再用以往那种带着浓重意识形态色彩的革命视角来观察和处理外交问题，不再作为现存国际秩序的挑战者，而是以积极主动的姿态，自觉加入到现存的国际体系之中，以此求得自身的发展。在这一过程中，中国越来越从发展的、全球的视野来观察国际问题、处理外交事务。

第四，如果说在中国外交成长的历程中，革命外交是一个成长阶段和特定时代的产物，民族的立场则是始终如一的；但这种一贯也体现着发展，包括对民族利益、国家利益认识的深化，在交往的过程中知己知彼，更加理性、更易于被外部世界所理解。

在21世纪初期，中国的改革开放步入了一个关键的发展阶段；同时，我们也越来越感到，国际政治经济体系可能正在经历着一场广泛而深刻的变革。这种内部和外部变动的重合将使中国与世界的关系处在一个敏感时期。应对得好，中国有可能比较顺利地成为一个全球性大国；应对得不好，也可能要在很长时间以后才达到这个目标。为此，我们需要更客观地评估自己，保持我们的目标与能力之间的平衡；更为重要的是必须看清世界发展的潮流，使自己的观念与时俱进。我们仍然处在成长的过程之中，汲取以往的经验和教训，丰富我们的智慧，将使我们能够更好地面对未来的挑战。

中国国际秩序观的变迁

叶自成

一个国家外交的基本内容，就是按照国际法和国际秩序的内容，以和平的方式实现、维护及扩展国家的利益。一个国家对现行的国际秩序的态度和立场，在很大程度上影响着该国的外交行为。一个国家的国际秩序观是其外交活动的基础。60年来，中国的国际秩序观从最初的推翻、和平共处五项原则，到后来的建立新的国际政治经济秩序，再到现在的使国际秩序更加合理的观念，既有一以贯之的基本原则，又反映出中国国际秩序观的巨大变化。

一、毛泽东时期中国的国际秩序观

（一）双重秩序观：推翻、革命与遵从、改造

中国是西方秩序的受害者，西方通过武力打开中国的国门，把一系列不平等条约强加到中国头上，使中国的国家利益遭到西方列强的严重吞食，因此，新中国建立后的第一件事，就是宣布废除西方列强的一切不平等条约，另起炉灶，收拾干净房子再请客；在国际秩序方面，虽然中国也认同了国家主权平等、领土完整等西方秩序中的内容，主张与西方国家和平共处，但另一方面，中国作为世界社会主义体系中的成员，对西方的旧秩序是持否定态度的，中国总体上是西方国际秩序的挑战者、革命者，主张推翻现行西方国际秩序，对国际秩序进行革命性的改变，最后消灭西方资本主义世界，建立

新的世界。

新中国建立之初，新中国实际上是认同并遵守苏联主导的社会主义的国际秩序观，这一秩序观的特点是：1. 承认苏联是社会主义国家阵营的领导国，以苏联为首，苏联在社会主义阵营中有特殊的地位和作用；2. 各社会主义国家有相对的独立自主权，但奉行国际主义的原则，各国之间相互提供支持和帮助；社会主义阵营的共同利益在一定程度上高于社会主义国家的国家利益，有时候需要牺牲本国的国家利益来实现大家庭和社会主义阵营的利益；3. 各社会主义国家奉行相同的社会主义的意识形态，实行马克思列宁主义的基本原则，虽然在内政方面有一定自主权，但在公有制、党的领导、计划经济等基本制度方面，各国应保持一致；4. 在对外交往上，各国应共同进行反对帝国主义和资本主义的斗争，最终目标是彻底推翻旧世界，建立共产主义的新世界，消灭西方的资本主义体系；5. 支持新兴独立国家的民族解放运动，反对殖民主义，反对帝国主义的侵略，支持各国人民进行的反对各国反动派的革命斗争。

因此，新中国建国之初的国际秩序观的特点，是双重性质的，既有对苏联制定的社会主义阵营的秩序观的遵从，又有对以美国为首的西方国际秩序的推翻与革命，简言之，是革命与遵从共有的秩序观。

当然，在这同时，又包含了新中国对苏联秩序的不满、和西方秩序观的部分认同。前者表现为对苏联特殊地位的不满，对苏联的大国主义的批评，这在1956年波匈事件时有所表现。波匈事件体现出来的对苏联主导的国际秩序的不满，又导致了对西方秩序的部分肯定，使得对西方国际秩序内容有部分接受、赞成的倾向。正是在这样的基础上，产生了中国自己的和平共处的国际秩序观。

（二）中国国际秩序观与和平共处五项原则的提出

新中国从建立之初就认识到自己是一个大国，是一个有悠久历史文化并且长期在东亚处于主导地位的大国，因此从一开始就在探索提出自己的国际秩序观。周恩来在1953年12月31日第一次完整地表述了和平共处五项原则，这一提法在1954年6月在中印两国总理和中缅两国总理的联合声明中得到了体现和确认。此后,和平共处五项原则逐渐被确立为中国外交的第一准则,在中国重要的对外关系中,和平共处五项原则是使用频率最高的词汇。它也是新中国建立后,中国第一次对国际秩序的系统表述。

1955年12月,东德总理访问中国,周恩来把五项原则的主要精神贯彻到了两国的友好合作条约中,条约规定:两国将就一切重大国际问题进行磋商,特别注意保障两国的领土不受侵犯和国家安全,在互相尊重主权,互不干涉内政和平等互利的基础上,加强和扩大各方面的友好关系。1956年10月30日,苏联政府发表《关于发展和进一步加强苏联同其他社会主义国家的友谊和合作的基础的宣言》,其中承认苏联在这一方面犯了错误,表示今后将遵守互相尊重主权和平等互利原则处理与东欧国家关系,接受了中国方面的建议;1956年11月1日,中国政府也发表声明,回应苏联政府的声明,指出社会主义国家都是独立主权国家,相互关系就更应该建立在和平共处五项原则之上。①

周恩来在1957年3月谈到这一点时指出:"在社会主义各国的关系中,团结和互助一向是主要的和基本的方面。但是,正由于这种关系是一种完全新型的关系,还缺乏充分的经验,因此,在社会主义各国的相互关系中还不能说一切都是完满的、正常的。在社会主义国家的相互关系中所表现的大国主义倾向或者狭隘的民族主义倾向,都曾经造成社会主义国家之间的某些隔阂和误解。现在,这些缺点和错误正在克服当中。苏联政府在1956年10月30日发表了宣言,表示要根据完全平等,尊重领土完整,国家独立和主权,互不干涉内政等项原则,发展和进一步加强同其他社会主义国家的友谊和合作。"声明特别指出,"社会主义国家的相互关系就更应该建立在五项原则的基础上"②。

五项原则中的和平共处,主要用于社会制度不同的国家之间的外交关系,尤其是指社会主义国家与西方资本主义国家的关系。周恩来指出:"社

---

① 裴坚章主编:《中华人民共和国外交史》(1949 - 1956)世界知识出版社1994年版,第68页。
② 《周恩来外交文选》中央文献出版社1990年版195页;苏岩:《和平共处五项原则是社会主义国家关系的基础——周恩来关于社会主义国家关系的思想初探》,载裴坚章主编:《研究周恩来——外交思想与实践》,世界知识出版社1989年版,第157~169页。

会主义国家一向主张世界上不同社会制度的国家和平共处，而不用武力解决国际争端。我们知道，既然存在着不同的社会制度，和平共处就意味着这些不同制度的国家之间在政治、经济和文化各方面的和平竞赛。我们深信社会主义制度的优越性，我们敢于进行这种和平竞赛……我们社会主义国家根本不会向外扩张，根本不会对其他国家进行侵略。我们认为革命是不能输出的，我们主张由各国人民选择自己的政治制度。我们愿意同帝国主义国家互相保证互不侵犯，和平共处。"[1]

和平共处原则是社会主义的对外原则。和平共处这一概念，首先是列宁提出的。列宁在十月革命后解释苏维埃俄国的对外关系的政策时指出，苏俄要同各国人民和平共处。1918年，当时苏俄的外交人民委员（外交部长）契切林又把和平共处作为苏俄对外政策的总原则加以强调，指出苏俄同别国政府和平共处，不管它们是什么政府。因此，在列宁时期已经把和平共处作为苏俄的对外基本原则。后来的苏联政府在形式上仍坚持和平共处原则。1952年，当时苏联领导人马林科夫就提出和平共处应是处理国家关系的原则，这其中包括相互合作，平等，不干涉内政，和平共处等。之后，苏共又把和平共处、和平过渡、和平竞赛表述为当时的国际共产主义运动的总路线。因此，和平共处原则是社会主义的原则，是指不同社会制度的国家之间的和平共处。

和平共处原则包含了西方国际法准则的精华。西方社会自1648年《威斯特伐利亚和约》之后，逐渐确立起国家之间关系的基本准则，这些基本准则被人们称为国际法准则。在西方公认的国际法准则中，包括了主权国家平等，尊重国家领土完整和政治独立、不干涉内政，和平解决争端、不使用武力或以武力相威胁、相互合作等主要内容。西方国家在实践中，实际上奉行的是两种原则，对众多的落后国家、发展中国家、殖民地半殖民地国家，它们奉行的是武力征服、野蛮抢掠、残酷镇压的政策；而在西方国家之间，尤其是在实力接近的国家之间，才较多地奉行这些原则。在二战后，国际形势发生了很大变化，西方国家也逐渐把这些原则作为处理国际关系的基本原

---

[1] 《周恩来外交文选》中央文献出版社1990年版，第197页。

则，虽然它们也不时践踏国际法。和平共处五项原则的提法概括了西方国际法中的精华部分。对西方国际法中的其他一些内容，如保证民众的集体安全和民族自治、人权与基本自由等反映西方价值观念和容易引起歧义的内容，和平共处五项原则则把其摈除在外。所以，和平共处五项原则不仅是社会主义的原则，也是普世性的对外准则，符合全人类的基本利益。

和平共处五项原则是具有鲜明中国特色的发明和创新。中国提出的和平共处五项原则就其基本的概念和内容来说，并不是什么新的东西，但它的提出又不是简单地照搬外国的提法和概念，而是包含了深刻的新内容，反映了中国文化的精义，是具有中国特色的创新。

首先，在和平共处原则这一基本概念上，中国的提法与列宁时期的提法有很大的不同。第一，列宁的和平共处原则是对当时世界革命的一个补充，带有很强的策略性，当时人们普遍认为世界革命的胜利不仅是必然的，而且将会很快实现，和平共处只不过是世界革命胜利之前的一个短暂的过渡时期；而中国的和平共处则是建立在资本主义与社会主义将会长期和平共存的基础上；我们认识到建设社会主义将是一个长期的漫长的历史过程，因此和平共处原则也是一种战略选择。第二，列宁提出的和平共处强调的是资本主义与社会主义两种制度的和平斗争，这种斗争是一种特殊形式的阶级斗争，是一种没有硝烟的战争；而中国的和平共处原则的基点是社会主义需要长期学习资本主义的先进成果，处于初级阶段的社会主义要通过对外开放学习、吸收、借鉴、改造和利用资本主义的成果。第三，列宁和后来苏联提出的和平共处，主要是指东西方国家，即西方资本主义和东方社会主义之间关系；而中国的和平共处原则是一种全方位的对外关系准则。它强调的主要是中国与周边国家即亚洲国家之间的关系准则，因此它首先在中印、中缅的总理声明中反映出来，后来又在1955年万隆会议上得到强调，也反映了中国处理对外关系的次序的不同；中国的和平共处五项原则不仅和苏联一样，适用于东西方国家关系，而且中国第一次提出社会主义国家之间也同样适用和平共处五项原则，这一内容是原来的苏联没有涉及的。第四，在实践中，苏联很少真正实行和平共处原则。对西方国家，苏联支持其共产党的活动；对社会主义国家，苏联粗暴地干涉这些国家的内政；对第三世界国家，苏联长期不断进行渗透、颠覆和控制，几乎没有真正实行这一原则。而中国的和平共处五项原则，虽然在"文革"前后受到过干扰，但自改革开放时期起，中国就纠正了"左倾"错误，真正地把和平共处五项原则作为处理对外关系的基本准则，在实践中得到了很好的实现。

其次，中国的和平共处五项原则虽然吸收了西方国际法准则的基本内容，但中国和平共处五项原则包含的尊重各国人民根据自己的情况决定和选择本国社会发展道路的内容，即不干涉内政的内容，与西方准则是有区别的。西方的所谓不干涉内政，有一个前提，即承认西方的价值观念，把人的基本权利和个人自由作为国际法准则的一个基础，这就为西方在反共、反社、自由民主的旗号下干涉别国内政，或者在国际事务中实行双重标准埋下了伏笔。在实践中，西方列强和霸权国家干涉别国事务的事情层出不穷。中国的和平共处五项原则真正排除了意识形态的因素，完全从国家利益的角度考虑对外政策，是真正的不干涉内政。

再次，中国的和平共处五项原则之所以具有中国特色，还因为它是社会主义的原则、是西方的国际法精义与中国传统文化结合的产物。中国自古以来就有不干涉他国内政的思维传统和历史习惯。老子的"鸡犬声相闻，老死不相往来"是一种不干涉内政的极端表述；中国汉唐明清时的统治者奉行的对外关系准则也是：只要承认中国统治者的权威，不侵略中国，中国王朝一般不干涉与中国保持朝贡关系的国家的内政（也有过干涉，但不干涉是主流）。中国的文化哲学是一种包容性很强的哲学，因此对文化的多样性、政治制度的多样性是能够包容的。这也是与西方以上帝选民的身份充当救世主的文化有很大不同的地方。

（三）三重挑战与中国国际秩序观的变化

到了20世纪60年代，随着中苏关系恶化，尽管这一时期中国的外交把和平共处原则放到重要位置上，在实践中也与部分国家据此建立了正常的国家关系。但与此同时，从60年代中期到70年代中期的中国外交实践来看，实际对现有秩序观提出了三重挑战，中国国际秩序观也发生了很大变化。

在这一时期，中国奉行的对西方秩序观进行革命与挑战的态度没有改变,新的变化是在以下三个方面：

一是挑战西方与挑战苏联并重。这一时期,中国继续坚持挑战西方主导的国际秩序,同时又从过去遵守苏联主导的社会主义阵营的国际秩序观,到开始批判、挑战和推翻苏联主导的秩序观。1957年毛泽东在苏联访问时专门提出要以苏联为首,认为这是社会主义秩序观的一个原则,对那些不同意这一提法的东欧国家,毛泽东还亲自出面做工作,要这些国家接受,认为只有这样才能坚持社会主义国家的团结。1960年后,中国开始公开批判苏联的内外政策,不仅不再坚持所谓的以苏联为首,后来还公开提出要打倒苏联,挑战苏联的权威,对苏联主导的所谓社会主义阵营的秩序观进行全面的批判抨击。这一变化可以从当时中国既反美又反苏的战略上体现出来。

二是对前一阶段中国自己提出的和平共处的秩序观提出了挑战。虽然中国没有公开批评中国自己提出的和平共处原则,但在理论上,中国通过公开批判苏联的和平共处路线,实际上也部分地否定了和平共处原则；在实践中,中国在60~70年代的外交,两方面的内容都有：一方面与一部分国家做到了和平共处,但另一方面,中国在与许多国家的外交关系中,并没有完全实行和平共处。中国没有公开否定和平共处原则,但这一时期和平共处原则并不是中国外交主导原则。中国与部分资本主义国家,主要是对北欧国家、西欧国家实行和平共处政策；对一部分亚非国家,中国实行了和平共处原则,而对另一部分国家,则是国际主义原则,即实行支持其国内革命斗争的原则。这一变化体现在当时中国提出的打倒各国反动派的口号上。

三是中国通过强化自己的第三世界的理论,把自己放到了第三世界的突出位置上,实际上试图提出由中国主导的第三世界的国际秩序观。这一国际秩序观大致包括以下内容：1. 强调第三世界的整体性和国际性,与第一世界和第二世界对立,强调第三世界国家应该相互支持,相互帮助,淡化其国家性,致力于第三世界的共同利益和整体利益。2. 虽然中国反对第三世界有什么领导国和以谁为首,但实际上毛泽东的第三世界理论强调中国在第三世界中的突出地位和作用,因为是中国首先提出第三世界理论并引起国际社会的关注,其次因为中国的实力在第三世界中相对较强。3. 与和平共处原则存在矛盾之处的内容是,中国强调自己对那些正在争取民族独立和解放的国家,对第三世界各国人民反对各国反对派的革命斗争,应当履行自己的国际义务,尽一切可能支持这些国家的革命斗争,从非洲国家反对南非白人种族主义政权的斗争,到赞比亚和坦桑尼亚的经济建设,到东南亚各国共产党领导的反对本国反动政权的斗争,再到越南人民的反美战争,都在中国的义务之列。4. 提出了中国国际经济秩序观的主要内容,这是20世纪50年代中国的国际秩序观还没有涉及的新内容。1964年亚非拉国家组成了77国集团,第一次正式提出建立新的公正的世界经济秩序的要求,拉开了第三世界国家争取建立国际经济新秩序斗争的序幕。1973年,不结盟国家首脑会议在其《经济宣言》中,第一次使用了"国际经济新秩序"的概念,后来又有1974年《关于建立新的国际经济新秩序宣言》等文件。中国作为一个发展中国家和第三世界国家,在这一过程中发挥了自己的独特作用。中国主导的第三世界的国际秩序观也包括了向第三世界国家提供经济援助的内容,中国的经济援助不附带任何条件,中国认为自己作为一个先胜利的大国有义务援助后胜利的中小国,而且中国的援助特别强调尊重受援国的主权、绝对不附带任何条件、绝不要求任何特权、不造成受援国对中国的依赖,帮助受援国掌握中国提供的技术[①]。中国支持发展中国家反对殖民主义的任何措施,而且"中国的领导人已经公开表示,不容许自己的后代走殖民主义的道路,如果我们的后代在这方面犯了错误,外国朋友可以指责他们做了他们的前人所不愿做的事"[②]。

所以,这一时期,中国的国际秩序观还处于探索过程中,很不成形,也经常变化,比较混乱,但这时提出的和平共处五项原则却为后来中国的国际秩序观奠定了基础。

[①] 《周恩来外交文选》,第214,388~389页。《周恩来外交活动大事记》(1949—1975),世界知识出版社1993年版,第367页。

[②] 《周恩来外交活动大事记》,第306~307页;《周恩来外交文选》,第179,314~315,179~180页。

二、邓小平时期的中国国际秩序观

邓小平时期,中国的国际秩序观有很大变化。苏联解体,过去以苏联为首的社会主义阵营的国际秩序不复存在,中国的国际秩序观也就没有了挑战苏联秩序的内容。对西方的秩序的一大变化,就是从过去的挑战、革命和推翻的立场,变为部分否定,部分肯定,不再全盘否定西方的秩序,中国一方面提出要融入西方主导的国际体系,这就要求要部分接受西方主导的秩序,否则中国不可能融入世界和与世界接轨;另一方面,中国仍然是西方秩序的受害者,在台湾问题上、美国对台军售上、中国加入西方主导的市场体系和国际经济组织方面,中国处于被动和不利的地位,因此中国在邓小平时期又提出了改变现行国际秩序并努力建立国际政治经济新秩序的目标。在这两个方面的基础上,中国提出的国际秩序观也得到进一步发展。

(一)中国国际秩序观的发展:和平共处五项原则为基础

正如上述,中国在20世纪50年代提出的和平共处五项原则,在60~70年代受到中国自己的严重的挑战,没有能真正实行,只是在与部分国家的交往中有所体现。邓小平时期,中国重新强调和平共处五项原则,把它提到一个更新的高度。

邓小平认为,和平共处五项原则虽然是亚洲国家提出来的,但可以适用于全世界,"就我个人的知识来说,经得起考验的是和平共处五项原则。五项原则能够为不同制度的国家服务,能够为发达程度不同的国家服务,能够为左邻右舍服务。和平共处五项原则,虽然是亚洲的产物,也适用于全世界。所有国家应该能够接受这些原则"[1]。

邓小平指出,"最经得住考验的不是霸权政治,不是集团政治,而是和平共处五项原则。我们要经过几十年的努力,在和平共处五项原则的基础上

---

[1] 《邓小平思想年谱》,第413页。

建立国与国之间的关系,特别是邻国之间的关系","我认为,中印两国共同倡导的和平共处五项原则,是最经得起考验的。这些原则的创造者是周恩来总理和尼赫鲁总理。这五项原则非常明确,干净利落,清清楚楚。我们应当用和平共处五项原则作为指导国际关系的准则。我们向国际社会推荐这些原则来指导国际关系,首先我们两国之间的关系也要遵循这些原则,而且我们同各自的邻国的关系应该做些调整"。

在和平共处五项原则中,邓小平特别强调不干涉内政,认为这是国际秩序的一个最基本的原则。邓小平指出,"国际关系新秩序的最主要的原则,应该是不干涉别国的内政,不干涉别国的社会制度。要求全世界所有国家都照搬美、英、法的模式是办不到的。世界上那么多伊斯兰国家就根本不可能实行美国的所谓民主制度,穆斯林人口占了世界人口的五分之一。还有非洲,非洲统一组织的强烈的普遍的呼声就是要求别国不要干涉他们的内政. 这是世界局势的一个大背景。在这样的背景下,如果西方发达国家坚持干涉别国内政,干涉别国的社会制度,那就会形成国际动乱,特别是第三世界不发达国家的动乱。第三世界国家要求有稳定的政治环境来摆脱贫困。政治不安定,谁还有精力搞饭吃?更谈不上发展了。所以现在确实需要以和平共处五项原则作为新的国际政治,经济秩序的准则。现在出现的新的霸权主义、强权政治,是不能长久维持的。少数国家垄断一切,这种形式过去多少年没有解决任何问题,今后也不能解决任何问题"[①]。

1977年,邓小平又表示,中国对邻国,哪怕是社会主义国家,也都采取不干预别国的决策,间接也不行,我们对朝鲜,对越南都有援助,但绝不会依仗援助施加影响,这是我国的根本方针。1990年,在与美国友人谈到苏联发生的变化时,邓小平也指出,我们对别人不幸的事,不好的情况,不会落井下石,我们不会发表或采取伤害别人的言论和行动,对戈尔巴乔夫这个时期的所作所为,我们是有不同的看法的,但我们没有必要进行过分的批评,坚持不干涉别国内政的立场[②]。

---

① 《邓小平思想年谱》,第412~413页,《邓小平文选》第三卷,第282,328,359~360页。
② 转引自陈笃庆:《邓小平同志对拉美工作的外交思想》,载《邓小平外交思想研究论文集》,第242页。《邓小平外交活动大事记》,第159、185、365页。

这一时期的和平共处五项原则，与前一阶段的和平共处五项原则，在字面上没有任何变化，但二者却有质的不同。前一时期的和平共处五项原则，受到国际主义、反对帝国主义、反对修正主义和支持世界人民革命斗争观念的影响，在实践上出现了许多违反和平共处五项原则的事情，没有真正贯彻实行。邓小平时期，是把和平共处五项原则真正作为中国的一种秩序观，不是用于对外宣传，而是落实到中国外交的各个方面，可以说是真正与所有国家都做到了和平共处五项原则，再加上邓小平提出的中国实行不结盟和独立自主的外交原则，使和平共处五项原则也更容易实行。

　　邓小平还从外交实践角度明确地提出，"处理国与国之间的关系，和平共处五项原则是最好的方式。其他方式，如'大家庭'方式，'集团政治'方式，'势力范围'方式，都会带来矛盾，激化国际局势。总结国际关系的实践，最具有强大生命力的就是和平共处五项原则"。霸权主义，集团政治，或条约组织是行不通了，"现在集团政治该结束了，这主要指北大西洋公约组织和华沙条约组织"[①]。

　　这一时期邓小平强调和平共处五项原则中的不干涉内政的内容，也突出了中国对西方国际秩序观的基本态度，一方面继续其中合理的内容，另一方面也突出了中国与西方国际秩序观的主要矛盾。表面看来，不干涉内政也是西方国际秩序观的内容，但实际上西方在实践中总是把人权、自由、民主的西方模式作为普世观念试图强加于广大发展中国家，为此引发了一系列的矛盾和冲突。

（二）邓小平关于中国国际经济秩序的思想

　　周恩来提出的这些原则为邓小平后来提出建立国际经济新秩序思想提供了素材；同时，邓小平也是发展中国家推动的建立国际经济新秩序的斗争的积极参加者，他在1974年代表中国政府出席联合国大会关于原料和发展问题的特别会议时，向国际社会阐明了中国坚决支持建立更加公正更加合理的国际经济新秩序的斗争的立场。

[①]《邓小平文选》第三卷，第96，282页；《邓小平思想年谱》，第3、412页。

1974年4月，邓小平在联合国大会第六次特别会议上，第一次系统地阐明了中国关于建立国际政治经济新秩序的主张。邓小平在发言中指出，中国作为第三世界国家，坚决支持广大发展中国家进行的反对帝国主义、殖民主义和霸权主义的斗争，支持发展中国家为建立世界经济新秩序而进行的斗争。中国认为，原料和发展问题的实质，就是发展中国家维护国家主权，发展民族经济的问题，是反霸反殖反帝斗争的重要组成部分，超级大国和西方国家对发展中国家在原料和市场方面的掠夺和剥削，使贫国越贫，富国越富，成为发展中国家解放和进步的最大障碍。发展中国家掌握和保护自己的资源，不仅对于巩固政治独立，发展民族经济是必要的，而且对于反对帝国主义侵略和战争，也是必要的。发展中国家发展民族经济，首先必须掌握自己的自然资源，逐步摆脱外国资本的控制。

要建立新型的国际经济秩序，就必须：1. 在和平共处五项原则之上建立起国家之间的政治和经济关系，反对任何地区霸权和势力范围，各国的事务应当由各国人民自己决定，发展中国家人民有权自行选择和决定他们自己的社会、经济制度，发展中国家对自己的自然资源享有和行使永久主权；2. 国际经济事务应当不分国家大小，无论贫富，一律平等，由世界各国共同来管理，不应当由一两个超级大国来决定，发展中国家应当参与世界贸易、货币、航运等事务的决定；3. 国际贸易应当建立在平等互利，互通有无的基础上，中国支持发展中国家改善它们的原料、初级产品、半制成品和制成品的贸易条件，扩大它们的销售市场，确定有利于发展中国家的价格；4. 对发展中国家的经济援助，应当尊重受援助国的主权，不附带任何政治军事条件，不要求任何特权，应当对发展中国家提供优惠的贷款，必要时可以减免债务负担，可以延期还本付息，反对援助国对发展中国家进行剥削和敲诈勒索；5. 国际社会应当更多地对发展中国家提供技术援助。[①]

（三）邓小平提出建立新的国际政治经济秩序的问题

到1988年，国际形势发生了很大的变化，随着苏联实行改革，与西方国

[①] 裴坚章主编：《中华人民共和国外交史》（1970—1978），世界知识出版社1999年版，第480页。

家搞缓和，东西方关系也大大改善，但同时它也产生了重大的问题，那就是过去的国际关系体系已经发生了变化，过去两个超级大国主宰世界，现在是美国一超独大，单边主义和强权政治在升级，少数几个西方国家想垄断世界，新的体制没有建立，国际上的许多问题都有待国际社会的合作来解决，国际社会应当遵循一个什么样的原则来建立这样一个合作机制，这就成了国际社会面临的一个重大问题。

邓小平正是在这样一个变化的条件下，不仅提出了要继续进行争取建立国际经济新秩序的斗争，而且还认为，光有经济方面的国际新秩序还不够，还必须要建立国际政治新秩序，这两者应当联系起来，由此提出了建立国际政治经济新秩序的主张。邓小平在1988年9月与斯里兰卡总理会见时，提出了"现在需要建立国际经济新秩序，也需要建立国际政治新秩序"的问题。[1] 1988年12月21日在与来访的印度总理拉吉夫·甘地会晤时，邓小平又再次提出了建立国际政治经济新秩序的问题。邓小平指出："世界总的形势在变，各国都在考虑相应的新政策，建立新的国际秩序。最近，我同一些外国领导人和朋友都谈到这个问题。世界上现在有两件事情要同时做，一个是建立国际政治新秩序，一个是建立国际经济新秩序，关于国际经济新秩序，早在1974年我在联合国发言时，就用了很长时间讲这个问题。这个问题我们一直在提，今后也还提"；1989年10月邓小平又指出，"最近一个时期，我多次向国际上的朋友们说，应该建立国际经济新秩序，解决南北问题，还应该建立国际政治新秩序，使它同国际经济新秩序相适应"[2]。

邓小平把建立新的国际政治经济新秩序作为中国外交的两个最根本的任务之一，他指出，中国对外政策有两条，第一条是反对霸权主义、强权政治，维护世界和平；第二条是建立国际政治新秩序和经济新秩序。维护世界和平与建立国际政治经济新秩序构成了中国外交总战略的基本内容。

邓小平指出，建立新秩序就是要反对霸权主义，"霸权主义也该结束了，不仅全球霸权主义，还有区域霸权主义"，"新政治秩序就是要结束霸权主

---

[1] 《邓小平思想年谱》，第413页。
[2] 《邓小平文选》第三卷，第282～283、328页；

义",而且,霸权主义也行不通,因为"谁搞霸权主义,谁侵略别国,到头来都得收缩。绝对优势也没有用,还得搞和平共处五项原则"。

邓小平指出,中国反对任何国家谋求世界霸权,早在1975年4月,邓小平在谈到《中日和平友好条约》时就曾指出,"中国和日本都不在亚洲、太平洋地区谋求霸权,都不搞霸权主义。日本承担在亚太地区不谋求霸权的责任,这是经过两次世界大战和近百年的历史总结出来的经验。由于长期的历史渊源,日本在亚太地区的形象是受了影响的。写上这一条,对日本改善同亚太地区国家的关系,不但是有益的,而且是必要的。二是反对任何国家,任何国家集团在这个地区谋求霸权的努力。现在确实有超级大国在这个地区谋求霸权,写上这一条不是干涉谁的内政,而是干涉它们的行动,要侵略、奴役、控制、欺负人家,这是应该干涉的",后来邓小平还指出,反霸不是针对第三国的,但有一条,"谁搞霸权就反对谁。我们自己如果搞霸权,那就自己反对自己",反霸条款即是约束中国,表明"中国永远不称霸,体现了中国长久的国家政策,对日本也是一个约束,这对改变日本的形象有好处"。①

邓小平一再坚持,中国将奉行独立自主的外交战略,这个战略的一个基本点,就是不参加任何集团,不搞军事政治结盟,中国将成为一个真正的不结盟国家。

建立和平解决国际争端的机制是新秩序的重要任务。"世界上有许多争端,总要找出个解决问题的出路。我多年来一直在想,找个什么办法,不用战争手段而用和平方式,来解决这种问题。"邓小平经过思考后提出,中国的外交有两条经验可以贡献给国际社会作为参考:一是中国为解决台湾和香港问题而提出的一国两制的设想,世界上的许多争端用类似这样的办法解决,"我认为这是可取的。如果不要战争,只能采取我上面讲的这类方式。这样能向人民交代,局势可以稳定,并且是长期稳定,也不伤害哪一方。总要从死胡同里找个出路";二是搁置主权,共同开发的设想,邓小平认为,"有些国际上的领土争端,可以先不谈主权,先进行共同开发。这样的问题,要从

---

① 中央文献研究室编:《邓小平思想年谱》,中央文献出版社1998年版,第412,6,74页。

尊重现实出发，找条新的路子来解决"。

用中国的思路来解决国际争端，是邓小平后来多次强调的一个问题。早在1978年8月，邓小平就指出，中日之间的钓鱼岛问题、大陆架问题，"可以摆在一边，以后从容地讨论，慢慢地商量一个双方都可以接受的办法。这一代找不出办法，下一代、再下一代会找到办法的。"邓小平认为：解决国际争端，要根据新情况，新问题，提出新办法。"一国两制"，是从我们自己的实际提出来的，但是这个思路可以延伸到某些国际问题的处理上。好多国际争端，解决不好会成为爆发点。我说是不是有些可以采取"一国两制"的办法，有些还可以用"共同开发"的办法。"共同开发"的设想，最早也是从我们自己的实际提出来的。我们有个钓鱼岛问题，还有个南沙群岛问题。我访问日本的时候，在记者招待会上他们提出钓鱼岛问题，我当时答复说，这个问题我们同日本有争议，钓鱼岛日本叫尖阁列岛，名字就不同。这个问题可以把它放一下，也许下一代人比我们更聪明些，会找到实际解决的办法。当时我脑子里在考虑，这样的问题是不是可以不涉及两国的主权争议，共同开发。共同开发的无非是那些岛屿附近的海底石油之类，可以合资经营嘛，共同得利嘛。不用打仗，也不要好多轮谈判。……世界上这类的国际争端还不少。我们中国人是主张和平的，希望用和平方式解决争端。①

这一时期中国国际秩序观的主要变化，主要是提出了西方主导的国际秩序观与中国的国际秩序观的关系问题。和过去的时期比较，中国对西方主导的国际秩序观，不再以否定、推翻、革命为主，既然中国已经开始融入以西方为主导的国际社会，就必然要更多地接受西方秩序观的内容，尤其是在经济秩序观方面。但是，两者的矛盾仍然是尖锐和突出的，霸权主义、强权政治、西方国家在人权和人道主义旗号下对中国和广大发展中国家内政的干涉，构成了中国秩序观与西方秩序观的主要矛盾。

---

① 《邓小平文选》第三卷，第87页。

三、从建立新秩序到使现有秩序更合理

改革开放时期,中国的国际秩序观的内容比过去有所深化,但所涉及的内容和范围还是比较有限的、不全面的。仅提出和平共处五项原则是不够的,以此为基础构建国际秩序观的体系还需要更具体的内容。进入21世纪,中国既坚持了邓小平的理论和思想,又根据新形势的变化和中国发展的需要,大大丰富和充实了中国的国际秩序观。

(一) 和平共处五项原则具有强大的生命力,但也受到严重的挑战

中国在实行和平共处五项原则方面走过弯路,但随着中国对外政策的革新和发展,中国倡导的和平共处五项原则在实践中表现出越来越强大的影响和生命力,已经和正在被越来越多的国家接受和认同。第25届联合国大会在《关于各国依联合国宪章建立友好关系及合作的国际法原则宣言》和第六届联合国特别大会《关于建立新的国际经济秩序宣言》的文件中,都确认了这一原则。中国与几十个国家的联合声明和共同文件中也确认了这一原则。可见,和平共处五项原则并不随时代的变化而过时,它在今天和今后相当长一个时期都正在和将会发挥其强大的影响力。

当然,中国进入21世纪所面临的形势,和过去相比发生了很大的变化,这也对和平共处五项原则提出了新的问题和挑战。这种挑战来自两个方面:第一个方面的挑战是,冷战结束后,美国的综合实力高居各国之上,成为唯一的超级大国,美国和部分西方国家开始破坏国际法准则,尤其是破坏不干涉内政这一和平共处五项原则的核心内容,自认为有权决定哪些国家的政权具有合法性,哪些政府则违反基本人权和自由因而不具有合法性,美国自认为有权可以在民主自由和人权的旗号下,推翻这些政府,去"解放"这些国家的人民,伊拉克战争就是美国这种单边主义和霸权主义的典型表现。按照这种逻辑,美国可以使用武力推翻和改变任何一个被美国宣布为无赖国家的

政权。这种做法使国际法准则和和平共处五项原则受到严重的挑战；第二种挑战来自全球化带来的变化。在全球化的条件下，国际社会正在产生和形成一些基本的共识，形成和产生共同的价值标准和共同利益，也形成了一些超越国界的共同问题，需要大国承担更多的责任和义务，而如果局限于过去对不干涉内政等原则的理解就会遇到很大的困难。

中国外交在实践中，对这两种挑战加以区分并以不同的态度去面对它。对美国的单边主义和强权政治的做法，我们必须高举维护国际法基本准则和和平共处五项原则的旗帜，反对美国的这种做法。国际法准则和和平共处原则仍然是当今世界的基本准则，没有这些准则，国际社会将更混乱，更不安全，更不稳定，也更不和平。所以，我们建立新的国际政治经济新秩序，首先要做的不是改变和放弃旧的秩序（恰恰相反，现在最想改变旧秩序的不是发展中国家，而是美国），而是维护这种旧秩序的合理内容，即维护国际法基本准则，维护和平共处五项原则。

对第二种挑战，则需要智慧和发展变化的眼光。既然承认全球化条件下正在形成全人类共同利益、正在产生全人类面临的共同问题，就应当从一个新的角度来理解和平共处五项原则。和平共处五项原则强调的是维护现状，强调解决问题的基础，但它本身并不提供如何解决这些问题的原则。因此，如何根据变化的形势提出新的原则以解决新的问题，就是中国外交需要解决的问题，这就要求中国突破过去的五项原则的某些局限性。比如，根据过去中国对不干涉内政的理解，中国参加联合国的维护和平行动，尤其是参加向东帝汶、海地等国派出维护和平的警察行动，维护海外华人的合法权益，都是会有重大困难的。它要求中国在坚持和平共处五项原则为基础的国际秩序观时，也必须要有新的思维。维护旧秩序中的合理秩序与突破原来秩序观中的局限，成了新时期中国国际秩序观发展的两大特点。

（二）中国国际秩序观内容的大扩展

新时期中国的领导集体，在这方面也做出了许多积极的努力，提出了许多新的原则，这些原则对完善发展补充和平共处五项原则是有积极意义的。江泽民在1995年出席联合国大会时曾提出，在维护主权、平等、不干涉内政、互利合作的基础上，还应共同维护稳定的国际和平环境；在经济上共同发展，在社会制度方面尊重各国人民的自主选择，求同存异，各国要共同对付人类面临的生存挑战；而胡锦涛在2003年5月在访问俄罗斯的讲演中，也提出了国际关系民主化、文明的多样性、互信互利的新安全观、全球经济均衡发展、维护联合国机制等新的主张。这些内容都是和平共处五项原则没有涉及的，但都应被理解为和平共处五项原则在新形势下的发展。

中国确定和平发展，中国加入现有的国际体系，中国遵守现有国际秩序，已经解决了中国与现存国际秩序的主要问题。只要中国坚持这一原则，就不会与现有的国际秩序发生重大冲突和矛盾。

2005年中国的国际秩序观在内容上有了重大的扩展。2005年7月，中国国家主席胡锦涛与俄罗斯总统普京发表了《中华人民共和国和俄罗斯联邦关于21世纪国际秩序的联合声明》，提出了新的国际秩序的具体内容，也是改造国际环境的重要原则。这些原则包括：1. 建立国际新秩序是复杂而漫长的进程；2. 只有以国际法和公认的国际准则即和平共处五项原则为基础，才能解决人类面临的问题；3. 联合国的权威应得到尊重；4. 全球化条件下要加强国家间和地区间的协调和互利合作；5. 发展中国家是维护和平与发展的重要力量；6. 人权具有普遍性，但国际人权应尊重不干涉内政原则；7. 尊重各国历史传统，不能从外部强加社会政治制度模式；8. 世界文化和文明的多样性应成为相互充实的基础；9. 建立互信、互利、平等、协作的新型安全架构；双方支持巩固全球战略稳定、防扩散体系；在国际恐怖主义上不能采取双重标准；10. 双方支持区域一体化进程；11. 中俄合作关系印证了本声明阐述的国际秩序原则的生命力；12. 国际新秩序只有在所有成员都接受情况下，才真正具有普遍性。[①]

在此之前，中国长期的国际秩序观主要都提和平共处五项原则，但现在中国的秩序观中增加了联合国权威、不仅共处而且协调和合作、人权具有普遍性、世界文化与文明多样化、新安全观、防扩散与反对国际恐怖主义等新

---

① 《中华人民共和国和俄罗斯联邦关于21世纪国际秩序的联合声明》，《人民日报》2005年7月2日。

的内容。

（三）在新秩序与旧秩序之间

中国外交实践提出的值得进一步思考的问题是：中国一方面努力遵守现有的秩序，另一方面又提出了建立国际新秩序，而建立需要所有国家有共识的国际新秩序将是一个长期的过程，没有几十年甚至上百年是不会有结果的，那么在新秩序没有形成之前，中国将如何对待现秩序？是遵守现行秩序为主，还是推动新秩序的形成为主？

第一，中国与现有国际的秩序的关系，不是融入世界还是改变世界的关系，也不是遵守现秩序还是推翻现秩序建立新秩序的关系，而是在融入世界的过程中逐步改变世界、改造和改良国际秩序的关系，是在现有的国际秩序基础上，发展出新的国际秩序的关系。

第二，中国既是现有秩序的受害者，又是现有秩序的获益者。中国是现有秩序的受害者，表现在近代以来，中国受到了西方列强的侵略、掠夺、压迫，西方列强强迫中国签订了一系列不平等、不公正的条约，严重损害了中国的利益，有些后果至今仍未消除。台湾问题在某种程度上也是这个旧秩序中的不平等、不公正的后果的产物。后者表现为，大国在现行的国际体系中的特权如安理会常任理事国的否决权，中国也是五个拥有这个特权的国家之一；在改革开放中，中国又是现有的国际经济秩序的获利者，借助于国际资本、技术、商品的自由流动，中国在现行的国际贸易秩序中得到了较大利益。

第三，对现有秩序应有合理的分析，不能不加区别一概对待。现有秩序包括合理的和不合理的两个部分，包括公开的规则和潜规则两个方面。一方面，国际法和公认的国际准则构成了现有秩序的基础，它们是现有秩序中的合理成分，不能抛弃。它们虽然是西方国家创立的，但也反映了人类文明进步和发展的结果；中国的和平共处五项原则也是这种文明的一种反映，所以它们应该得到继续维护和遵守；另一方面，大国特权、霸权主义、单边主义、先发制人、强权政治、以西方文明为中心，将西方价值作为普世性标准强加于发展中国家的做法，发达国家在国际体系和国际组织中的优势地位，则是现有秩序中的不合理的和潜规则的部分。

第四，即使对现有秩序中的不合理部分，也要区分为不合理但符合现阶段和不合理也不符合现实情况这两种情况。前者如大国特权，它不合理，应当完全取消它，但相当长时期内还有必要性，这种说法不仅仅是维护中国的既得利益，而且也是联合国改革、维护世界和平、解决世界主要问题等必需的。现阶段是更公正更合理的国际秩序形成的过渡期，大国在这种情况下继续享有某种特权，对维护联合国的权威和实际运转是必要的。第二种状况如大国拥有核武器和核不扩散，已经成为国际现行秩序的组成部分，它基本合理，但却不符合现状：如果是大国可拥有核武器，为什么印度就不能合法拥有？而如果所有国家都应遵守核不试验条约，为什么朝鲜、伊朗就不能拥有核技术？最后如美国在现行秩序中的特权地位，美国借助自己的强势绕开联合国发动伊拉克战争，明显违反国际法，是违法行为，但却未受任何约束和惩罚。

第五，由于形成新秩序是一个漫长的过程，因此，在现阶段，中国在国际秩序方面应该以遵守和维护国际法和公认的国际准则为主。这也不仅仅是因为现行的国际秩序对实现中国的国家利益有利，也是因为中国倡导的新秩序的大部分内容，在现阶段都难以被国际社会全体成员接受，还需要做更多的工作。

对这些问题，在2007年党的十七大文件中，有一些新的变化和表述。它反映在：第一，十六大文件中的表述是，"不公正不合理的国际政治经济旧秩序没有根本改变"，"我们主张建立公正合理的国际政治经济新秩序"，而在十七大文件的国际部分的内容中，没有这些内容，它强调遵守旧秩序中的合理的内容，即"应该遵循联合国宪章宗旨和原则，恪守国际法和公认的国际关系准则"，"我们将继续按照通行的国际经贸规则，扩大市场准入，依法保护合作者权益"，虽然也提到了过去在新秩序观中的内容，如在国际关系中弘扬民主、和睦、协作、共赢精神；政治上相互尊重、平等协商，共同推进国际关系民主化；经济上相互合作、优势互补，共同推动经济全球化朝着均衡、普惠、共赢方向发展；文化上相互借鉴、求同存异；安全上相互信任、加强合作，以和平方式解决争端等内容；但没有明确提出"建立国际经济政治新秩序"的目标，这也反映了中国外交在这一方面的变化。①

总之，中国60年来国际秩序观的变化，可以从思想观念上进行一个总结，就是过去的大部分时间内，中国的国际秩序观都受到西方国际秩序观的影响，无论是挑战西方国家主导的国际秩序，还是承认与遵守苏联主导的国际秩序，都是受国际社会中的大国的影响，甚至一度被认为是中国创新的和平共处五项原则，实际上和平共处这一概念也来自列宁的提法，真正中国自己的东西并不多。但是现在，中国外交经过了长期的学习阶段，又总结了中国外交的经验教训，并且开始汲取中国历史文化传统的精华，正在形成真正有中国特色的国际秩序观。同样是和平共处的提法，过去的理解是基于西方的国际法和苏联的历史，而现在却有了中国历史文化的基础和内容，可以从和而不同，万邦协和等角度进行新的理解。对国际秩序中的新秩序和旧秩序的关系，中国过去的理解没有跳出西方的现实主义与新现实主义、理想主义或新自由制度主义、建构主义、国际主义等的窠臼，要么对旧秩序一概否定，进行革命性的推翻，或全面挑战旧秩序，要么提出建立新的国际政治经济新秩序，基本特点就是新与旧的对立。而现在中国的理解，就带有中国传统的易经思维的特点，新的秩序离不开对旧秩序合理因素的吸取与继续，新中有旧，旧中有新，对旧秩序也应对其合理与不合理的不同内容进行区分，同时也要与时偕行，根据新的变化形势提出新的内容，不能固守某个观念而停滞不前。

---

① 江泽民:《全面建设小康社会，开创中国特色社会主义事业新局面》,《人民日报》2002年11月9日；胡锦涛:《高举中国特色社会主义伟大旗帜，为夺取全面建设小康社会新胜利而奋斗》,《人民日报》2007年10月16日。

论民族主义对新中国外交的影响

王 军

民族主义是一种包容差异的现象,它有旨趣各异或内容截然不同的类型,如国家民族主义、族裔民族主义和公民民族主义等,它们或多或少、或直接或间接地与一国外交相关。本文所说的民族主义对中国外交的影响,主要限定在国家民族主义层面上。①

民族主义是理解中国近现代历史进程与中外关系的一个重要视角,费正清、白鲁恂、列维森、柯文、杜赞奇等西方学者曾对此深入研究。有关新中国的民族主义对中国外交的影响,已日益引起一些国内外学者的关注,特别是对中国对外关系中的民族主义的特质饶有兴趣。艾伦·怀廷(Allen S. Whiting)使用过于自信(assertive)来形容改革开放初期中国外交政策中的民族主义。② 沈大伟(David Shambaugh)强调中国对外关系中仇外的民族主义,基于历史分析,他宣称,中国政府为了不同目的而经常煽动仇外的民族主义,从早期的义和团运动到蒋介石时期的新法西斯主义宣言,再到毛泽东时期的"文化革命"均是如此。③ 赵穗生比较全面地分析了20世纪90年代以来中国对外关系中的民族主义。他认为,中国的民族主义,不管是本土主义者,还是反传统主义者,还是务实主义者,都有其独特的外交政策内

---

① 关于国家民族主义,本文的工作定义是,在国家民族(state nation)与他者的关系进程中,从情感、运动和社会思潮(意识形态和政治学说)等面向体现民族认同以及维护、巩固乃至扩展民族权益的思想和行动。

② Allen S. Whiting, 1983, "Assertive Nationalism in Chinese Foreign Policy" *Asian Survey*, Vol. 23, pp. 913 – 933.

③ David Shambaugh, 1999, "Insecure China is Stoking Xenophobic Nationalism", *International Herald Tribune*, http://www.taiwandc.org/iht-9902.htm

涵,他用务实主义来形容20世纪90年代中期以来主流的中国民族主义,并指出其工具性、反应性和国家领导的特质。① 在米歇尔·布列庭(Michael A. Brittingham)看来,研究中国外交中民族主义影响的西方文献,侧重阐释过去十余年中国民族主义上升是否导致中国与其他国家发生国际冲突,其不足之处是,相关论断既缺乏民族主义理论支撑,又缺乏国际关系理论基石,因此他从建构主义视角探讨中国外交中的民族主义,其结论是中国的民族主义更多的是对国际事件的反应,而不是国内政治操控的结果。② 上述论断没有超出赵穗生等人的观点之外,只是研究路径有所区分。

本文探讨中国民族主义对新中国外交的影响,时间跨度比较长(60年),考虑到中国民族主义变迁的主要特点,文章以改革开放为分界线加以论述,改革开放30年又以冷战结束为界线分为两个阶段。理论上,本文以关系实在论的民族主义理论为基础③,重点探讨两方面的内容:第一,鉴于民族主义一直是现代中国外交的底色以及民族主义意识形态缺乏体系性内涵,文章将重点研讨民族主义与中国主流意识形态在话语与实践中是如何竞争、共生的以及它们在对外关系中的表现;第二,分析政府的国家民族主义与大众的国家民族主义的不同表现及其对中国外交的具体影响。

一、改革开放前的民族主义与新中国外交

在建国初期的新中国政治话语中,民族主义是一个有特定内涵的贬义词。下文首先分析毛泽东时代中国政府对民族主义的认识及其在中国外交中

---

① Suisheng Zhao, 2004, *A Nation-State by Construction: Dynamics of Modern Chinese Nationalism*, Stanford University Press. Suisheng Zhao, 2005, "China's Pragmatic Nationalism: Is It Manageable," *The Washington Quarterly*, Vol. 29, pp. 131 – 144.
② Michael Alan Brittingham, 2007, "The 'Role' of Nationalism in Chinese Foreign Policy: A Reactive Model of Nationalism & Conflict", *Journal of Chinese Political Science*, Vol. 12, No. 2, pp. 147 – 166.
③ 关于关系实在论的民族主义理论,可参见笔者的一些研究成果。王军:《后冷战时期中国的民族主义》,中国社会科学院社会学所博士后报告,2007年;王军:《民族与民族主义:从实体论迈向关系实在论初探》,《民族研究》2008年第5期;王军主编:《民族主义与国际关系》,浙江人民出版社2009年版。

的地位，然后以中苏关系为例来阐释中国外交中无产阶级国际主义与国家民族主义的竞争共生关系，最后勾勒政府的国家民族主义与大众民族主义之间的些许张力及其对中国外交的影响。

（一）政府话语中的民族主义及其在中国外交中的地位

新中国建立初期，政府和学界是从阶级层面审视民族主义的，即"民族主义是地主、资产阶级思想在民族关系上的反映，是他们观察、处理民族问题的指导原则、纲领和政策"。它们强调民族主义是历史的、变化着的，它在封建社会、资产阶级民主革命时期、帝国主义时代、社会主义时期扮演了不同角色。[①] 上述认识是对马克思主义经典作家思想的归纳与延伸，即强调阶级是最重要的分析单位，民族与国家是次要的单位，民族主义是一种狭隘的民族意识，是一种对自己民族的偏爱。民族主义虽然可以分为进步和反动两种类型，但从本质上讲，民族主义是资产阶级民族观的核心，因而作为一种历史现象，民族和国家会随着社会的发展和进步而逐步消亡[②]。在上述理念和认识指引下，以阶级分析为基础的"民族主义"在中国对外关系中扮演了三种角色。

第一，"民族主义"在中国（政党）外交中作为需要警惕和被批评的对象。中国政府（中国共产党）经常在一些权威媒体上批评民族主义，譬如，1963年6月17日，中共中央对苏共中央3月30日来信做出公开答复，在《人民日报》上发表的《关于国际共产主义运动总路线的建议》一文中明确提出，亚非拉面临反帝国主义任务的国家的无产阶级政党，要坚持无产阶级国际主义，反对资产阶级民族主义，并要同它划清界限，不要成为它的俘虏。[③] 第二，在中苏论战以及共产国际运动中，"民族主义"被批评为中国外交中的行为取向。譬如，1962年，捷克斯洛伐克共产党第十二次全国代表大会上，诺沃特尼批判阿尔巴尼亚，并不指名攻击中国共产党，说支持阿尔

[①] 参见中国大百科全书总编委会编：《中国大百科全书》，"民族主义"词条，中国大百科全书出版社2004年版。
[②] 《马克思恩格斯全集》第一卷，人民出版社1956年版，第270页。
[③] 吴冷西：《十年论战：1956－1966年中苏关系回忆录》，中央文献出版社1999年版，第583页。

巴尼亚就是支持他们的教条主义、宗派主义和民族主义。① 又如，1963 年 5 月 30 日，毛泽东在接见金日成及朝鲜代表团时指出，共产主义运动中的右派攻击中国共产党是宗派主义、民族主义、托洛茨基好战分子等。② 第三，"民族主义国家"是中国外交以及国际共产主义运动中可以争取的力量。新中国建立前，毛泽东等就论述过民族解放运动对于无产阶级革命的积极意义。新中国建立后，为了反帝、反殖与进一步推进无产阶级革命的需要，民族主义国家是值得争取的力量，不乏进步意义。譬如，同样是 1963 年 5 月 30 日的会谈，毛泽东还谈到了民族主义国家（主要指的是亚非拉地区二战后在反帝、反殖的民族解放运动进程中新独立出来的非社会主义国家），这些国家差别甚大，其中不乏国际共产主义运动需要争取的对象③，因为"美帝国主义是全世界最凶狠的敌人，是世界反动势力的主要堡垒。国际无产阶级必须建立反对美帝国主义及其走狗的最广泛的统一战线，团结一切可以团结的力量"④。在这种背景下，民族主义国家、被压迫民族都是可争取的对象。

简言之，在建国初期的政治话语中，"民族主义"在共产主义体系、社会主义阵营内部具有天然的贬义色彩，但如果纳入到东西方对抗，帝国主义与反帝国主义、殖民主义与反殖民主义的竞争与较量中，它又具有褒义色彩。因此，政府话语中的"民族主义"在中国外交的不同层次、不同语境中的地位是不一样的，它具有层次性与差异性。

（二）中国外交中的无产阶级国际主义与民族主义

在意识形态上，新中国以马克思主义为指导，这使得无产阶级国际主义与（非政府话语中的）民族主义的关系成为影响中国外交的重要因素。下面以中苏关系为例，从话语与外交实践两个层面分析毛泽东时代两者的互动及

---

① 吴冷西：《十年论战：1956 – 1966 年中苏关系回忆录》，第 511 页。
② 同上，第 573 页。
③ 同上，第 573 页。
④ 同上，第 582 ~ 583 页。

其对中国外交的影响。①

1. 国际主义与民族主义在中国外交话语中的竞争共生

毛泽东时代的中国倡导国际主义、反对资产阶级的民族主义，但又认为民族主义短期内无法消除，这些论断一定程度上反映了国际主义与民族主义话语竞争的格局与结果，即国际主义具有政治正确性，而民族主义话语处于劣势的被批评状态。但事实并非如此简单，在中国外交中，爱国主义与反对霸权主义等说法表明，国家民族主义与国际主义是竞争共生的。下文以《人民日报》中"国际主义"与"爱国主义"的使用情况来呈现国际主义与民族主义之间的复杂关系。

（1）国际主义的使用情况

国际主义原则在中国外交中的地位及其变迁，某种程度上可以从该词汇在中国主流媒体中的使用频率上来透视。表1中"篇数一"显示了"国际主义"一词在《人民日报》中使用数量的年度变化。整体上，从毛泽东时代到邓小平时代，再到江泽民、胡锦涛时代，数据均呈现下降趋势。其中1978年前后是大的分水岭，虽然1966年以后该词每年的使用频率开始下降，但急剧下降是在改革开放以后。可以说，改革开放初期，国际主义已不再是中国外交的关键词，冷战结束后它更是逐渐淡出中国外交话语体系。改革开放以来，随着政府观念的变化，无产阶级国际主义的话语优势彻底消失，国家民族主义呈后来居上之势，当然，政府在用词上比较谨慎与委婉。邓小平时代以来，很多国内学者接受了国家利益至上的现实主义理念，忽略了中国外交中一度影响力比较大的无产阶级国际主义原则，因而多从国家利益的角度解读毛泽东时代的中国外交，实质上是把复杂的问题简单化，是以自己的理念取代历史的逻辑。

---

① 在中国与西方的关系、中国与民族主义国家（第三世界国家）关系中，民族主义与国际主义也嵌入进来，起到不同的作用。简单说，20世纪60年代后期以前，在与西方（特别是美国）的关系中，受意识形态和当时国际形势的影响，毛泽东等中国领导人视西方为意识形态的最大竞争者，国家安全的最大敌人。

表1 1949~2006年《人民日报》中"国际主义"、"爱国主义"一词的数量变化

年份	篇数一	篇数二	年份	篇数一	篇数二	年份	篇数一	篇数二
1949	372	175	1969	285	28	1989	41	340
1950	406	486	1970	347	51	1990	54	520
1951	421	746	1971	527	82	1991	33	424
1952	454	696	1972	317	60	1992	23	176
1953	419	516	1973	237	67	1993	29	360
1954	298	405	1974	184	57	1994	20	607
1955	181	262	1975	188	66	1995	26	785
1956	250	276	1976	297	128	1996	18	614
1957	508	277	1977	221	119	1997	22	627
1958	478	204	1978	188	66	1998	43	318
1959	422	207	1979	109	128	1999	42	466
1960	474	153	1980	84	119	2000	28	413
1961	416	177	1981	108	360	2001	11	373
1962	379	162	1982	92	292	2002	10	236
1963	611	209	1983	86	399	2003	9	282
1964	547	172	1984	70	264	2004	13	400
1965	477	129	1985	71	313	2005	46	491
1966	422	83	1986	48	173	2006	19	325
1967	383	123	1987	44	167			
1968	263	28	1988	30	133			

数据来源：根据"人民日报数据库（1949~2006年）"检索而制成；"篇数一"指国际主义使用的数量，"篇数二"指爱国主义使用的数量。

(2) 爱国主义的使用情况

理论上，民族主义与爱国主义并不能等同，但两者在现代社会的很多场合下具有同样的内涵。这里并不对两者的关系详加分析，而是认为，在对外层面，爱国主义与国家民族主义大体上是重合的。毛泽东时代，中国外交强

调国际主义与爱国主义相结合,实质上是国际主义与国家民族主义结合,是阶级范式与国家(民族)范式的妥协与平衡。从意识形态影响上看,前者居于指导地位,后者要服从与服务于前者。周恩来在1952年论述新中国外交工作的指导思想时,明确表示中国要"坚持国际主义,反对狭隘民族主义","国际主义是要各国都独立平等","爱国主义只能在国际主义的指导下进行"。① 但从新中国60年的历程看,爱国主义一词在《人民日报》中的总使用次数远高于国际主义,而且其使用频率一直处于较高水平,只是在"文化大革命"时期使用较少(见表1"篇数二"一栏的数据)。"爱国主义"一词在《人民日报》中有三个高峰阶段:20世纪50年代初期、改革开放初期以及20世纪90年代。毛泽东时代,该词的使用恰好经历了第一个波峰到波谷的过程。这是因为,新中国刚刚成立时期,新生政权面临国内外严峻挑战、亟待巩固,需要爱国主义来凝聚国内人民,因而在宣传中大量使用爱国主义。而在"文化大革命"时期,中国高调倡导无产阶级世界革命,明确反对苏联的"三和"(即"和平共处、和平竞赛、和平过渡到社会主义")路线,因而没有更多地开展爱国主义宣传。

如周恩来曾经论述过的,爱国主义需要以国际主义为指导,这意味着国际主义在原理的竞争中居于优势地位,但爱国主义更高的使用频次是不是说明它在操作中才是真正的赢家呢?从新中国外交60年看,情况确乎如此,但在毛泽东时代,两者的权重却并不好测量。首先,爱国主义既涉及对外关系,又关联国内政治,因此该词汇出现更多并不令人感到奇怪。其次,国际主义与国家民族主义在话语上的竞争共生,还需从政治正确性与政治技巧上加以理解。在意识形态上,由于国际主义更具有政治正确性,光鲜闪亮,中国政府不得不批评民族主义,又用爱国主义来替代国家民族主义,这一做法,与其说是有意互相配合,还不如说是特殊环境下的政治折中,显示了国际主义与民族主义的独特共生性,反映了民族主义顽强的生命力。换言之,在相关条件不具备时,试图从观念和理论上人为地战胜或消除民族主义是徒劳的。民族主义是近代以来中国外交的底色,但新中国以马克思主义作为主

---

① 外交部编:《周恩来外交文选》,中央文献出版社1990年版,第55页。

流意识形态，马列经典作家整体上褒扬无产阶级国际主义而贬斥民族主义，这既对民族主义是一个极大的打击，又给新中国领导人和理论家带来了莫大的挑战①：一方面，他们要接受经典作家的理论逻辑，以苏联的社会主义实践为模板；另一方面，他们又要维护、巩固国家主权和领土完整以及国家的各项权益。在此背景下，中国政府与知识分子挖掘了爱国主义的意义，即实质上是"与无产阶级国际主义相结合的、旨在实现合理的民族国家利益的、具有积极意义的民族主义"②，并加强爱国主义宣传与教育。但两者的结合不是天然的，两者有时存在难以调和的矛盾。

2. 中苏关系中的国际主义与民族主义的竞争共生

在毛泽东时代的中国外交中，无产阶级国际主义扮演了关键角色，1966年发表的中国共产党第八届十一中全会公报甚至明确宣布：中国对外政策的"最高指导原则"就是"无产阶级国际主义"。③ 不少学者在解读新中国"一边倒"的外交战略选择、中国抗美援朝与抗美援越等行为时，强调了无产阶级国际主义的影响，④ 但也有一些人在解读毛泽东外交思想与中国的对外战略选择时，则是从当前看来毋庸置疑的国家利益原则的角度加以论述的。上述外交行为恰恰表明，无产阶级国际主义与国家民族主义原则找到了暂时的共同点或结合点，因而从两个角度来解释都有一定的说服力。在毛泽东时代，中国的对外政策常被归纳为"一边倒"（20世纪50年代，倒向社会主义阵营）、"两个拳头打人"（50年代末到60年代末，既反苏又反美），"一条线"（60年代末至70年代中期，联合美国对抗苏联），中苏关系是这些耳熟能详的外交战略的基础，这些战略包含了无产阶级国际主义与国家民族主义的双重逻辑，只是两者的权重和作用机制随着形势变化而变化。下面以中

---

① 苏联其实也面临了类似的挑战，因此郭树勇认为他们发明了爱国主义的概念，以这个褒义词来替代民族主义，参见郭树勇：《民族主义、国际主义与马克思主义国际关系思想》，载《毛泽东邓小平理论研究》，2007年第12期，第69~70页。

② 参见郭树勇：《民族主义、国际主义与马克思主义国际关系思想》，载《毛泽东邓小平理论研究》，2007年第12期，第70页。

③ 参见《中国共产党第八届中央委员会第十一次全体会议公报》，载《人民日报》，1966年8月14日。

④ 刘建飞：《意识形态对新中国"一边倒"决策的作用》，载《国际论坛》，2000年第5期，第44页。

苏结盟与中苏大论战为例论说两者的复杂互动。

(1) 中苏结盟进程中的民族主义与国际主义

对新中国而言,主流意识形态(马克思主义)首先是以阶级为基础的,其次是以国家为基础的(马克思主义的中国化)。① 从目标上看,新中国主要面临巩固新民主主义革命的胜利成果、保卫新生政权、恢复国民经济的任务,它还需要支持世界无产阶级革命,支持各国人民反帝及民族解放斗争。上述目标既包括了非意识形态的国家目标,又包含无产阶级的国家目标和国际目标。目标的多重性表明国家民族主义与无产阶级国际主义的共生性,也意味着达成目标的手段具有多重性与灵活性。中苏结盟、中国采用"一边倒"的外交战略便是上述多重目标的结果与反映。

按照西方国际关系理论,军事结盟主要是现实主义的国家外交与军事战略选择,是典型的国家民族主义行为。作为新中国外交的重要环节,缔结中苏同盟包含了共产主义意识形态与国家政治、安全利益,国家经济建设等方面的考虑。抛开共同对付资产阶级、帝国主义这样的共同意识形态基础,两国的安全、政治利益、经济利益的交叉与冲突,则是影响中苏结盟谈判进程及最终条款的核心因素。在沈志华看来,中苏两国在缔结同盟条约的谈判过程中,有各自的国家利益诉求和设想,且外部因素(有迹象表明,中国与其他国家,特别是西方国家出现转机)也对结盟的形成起到了刺激作用。对中国而言,毛泽东考虑的是如何树立新中国独立自主的外交形象,如何在中苏条约中保障中国的经济利益。通过缔结条约,中国的主权和经济利益得到了保护,中国的安全也有了新的保障,也为中国废除不平等条约开启了大门。②

在中苏结盟这一外交行为中,国际主义是结盟这一具有民族主义内涵的行为的前提和催化剂。结盟主要依赖两者中的何种因素,从当前的思想氛围和外交习惯来看,民族主义似乎是主要的,但在建国初期的环境下,我们的回答却不敢如此从容淡定,恰如我们后文还要论证的,建国后中国共产党对于在社会主义阵营内共产党与共产党之间的关系、国与国之间的关系的认识

---

① 阶级范式和国家范式既有张力又能在一定程度上共存,它依赖人的选择与平衡,作为务实的政治家和理论家,往往能调和两者,为己所用。
② 沈志华、李丹慧:《战后中苏关系若干问题研究》,人民出版社2006年版,第17~29页。

经历了巨大的变化，无产阶级的国际主义原则一度是我们在宣传上最为强调的，在行为上也是身体力行的①，这一情况直到20世纪60年代末中美接近后才发生改变。

（2）中苏大论战中的民族主义与国际主义

从20世纪50年代中后期开始，在国际共运发展的战略和路线问题上，中苏分歧越来越大，分歧逐渐发展为辩论并由内部辩论转变为公开交锋，两者的蜜月期一去不复返，并逐渐恶化为敌对关系。吴冷西对此总结道："从1956年3月到1966年3月，这整整十年时间，是中苏关系从热烈到冰冷的十年，两党之间的思想分歧发展和两国国家关系恶化。"② 60年代中苏大论战，是两国（党）在意识形态方面的分歧与竞争的高峰和经典阐释，它也是阶级范式与国家范式内在矛盾的爆发，具有必然性。从50年代后期开始，中苏在共产主义运动发展道路上的意见分歧日益明显，且在一定程度上存在领导权的竞争。③ 斯大林逝世后，赫鲁晓夫成为苏共最高领导人，虽然苏联（党）一直主导国际共产主义运动，但赫鲁晓夫在国际共运中的资历不如毛泽东，而且他们的一些做法和理念与中国（党）差别甚大，譬如，在1956年秋天的波匈危机中，中国（党）反对苏联发兵波兰（中国认为苏联有大国主义倾向），而赞同苏联出兵匈牙利（中国认为匈牙利有反社会主义倾向），但上述理由均在马克思主义的脉络中，与苏联的倡导并无二致。但到了50年代中后期，随着苏联提出"三和"路线（即"和平共处、和平竞赛、和平过渡到社会主义"），中苏的路线分歧加剧并逐渐公开化。④ 在毛泽东的领导下，中国（党）希望以革命的方式推动无产阶级世界革命，而苏联（党）则希望以和平方式与资本主义共存和竞争。1963年6月17日，《人民

---

① 中国不顾自身国力与国内需要，大力援助阿尔巴尼亚便是最好的例证。
② 吴冷西：《十年论战：1956－1966年中苏关系回忆录》，第939页。
③ 一些学者认为，在1956年的波匈危机中，赫鲁晓夫最关键的行动之一，是将中国带进了欧洲，并开始介入东欧事务，标志着中国共产党在国际共产主义运动中的地位和声望已经迈上了一个新的台阶，而苏联在世界的领导权开始遇到了来自中国的挑战。参见 Edward Cranshaw, *The New Cold War*: Moscow v. Peikin, Baltimore: Penguin Books Inc., 1963, p. 53; Chen Jian, *Mao's China and the Cold War*, Chapel Hill & London: The University of North Carolina Press, 2001, pp. 161~162；沈志华：《一九五六年危机：中国的角色和影响》，载《历史研究》，2005年第2期，第119~142页。
④ 关于这一时期的中苏交往过程，详见吴冷西《十年论战：1956－1966年中苏关系回忆录》一书。

日报》公开发表的《关于国际共产主义运动总路线的建议》（简称《建议》，该《建议》是中共中央对苏共中央3月30日来信的回复）便详细阐述了旨在批评苏联（党）路线的中国（党）路线。中国共产党提出的国际共产主义运动的总路线是：全世界无产者联合起来，全世界无产者同被压迫人民，被压迫民族联合起来，反对帝国主义和各国反动派，争取世界和平、民族解放、人民民主和社会主义，巩固和壮大社会主义阵营，逐步实现无产阶级世界革命的完全胜利，建立一个没有帝国主义、没有资本主义、没有剥削制度的新世界。

  中苏大论战以及中苏关系的恶化，涵盖了深厚的意识形态的根源和国家利益根源。沈志华指出，中苏同盟在短短几年就从蜜月走向破裂的历史告诉人们，社会主义阵营同盟关系有一种内在的结构性弊病，或者说是这种社会主义国家关系的政治范式先天不足。其根源就在于以意识形态的同一性替代或掩盖国家利益的差异性；把党的关系等同或混淆于国家关系。这种在统一的意识形态和下级服从上级的组织原则规范下的结构形式，在本质上是排斥各党独立地位的，并体现出各国（各地）共产党都要服从一个指挥中心的政治特征。既然各国共产党都强调和承认国际共运必须要有一个领导核心，并在意识形态的一致性的前提下维护正统的马克思列宁主义的指导地位，那么也就在实际上放弃了各自的国家利益和独立主权。于是，一方面，在党政合一的政治体制下，社会主义同盟中各国的利益和主权完整性很难得到保证；另一方面，随着各党、各国作用和影响的变化，新的盟主会脱颖而出，原有领导者的地位必然遇到挑战，这是社会主义阵营内部国家关系经常处于不稳定状态的根本原因，也是中苏同盟最终解体的深层原因。[①]

  中苏大论战既是国家民族主义的冲突，也是共产主义意识形态内部的冲突。从中苏结盟到中苏关系恶化这一历史进程来看，共同的意识形态并未能阻止两者的不同国家利益诉求与冲突。从国家的角度看，说明在实践中以意识形态来界定国家利益并不是第一原则，社会主义国家总是在平衡共产主义

[①] 沈志华：《1950年代中苏若干关系问题》（2004年3月19日俄罗斯驻华大使馆学术报告会发言提纲），转引自李丹慧《同志加兄弟：1950年代中苏边界关系》，载《国际冷战史研究》一书，华东师范大学出版社2004年版。

意识形态与民族主义意识形态在国家利益中的构成与地位。

(三)政府的民族主义与大众民族主义的互动及其外交后果

毛泽东时代,政府的民族主义与大众民族主义表现出了高度的相似性。当时的中国,国家与社会呈现高度的同质性,社会力量缺乏自主性,但国家与社会力量之间还是存在着一些张力,进而在民族主义上也有些许表现。明显的案例有,中苏同盟建立过程中中国大众民族主义反应以及文革时期大众排外民族主义,它们与政府的政策并不完全一致。

1950年3月8日,中共中央批准了中苏在新疆成立两个合股公司的协定草案,其后相关消息通过媒体陆续发布,但该协定在西方和中国国内引起了强烈的反应,相关的反应超出了毛泽东等决策者的估计。在西方,一些西方国家的报纸纷纷指责中苏石油公司和金属公司的协定是"苏联吞并新疆的行动",是最卑鄙的"经济帝国主义"行为。在中国国内,与此类似的评价也出现了,并引发了排斥性民族情感。沈志华教授根据档案资料论述道,该协定发布后,在北京的学生当中引起了极大的波动,他们怀疑这两项协定是否要损害中国的主权。许多青年团员提出质问,要求解释,甚至有骂苏联侵略、人民政府卖国者,甚至有要求退团和向人民政府请愿者。这一大众民族主义情绪[1],既可能影响了毛泽东日后对于股份公司的看法(原来他没有考虑签署该协定会引发不良之社会后果),又在一定程度上影响了苏联的对华决策。[2] 根据苏联的档案资料,赫鲁晓夫于1954年10月访华前决定苏联退出四个股份公司,很大程度上是因为他了解到了中国人的情绪。[3] 这一事件显示出,大众民族主义与政府外交存在一定的张力,而且这一独立的力量能对中国外交产生深远的影响。

"文革"时期,中国还出现了极端的大众民族主义运动,火烧英国代办

---

[1] 沈志华称中国学生的骚动是狭隘的民族主义情绪的流露,笔者并不认同这一判断。学生的骚动如果超越法律的边界,那属于法律范畴的事情,但实质上,包括青年在内的国民确实有权利知悉该协定是否损害中国主权,有权监督政府的对外行动,政府有义务对相关外交行为加以解释。而苏联在该事件后调整对华政策也说明了中国社会性力量的态度与行动的积极作用。

[2] 见沈志华:《关于中苏条约谈判研究中的几个争议问题》,载《史学月刊》,2004年第8期,第57~68页。

[3] 同上,第57~68页。

处事件①是最为典型的案例。这一事件对中国外交造成了重大影响,极大地损坏了中国的国际声誉和形象,在对外关系上造成了难以挽回的恶劣影响,中国政府不得不付出重大代价以善其后。

二、改革开放时期的民族主义与中国外交

改革开放时期,在邓小平等领导人的引领下,中国外交逐渐远离激进的革命意识形态,日益走向务实,国家利益原则得以明朗化并巩固下来,这与毛泽东时代的路线、方针大相径庭。当激进的无产阶级革命意识形态消退后,中国的国家民族主义主要与何种意识形态和思潮相结合?这一结合对中国外交又有何影响呢?改革开放30年以来,中国社会性力量不断成长,在此背景下,中国政府与大众的国家民族主义有哪些新表现和特征?它们对中国外交有何影响?

(一)有中国特色的社会主义、国家民族主义与中国外交

1. 改革开放初至冷战结束时期

表1折射出,改革开放初至冷战结束时期,无产阶级国际主义已不是中国外交中的核心原则,它日益淡出中国外交话语体系。其后,国家民族主义悄然与新时期对社会主义的认识结合起来。换言之,改革开放30年中,中国的国家民族主义主要与有中国特色的社会主义(对外开放的社会主义)结合起来了。

(1)国家民族主义与有中国特色的社会主义的结合

邓小平上台后,中国对社会主义的认识逐步发生了巨变,即由封闭半封

---

① 1967年7月15日,外事系统造反派开始驻守于外交部门前,并开展"揪陈(毅)"活动。由清华大学、中国人民大学、北京外语学院、北京师范大学等十余所大专院校和其他单位联合组织了"首都无产阶级革命派反帝反修联络站",成为在外事系统"文化大革命"运动中冲锋陷阵的造反派组织。8月22日晚,"反帝反修联络站"组织数万群众在英国代办处门前召开"首都无产阶级革命派愤怒声讨英帝反华罪行大会"。会后以英方逾期不答复最后通牒为由,大批造反派和群众不顾警卫战士的阻拦,冲进英国代办处,放火烧毁了办公楼和汽车。

闭的社会主义开始转变为改革开放的社会主义，① 由强调阶级斗争的社会主义转变化强调物质财富、淡化意识形态色彩的社会主义。邓小平明确指出："社会主义的本质，是解放生产力，发展生产力，消灭剥削，消除两极分化，最终达到共同富裕。"② 在此背景下，国家民族主义如何与有中国特色的社会主义结合起来呢，它又如何与中国外交形成关联性？答案仍然是爱国主义。根据表1可知，改革开放初期，"爱国主义"一词在《人民日报》中形成第二个使用高峰，这绝非偶然，而是与邓小平务实外交一脉相连的。邓小平如何将爱国主义与经济建设、中国外交关联起来呢？

1980年，邓小平指出中国面临三个主要任务：反对霸权主义与维护世界和平；台湾回归祖国从而实现国家统一；加强经济建设。而且邓小平还论述了三者的关系，确立了经济建设的中心地位，即反对霸权主义与通过让台湾回归祖国而实现统一这两项任务都要求我们做好经济发展工作。③ 克里斯托弗·休斯（Christopher R. Hughes）认为，这实质上是在爱国主义与政策制定之间建立了一种联系，它对于改革开放具有重要意义，即在邓小平的思想体系中，经济发展是获得更高的外交和国家统一政策的条件，而国家统一与反霸权因而成为测量经济改革是否成功的标准。④ 由此，爱国主义便与有中国特色的社会主义关联起来。

（2）国家民族主义与新型国际主义的竞争共生

邓小平在外交谈话中很少提无产阶级国际主义，该原则在改革开放时期的中国外交实践中也变得无足轻重，但在外交实践上，邓小平以及继任领导人在邓小平思想的基础上加速推进中国融入西方主导的国际社会，接受当前主流的国际规则，说明中国外交在一定程度上接受了新型国际主义。⑤ 这意味着，国家民族主义与新型国际主义的竞争共生关系逐步形成，与毛泽东时

---

① 叶自成：《新中国外交思想：从毛泽东到邓小平》，北京大学出版社2001年版，第337页。
② 邓小平：《在武昌、深圳、珠海、上海等地的谈话要点》，载《邓小平文选》第三卷，人民出版社1993年版，第373页。
③ 邓小平：《目前的形势和任务》，载《邓小平文选》第二卷，人民出版社1983年版，第239~273页。
④ Christopher R. Hughes, *Chinese Nationalism in Global Era*, London：Routledge，2006，pp. 16 - 17.
⑤ 这里的新型国际主义，接近于西方国际关系理论所说的自由制度主义。

代不一样的是，前者居于主导地位，后者虽然存在于中国外交中，但并没有获得主导地位。

邓小平时期，中国明确强调以国家利益为最高原则处理对外关系，1989年10月31日，邓小平在会见美国前总统尼克松时，首次提出了国家利益的概念，并指出中美都是"以自己的国家利益为最高准则来谈问题和处理问题的"。[①] 这是国家民族主义的逻辑。但基于新型国际主义的逻辑，中国还是会考虑自己的国际责任，会考虑世界的和平与繁荣的需要，会考虑其他国家的利益诉求，而不是狭隘地、排他性地实现国家利益最大化。即便是中国与其他大国的关系，邓小平也认为那不是单纯的双边关系，而是关系到世界和平。邓小平时期的中国外交仍然强调独立自主，但同时也认为中国的发展离不开世界，中国应该参与世界一体化的进程，并成为其重要组成部分，中国在1977～1989年间参加国际政府间组织的数量约16个。上述观念和行动意味着，中国在以国家利益为基础思考国家间关系时，一定程度上认同国际利益或人类共同利益。

（3）国家民族主义的温和性与防守性

毛泽东时代，中国的民族主义具有较强的进攻性和一定程度的极端性，这主要是主流的革命文化和激进的意识形态路线造就的。邓小平时代，中国的民族主义显得颇为温和，它对国际体系与国际秩序虽然有一定冲击，但整体上是防守性的。邓小平时代，中国强调建立国际政治经济新秩序，表面上看，这挑战了西方主导的国际秩序和国际体系，但由于中国不再推行革命的社会主义路线，中美形成了针对苏联霸权的准盟友关系，中国与其他西方国家的关系大为改善，中国本质上并未根本性地挑战西方主导的国际秩序。在对苏关系上，邓小平也采用稳健的外交姿态，中苏关系基本没有恶化；在社会主义阵营内，中国也放弃与苏联争夺主导权。这说明，虽然中国对国际社会和世界的走向有自己独特的看法，但中国是在现有国际秩序内进行自己的社会主义建设并处理对外关系的，它既没有对苏联主导的国际体系构成实质

[①] 邓小平：《结束严峻的中美关系要由美国采取主动》，载《邓小平文选》第三卷，人民出版社1993年版，第330页。

性挑战,又没有对西方主导的国际体系构成实质性挑战,中国对国际体系的冲击不是结构性的,而是进程性的。

如此大的外交调整,源自邓小平等领导人的观念的变化,即中国决策者对时代主题(由战争与革命转变为和平与发展)、中国的国家利益和发展道路(发展才是硬道理)、中国的战略选择的认识出现了巨大的调整。与毛泽东时代相比,当经济建设成为中国第一要务后,中国的对外关系显得异样低调与务实,它在一定程度上压制采用极端的民族主义行动。邓小平在1978年提出,在实现现代化之前,"中国还要夹着尾巴做人,要很谨慎"。① 在此背景下,中国政府基本不再组织针对美国的群众游行示威,1971年反美示威有27次,1976年减至3次,1979年变为零。在80年代,中国民间的反美情绪大大弱化,至少在学者和学生中间,"崇美"代替反美成为主流情感。② 而且,邓小平时代的中国只是偶尔采用比较强硬的民族主义手段,竭力减少与其他国家发生军事冲突与战争。

2. 后冷战时期

冷战结束后,国家民族主义仍然与中国特色的社会主义相结合。但由于国际国内形势发生了变化,中国的国家民族主义面临更加复杂的环境。除了要实现与维护国家统一与领土完整这一恒定的重大问题外,中国外交主要面临下述二大政治任务:第一,在冷战结束与国际共产主义运动遭受挫折之际,如何构建新的"政治中国"、塑造国家认同和抵御西方的和平演变。第二,在20世纪90年代中期中国快速崛起之际,如何建构中国的国际身份。对于第一个任务,中国沿用爱国主义宣传和教育来应对;对于第二个任务,则采用民族主义与新型国际主义的平衡。

(1) 爱国主义与后冷战时期的中国外交

东欧剧变与苏联解体意味着国际共产主义运动遭受重大挫折,它给中国内政与外交带来了巨大压力,而防守性的民族主义成为中国政府的重要应对之策,即对内通过民族主义、爱国主义的教育与宣传来加强民族认同,来反

---

① 中共中央文献研究室编:《邓小平思想年谱》(1975~1997),第399页。
② 李洪山:《当代中国的"反美主义":历史、文化渊源及影响》,载郝雨凡主编:《中国外交决策》,社会科学文献出版社2007年版,第67页、第69页。

对"和平演变",对外要韬光养晦、善于守拙,绝不当头。有人甚至称民族主义成为政府意识形态的替代品。①

由于世界范围内共产主义事业受挫以及1989年的北京政治风波,在国家认同议题上,中国需要寻找替代性资源。这为与民族主义关联紧密的爱国主义提供了广阔的舞台,而20世纪90年代全球化加速发展所带来的同质化压力也为具有浓厚的文化自觉倾向的爱国主义提供了方便。也就是说,后冷战时期,爱国主义话语在政府宣传中地位提升是与全球共运变迁、国际体系的压力、全球化的推进以及国内决策层对80年代中国的政策和实践的反思分不开的。江泽民1990年所发表的《爱国主义和我国知识分子的使命》一文,是当时中国对爱国主义的典型表述,体现了民族主义是与社会主义相结合的,是针对西方"和平演变"的,从而彰显了爱国主义与主流意识形态的一致性。②对爱国主义的强调不仅表现在宣传领域,而且也体现在教育领域,国家各职能部门为此做出了不少努力。从表1可知,爱国主义话语在冷战结束后形成了第三个高峰。爱国主义话语在20世纪90年代的宣传与教育中张扬,体现了内外之刺激—反应的特征。事实上,90年代初期的爱国主义话语是80年代中国政府、知识界与新闻界关于爱国主义讨论的进一步延伸与转化,并突出爱国主义与国家主流意识形态的一致性。西方学者和媒体往往将新时期中国的爱国主义宣传与1989年的北京政治风波联系在一起,过于强调后者是因。其实,在1989年以前,中国知识界和新闻界已经在爱国主义问题上做出了很多铺垫,或者说为爱国主义的讨论和宣传提供了条件。

(2)中国崛起背景下政府的民族主义与中国外交

20世纪90年代以来,崛起的中国不断反思其国际身份,"负责任的大国"与和平发展的大国是其中最为突出的身份认同。而"负责任的大国"这一身份也是民族主义与其他"主义"在中国外交中竞争共生的体现。

1992年,外交部长钱其琛在美国外交政策协会为他举行的午餐会上发表

---

① 陈彦:《民族主义诱惑与认同危机》,载《当代中国研究》2006年第1期;萧功秦:《民族主义与中国转型期的意识形态》,《战略与管理》,1994年第4期,第21~25页。
② 江泽民:《爱国主义和我国知识分子的使命》(江泽民在首都青年举行的纪念五四运动七十一周年报告会上的讲话),1990年5月3日。

演讲时首次提出了"负责任大国"的概念,① 但直到90年代后期,中国才开始频繁地提出要做一个负责任的大国。中国提出要成为负责任大国的原因是多方面的,从民族主义的角度看,它涉及政府对中国国家利益、国际秩序认识的变化。从对外关系的角度看,中国当前的国家利益需要在三种基本需求之间保持平衡,即发展需求(服务于国内经济基本建设目标、争取有利于改革和发展的相对稳定的外部环境)、主权需求(保障领土、边界和基本主权不受侵犯,经过一个较长时间的努力逐步实现国家统一)与责任需求(在亚太地区发挥积极和重要的影响,努力成为全球范围内有影响的、被公认为起建设性作用的国家)。② 三者之中,责任需求是近些年来才逐渐显露的一种需求,它与中国政府重新思考其国际身份是相辅相成的。随着中国实力不断增长,日益自信的中国逐渐摆脱了"悲情"情结,在融入国际社会的同时开始生长出大国的风范与气质,王逸舟认为这种大国气质和风范能够减少在急剧发展、渴望温饱时期特有的功利主义,从而能够制定更加完备、系统的中长期战略。③

负责任的大国也意味着中国对国际秩序与国家主体性的关系的认识发生了变化。新中国建立后,巩固新生政权并维护国家主权成为中国民族主义的核心任务。毛泽东在建国后曾鲜活地提出"打扫干净屋子再请客"与"另起炉灶"的比喻,而中国外交一直秉持独立自主的和平外交理念,均显示中国外交浓厚的主体意识。改革开放前,中国认为国家的自主性依托于自力更生,而中国的政治哲学强调国际斗争,强调国家革命,它们从社会主义意识形态出发,力图推翻当时不合理的国际政治经济旧秩序,致力于建立新的国际政治经济秩序,为此还出现过"两个拳头都打人"的极端局面。质言之,改革开放前,中国的自主性诉求是建立在比较激进的意识形态、时代主题、既有的国际秩序、无产阶级国际责任等要素之上的。改革开放以后,中国对时代主题的判断发生了变化,对中国国家利益的评估也相应发生了变化,中

---

① 钱其琛指出,中国作为世界上一个负责任的大国,为促进世界的和平与发展发展,坚定不移地奉行独立自主的和平外交政策。参见何洪泽:《在美国外交政策协会上钱其琛外长谈中美关系》,《人民日报》1992年9月24日第6版。
② 王逸舟:《全球政治和中国外交》,世界知识出版社2003年版,第307页。
③ 同上,第319~320页.

国日益认识到羸弱的国家实力只能使自己处于国际政治经济秩序中的客体位置；中国认识到如果不能接纳比较优势原则，则难以在全球化加速演进的世界中求生存、图发展，因此中国重新思考比较优势与独立自主的关系，放弃了封闭半封闭性的独立自主，转而接受了在相互依赖的基础上实现强国与富国（相互依赖下的自主性），从而力图调和与平衡自力更生与相互依赖的关系。

新观念促成新行动，中国加快融入西方主导的国际体系。据统计，中国在1971~1976年参加国际政府间组织的数量从1个增加到21个，到1989年增加到37个，到2005年达到50多个，几乎涵盖了政治、经济、社会、科技和安全等所有领域。[1] 江忆恩对中国参加国际组织和机构的情况曾做过颇有说服力的统计和分析，"在一系列国际规范问题上，中国越来越表现得比以往更能够与现存国际社会（依据其现实状况）保持一致"。[2] "在20世纪80和90年代，中国的自我身份经历了一次变革、一次转型。传统的以主权为中心的、自主的大国身份……已经不轻松地同作为一个负责任大国的新身份联系了起来，这个负责任大国的资格在某种程度上是由参与越来越制约跨国行为的制度来评估的。"[3]

（二）后冷战时期大众的民族主义与中国外交

后冷战时代，中国社会力量急剧增强，并对中国外交形成了复杂的影响，大众民族主义是其中的重要环节。

1. 大众民族主义的主要特征

20世纪80年代，中国与西方和日本的关系比较密切，中国大众民族主义思潮处于低潮状态。由于政府政策的调整，1979年中国针对美国的群众示

---

[1] Justin Hempson-Jones, "The Evolution of China's Engagement with International Governmental Organizations," *Asian Survey*, Vol. 45, No. 5, 2005, pp. 702–721.

[2] Alastair Iain Johnston, "Is China a Status Quo Power?" *International Security*, Vol. 27, No. 4, 2003, pp. 5–56.

[3] Alastair Iain Johnston and Paul Evans, "China's Engagement with Multilateral Security Institutions," in Alastair Iain Johnston and Robert Ross, eds., *Engaging China: The Management of an Emerging Power*, London: Routledge, 1998, p. 252.

威为零次,于是有学者指出,冷战时期以反对美帝国主义作为意识形态主导,以政府组织的大规模群众示威游行为主要表现形式的反美运动终于结束。① 90年代以降,在一系列事件的刺激下,中国大众的民族主义情绪持续发酵。其主要特征有:

第一,主要针对美国、日本和中国台湾地区。美国是后冷战时期国际体系中的霸权国,日本是东亚地区体系中的大国,美日两国对中国的国家利益影响巨大,也是遏制中国崛起的主要国际势力,其对华政策与相关言行往往伤害了中国人民的自尊心,因而容易成为中国大众民族主义"攻击"的对象。至于台湾问题,则主要涉及中国统一这个原则性问题,因而会成为中国大众民族主义思潮和行为的持续关注对象。

第二,自发性。不少西方媒体想当然地认为,后冷战时期中国大众民族主义是中国政府所塑造的,他们只是政府的工具而已。这一思路在学界也有一定市场,譬如香港学者邱林川认为,中国互联网中民族主义话语流行有两个原因:一方面,网民主要是由倾向于成为特权的男性大学生组成,他们接近政治权力的核心,他们拥护现存权威政权;另一方面,由于政府的审查手段确保了与政府路线不一致的信息被删除,从而导致网络上呈现出大量亲政府的民族主义信息。② 有学者质疑上述解读方式,因为从人员、信息控制以及参与者激励和惩罚机制的角度分析网络民族主义并不能有效地解释一系列现象,即国外许多人包括海外华人在网络上也有很强的民族主义倾向,但他们并不受权威政府的控制。③ 而事实上,与此前的大众民族主义运动不一样的是,后冷战时期中国大众的民族主义往往不是由政府组织或控制的,而是自发和自愿的。2008年,中国民族主义"愤青"针对奥运圣火海外传递受阻所采取的诸如抵制家乐福超市等活动,毫无政府的引导和安排,完全是民间的自愿行动,政府还被迫花大量精力引导大众理性爱国,防止出现过激

---

① 李洪山:《当代中国的"反美主义":历史、文化渊源及影响》,载郝雨凡主编:《中国外交决策:开放与多元的社会因素分析》,社会科学文献出版社2007年版,第67页。

② Jack Linchuan Qiu, *Chinese Nationalism on the Net: An odd myth with normalcy*. Unpublished manuscript submitted to International Communication Association Annual Conference of 2001.

③ Peter Yui Chi Yue, Civilization Online: How the Internet Challenges Elite Discourses of the Chinese Nation (s), Article Submitted for Publication in the Hawaii Conference on Social Science, 2003, http://www.hicsocial.org.

行动。

第三，网络民族主义突显，网络内外联动。互联网出现后，中国大众民族主义在表现形态、作用机制与影响上有了新变化。网络为中国大众展现其政治民族主义提供了绝好的平台，民族主义者可以在互联网中展现其民族主义情绪、发表民族主义言论和观点，进行民族主义动员和相关行动。笔者在中央民族大学、中央财经大学和湘潭大学进行的问卷调研显示，倘若整体性的中国国家利益或中国的核心国家利益受到挑战与损害，中国大学生采取网络行动来回应的意愿比较高。

第四，极端性与温和性并存、建设性与破坏性兼具。大众的民族主义话语流行于中国网络内外，是与全球化、国际体系结构变迁、中国问题和互联网的特性等宏观、微观要素及其彼此间互动分不开的。在中国互联网中，大众的民族主义情绪呈现光谱状态，极端的民族主义情绪往往体现在暴力性、侮辱性民族主义语言上，但不能将网络民族主义简单等同于极端民族主义。

2. 大众网络民族主义影响中国外交

网络民族主义作为新因素逐渐开始影响中国外交与内政。

首先，作为社会力量的民族主义大众在网络内外表达主张、展开行动能够影响中国外交，与政府的思维方式和行为模式的调整息息有关，它是中国外交决策部门的理念变化的结果。王逸舟论述到，改革开放以来，中国外交领域正出现悄悄地转型与革命：强调"以人为本、外交为民"的理念，与中国大力强调民生相一致，越来越注重对中国公民海外权益的保护；在强调"国际关系的民主化"之必要性的同时，自身也更加注重外交学习与制度创新，越来越认真地在国内推进外交决策民主化（特别是大众参与的进程）。①具体到民族主义议程上，目前，中国外交部注意到了网络中的大众民族主义思潮和行动，并有专门的机构了解网络上的民意。外交部官员们还通过在线交流等方式与网友对话，其目的既在于与网友沟通、向网民学习，也在于疏导网民情绪，让网民有一个适当的表达渠道。譬如，自 2001 年 11 月 28 日开始，外交部网站开辟了"外交论坛"，不定期会有一些外交部官员与网友在

---

① 王逸舟：《中国外交新高地》，中国社会科学出版社 2008 年版，第 3 页。

线交流，到 2005 年底已有 27 次嘉宾在线访谈。2003 年年底，外交部长李肇星在外交部网站上接受网友提问，成了外交部"网上做客"的最高层政府官员。外交部长助理沈国放曾指出，外交部的公众外交处每天都在下载网络民间声音给部领导看，外交部在制定外交政策时，或者是在研究对问题的处理方法时都会考虑到来自民间的呼声和看法。①

第二，网络空间下中国大众民族主义的动员能力强大，② 其涉及的问题大多敏感且比较棘手，它既经常关联中国的形象，又频频牵涉中国重要的国家利益，这对中国政府形成了巨大的压力，政府不得不审慎对待。此外，中国网络民族主义动员和行动不乏直接与外部国家组织和机构的交涉，相关的交涉引起他国的媒体报道或相应外交行动，这从另一个方向影响了中国外交决策。

网络民族主义包含了社会思潮和社会行动两个不同的面向，两个面向往往与中国外交有着直接或间接联系，因此它正成为中国外交的新舆论环境和行动环境，政府需要审慎对待。譬如，"9·11"事件后，不少中国大众在互联网内外公开赞扬恐怖袭击，这样的言论有损中国形象，中国政府不得不对此加以引导并加强互联网上极端反美言论的管理。

大众民族主义的压力是后冷战时期中国外交必须面对的新形势。由于信息技术的发展，该作用机制日益彰显。互联网时代，当发生了某个与中国外交相关的事件后，大众很快通过该平台获得信息，而中国外交的应急管理体系有时表现比较滞后，这会引发大众的批评与不满。而中国社会普遍的不满情绪以及政府对稳定的关注，强化了大众民族主义的压力性因素。笔者统计多个民族主义论坛的内容后发现，网民具有批评政府过于软弱、质疑政府当前政策的行为倾向，同时习惯于将矛头指向国内问题或与无关的国内问题关联起来。

网络民族主义思潮和行动并不止于网络空间，由于大量签名、请愿、递

---

① 沈国放是在回答网友问题时作如是回答，网友的问题是：您及外交部其他领导是怎样看待和评价我们这些来自民间的外交意愿、呼声与思想的？外交部领导平时是如何关注包括外交论坛在内的"网络民间声音"？参见 http://bbs.fmprc.gov.cn/board.jsp?bid=39。

② 通过互联网内外的联动，中国大众民族主义很容易形成巨大的声势，动辄可形成数十万、上百万的签名，这说明了其自我动员能力十分强大。

交意见、游行示威动员等行动，网络民族主义在中日关系上扮演着越来越重要的角色。

第三，国外媒体的报道和频频问询也让政府相关部门（特别是外交部门）等非常关注中国网络民族主义的动态。中国外交体系强调外交无小事，当国外媒体和各种力量已经强烈感受到中国大众民族主义者通过互联网释放出的能量并加以报道和讨论后，外交部门势必密切关注这一日益活跃、自主甚至有些"刺头"味道的社会力量。除美国、日本、英国等国家的媒体多次报道中国的网络民族主义外，中国外交部新闻发言人经常遭遇世界各地记者就中国的网络民族主义现象所提出的问题。根据中国外交部网站上提供的各种资料，我们可以发现有两种类型的网络民族主义是西方媒体比较关注的：其一，怀疑与指责中国的民族主义黑客（民间与官方）对西方的攻击（缺乏足够证据支持）；其二，2008年北京奥运圣火海外传递过程中，中国的大众民族主义者在互联网内外对法国、美国等国家和一些势力的挑战做出的激烈回应。

为了不影响中国外交大局，为了平息网络空间内外的民族主义情绪，相关部门做出包括引导、管理等多种手段。在中日关系问题上，考虑到民意以及网络民族主义者可能的消极影响，政府必须关注、疏导网络内外的民族主义情绪。

第四，虽然互联网是一种新媒体，但网络民族主义的社会作用还有赖于中国传统媒体的介入和持续报道，而互联网等因素推动的中国传统媒体的转向，也是影响中国外交的一个因素。近年来，中国媒体功能与特点发生了巨大变化，并对中国外交政策的制定产生了新的影响。中国传统媒体功能发生变化，是众多因素推动的，而互联网的竞争及其提供的机会也是影响因子之一。近年来，中国的互联网发展非常迅速，而网络社会能就敏感问题自由且大胆地加以讨论，这一趋势倒逼传统媒体跟进报道。另外，网络上的热点问题也可以成为传统媒体报道的新素材，由此我们可以在传统媒体上看到大量关于网络空间下的民族主义黑客、汉服运动、涉日民族主义、涉美民族主义的报道，这些报道一定程度上放大了网络民族主义行动的社会影响力，加强了网络民族主义思潮的舆论地位。

总之，由于网络民族主义的参与主体数量庞大，其网络内外联动的特征以及其持续存在，它已直接或间接地参与了中国的外交进程，并成为中国外交决策需要关注和考量的宏大国内社会背景之一。

三、结 论

60 年来，中国民族主义的内涵、任务与表现均发生了巨大变化，它们对中国外交的影响也随之变化。毛泽东时代，中国民族主义深受经典马克思主义的影响，呈现出无产阶级国际主义与民族主义竞争共生的局面。在对外关系上，这一特征主要体现在中苏关系以及中国在国际共产主义运动中所扮演的角色上。无产阶级国际主义与民族主义竞争共生包括话语、实践和理论三个维度，这使中国外交既具有国际主义因素，又不乏国家民族主义因素，两者甚至渗透在同一事件或行为上。理论上，民族主义（爱国主义）要服从国际主义，但实际操作上，有时我们很难辨别出究竟是哪个因素起到更大的作用。邓小平时代以来（改革开放 30 年），中国重新思考了社会主义的内涵与道路，进而淡化与放弃了无产阶级国际主义在中国政治与外交中的核心地位，而国家民族主义的地位相应上升，国家利益概念也被明确提出。基于此，在改革开放时期，中国政府的国家民族主义与有中国特色的社会主义结合起来了。具体而言，邓小平重新发掘了爱国主义的内涵，提升了爱国主义宣传，并将爱国主义与经济发展、国家统一、世界和平统一起来，从而在爱国主义与改革开放之间建立了密切的关系。

毛泽东时代，中国民族主义呈现出国际体系挑战者的特征，具有较明显的进攻性。整体上，在当时的国际秩序中，无论是从共产主义还是民族主义的角度而言，中国显现出程度不一的体系挑战者的特征。20 世纪 50 年代初，中苏形成联盟，中国是资本主义体系的外部挑战者；20 世纪 50 年代后期，中苏分歧加大；到 60 年代中后期，中苏关系彻底分裂直至走向敌对，因此这时及其后，中国在某种程度上是苏联领导的共产主义阵营内部的挑战者。在 1971 年基辛格访华后，中美两国从敌对走向缓和，进而发展为针对苏联的准结盟关系，从这一意义上说，中国实质上不再是资本主义体系的直接挑战者，但从话语、意识形态与远景看，中国仍然是资本主义体系的外部挑战者。邓小平时期，由于中美接近以及中国与西方关系的极大缓和，中国对西方的挑战基本只具有理论意义。后冷战初期，在国际共运处于低谷，且西方将中国视为国际体系的挑战者并对中国实施和平演变的背景下，中国通过爱国主义宣传和教育、韬光养晦的外交方略来化解这一挑战。这说明中国民族主义仍然是防守性的，它并不是国际体系的真正挑战者。随着90年代中期以来中国的快速发展，中国崛起及中国国际身份的调适成为需要面对的形势，在这一背景下，中国明确提出不挑战现有国际体系，强调自己是负责任的大国与和平发展的大国，并加速融入西方主导的国际社会。这说明，中国政府的国家民族主义由毛泽东时代强调独立自主，转向了注重比较优势与独立自主相协调，力图使国家经济安全、经济发展与世界自由市场原则相协调。这也说明，中国政府的民族主义由进攻性转向防守性。

毛泽东时代，中国政府的民族主义与大众的民族主义高度重合，频繁出现的大众民族主义行动大多是政府组织的，但同时也是当时大众真实的情感表现。这一特征是国家与社会未分殊的表现。当然，也有一些案例表明，大众的民族主义与政府的民族主义是有张力的，且这一张力对中国外交产生了深远影响。到了邓小平时代，中国基本取消了政府组织的针对外国的大众民族主义示威游行，大众民族主义运动进入低谷，鲜有突出表现。冷战结束以后，中国大众民族主义因为国际体系变迁、中国面临的主要问题、全球化进程加速等原因而重新崛起，且主要表现在中美关系、中日关系与台湾问题上。由于中国社会性力量加速成长、社会力量多元化以及互联网等因素的影响，国家已经很难控制大众民族主义。大众网络民族主义成为影响中国外交的新变量和新环境。

我们需要什么样的民族主义？

张睿壮

中国正处于从大国向强国转变的崛起过程中。正如包括本人在内的一些作者指出，中国软实力的缺失，包括但不限于主流社会核心价值观的缺失以及因此所致的外交哲学缺失，是中国成为强国的重大障碍之一。[①] 所谓外交哲学，就是一个民族、一个国家，面对复杂多变的国际社会，如何自处，又如何与外部世界相处的总体指导方针。单纯批评是不够的，我们需要的是建设性的批评，也就是说，不仅指出不足和缺失，而且还要提出如何改进、如何弥补的建议。在本文中，笔者提出应以民族主义作为我国外交哲学的核心内容。为此，本文首先要厘清民族和民族主义的含义，尤其要为民族主义正名，为其洗清多年来遭人抹黑的污垢，还其本来面目。其次，本文试图以民族主义原则对照检查中国外交实践，以显示其作用及影响。

一、民族与民族主义

最近十数年来，民族主义这个词在中国声名日下，俨然成了一个脏字。这主要归咎于两方面的因素。一是在学术和大众媒介上占据话语强势的所谓自由主义知识分子长期以来对民族主义的恶毒攻击和全面围剿，在被歪曲的"民族主义"之前冠以"极端"、"疯狂"、"病态"等前缀并肆意污蔑，甚至

---

① 参见例如，张睿壮："中国究竟值不值得美国焦虑？"，《文化纵横》试刊号（2008.10）。

罔顾文人体面对他们认定的"民族主义者"粗口相加——"爱国贼"、"愤青"等等。另一方面,一些自称的"民族主义者"常常会提出一些背离民族主义真谛的偏激言论和主张,令广大受众对民族主义产生了误解和逆反。无论是来自右翼的攻击还是来自左翼的"鼓吹",其实都是对民族主义真谛的歪曲。那么,什么才是真正意义上的民族主义?

有关民族和民族主义的起源、定义、历史和影响的学术研究成果可谓车载斗量。相关文献似乎显示这似乎是一场见智见仁、没完没了却没有结论的讨论。为了避免陷入那种学院式的、从概念到概念的、漫无止境的纠缠,本文决定在操作而非理论层面对民族和民族主义给出定义,根据常识性、实用性和最小争议性的标准选取多数民族及民族主义定义中的"最大公约数"作为本文定义的要素。这样,民族就可以定义为有着相同或相近人种学特征、生活地域、语言、习俗、历史、文化的人类共同体。历史上人类在民族的基础上产生了民族国家,又因为民族国家多数都不是单一民族,所以反过来由国家又形成了国家民族,就是以国家为单位,比如说把生活在中华人民共和国境内的56个民族放在一起就叫中华民族;美利坚民族是全世界各地什么人都有,移民美国就是美利坚民族了;同样,英国有英格兰、苏格兰、威尔士还有北爱尔兰,但是以国家为单位,就成了不列颠民族。在当代国际政治语境中使用的民族这一概念,就应当是这个国家民族的概念。

可是这样一来,如何处理国家民族和及其构成民族之间的关系就成了一个严重的问题。首先,从逻辑上说,这是一对从属关系,即构成民族从属于国家民族,是国家民族的次级划分。(为了避免混淆,我们可以将构成民族改称"族裔"或其他合适的称谓——这个可以讨论。)但是接下来,还有一个更棘手的问题,那就是它们的政治关系。有人会提出很尖锐的问题:二战后作为国际关系准则被国际社会普遍认可的民族自决和民族独立是否也适用于它们之间的关系?简单地说,是"不适用"。民族自决和民族独立是针对帝国主义国家通过殖民征服而攫取的殖民地而言的,其自决和独立在上世纪五六十年代的非殖民化进程中已经基本完成。对于其他类型的多民族国家,二战以后的雅尔塔—波茨坦体系的默认准则是比较保守的维持现有边界不变,也就是说,在构成民族和国家民族之间维持原有的从属关系不变。因此，在国际上，无论国家民族含有多少构成民族，都由国家代表国家民族因而也代表构成民族以一个声音说话。

一些自由主义者从法理上挑战这一准则，主张民族自决和民族独立的原则不应受任何限制。他们借助西方兴起的人权高于主权的声浪，鼓吹打破现有的民族国家框架，给构成民族乃至个人以不受国家限制的自由和权利。这种论调表面上有极大的蛊惑力和煽动力，其实却很幼稚（就那些天真的信徒而言）、很荒谬（就那些别有用心的蛊惑者而言），不值一驳。人类社会的集体决策，无不是对相互冲突的利益和价值权衡得失、优先排序的结果。从这若干利益和价值中选取部分给予片面强调而罔顾其他，不是自欺就是欺人。战后国际政治的安排，正是当时国际社会汲取了人类历史上两次惨绝人寰的自相残杀的血腥教训后得出的结论：世界和平与稳定是硬道理，除了各国的生存安全和国际共识认定的事业（如集体安全），没有任何其他价值可以以战争为代价，凌驾于和平稳定之上。如果没有对改变现状的企图"一刀切"的禁止，就像是打开了潘多拉魔盒，就会有无数的斗士打着各种"正义事业"的旗号要求改变现状，导致动乱和暴力的泛滥乃至世界战争的爆发，那将是全世界的噩梦。今天在和平年代中生活了太长的人们很容易忘记当初的雅尔塔—波茨坦体系是怎么来的，忘记以战争为代价去争取某种真实的或虚幻的价值对世界意味着什么。

不仅如此，某些自由主义者对民族的无限细分以及对民族自决/独立的无止境追求势必导致个人自由和权利至上以及以此为由的一切国家、社会以及任何形式的人类群体的瓦解。因为任何民族或任何人类群体都有其次级划分，一个民族有权独立，它的次级群体当然也有权独立，以此类推，最后独立的单位就是个人，于是人类回归至无政府的自然状态，也就是"一切人反对一切人"的丛林状态。很少有人会相信这是那些所谓的自由主义者追求的真正目标，倒是会仔细想想他们的葫芦里卖的究竟是什么药。

明眼人不难看出，某些自由主义者鼓吹的民族自决/民族独立其实是带有高度选择性的：他们唯独对于西方列强特别是美国出于本国战略利益而鼓励、支持的前苏联和前南斯拉夫构成民族的独立情有独钟，为之摇旗呐喊、擂鼓助威；对西方列强本身面对的民族独立诉求如英国的北爱尔兰、西班牙的巴斯克、法国的科西嘉、美国的夏威夷等等,却置若罔闻,不置一词。更有甚者,他们打着鼓吹"人权高于主权"、"主权过时论"的幌子响应西方列强特别是美国对中国的"藏独"、"疆独"等民族分裂势力的支持,企图肢解中国。至此,这些人的"自由主义"真相暴露无遗:即使在西方国家,他们与自由主义的关系也远不如与(新)保守主义更为密切。

知道了在当代国际政治语境下民族——即国家民族——的定义,民族主义的定义就有了前提和基础。简单地说,民族主义就是维护本民族的尊严、权力和利益的主张或立场。具体而言,它应当至少包括三个方面的要素:第一,是民族认同与忠诚;第二,是民族自信与自强;第三,是民族利益至上。这三方面的要素看似简单,实际上要把握恰到好处的尺度却绝非易事。这个度把握不好,就会滑向两种错误立场:一是狭隘民族主义或极端民族主义,另一是民族虚无主义或民族自虐(也叫逆向民族主义)。为了准确理解民族主义的真谛,有必要将其与相关的两种错误思潮加以批判对照。这就是下节要做的事情。

二、民族主义的真谛

民族认同,就是民族中的个体自认是这个群体的一份子;而民族忠诚则是无论顺境逆境、无论有利无利,都保持对本民族的认同和效忠。通俗地讲,这是一个你和谁是"一拨的"、是"我们"相对于"他们"的问题。对于多数人而言,采取这一立场是天经地义、无可置疑的,但对有些人来说,这是一个选择问题。在狭隘民族主义方面,有人将民族认同看得过于绝对,又把民族忠诚推向极端,表现为在国内的盲目排外情绪,在国外的同族"扎堆",即建立封闭的、不与当地人民往来交流的区域。在民族虚无主义方面,有人对本民族的不满累积到"自我仇恨"的地步,以至公开声明"生为中国人"是其"一生最大的不幸",希望从此脱胎换骨不与"中国"二字沾边。① 也有人以政治思想划界,在美国遭遇严重危机时大声疾呼"今夜我们

---

① 见于20年前刊登于美国某大学校刊上一位中国留学生的访谈。

都是美国人！"以显示对美国的认同和效忠。①

民族认同和民族忠诚绝不是可有可无的空话，到了关键时刻，它决定一个人站在哪一边、同谁一起向谁斗争的大是大非。

如果不说那些比较极端的案例，那么在中国知识分子中间，听信了西方官、学两界联手传媒发动的有关全球化、地球村的全球宣传攻势，误以为国家、主权、民族、独立这些观念都已经过时，而俨然以"世界公民"自居的，却不在少数。可笑复可悲的是，这些都是西方用来忽悠非西方国家那些略嫌天真的全球化拥戴者的，它们自己没有一家信那些鬼话。美国人是鼓吹"主权过时论"、"国界过时论"最卖力的，但美国却是在这些问题上最保守，对主权、边界维护得最严密的国家。

在民族自信的问题上，也有两种错误的极端立场：一是妄自菲薄，一是妄自尊大。前一种立场的集中代表，就是在自由主义知识分子中居多的崇洋媚外者，他们认为中国的一切，大至人种、文明，小至风俗习惯，比起最近五百年来在工业技术革命和全球化进程中发挥带头作用的成功典范——西方列强来，是低劣的、次等的，中国人没有能力治理自己的国家，由此顺理成章得出的结论就是，应当让西方强国对中国实行数百年的殖民统治，由洋人对国人进行教育改造，据说这才是中国这种落后民族的出路。这种论调荒谬到了不值一驳的地步。然而，正是这种崇洋媚外的思想，在广大的人群中以不同的程度、不同的形式多多少少地存在着，这是需要引起我们警惕的。

后一种立场的代表，是一批自称民族主义者的激进分子。他们将世界视为一场非此即彼、你死我活的零和游戏并暗示某个优越文明/种族必将取胜。

对待本民族的正确态度，是自信而不自卑，自强而不自满。每个民族都有自己独特的历史和文化遗产，独特的思维和行为方式，以及独特的民族秉性（国民性），其中肯定既有长处也有弱点。对此我们应以历史的和辩证的眼光做出客观公正的评价，取其精华、去其糟粕，改造我们的国民性，从而

---

① 这是"9·11"发生后多位中国自由主义文人发表的致美国总统公开信中的话。如果不是考虑到其中为首分子同时发表的对中国人民极其恶毒的谩骂和诅咒，以及这些"一夜美国人"对其后美国在全球反恐攻势中杀害了数百倍于9·11遇难者的无辜平民无动于衷、不置一词的事实，人们原会以为这只是出于人道同情的一种表态。

以优良的民族素质自立于世界民族之林。这里，最重要的是对自己的民族持建设性批评的态度，对于本民族的劣根性要毫不留情地予以揭露、批判并开出治疗良方，而不能像有些自称的"民族主义者"那样，对本民族的历史、文化、习俗中的一切恶俗陋习护短而强词夺理。近一百年前，鲁迅曾经给这些"国粹派"画过一幅惟妙惟肖的像，至今读来还栩栩如生："…只要从来如此，便是宝贝。即使无名肿毒，倘若生在中国人身上，也便'红肿之处，艳若桃花；溃烂之时，美如乳酪'。国粹所在，妙不可言。"[①] 这些人就像溺爱孩子的父母，通过"护短"其实是在损害而不是维护本民族的利益，因为他们堵塞了经由国民性改造而达成民族自新和重生的通衢。

　　对本民族的批判是一个是非极易混淆而且极易引起争议的问题，其中有两条细线划分出三个阵营：一方面，真正的、健康的民族主义对本民族的弊病从不护短、也不吝惜批评，这使他们不同于上面说的那些不分青红皂白一概叫好的"国粹派""民族主义"；另一方面，真正的、健康的民族主义的可能十分尖刻的批评完全出于"爱之深、痛之切"，"哀其不幸，怒其不争"的爱护心理，正如伟大的爱国者鲁迅所做的那样，与把自己的民族看成一无是处、一片漆黑的崇洋媚外者对自己民族的肆意糟践、恶意攻击完全不可同日而语。

　　除了上面谈到的民族认同与忠诚、民族自信与自强以外，民族主义的真谛在于一个国家与外部世界打交道时，总是把本民族的利益放在第一位，即民族利益至上，提倡本民族利益至上也并不意味着对其他民族利益的否定，反而会"由此及彼"而尊重各国优先追求本国利益的立场；它也不意味着"损人利己"的对外政策和因此导致数量和程度上都有所增加的国际冲突，因为"损人"必招"人损"，所以维护本国利益的最佳途径不是过度扩张、以邻为壑，而是以审慎的方式在追求"明智的国家利益"同时兼顾别国利益，这也就是国际政治中现实主义提倡的"审慎美德"，其结果是国家争端和冲突的减少。

　　还有一个问题，就是个人道德与国家道德的区别。"先人后己"、"舍己

---

① 鲁迅：《随感录三十九》（1919）。

救人"等利他主义的价值取向，如果仅仅是个人的道德选择，当然无可非议；可是如果作为国家行为准则，就会遭遇一个很大很严重的"授权"（mandate）问题。政府与经其同意对其实行治理的人民之间的关系是委托授权的关系。在没有得到国民明确授权的情况下，政府无权代替人民做出为了某种抽象的道德原则而牺牲本国利益的决定。

近两个世纪以来，中国对西方列强屡战屡败引致的民族自卑感需要用一种健康的、合理的利己主义伦理观和从国家各方面的进步中逐渐获得的民族自信取而代之。这需要整个民族进行脱胎换骨的自我改造，而这一努力就应始于今日，始于思想上的拨乱反正，始于为民族主义正名，始于将民族利益作为我们全部涉外行为的出发点。

三、作为外交哲学的民族主义

将民族主义当作我国外交的指导方针和哲学基础，就意味着旗帜鲜明、理直气壮地把追求民族利益或者国家利益作为一切外交工作的首要目标，特别是在与其他国家发生利益冲突时采用现实主义提倡的审慎原则（即有利有理有节），敢于斗争、善于斗争，坚定而策略地维护国家核心利益。

40年前，中苏两国沿边境以百万大军相对峙，珍宝岛战役后，两国全面武装冲突一触即发，为了避免两线作战、腹背受敌，毛泽东毅然决然突破意识形态藩篱，做出与政治死敌美国修好的战略决定，在紧急关头令中国转危为安，这是一个将民族利益置于其他一切考虑之上的外交典范。在1979年的《中美建交公报》和1982年的《中美"八一七"联合公报》中，邓小平又以坚定的原则性和高超的外交技巧相结合，取得了"斗而不破"的成果，既增进了与美国的关系，实现了中国的国际战略意图，又迫使对方接受了与台湾断交、废约、撤军的建交条件并对逐渐停止对台军售做出正式承诺，有效地维护了国家主权和民族尊严，最大限度地维护了中华民族的根本利益。

然而天有不测风云。1989年的那场风波使中国外交在一段时间内陷入被动，让美国亲台势力看到了卷土重来的机会，从此不断兴风作浪，竭力要开美中关系的历史倒车。但对中美关系而言,还有比那场风波更重大的影响,那就是冷战的结束和苏联的解体。从此,世界从两极均势变为单极独霸,中美战略合作的结构基础消失殆尽,中美两国关系从此进入难以逆转的恶化时期。从克林顿导演的那场人权与贸易挂钩的闹剧开始,到"银河号事件",到台海危机,到炸馆事件,到撞机事件,中美关系一路下滑到了冰点。尽管"9·11"事件以后中美关系得到一定程度的缓和,事实上,按照国际关系的一般准则衡量,中美关系远非正常。美国对中国的多方围堵和钳制已经严重损害了中国的国家利益,包括某些重大利益乃至根本利益;美方的许多做法已远远超出了正常国家关系的范围,如果有任何国家胆敢对美国采取类似的行动,肯定会被美国视为战争行为无疑。

20年来,美国政府公然背弃美国在中美关系三个公报特别是"8·17公报"中的郑重承诺,不断提升对台武器销售的数量和质量。毋庸置疑,没有美国的怂恿和支持,绝无台独势力之嚣张。台湾问题是美国一手造成的。美国对台湾岛内分裂叛国势力的支持已经构成对中国核心国家利益的严重侵犯。此外,美国还从地缘政治出发在中国周边积极构筑对中国的军事包围圈。在高科技和武器贸易方面,美国不仅带头对中国进行封锁禁运,而且不遗余力地阻挠欧盟对中国解禁,还软硬兼施地逼迫乌克兰、以色列等国拒卖武器给中国,甚至连已经成交的合同都要撕毁,已经卖出、送回维修的装备都要扣押,可谓无所不用其极。最后,美国坚持冷战思维,不顾中国改革开放后翻天覆地的变化仍以意识形态标签画线,把中国列为政治异己,必欲通过和平演变按美国蓝图改造而后快。为此,美国罔顾两国正常关系,不惜为从民运到民族分裂运动乃至邪教等一切反华流亡势力提供政治庇护和活动经费。像这样一面同一个国家保持"建设性合作"关系,一面鼓励、支持对该国政府的颠覆活动,是只有美国才能做得出来的霸道行径。

中国是一个正在崛起的大国,虽然它与美国的实力差距依然悬殊,但在国际舞台上面对美国等西方国家的打压、挑衅,还不至于束手无策、毫无招架之力。关键在于善于利用我们可资利用的政治资源对侵害我们国家利益的行为进行威慑乃至反击。当然更重要的是首先要有敢于斗争的魄力。有些人一说斗争就怕破裂,其实破裂这东西你怕他也怕,你越害怕他越不怕,而且你越害怕就越可能破裂。所以对美国和西方的挑衅，最好的办法是把握好尺度予以还击，最坏的做法是口头抱怨而不见于行动。

　　由此看来，从理论上澄清某些反民族主义的所谓"知识精英"造成的思想混乱，消除他们在公众中散布的民族虚无主义或民族自虐的流毒，为崛起的中国理直气壮地维护自己的民族尊严和国家利益做好理论和社会舆论方面的准备，实为社会良知当前刻不容缓的任务。

第三部分

对外战略与中国崛起

论当代中国对外战略
——意识形态、根本纲领、当今挑战和中国特性

时殷弘

当代中国就是改革开放以来的中国，它在中华人民共和国至今已60年的历史上差不多恰好占整整一半时间。在一些最基本也最重要的方面，它真正地承继并得益于先前的30年，但同时它又超越了先前的30年，因为改革构成它的历史的最根本特征。自从约30年前邓小平启动富含伟大创新的改革以来，特别是从1992年他的锐意改革的南巡讲话引发中国经济持续腾飞以来，中国社会已经发生了种种巨大的变迁。而且，随着改革取代革命为中国的首要主题，国家实践和领导行为方式已决定性地改变。

在这背景下，可以概览和分析当代中国对外战略的基本方面，理解与先前相比，中国对外战略在思想和实践上有什么主要的新特征。在此，对外战略思想的意识形态基础和根本纲领将得到着重地谈论，兼顾当今中国在世界政治经济中面临的首要挑战，加上当代中国对外态势以复杂精致的深刻方式蕴含或体现的某些中国传统和中国特性。

一

从邓小平往后至今，中国当代政治领导的有关世界政治和对外政策的意识形态有了一种新的丰富性和有益的复杂性。传统上，他们在这方面意识形态由三大成分构成：马克思主义、列宁主义、毛泽东思想的国际关系视野和

国际关系根本信念;中国的爱国主义,或曰中国的现代激进民族主义;关于国际政治和对外政策的现实主义思想,亦即远非中国人或共产党人独有的"现实政治"(realpolitik)理念。改革开放以来,对马克思主义国际关系视野和国际关系信念的理解和把握有了与时俱进的重大优化,并且作为中国对外战略思想的一个较为潜在但仍重要的成分,起着增进透视力、丰富理解力和鼓舞终极理想的伟大作用;与此同时,一种可称"新国际主义"的新成分早已被添入了中国政治领导的意识形态系统;不仅如此,与毛泽东时代相比,中国政治领导怀抱的中国现代民族主义的总的"烈度"业已逐渐减低,除了完全必要地在中国边疆领土主权完整问题上;还有,他们的现实主义思想也增添了某些对中国和世界都大为有益的新内涵。

具体地说,"新国际主义"是在全球化和中国愈益卷入世界体系的大背景下浮现和发展的。这种"新国际主义"的主要特征,在于较迅速地增长着的一些特定的诚信——通常真诚地相信和致力于那些出自各国合理的共同需要的多边合作、国际组织和国际体制,并且相信有益的跨国非政治交往,既是鉴于它们对促进中国国家利益的助益,也是鉴于它们本身被认为具有的内在价值。"新安全观"和"和谐世界理念"等颇大程度上可以被认为是这一"新国际主义"的体现。此外,还有得到中国媒体大量宣传和学者众多讨论的中国外交的"多边主义"。① 显而易见,中国的世界政治观已经部分地(当然只是并只应当是部分地)有如国际关系思想史上的"理性主义"或"自由国际主义",既承认总的国际无政府状态和国家间常见的利益歧异甚而利益对立,但是同时也认识到甚至强调与之并存的、有规范和双赢或多赢的国际/跨国交往,认识到甚至强调世界政治中各国的那些共同利益、共同价值观念和共同规范起着重要作用,并且应当起更大的作用。

同样,与毛泽东时代相比,邓小平以来中国政治领导怀抱的中国现代民族主义的总的"烈度"业已逐渐减低,除了在中国对自身边疆领土的主权和疆域完整性问题上。由此而来"烈度"减缓了的民族主义可被定义为"讲

---

① 参见秦亚青、朱立群:"新国际主义与中国外交",《外交评论》2006年第2期;时殷弘:"中国的变迁与中国外交战略分析",《国际政治研究》2006年第1期;郭树勇:《从国际主义到新国际主义》,时事出版社2006年版。

求实际的民族主义",它的特征和它与中国民族主义其他基本形态的区别已得到了较好的展示和分析。① 不仅如此,伴随着改革开放以来(特别是1992年邓小平南巡以来)中国的综合国力迅速增进、国际影响迅速增大和在世界政治经济中的地位迅速提升,加上中国的主体面貌和主体素质的巨大进步,在中国政治领导连同中国公众怀抱的中国现代民族主义当中,激愤情感、造反精神及其部分思想产物——源于中国先前经受外部凌辱和经历剧烈革命——越来越被雍容的自信、审慎的自豪、大战略式的展望以及信心和耐心兼备的"风物长宜放眼量"胸怀取代。

与此同时,中国政治领导的"现实政治"或现实主义意识形态也增添了某些新内涵,亦即与先前相比,他们的"国家利益"观念在颇大程度上的"国际社会化",即他们心目中的"国家利益"的颇大一部分与国际社会共同利益的融合或同化。不仅如此,与中华人民共和国建国往后的毛泽东领导时期相比,中国政治领导的根本战略行为特征尤其反映出他们的现实主义意识形态成分的愈益高度成熟和内在均衡,连同与此相关根本的实践技能的显著优化。这特别表现在改革开放以来的中国大战略目的方面。他们确实在非常复杂和富有挑战性的内外环境中做到了可谓头号重要的一点,那就是国家根本目标应当具备合理、明确、平衡、有限、集中和充分这几项战略性素质。其中,平衡、有限和集中尤为关键。改革开放以来的实践表明,他们深谙国家的多种利益互相间常有或大或小的紧张、竞争甚或冲突,要确定合理的国家根本目标,就需要尽可能合适地平衡这些利益,即对它们各自打上合适的"折扣",使之构成一套内在动态平衡的战略目标体系,并且使根本战略目标既拥有明确的优先地位,又不过度损伤其他重要目的。他们在国内外各种严重干扰中,殊非容易地避免了目标的"过度伸展"和"不足",做到既恰当地"韬光养晦",又恰当地"有所作为",从而在一个特别重要的方

---

① Suisheng Zhao, "Chinese Nationalism and Its Foreign Policy Ramifications," in Christopher Marsh and June Teufel Dreyer, eds., *U.S. - China Relations in the 21st Century* (Lanham, Maryland: Lexington Books, 2003), pp. 63 - 84.

面保证了中国的持续崛起。① 未来的历史学家可能断定，改革开放以来的中国政治领导就根本的"现实政治"而言富有优秀的思想、方略和国策表现，总的来说不亚于中外战略史和"现实政治"史上那些格外杰出的国务领导和政治统帅。

改革开放以来中国对外战略思想的意识形态基础是真正科学、讲求实际和富有道德的。这集中表现在其中晚近新添的一个有颇大综合性质的要素——和谐世界理念上。② 这个理念首先是基于世界政治的基本性质正在经历的变迁。它们包括：与过去的历史时代相比，战争作为国家利益的有效工具的价值已经并继续在迅趋衰减，国际关系的日常首要问题越来越从领土—军事安全转向经济问题和软权势问题，国家在经济、文化、外交和道义影响方面的表现一般来说越来越比它们的军事表现重要，国际经济互相依赖的程度和影响愈益增大，同时各种跨国的非传统威胁和全球性共同问题愈益突出。也就是说，"和谐世界"并非纯属空想或理想，而是在世界政治的基本性质中正在发生的一类重大动向。这一点在科学意义和历史方向意义上最为重要，尽管在未来并非全无可能发生世界政治性质的某种反向变迁。

和谐世界理念讲求实际，不仅是上述科学实际，而且是中国的国家利益实际。因为它基于当代中国和平发展的行之有效的伟大实践经验，基于中国切实的利益需要和为此而来明智的战略选择。自改革开放以来，中国的崛起在绝大部分时候和绝大部分方面压倒性地依靠和平的国际交往，依靠广义的"软权势"，特别是和平贸易、国际协商和"微笑外交"③。那在改革开放以来的中国对外关系记录中极为显著，无可置疑。虽然此类经验的一大动因（同时也是一大结果）在于前面所说的"新国际主义"，但是它至少在同样大的程度上也出于根本的战略权衡，因为积极弘扬它可以得到重大裨益。这

---

① 参见近来英国《金融时报》和路透社就当今形势下中国这一对外战略特征表现所作的几篇切实的评论：Geoff Dyner, "Beijing Hesitates at the Global Threshold", *Financial Times*, November 21, 2008; David Pilling, "Foreign Policy: Assertiveness Alongside A Message of Peace," *Financial Times*, November 21, 2008; Chris Buckley, "China Weights Assertion and Caution in U.S. Shadow," Reuter, January 20, 2009.

② 这里关于和谐世界理念的论说大致沿用时殷弘："成就与挑战：中国和平发展、和谐世界理念与对外政策形势"，《当代世界与社会主义》2008年第2期。

③ "Smile Diplomacy," *The Economist*, March 29, 2007.

首先是因为与和谐世界理念难分难解的中国和平发展战略，该战略如下所述，具有了不起的裨益。与此相关的一项基本的战略常识在于：在国际政治中，经宣告的基本态势、根本祈求和政策宣示方式与具体的政策行动一样重要。

二

同样与毛泽东时代相比，经过改革开放，中国对外战略思想的根本纲领有了变更。它可以最简要地概括为和平发展。和平发展在最起码的意义上直接地意味着两件事情：第一，中国要发展成为世界强国；第二，中国要成为世界强国而不经过强国间的全面战争和强国间经久的冷战对抗。与此同时，和平发展还在几乎同样起码的意义上比较间接地意味着第三件事情：中国要争取成为的是可持续的头等强国，而不是先前世界现代史上屡见不鲜的迅速崛起而后迅速跌落的强国。在不经过强国间的全面战争和经久冷战对抗的意义上和平发展，很大部分意义在于避免这两种代价（直接和间接的、短期和长期的多方面代价）可能非常巨大的事态，这不仅是达到头等强国地位的需要，也是经久地维持这一地位的需要。

和平发展有明显的根本大战略裨益。和平发展在绝大部分时候、绝大部分方面压倒性地依靠广义的"软权力"，即和平的、非军事的权势资源和权势行使。所有这些力量的特征在于其非暴力伤害性、渐进累积性、广泛弥漫性以及很大程度的互利性，相对而言最不易阻挡、最少引发强烈阻力、成本最小化和后果最可接受，因而兼具有效和合算这双重好处。[①] 不仅如此，在世界政治的很大部分变化着的基本性质中，和平发展有颇为坚实的基础。如前所述，与先前的历史时代相比，世界政治的基本性质正在经历重大变迁。在这变迁中，和平发展符合世界政治的基本潮流，具有获得伟大成功的相当

[①] 本文作者在四至五年以前已经如此指出了和平发展（当时称"和平崛起"）的根本大战略裨益，见时殷弘："中国和平崛起只是可能不是必然——从对外关系角度论中国崛起的条件"，《中国与世界观察》，2005年第1期。

大一部分根本保障。

一定意义上可以说，在某些格外困难和久经周折的问题上，按其情势具体贯彻中国对外关系中的和平发展战略尤为紧要，也尤其能够表现它内含的坚定不移、富有耐力和因势利导特征。当代中国面对的朝鲜半岛问题就是其中特别突出的一个。无疑，中国近六年来就朝鲜核问题屡遭艰难和挫折，而且这样的经历大概还会持续下去。然而，它们需要被置于更广的视野和更深的"景深"中，那就是与中国的和平发展及其半岛政策表现密切相连的区域地缘政治经济全局，连同其长久未来。由此呈现出来的图景显得对中国有利得多。最具决定性的大事态是中国近年来崛起为具有巨量国际经济联系的巨型经济大国，并且由此具备了规模和可有效能非先前可比的区域政治影响资源。

尽管未免某些失误和缺陷，但中国多年来的对朝和对韩政策行为从主要方面看，仍然颇有利于中国的半岛影响力的保存、积累和建设。中国在无保留地坚持朝鲜半岛非核化和维护东北亚和平稳定、反对朝鲜拥有和发展核武力的同时，坚持不为非核化而全然疏离朝鲜，在对朝关系受损后寻求一切机会争取关系回暖，以格外的毅力长期忍耐出自对方的困难；中国持之以恒地以最大援助国身份援助朝鲜，同时操作对朝贸易和投资，在朝鲜的经济交往国行列中遥遥领先。对于韩国，中国除一直积极发展经济关系、以致成了韩国的最大贸易伙伴外，还控制和致力于消减中韩间的历史争执以及其他一些争端，并且近一两年来谋求进一步发展两国间的政治关系，特别是在2008年5月与韩国一起，宣布将中韩关系提升为"战略合作伙伴关系"。中国对朝韩两国的大致可谓"齐头并进"的政策努力提示，中国在以几乎特有的耐心和耐力，"从容"追求自己在半岛的、与半岛和平稳定和经济发展密切相连的长远利益，并且保持和拓宽未来的政策选择余地。"路遥知马力"，这句中国成语是对半岛国际政治未来和中国和平发展战略的最好比拟。[①]

如前所述，和平发展部分地基于世界政治基本性质的变迁。然而同时应

---

① Shi Yinhong, "China and North Korean Nuclear Issue: Competing Interests and Persistent Policy Dilemmas," *Korean Journal of Defense Analysis*, Vo. 21, No. 1, pp. 42–44.

当强调,这变迁虽大但仍然有限。世界政治并未与过去时代的基本特征全然割裂。权势政治依然是世界政治的一个重大维度,政治经济学意义上的核心——外围关系和世界资本主义体系的深刻的内在矛盾也同样如此。领土—军事安全仍有重大意义,先进的武装力量和坚强的国防意志仍是在军事强权等安全威胁面前捍卫自己的一种必需。国际政治和世界经济的较大公正,仍然是一切既追求自身合理利益也怀抱真正正义情感的国家肩负的一项基本义务。不仅如此,在全球化、发达强国和跨国资本面前,特别是发展中国家有着诸多固有的或新增的易受伤害性,防范、控制和消减它们关系到独立自主、国家安全和社会健康,并且与改造自己和改造世界这两项俱为必需的任务紧密相连。对此,中国政府和多数中国人民没有忘记,没有轻视,同时也懂得不应粗糙简单地对待。

三

粗略地说,改革开放的根本精神或首要经验就是与时俱进,或曰经过创新性的调整去适应时代变迁和世界变迁。"创新适应"(creative adaptation)是最重要的战略素质,对内和对外两方面俱如此。就当今中国而言,它的一个根本前提,在于以真正的政治决心和奋斗勇气,本着科学发展观,非常坚决和认真地处理改革开放以来与伟大成就并存或交织的重大瓶颈问题,特别是相当严重的贫富差距、城乡差距、地区差距、生态恶化以及它们的一大共同原因——不健康和待转换的经济发展方式,与此同时准确辨识、积极应对甚而有效利用世界政治经济文化的变迁或变迁趋势,它们近来由全球性金融危机和经济衰退最突出地表征出来。中国现在与改革开放启动以来的几个关键时候一样,尤其需要记住世界政治大局和潮流的能动性,记住经过创新性调整去适应这能动性的必要,继续高度具备勇于探索、勇于实验、敏于审视、敏于调整的战略素质。

大思想家阿诺尔德·汤因比在其巨著《历史研究》中,依据对世界众多文明的漫长历史的统一思考,非常着重地讲过类似的道理:文明的成长是个连续的过程,对此"新的创造性调整"最为紧要;"停滞了的社会曾赢得了这第一轮(生成性的创新),但由此保证了它们自己在下一轮的失败",因为"它们造就了倔强难御和僵硬不灵的体制,后者阻绝了任何进一步的社会发展"。成长的关键在于"从现有成就进至新的奋斗,从解决一个难题进至面对另一个难题,从短暂的停滞进至重新运动";要经久不息地如此,"就必须有一种锐气,它承载被挑战方……面对新挑战,并且由此激励他做出新回应"。援引2500年前埃斯库罗斯的著名悲剧,汤因比将这锐气——为有创新性调整以成功回应新挑战而必需的锐气——称作"普罗米修斯锐气"。①

最简略地说,历史性成功的根本保障就在于"普罗米修斯锐气"。目前和今后一段历史时期里最重要的,就是要在力保中国经济较高增长速度和坚持改革开放的同时,鉴于中国内外瓶颈问题的一大共同来源,以胡锦涛主席倡导的科学发展观为纲,努力转换现有的经济发展模式,使中国的发展成为真正健康和确实可持续的。跨过了这个大门槛,中国就能在世界政治中继续大幅度腾升。

需要坚决确立一个战略观念乃至相应的战略规划本身,那就是应对眼前紧迫要事固然必须只争朝夕,贯彻科学发展观也一样要只争朝夕。正确的大战略的基本要求之一在于坚决地将最重要、最优先的利益或目标当作关注重心和努力焦点,争取排除或控制一切对不忘根本目标的可能的干扰。用伟大的战争哲学家和战略思想家卡尔·冯·克劳塞维茨的话说,在实践中总是有"成千上万分心之事",总是有"令人混淆、首尾不一和含糊不清的种种情势",它们往往使得坚持原本的战略目的变得甚为困难,这就要求作为大战略统帅的政治领导人不被"甩出轨道",并以其洞察和足够的精力克服无数下属中间必有的相反倾向。②

全球性金融危机和经济衰退有其深刻的心理性和思想性冲击,世界的政治文化和价值信仰体系由此受到了强烈的影响。正如美国前驻华大使芮效俭

---

① Arnold Toynbee, *A Study of History*, a new edition revised and abridged by the author and Jane Caplan (New York: Weathervane Books, 1972), pp. 127–140. 引语见 pp. 131, 132, 135, 136.
② Peter Paret, "The Genesis of *On War*", in Carl von Clausewitz, *On War*, edited and translated by Michael Howard and Peter Paret (Princeton: Princeton University Press, 1976), pp. 16–17; Clausewitz, *On War*, p. 580; Bernard Brodie, "A Guide to the Reading of *On War*", in Clausewitz, *On War*, pp. 656–657.

在金融危机伊始时所说,这场大危机使得西方资本主义市场经济和自由民主制的据称的优越性严重不定,人们开始大为怀疑这些是不是应对世界严重问题的最好办法。① 在各大洲许多国家,所谓"盎格鲁—撒克逊经济模式"(或就其政治经济和意识形态维度而言"华盛顿共识")确已遭受广泛的信誉减损,而在中国,这减损无疑比在多数其他国家更厉害,特别是因为中国对自己惊人的经济成就与其根本来源的相对自信,它们主要出自中国自己的"中国特色"基本行事方式,外加对西方的改造性的"借学",即按照中国情况有取有舍的借鉴。

事实上,大致从 2003 年往后,中国的最高领导就愈益强调,在中国的急剧经济腾飞中那些以社会正义、均衡发展和环境保护为代价的显著昭彰的一切,包括"自由放任"式的市场经济、仅对国内生产总值(GDP)的狭窄执迷以及对经济全球化的不加分辨的融入等等,是不可持续和愈益危险的。美国、欧洲大部和其他地方因金融危机和经济衰退发生的状况只是进一步强化了中国的一种至关紧要的确信,即必须走一条与西方自由主义模式及其"中国版本"大为不同的中国特色道路,与此同时保持运用中国本土的和外国的、关于市场经济及其健康的社会涵义的积极经验。对于中国特性的这种信念不同于中国传统的或儒家的信念,后者将自己的"中国价值观"当作天然普遍使用的价值观。当代中国特性信念可以说是近乎特殊主义的,不假设对中国最好的必定对世界最好,正如它拒绝相信对美国、欧洲或(前)苏联最好的必定对中国最好。

甚于先前任何时候,全球性金融危机显著地表明了美国和中国各自国民经济中的重大弊端,它们在一定意义上都出自"西方自由主义模式"。它们在国际舞台上的最突出征象是中国的经年巨额贸易出超和美国的经年巨额国际债务。在中美关系中,这巨额出超有它的经年对应物——中国对美国财政部债券和其他美元资产的巨额购买。毫不夸张地说,这是当前世界经济的一大病态或病理:中国(还有日本)出借巨款给美国,以此在颇大程度上维持

---

① Ambassador J. Stapleton Roy, "30 Years of US-China Relations, and the Next 30 Years," Audio transcription, October 10, 2008, http://www.iie.com/events/event_detail.cfm? EventID = 88.

美国财政和消费的很不健康的结构,其特征大致为少有制约地狂乱花钱,与此同时美国能够由此给中国提供一大不可或缺的市场,让中国能向美国出售多半为劳动密集型的商品,其生产在颇大程度上处于一个同样不健康的、以"GDP 执迷"为特征的发展模式框架内。这一经济互动逻辑可以并非玩世不恭地描述为"中美彼此宠坏",并在相应的程度上"宠坏"世界。

因此,从全球眼光看,世界各大国的根本瓶颈,都在于使各自的社会拥有优良和有真正持续活力的生活方式和发展方式,它同时可以蕴含世界主要难题的解决方向。它们之中究竟哪个能做到或先做到这一点现在尚无答案,但这将在更长远的意义上决定世界格局和世界秩序。这就是我们当今和可以预见的未来时期里在世界政治经济中从事的最根本竞争,赢则久盛,输则必衰。

四

当代中国是中国传统之内和之外的中国。它以改革、包括对内对外国策改革超越了先前的中国传统,但同时又以复杂精致的深刻的方式承继了中国传统,从而是中国和中国特色的。在此,可以选取几个与对外态势和对外政策深切相关、但比它们更为广泛的观念和行为特征,指出它们的传统中国特性,并且部分地总结并且展望中国的国家方向和对外政策方向。

有一个中心观念——"维护"(用著名的新加坡中国学权威王赓武教授的话说)[①]——深刻地嵌在传统中国的历史和当代中国的改革实践之中。"维护"作为中国漫长历史的主题之一,意味着一项沉重的任务,即保持中国这一巨型国家统一完整,并且多少稳定和平。在传统中国,它强调的是中国历朝历代如何经受住外族入侵、征服和内部造反,而在当代中国它突出的是中国政治领导在这么一种巨大和经久的努力中的坚毅、灵活和才干,亦即

---

① Wang Gungwu, "China's Return," in his *Ideas Won't Keep: The Struggle for China's Future* (Singapore: Eastern Universities Press, 2003), pp. 4–5.

尽管有非凡的改革带来的巨大变动，但仍保持国家统一、政体稳定甚而社会繁荣。确实，"令人印象深刻的是在毛泽东时代经受长期教育和熏陶、并且特别在"文化大革命"期间经受重大折磨的一两代人，依然能够进行创新性调整以适应新的挑战"，依然能够在改革的同时维护中国的稳定和团结，这与苏联发生的情况完全不同。① 这就是美国最著名的中国问题学者之一黎安友所称甚或所赞叹的"威权主义柔韧性"，② 或者说依靠创新性适应的"维护"，而非僵硬刻板和模仿照抄的"维护"。毫无疑问，对当代中国政治领导来说，"维护"的基本含义之一，并且是其最好的中国传统意味上的基本含义之一，在于确保包括西藏、新疆和台湾在内的中国边疆地区，确保它们经久处于中国之内。世界上没有任何人能够怀疑在这方面他们的决心和中国人民给予他们的支持。

最传统的中国特性之一，或曰中国的世界观理念之一，是可称为"支配宇宙万物的生物式循环"理念，加上它的政治版本即王朝循环理念，即"政治成功和繁荣难以避免地继之以衰落和倾覆"。③ 对中国当代政治领导来说，这在他们的心中必定相当重要和适切，特别是因为他们自己在改革时代以前中国的不良或错误治理中的个人经历，连同改革带来的充满困难的转变。这方面最近的突出表现，就是胡锦涛总书记在纪念十一届三中全会30周年大会上的如下话语："我们深刻认识到，党的先进性和党的执政地位都不是一劳永逸、一成不变的，过去先进不等于现在先进，现在先进不等于永远先进；过去拥有不等于现在拥有，现在拥有不等于永远拥有。"④ 这一意识和认识大大增进了中国政治领导的一种关切，即关切他们给中国人民带来了多少裨益，从而大大加强了他们的警觉、审慎、忧患感、勤勉精神和政策创新精神，同时也使他们决心并真诚地向邻国和世界宣告永远不搞霸权主义，永远不试图恢复任何形式上的"中华帝国"。

---

① Ibid.
② Andrew J. Nathan, "Authoritarian Resilience: Institutionalization and the Transition to China's Fourth Generation," in Christopher Marsh and June Teufel Dreyer, eds., *U. S. – China Relations in the 21st Century* (Lanham, Maryland: Lexington Books, 2003).
③ Wang Gungwu, "Chinese Society and Chinese Foreign Policy," in his *To Act Is to Know: Chinese Dilemmas* (Singapore: Eastern Universities Press, 2003), p. 89.
④ 《人民日报》2008年12月18日。

对道德的强调"在其所有方面显然是中国特色的",① 深深地植根于中国传统之中。就领导人的关切和政府的政治纲领而言,当代中国对道德的强调有其国内方面。在国际方面,与中国赫然崛起相伴随,胡锦涛提出了"和谐世界"理念,最突出的是在 2006 年 4 月 21 日在耶鲁大学的演讲。在其中,他强调传统中华文明的四大特征,因而相当明白地示意了中国关于世界秩序的道德/政治理想:中华文明注重以民为本,尊重人的尊严和价值;注重自强不息,不断革故鼎新;注重社会和谐,强调团结互助;注重亲仁善邻,讲求和睦相处。② 未来的历史学家有可能将这篇演说和某一两篇类似的文献当作类似于伍德罗·威尔逊"必须让民主安存于世界"演说和罗斯福—丘吉尔《大西洋宪章》那样的东西,亦即一个崛起中的世界强国关于一个道德上较好的世界应当有什么性质(而且后来确实大抵有了这样的性质)的历史性宣言。③ 然而,在目前和大概在可以较明确地预见的未来,中国内外的人们对此容易有怀疑或重大保留,不仅因为道德与利益、公理与强权之间或许永远的常有的紧张,而且因为"事情先前从来不是这么进行的"。④

甚于 1945 或 1990 年以来的世界上的任何其他大国,当代中国的对外政策有其压倒性的国内功能。换句话说,如此比较起来,当代中国在操作对外关系时几乎独特地"执迷于"国内目的。这一中国特性大有助于当代中国的"战略集中",它那么有利于中国近二三十年来的非常突出的经济成长和社会稳定成就,也大大促进了中国总的来说保守或谨慎的对外政策战略文化,并且大概会助成未来中国在获取外部政治影响和权势存在方面与相反情况相比

---

① Wang Gungwu, "Chinese Society and Chinese Foreign Policy," in his *To Act is to Know*, p. 90.
② 《人民日报》2008 年 4 月 24 日。
③ 西方的某些人已经颇有洞察力但深怀忧虑地意识到了这一可能性。其中一个就是文笔流畅和富有特色的《纽约时报》记者和专栏作家霍华德·法兰奇(Howard W. French)。在"如果北京是对的会怎样?"("What If Beijing Is Right?",载于 *International Herald Tribune*, November 2, 2007)一文中,他写道:"如果一个国家能在不变成(传统意义上的)'强国'的情况下变得强大,或至少不带任何就'强国'称号我们业已习惯的含义而变得强大,那会怎样?贸易和投资将在世界各处扩展和兴旺,而且在每个场合并对所有有关者结果都是'双赢'。如果这个强国不需要施展强力,不需要军事同盟,不需要对外干涉,不需要搞任何种类的制裁,那会怎样?对外政策或许能被归结为呼吁我们大家只是朋友。而且最后,如果所有各国间的事务能够严格地在互相尊重和首先是互不干涉内政的基础上进行,那又会怎样?难道没有可能出现冲突的全然消退和国际紧张的全然消退?……不管它是中国的行事还是中国的言谈,这些都是中国引发的问题,其崛起——人们在这些日子里看到——差不多到处都清晰可见。"
④ Ibid.

进展较慢。对邓小平与其后继者们来说，经改革和"维护"而来的国内经济成长和社会稳定就是意识形态本身。诚然，中国强劲的崛起，国内增长对外部市场和资源的迅速增大的依赖，像当前全球经济危机那样的扩展国际影响的机会，还有更大的民族荣耀的天然吸引力，并非全无可能结合起来导致对外态势的基本变化，使中国改变压倒性的国内优先惯例。然而尽管如此，基于多年经验的审慎和耐心的战略文化，加上一个巨型发展中国家的近乎经久的国内困难，仍然并且仍会坚定地将中国对外态势保持在"较温和的调整和有分寸的伸张"的限度内。①

有一项晚近增添的中国特性，是中国当代政治领导（并通过他们大多数中国人民）对真正至关紧要的一点的坚定信仰，那就是坚信中国特性本身（"中国国情"）与其对从事"维护"、改革和发展的压倒重要性。② 他们至今的成功提供了中国当代爱国主义的一大源泉。"中国特色社会主义"至今的伟大成功恢复了中国人民在"文化大革命"灾难之后的自信，在当代西方早先的耀眼成功（那导致西方曾得意地以为"历史终结"）面前的自信。这自信目前在全球性金融危机和经济衰退背景下发展到了一个新的高度，它们进一步大损西方的威望，并且大大增进了西方对中国的依赖。它对中国对外政策的影响明白可见。"中国在某些方面正变得更为伸张。"甚于他们的政治领导和政府，中国人民——用一位著名的美国全国广播公司记者在中国旅行三周后的话说——"已采取先前是美国变得伟大的态度：乐观主义、生气勃勃、爱国主义、能干精神和让下一代比自己生活得更好的决心。"③ 它的对外政策含义可以比较间接，但它的影响无论如何将是丰富的和最具强力的。

---

① 路透社记者援引笔者所言，见 Chris Buckley, "China Weighs Assertion and Caution in U. S. Shadow," Reuter, January 20, 2009. 一个人根据富有经验的观察可以猜测，甚至这种有限的"伸张"往往也反映了优先或重要的国内需要，即与获得国内公众赞扬和更大拥护相关，或者与防止或扭转部分国内舆论对于某些对外政策"过软"的抱怨相关。

② 在这个关键的方面，毛泽东在很大程度上准备了他们，靠的是他坚持、倡导和教诲根据中国的特定国情决定中国革命的战略，坚持抵制共产国际及其言听计从的中国代理人将革命"普遍主义"加诸中国共产党。这不仅在中国共产党历史上有巨大意义，而且在19世纪末期以来的中国思想史和精神史方面有巨大意义。可以说，这一准备是如此深刻和有效，以致邓小平及其党内主要支持者以一种与毛泽东此前使用和教导了几十年的根本思想方式甚而论辩话语，去纠正毛泽东本人在建国以后的革命"普遍主义"，从而开启和发展了当代中国改革这伟大的中国创新。

③ Martin Fletcher, "The Chinese Dream Has Replaced America's," *The Times*, August 23, 2008.

然而审慎，甚至上面说的"支配宇宙万物的生物式循环"理念，已经是决定中国当代政治领导的行为方式、包括他们的对外政策方向的一大常在要素。而且，至少在下一代人时间里大概仍将如此。因为，当代中国领导和人民念念不忘最大甚或最经久的中国特性之一，那就是"强大的中国，羸弱的中国"。① 这是改革开放以来中国内外政策的一个经久的基本主题，对中国人自己和对外人来说大致都是如此。中国在拥有她很可能辉煌的前景的同时，将面对未来若干重大和严峻的挑战。然而，最基本的挑战依然是中国的巨大的幅员和人口：或许这是中国的国内任务、世界地位和对外政策形势的最大常数。无论是在传统中国，还是在现代或当代中国，这都是中国力量的根本源泉和中国自豪的重要依据，但也总是中国相对艰难的一大缘由和中国经久奋斗的常在鞭策。中国不易，但中国必胜。

五

近60年来，这么一个中国就是有着鲜明和能动的中国特性的、传统之内和传统之外的中华人民共和国。回顾它的60年历程，同时概览它由以产生的中国现代革命，并且将中国的这些现当代史放到世界政治和世界历史的宏大背景之中，就可以透视出它对世界政治和世界历史的伟大贡献，从而激励中国在其中的信心和感知中国应有的根本方向。

首先，中华人民共和国经过它从中诞生的伟大革命，经过它实现的国家统一，也经过它决定性地推进的中国强盛化，消除了这么一个往昔的中国：从鸦片战争到1949年极端羸弱，因而作为一个极重要的原因，促成了19世纪后半叶和20世纪前半叶东亚动乱不已、战争横生的局面，因为中国的羸弱总是吸引欧美列强和日本在中国这巨型大国及其周边外围进行帝国主义侵略、瓜分、竞争乃至重大战争。而且，由此还两度极重要地助成了世界的大动乱和大冲突。主要在极端羸弱的中国境内，1904至1905年日俄两个帝国

---

① Wang Gungwu, "Strong China, Weak China," in his *To Act Is to Know*, pp. 108–125.

主义国家打它们之间的日俄战争，俄国的战败导致沙皇政府被迫停止在东亚的大规模扩张，将主要扩张矛头转向巴尔干，从而大大加剧了与奥匈帝国的争夺，铸成第一次世界大战的最重要成因之一。此后，还有第二次世界大战的形成与中国羸弱的关系：第二次世界大战的最初起点可以说并非晚至1939年德国进攻波兰，而是1931年日本发动侵占中国东北的"九一八"事变，而日本侵略的一个重要诱因，在于中国军阀混战、国家分裂，积贫积弱，吸引和加剧了狂暴的日本军事帝国主义野心，并且由此参与酿成了影响极大的第二次世界大战。中华人民共和国改变了这一切，因为中国经过革命而来的统一、其后60年奋斗维护的统一和实现的国家强大，根本消除了上述历史悲剧的一大成因。实际上，这对二战以后的世界朝比先前远为和平、稳定甚而正义的方向发展做出了巨大贡献。就此而言，对世界政治的重大改观或进步来说，中华人民共和国的建立和崛起乃势所必须。

第二，中华人民共和国经过革命建国的首要目标，在于实现中国的全面独立；此后，新中国在建国初年迫不得已但英勇决绝地参与朝鲜战争，进行令当时几乎不可一世的美国大为吃惊的抗美援朝；再后，60年代后期，中国以几十万战斗辅助部队间接参与越南抗美战争，并且担当这场战争的"大后方"。这一切的一大决定性结果，是挫败了美国的"东亚帝国"抱负。中国革命就像当年美国人说的那样，使美国"失去了中国"；不仅如此，假设没有中国在二战后亚洲两场最大的战争中给朝鲜和越南提供关键性支援，致使美国赢得这两场战争，那么大概少可怀疑，我们生活于其中的东亚将是一个东亚美利坚帝国。不仅如此，中国革命，连同中华人民共和国的独立的世界政治作用，削弱了美国在世界其他地区的优势，使得美国不可能达到相反情况下可能达到的莫大霸权。

第三，由于中国共产党和中华人民共和国的独立性，由于中国对苏联霸权主义的经久抵抗、阻挡和损伤，包括损伤苏联在世界其他地区的控制或扩张，因而从1960年中苏两党正式分裂到1985年戈尔巴乔夫上台后苏联对外政策转变，大致历经25年，中国实际上挫败了正在扩张的苏联"社会帝国主义"帝国。这非同小可地有利于所有处在苏联控制和受其扩张严重威胁的国家的独立和自主发展，而且首先有利于中国自身的独立和自主发展。如果没有中国的这一重大作用，苏联霸权主义和现已失败了的"苏联模式"将被莫斯科——那么热衷于权势输出和模式输出的莫斯科——强加于中国和许多其他国家，它们独立和相对健康的发展将失去很大部分可能性。

第四，中华人民共和国从50年代万隆会议开始，是第三世界运动的主要发起者和主要促进者之一，而且直到当今仍然坚持维护世界广大发展中国家的基本利益和基本诉求，同时坚持不干涉它们的内政，平等对待发展中的弱小国家。由此而来，中国大大促进并继续促进着世界权势结构、世界政治文化和国际规范的进步性转变。国家主权、国家独立、互不干涉等基本的国际法原则与先前相比在当代世界远更牢固，同时禁止殖民主义、种族主义和种族歧视等国际法和国际道德规范得以生成和确立。这些与中国的国际作用、包括参与发起第三世界运动和和坚持促进发展中国家权益有很大关系。作为完全独立和规模最大的发展中国家，中国的行为对国际政治的结构、文化和规范的转变趋势贡献重大，对世界历史开始新时代即非西方国家参与主导的时代贡献重大。

第五，由于1978年以来基本上很成功的改革，连同几乎令世界不断惊讶的迅速和巨大的发展，中华人民共和国大大提高了占世界人口六分之一的中国人口的生活水平，大大改善了巨型大国中国的经济社会状况，由此显著增进了世界的稳定和繁荣。反过来说，假如有十二三亿人饿肚子，缺房住，少就业，不稳定，世界肯定会比现在糟糕得多；假如现在世界还有十二三亿中国人经济羸弱和社会落后，这个世界就会很不健康，更不自在，甚或用比喻的方式说外表丑恶且内心严重欠安。不仅如此，中国的发展和改革实际增添了新的潜在巨大的国际公益提供者：中国对世界金融、世界贸易和国际安全的贡献已经大为增长，而且由于改革开放以来中国对世界的新认识和迅猛增长的国力，中国正在迈进作为国际公益主要提供者之一的门槛，或正在接近这个门槛，特别是在国际金融、国际贸易和东亚安全领域。中华人民共和国在越来越多地履行毛泽东的一句至理名言："中国应当对人类有较大的贡献。"

第六，中国同样由于始终如一地坚持独立，在1978年以后坚持改革，因改革而来经济迅猛发展，因而可以说第二次挫败了美帝国。如果从苏联瓦解和海湾战争算起，假如没有中国的早已成为世界最大谈论话题之一的勃然崛起，那么美国或许会在全世界不可一世，或用许多美国人一度相信的话说，叫"单极世界"或"历史终结"。然而，由于13亿人口的巨型独立国家中国的崛起，这幕接近于实现的想象终究没有实现。美国在苏联瓦解和海湾战争之后，似乎很接近欧洲16至19世纪的一个术语"普遍君主国"（Universal Monarchy）即普遍帝国的势头，甚至在中国也有不少人相信甚或准备接受这一局面；然而，现在的情况几乎完全不同，其最大一个原因就是中国的崛起。因此，中国的独立、改革和发展可以在很大程度上说是中国第二次历史性地挫败美帝国。综上所述，中国两次挫败了可能的美帝国（东亚和世界帝国），一次挫败了可能的苏联帝国：这表明，只要有巨型国家中国的独立存在，就不可能有哪个国家成为"普遍帝国"。联系到上面第一点可以说，中国搞不好就世界遭殃，中国搞好了就无人能称霸天下。

最后，中华人民共和国对世界、特别是世界政治和政治文化的最重大作用，大概在于中国通过自己在毛泽东领导下成功的革命，通过在邓小平与其后继两代领导主持下的改革和发展，向全世界极有力地昭示西式现代化决非现代化的唯一形态，各国人民的未来主要取决于各国人民根据本国具体情势的自主实践，谁也不能代替或主导各国人民自己确定本国的主要问题和解决问题的道路，谁也不能声称对自己好的就必定对别国人民和全世界一样好。这是中国树立的在世界现代史上先前简直没有过的巨型范例，特别是向非西方世界的人民证明不要也毋须盲从西方世界，伦敦、华盛顿或莫斯科的经验或信条决不能代替自己的探索、发现和总结。中国规模巨大，历史悠久，文化厚实并富有特征，因而中国人几千年来几乎从不认为自己可以成为其他人的附庸或精神仆从。中国共产党和中华人民共和国的领导人更强化了中国人的这种独立意识。在这个极重要的方面，毛泽东与邓小平是那么相似，中国28年的革命、中华人民共和国的前30年和改革开放以来的30年是那么相似。可以说，这三大段中国现当代历史有个统一的主题，那就是中国走自己的路。不仅如此，中国以自己的根本经验和巨大规模最有力地向世界昭告，各国人民也要走自己的路。这些在一定意义上可以说是中华人民共和国对世界的最大贡献，并且是一项应当经久支配中国对外关系方向和对外战略的当代中国特性。

顺势而为、量力而为：对新时期中国外交战略的思考[①]

贾庆国

随着中国的崛起，中国在外交上正面临有史以来最为全面和最为复杂的挑战：一方面，单极体系对中国安全的威胁继续，全球化对中国挑战增多，国际社会对中国崛起的焦虑和期待增长；另一方面，国内对海外利益保护的需求增加、要求在国际问题上有所作为的呼声增强、国内舆论对外交的影响上升。与此同时，国际国内因素交织互动，对外关系问题日趋复杂。北京奥运的成功举办和目前国际金融危机的爆发使得上述挑战更为突出。

如何应对这些挑战不仅关系到中国对外关系的健康发展，也关系到中国国家发展目标的实现。本文将对上述挑战进行系统梳理和分析，并在此基础上提出相关政策建议。

一、奥运后中国外交面临的挑战

之所以说中国在外交上面临的挑战是有史以来最为全面和复杂的，是因为这种挑战不仅来自国内外、涉及多领域，而且源于国家利益与国际利益之间的重叠和交织、国内因素与国际因素之间的联系和互动，以及理想和现实之间的矛盾和冲突，这些都使得处理对外关系问题变得异常复杂和棘手。

---

① 本课题研究曾得到北京大学国际战略研究中心资助，特此表示感谢。

1. 国际层面：

（1）单极世界的挑战

如果说国际体系反映的是国际上实力分配的实际状况的话，目前的国际体系从根本上讲仍然是一个美国主导的单极体系，这是因为作为"极"的美国无论在政治上、军事上、经济上，还是文化上的实力都远远超过其他大国。尽管多极化是个必然发展趋势，尽管美国目前深陷经济危机，国家实力相对下降，但短期内也无法看到这个单极体系被取代。在所有国际体系（单极、两极和多极）中，单极体系对崛起国家构成的威胁最大。在这个体系下，霸权国家对崛起国家敏感度最高、容忍度最低且最有能力阻止崛起国家的发展。在单级格局下，其他主要大国出于自身利益考虑，不仅不会主动联合对付"极"国家，而且在"极"国家和崛起国家发生冲突时，很可能还会通过讨好"极"国家以规避风险和实现自保站在"极"国家一边。随着崛起国家的崛起，"极"国家国内许多人对崛起国家的担心与日俱增，要求政府对其采取遏制措施的声音不断增强。与此同时，随着国家实力的提升，崛起大国内部主张采取积极进取甚至扩张政策的声音不断增强，两者之间的互动使得"极"国家和崛起国家之间的关系矛盾和冲突在所难免。上述情况都使得单极格局下"极"国家和崛起国家之间和平相处非常困难，后者和平崛起面临的形势严峻。①

随着中国国家实力迅速增强，单极体系对中国安全构成的威胁不断上升。出于各自的考虑，作为"极"国家的美国已经在实施针对所谓中国"威胁"的防范性措施，如加强在西太平洋的军事同盟关系，加强美军在亚太地区的部署，以及谋求和印度建立战略关系等等做法。面对上述情况，其他主要大国不仅没有像现实主义理论预测的那样采取联中制美的做法，有些国家如日本和澳大利亚还积极配合美国针对中国采取各种防范措施。上述情况，如果中国处理不好，美国对中国的担忧和戒备就有可能转化为对抗和敌对，其他一些主要大国可能会选择跟美国站在一起，从而导致中国国际环境

---

① 贾庆国，《单极世界与中国的和平崛起》，朱云汉、贾庆国主编《从国际关系理论看中国崛起》，五南图书出版有限公司2007年版，第3~22页。

恶化，干扰甚至阻碍中国的发展和现代化进程。

（2）全球化的挑战

首先，改革开放以来，特别是加入世贸组织以来，中国对外开放程度不断提高，中国与外部世界经济关系的日趋紧密。中外经济关系的密切一方面给中国利用国际资源（资金、技术、人才和管理经验）推动国内改革和加速国内经济建设提供了重要的动力和保障，另一方面也使外部经济对中国经济发展的影响急剧增加且呈不断扩大态势，后者主要表现在中国经济对外部市场的依赖程度不断上升，工业生产所需的能源、原材料和半成品进口大幅增加，制成品出口销售迅速扩大，对外经济关系对国家发展的重要性日益突出。

我国对外贸易依存度（出口占GDP比重）[①]

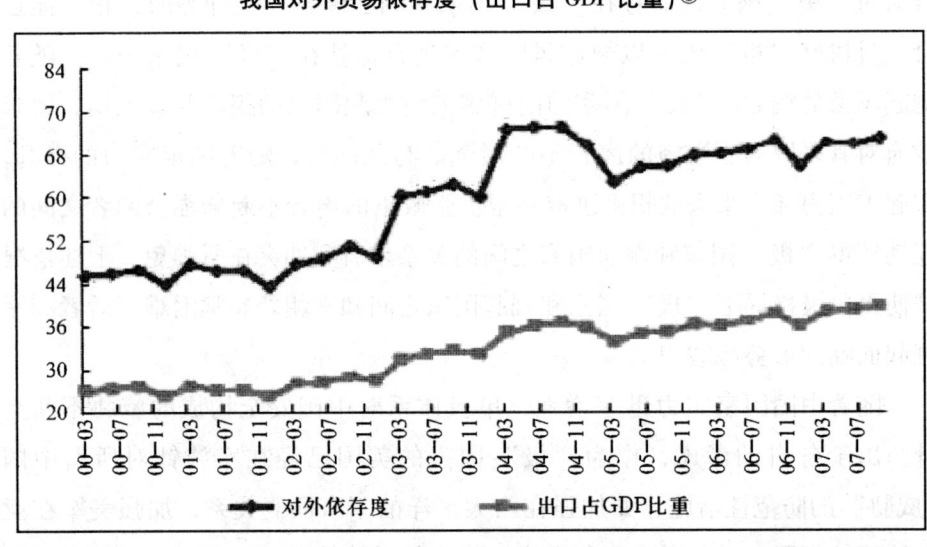

经济对外依赖程度的增加，使中国面临来自外部日益增大的政治、经济和安全的风险和挑战：国际敌对势力有可能利用中国对外部经济的依赖在一些问题上对中国施压，国际间保护主义的做法有可能对中国经济发展构成严重威胁，国际恐怖主义活动有可能对中国经济发展造成严重伤害，国际经济

---

① 美尔雅期货：《经济研究：08年将是中国经济各层面重要转折年》，http://www.mykj.gov.cn/new_Detail.aspx? newsId=9245。

动荡有可能对中国经济发展造成严重冲击。如何有效应对上述挑战直接关系到国家政治的稳定和国家经济是否能够实现可持续发展。

其次，中国经济规模的扩大和与外部关系的密切也使非传统安全问题对中国的威胁上升，且有加速态势。除了前面提到的经济安全威胁增加以外，来自能源、资源、跨国传染性疾病、跨国犯罪、环境、气候、恐怖主义等方面的挑战也在增加。如随着国家工业化进程的加快和轿车逐步进入家庭，中国对能源，特别是对石油的需求迅速上升。① 在此背景下，对能源需求的增长远远超过国内生产的增长。以石油为例，据国家有关部门估计，2010 年中国石油消费量将可能达到 4 亿吨左右，而 2005~2020 年中国国内的石油产量只能维持在 1.8~2.1 亿吨的水平，缺口将越来越大，只能通过进口石油来补足。有人预测，到 2010 年中国对进口石油的依赖度将达到 50%，2020 年将达到 60%。② 近年来石油价格的剧烈波动加剧了对外部石油高度依赖对中国经济的负面影响。最近，国际金融危机的爆发暂时压低了国际石油的价格，但从中长期看，我国传统能源短缺趋势并未扭转，中国对外部石油和天然气的依赖将继续增加。能源供应和价格的不确定性对中国将继续构成严峻挑战。

中国经济规模的扩大也使中国对外部资源的需求持续增加，对某些资源的进口甚至形成高度依赖。以铁矿石进口为例，由于中国国内生铁、钢及钢材的产量增速超过国内铁矿石产量的增速，从而导致铁矿石进口大幅增加，中国成为全球最大的铁矿石进口国，2005 年全年进口铁矿石 2.75 亿吨，规模以上钢铁工业对进口矿的依存度为 53.3%，国际市场铁矿石价格的波动直接左右国内钢铁行业的经济效益。③ 如何在对海外资源需求不断上涨的情况下有效应对其供应和价格波动问题是新时期处理对外关系的另一严峻挑战。

2003 年 SARS 的爆发凸现了跨国传染性疾病对中国安全的影响。一方

---

① 《2007 年中国石油进出口状况分析》，中商情报网，http://www.askci.com/freereports/2008-04/200841585627.html。
② 《经济研究：08 年将是中国经济各层面重要转折年（二）》，
http://www.mykj.gov.cn/new_Detail.aspx? newsId =9245。
③ 《市场对我国铁矿石进口依赖度有高估之嫌》，《上海证券报》，2006 年 06 月 21 日，http://big5.xinhuanet.com/gate/big5/news.xinhuanet.com/fortune/2006-06/21/content_4725235.htm。

面，它使中国突然处于极度危险状态，人民生命受到威胁，经济受到冲击，对外关系受到影响；另一方面，它暴露出中国公共卫生防疫体系中存在的诸多缺陷和问题。在跨国性传染性疾病有可能给国家造成毁灭性影响的情况下，中国在加强自身公共卫生防疫体系的同时，如何通过国际合作有效应对跨国传染性疾病威胁，是中国外交面临的新课题。

随着中国与外部世界关系的密切，涉及中国跨国违法犯罪现象越来越多。非法移民、毒品走私、洗钱、制贩假钞、拐卖妇女、贪官外逃等现象屡禁不止，外国人在中国"三非"（非法入境、非法居留和非法就业）问题明显增加，这些都对中国社会治安、人民健康和经济安全构成日益严重的威胁。如何通过国际合作，有效打击国际违法犯罪活动，是中国必须解决的问题。

随着中国经济高速发展，环境污染问题日益严重。中国政府高度重视环境问题，并把治理环境作为政府工作的最重要的内容之一。但是，作为发展中国家，中国必须保持经济较快发展。在这种情况下，中国不得不在发展经济和保护环境之间进行必要的平衡，一些发达国家对环境问题的关注和提出的各种要求，特别是旨在应对气候变暖问题上提出的各种要求，作为发展中国家的中国还一时无法满足。如何有效地平衡日益增长的保护环境、节能减排的需求和作为发展中国家发展的需要，并通过国际合作实现互利共赢，给中国提出严峻的挑战。

美国"9·11"恐怖主义袭击凸现了国际恐怖主义的威胁。虽然中国不是国际恐怖主义袭击的主要对象，但是恐怖主义对中国现实和潜在的威胁不容低估。"疆独"恐怖主义问题没有解决，"藏独"也可能走向恐怖主义，与中国相邻的部分国家（如阿富汗，巴基斯坦和印度）中，恐怖主义活动还很猖獗。特别是拥有核武器的巴基斯坦政局不稳，如果该国出现内乱，局势失控，恐怖主义势力有可能趁机夺取核武器，这将对中国构成重大安全威胁。不久前乌鲁木齐暴乱凸现了这一威胁。朝鲜核武器如何得到有效控制，也是中国面临的一个紧迫问题。

（3）中国崛起的效应

随着中国国家实力的快速增长和在国际上影响的扩大，国际社会对中国崛起的担心和期待都在迅速增加。国际社会对中国的担心涉及方方面面，包括中国日益增长的经济竞争力对本国经济发展和就业可能构成冲击，中国对能源和资源需求的扩大可能促使这些资源性产品的供不应求和价格暴涨，中国粗放式的快速工业化进程可能导致世界环境和生态进一步恶化，中国在海外利益的拓展可能引发中国军事上对外扩张，中国国家实力的增强可能引起地区和国际力量对比出现重大调整和国际安全局势急剧动荡等等。应当说，这些担心是很自然的，中国是一个大国，它的经济的快速发展必然导致国际格局的变化和对他国经济、政治和安全带来重要影响。但是，如中国不采取有效措施，化解上述担心，国外反华势力就会利用它，在国际上制造反华气候。如何有效降低上述担心是中国外交必须解决的问题。

与此同时，国际社会对中国的期待涉及的问题越来越多，涉及的区域越来越广。问题包括国际和地区不稳定、大规模杀伤性武器扩散、国际恐怖主义蔓延、人道主义灾难、国际社会两极分化、国际贸易失衡、能源价格波动、环境恶化、气候变暖、传染性疾病跨国传播、国际犯罪；区域包括中东、非洲等地域上远离中国国家的问题，如伊拉克问题和苏丹达尔富尔问题；此外还包括国际体制与机制的问题如联合国改革问题。就目前情况看，国际社会对中国期待增长的速度远远超过中国实力和能力增长的速度。最近甚至还有人提出中美共治世界的想法。如何降低国际社会对中国的期待，避免由于期待落空而产生的负面效应，成为当今中国外交面临的新挑战。

2. 国内层面

（1）对国家海外利益保护需求增加

近年来，随着中国对外关系的开展和国民生活水平的提高，越来越多的中国公民在海外学习、工作、投资、经商和旅游，中国对海外资源和市场的需求不断上升，海上运输通道的安全对中国经济发展的重要性不断提高。在此情况下，国内对通过外交保护公民在海外的合法权益，拓展海外市场和获取海外能源和资源，保护海上运输通道安全等方面的需求不断增加。据外交部领事司称，仅2007年一年就发生数以万计的寻亲、纠纷、意外事故、出入境受阻等日常求助案件，此外还发生了中国工人在尼日利亚、尼日尔被绑架，中石化公司在埃塞俄比亚项目组遭袭击，中国渔民在索马里海域被劫持,中国公民在巴基斯坦、南非等国被杀害等数十起重大突发事件,给领事保护工作提出了严峻挑战。① 在此情况下,如何有效保护中国公民在海外的合法权益和生命安全,日益提上中国外交的重要日程。

(2) 国内要求在国际上作为的呼声增强

长期以来,中国遵循邓小平提出的韬光养晦的外交方针,在国际上不当头,不扛旗,积极营造一个和平稳定的国际环境,取得了良好的效果。但是,近年来,随着中国综合国力的提升,一些人开始对韬光养晦的外交方针提出质疑。他们指出,当年中国国家实力较弱,实行韬光养晦的外交方针是正确的,但时过境迁,中国国家实力、地位和影响都大幅上升,中国不应该再坚守这一做法,在外交上应该有作为,甚至是大有作为。中国政府将如何对外交进行定位,如何向国内民众解释这种定位,无疑是项十分艰巨的任务。

(3) 民间舆论对外交的影响增大

随着国内媒体报道空间的扩大和互联网的广泛使用,民间舆论对外交部门的压力和政策制定的影响不断增大,特别是1999年美国飞机轰炸中国驻南联盟大使馆后表现尤为明显。除了专家学者在媒体上就国际问题发表看法外,网络媒体上众多网民也在国际问题上积极表态。民间对国际问题的关心给外交政策制定和实施带来新的冲击和影响。一方面,它有利于中国政府对国际问题进行多角度和较为深入的思考,汲取民间智慧,并在外交上发挥民间的作用和影响;另一方面,部分民众非理性和情绪化的要求,如要求中国政府在对外关系中的一些问题上采取极端强硬的政策,也给外交政策的制定和实施形成越来越大的压力,突出表现在1999年炸馆事件和2001年海南撞机事件问题上要求对美强硬和对抗,前些年中日关系出现问题时,有人主张中国对日外交需要"重拳出击"②,以及近两年在西藏问题上要求对欧美一些国家(如德国、法国、英国和美国)采取强硬的做法上。如何有效利用民间外交智慧,发挥民间外交的作用,同时处理好部分民众在外交上非理性化

---

① 《外交部为继续维护我公民海外权益 推进领事保护立法》,2008年1月23日,http://www.ciwork.net/article/a2008131552671.htm。
② http://bbs.financeun.com/bbs24512.html。

和情绪化的要求，对中国政府来说也是一个新的挑战。

3. 国内、国际层面互动

（1）国家利益与国际利益

随着中国与外部世界关系的扩大和深化，中国国家利益和外部世界利益之间的关系正在出现深刻和微妙的转变，过去中国与国际社会利益相对独立的状况正在被打破，国家间相互依存、利益重叠交织的趋势越来越突出，有效维护国家利益的难度在不断增大。以中美关系为例，20世纪90年代中期以后，中美关系开始出现质的变化。两国贸易总量急剧增长，美国对华投资迅速扩大，中国持有美国国债数额不断攀升，中国在国际上地位和影响增大，这一切不仅使得维护两国关系对中美两国国家利益至关重要，而且使得两国相互依存、利益重叠交织，形成一种你中有我、我中有你的局面：中美两国的国家利益日益有赖于两国关系的健康发展和国际社会的稳定和繁荣，中国和美国成为两国关系和世界秩序的"利益攸关者"。

在此背景下，双方处理两国关系时，冲突的成本越来越高，合作的需求越来越大，为了自身利益，越来越多的问题都需要双方与对方协商解决，单方面将自己的意志强加给对方的做法越来越行不通。贸易问题上，美国不能再沿用过去的方式向中国施压，因为对中国实施贸易制裁对美国的伤害也许比对中国的伤害更大，中国也不能沿用过去的反制措施，因为对美国贸易制裁的反制裁对中国的伤害也许不比对美国的伤害小。出于自身利益，美国希望中国经济稳定增长；出于自身利益，中国也希望美国经济保持稳定。美国从自身利益出发在处理某些国际问题时，如朝核问题和美元地位问题，越来越多地寻求中国的帮助，中国从自身利益出发也越来越愿意在这些问题上向美国提供帮助。中美关系中出现的这种变化在中国与世界其他主要大国关系中都有所体现。

在国内外利益重叠交织的情况下，国家利益和国际利益之间的界限越来越模糊，谋求国家利益并不等于要牺牲国际利益，维护国际利益也不一定要牺牲国家利益，如在对外经济关系问题上，对于中国来说，维系自由的国际贸易体制，不仅是国际利益也是国家利益。在处理双边经贸关系时，不再是顺差越多越好，也不再是引进外资越多越好，甚至不再是对中国越有利越好

（如果这样做给他国利益造成重大伤害的话）。一味追求单方利益、牺牲他国利益的行为，短期内似乎对中国有利，但从长远的角度看是不可持续的，对中国也是有害的。在其他国际问题上，如国际安全、防止大规模杀伤性武器扩散、反恐、环境、人权等，国家利益和国际利益相互交织、界限模糊化的情况也或多或少存在，并有不断增加的趋势。在此情况下，在国家和国际利益间进行权衡的难度不断增大。

（2）国内因素与国际因素

随着中国对外开放力度的加强，国内因素和国际因素之间的互动也在增加。改革开放前，由于中国对外相对隔绝，国内因素和国际因素之间的联系不甚明显，如在经济问题上，国际经济的走势对中国经济的状况没有多大影响，国内经济政策的调整对国际经济的走势也不会造成多大后果。改革开放后，随着中国与外部世界关系的加深，特别是近年来中国国家实力的增强和在国际上影响的扩大，国内因素和国际因素之间的联系日益密切，相互影响急剧扩大。中国经济政策的变化对国际经济的走势的影响不断增大，中国粮食生产的状况直接影响到国际市场粮食期货价格的起伏，中国能源需求和政策直接影响到国际石油的供求关系和价格波动。在安全问题上，中国国防开支的增长引起国际社会越来越多的关注，中国的武器技术出口政策直接影响到国际社会禁止大规模杀伤性武器扩散努力的成败。反过来，国际经济的走势对中国经济的发展也产生越来越大的影响，国际社会在大规模杀伤性武器问题上努力的成效直接影响到中国自身的安全。这种互动关系正在延伸到中国对外关系的方方面面。这一情况对中国统筹和协调国内政策和对外政策提出了更高的要求。

（3）理想与现实

新中国成立后相当长一段时间里，中国曾致力于挑战现存的国际秩序，试图通过世界革命，建立一个平等、公正和合理的国际新秩序。事实证明，这一做法极不现实：既无法实现理想的目标，也无助于追求现实的国家利益。上世纪70年代后，随着中国融入国际体系，中国始终在理想和现实之间不断寻找新的平衡。在不放弃改革现存国际秩序目标的同时，中国从加入联合国等国际组织、遵守国际法，到接受国际贸易、军控、不扩散、环境等国际规制，逐渐成为现行国际秩序的积极参与者和支持者。在此过程中，中国经济出现了空前的繁荣，中国安全形势明显改善，中国国际地位不断提升，中国国际影响急剧扩大，中国也成了现存国际体系的"利益攸关者"。

需要关注的是，在对外关系上，中国过去取得的成就都是在逐渐融入国际社会，接受和遵守国际规制的过程中实现的。随着中国综合国力的上升，国际上对中国的担心倍增，中国今后要和平发展也只能通过进一步融入国际社会，遵守和维护现存国际规制的过程中来实现。但是，现存国际秩序从根本上讲是不平等、不公正、不合理的，中国改革现存国际秩序的目标也没有改变，只是方式上由过去的革命方式转变为现在的改良/改革方式，用句国内通俗的话讲就是从体制外转到了体制内。在外交实践中，如何在不影响中国和平发展的前提下推动现存国际秩序的改革，也是中国在外交上需要解决问题。

二、对外交战略的思考

面对上述错综复杂的挑战，中国需要冷静分析、认真谋划，沉着应对，抓住机遇，和平发展，为中国未来在世界上发挥更大作用做好物质和理念上的准备。

1. 客观评估形势和国家实力，务实制定外交战略目标

首先，中国需要客观评估形势和国家实力，务实地制定外交战略目标。客观地讲，中国面临的国际形势仍然是严峻的，中国国家实力和能力仍然是有限的，中国外交战略的目标仍然应该是有限和适度的，中国外交手段也应当是灵活和务实的。在可以预见的将来，中国的外交战略还应坚持为国家改革和发展，争取一个和平和合作的国际环境这样一个总目标。

中国面临形势的严峻性主要表现在下面几个方面：一、在可以预见的将来，单极格局对中国的挑战很可能会继续存在。如前所述，在单极格局下，作为世界上唯一的超级大国的美国对中国的崛起是最敏感的、最难接受的国家，也是最有能力给中国的发展制造障碍和破坏的国家；在中国崛起的过程中,中美两国国内因素的互动处理不好很容易导致两国冲突;如果中美出现冲突和对抗,其他大国选择支持美国几率大大高于支持中国的几率。二、全球化对中国发展的挑战不断增加,应对的难度不断增大。全球化冲击和颠覆了传统意义上对国家主权、利益和威望的理解,主权的行使不再被视为超乎外部关切的行为,不再不受到国际监督甚至干预;国家利益不再局限于边界之内,它的实现不再取决于一国单方面的努力和追求;国家威望不再单单取决于一国硬实力的强大和国家意志的坚强。在此情况下,如何处理好全球化对中国的挑战,直接关系到中国的国家主权、利益和威望。三、国际社会对中国崛起的担心和焦虑在上升,如果得不到有效化解,这种担心和焦虑有可能转化为戒心和敌对,导致中国国际环境的恶化,阻碍甚至破坏中国现代化的进程。四、国内和国际因素互动加强,如果得不到合理引导和控制,有可能出现恶性循环,甚至引发严重的国内政治问题和导致中国与国际社会的对立和对抗。

面对上述挑战,中国不可以掉以轻心。尽管新中国成立以来,特别是改革开放以来,中国经济有了很大的发展,综合国力不断上升,在国际上的影响日益扩大,但是,由于国家人,发展基础薄弱,人均收入水平还很低,中国还是个发展中国家;中国的国家实力与美国相比差距还很大,和西方阵营比差距更大;中国在国际上理念和价值方面的影响力和号召力还很有限;中国在发展过程中还面临着许多严峻的困难和挑战,国内很多方面还需要进行深刻和艰难的改革。在此情况下,中国非常需要一个良好的国际环境,以集中有限的精力和资源克服发展面临的困难和实现改革的目标。

因此,在可以预见的将来,中国在外交战略上没有条件也不应该设定过高的目标,而是应该采取冷静务实的态度,设定有限的目标,这就是为国家改革和发展争取一个和平与合作的国际环境。

2. 顺势而为,量力而为,有所为,有所不为

如果说中国外交战略的目标是为国家的改革和发展争取一个和平与合作的国际环境的话,那么,中国在外交上就应继续保持低姿态、做实事的做法,顺势而为,量力而为,有所为,有所不为。

所谓"顺势而为",就是尊重客观现实,顺应历史潮流,在此基础上处

理对外关系和国际问题。比如说，美国主导的单极体系是客观现实，我们喜欢也好不喜欢也好，我们都必须尊重这个现实并认真地对待它。作为崛起国家的中国，在两国实力悬殊的情况下，不应该也没必要去挑战美国在国际上的主导地位，而应在确保国家核心利益的同时，采取求同存异，和平共处，务实合作，互利共赢的方式来处理两国关系。事实上，这种方式不仅是必要的，也是可行的。作为现行国际体系最大的受益者，美国主张维持世界形势的稳定，推动贸易体系开放，制止大规模杀伤性武器扩散，扭转气候变暖趋势，遏制国际犯罪和打击国际恐怖主义。这些和其他一些主张符合中国的利益和愿望，中国在这些方面加强与美国合作，既可减轻美国对中国的戒心和疑虑，也可借此推动中国的利益和扩大中国在世界上的影响。前些年中国在这方面的尝试已经取得良好的效果，如中国推动朝核六方会谈，既减少了美国对中国的戒心和敌意，又维护了中国在这一问题上的安全利益：维持朝鲜半岛和平和反对朝鲜核武器化，提升了中国在国际上的地位和影响，可谓一箭三雕。

所谓"量力而为"，就是在现有国际格局和全球化背景下，根据国家实力和能力处理对外关系和国际问题。如上所述，尽管改革开放以来中国国家实力大幅上升，但是，中国的总体实力还不强，和美国相比在许多方面还很弱，跟国际社会和中国人民的需求和期待相比还相差甚远。在这种情况下，中国不可能也不应该在国际上承担超出自身能力的责任和义务，不可能也不应该在国际上追求不切实际的目标。前不久，在国际经济危机不断恶化的情况下，国际上有不少人表示希望中国为扭转国际经济下滑趋势作出更多的承诺和承担更大的责任，中国国内也有一些人认为中国应当借机放手做点惊天动地的大事，如实行所谓中美全球共治和搞所谓"新马歇尔计划"。但是，这种要求和建议大大超出了中国现有的能力，中国不能也不应去满足这种要求或采纳这些建议，因为这样做的结果不仅不可能实现预期的效果，而且还会损害中国未来的发展前景。就目前中国的实力和能力看，中国能够做的只能是保持经济的增长和转型，并在力所能及的情况下，支持国际社会抵御经济危机的努力。

所谓"有所为"，就是在现有国际格局和全球化的背景下，依据中国国家利益和理念的需要，在国际事务中，有目的、有针对性地选择做一些事情，如参加国际维和行动、推动朝核六方会谈、援助发展中国家、加强国际能源与环境合作、打击国际犯罪、追捕海外在逃贪官、维护国际海洋通道安全和保护中国公民在海外的合法权益。在这些问题上有所为，顺应国际社会的愿望和要求，符合中国自身在国际和平、稳定、繁荣、环保等方面的利益，有助于改善中国在国际上的形象和提升中国在国际上的影响。在这种利人利己的事情上，不仅要有所作为，而且要在力所能及的情况下，多有作为，积极作为，甚至有大作为。

所谓"有所不为"，就是在现有国际格局和全球化的背景下，避免采取一些逆势而动、盲目冲动、损人不利己的主张和做法。逆势而动的做法，如在单极格局下，不顾主客观条件，主动与美国和西方国家去争夺所谓国际事务的主导权，结果只能是浪费资源，甚至是引火烧身，断送中国的发展机遇；再如在全球化背景下，闭关自守、夜郎自大、孤芳自赏，结果也是难以成事，丧失发展机遇。盲目冲动的做法，如在美国袭击中国驻南联盟使馆问题上那些主张与美国全面对抗的做法，只凭一腔热血，为了满足一时的心理需要，不考虑国家实力强弱和长远得失，不管提出这些主张的人的动机如何，如果他们的主张被采纳，势必给国家带来更大的伤害。损人不利己的做法，如在对外经济关系中主张贸易保护主义，反对买外国货，短期内，这样做可能有助于国家增加贸易顺差或实现贸易平衡，但从长远的角度讲，这样做的结果只能是导致国家间贸易冲突和萎缩，剥夺国家从国际贸易中获取比较利益的机会，可谓损人不利己。

总之，在单极格局、全球化和中国国家实力相对有限的情况下，中国在国际上能够做到的事情还不多，大有作为是一个良好的愿望，但是是不现实的，以目前中国在物质和精神上的准备，至多也只能在某些具体问题上有所作为。这是一个客观和短期内难以改变的现实，中国应该也必须面对。这样一个现实要求中国在外交中采取顺势、低调的做法，一方面做最大的努力避免与"极"国家对抗和积极应对全球化带来的挑战；另一方面，充分利用全球化和中国崛起带来的各种机遇，加快国内发展和改革的步伐，积极参与国际事务，力所能及地承担国际责任。因此，中国外交应该而且只能是：顺势而为，量力而为，有所为，有所不为。

三、具体应对思路

1. 单极体系与中国外交

面对单极格局，中国首先需要处理好与"极"国家——美国的关系。如上所述，这是一对非常难以处理、但又必须处理好的关系。为此，中国需要继续努力，加强两国间各种沟通管道，充分发挥两国间业已存在的各种对话机制，特别是中美两军之间对话机制的作用，深入探讨两国间存在的问题和需要合作的事项，积极寻求控制和解决这些问题的办法和加强合作的途径，并通过解决问题和加强合作构建两国互信的基础。在双方分歧较大的问题上，在坚决维护国家核心利益的同时，做最大的努力避免与美国对抗，即使这意味着中国不得不在一些重要但并非核心国家利益的问题上做出必要的妥协。同时，要加强对美公共外交，强调中美两国在两国关系问题上的巨大利益和中美合作对两国和国际社会的积极意义，全面介绍中国改革开放以来出现的巨大进步以及当前面临的种种困难和挑战，耐心细致地解释中国在各类问题上的考虑和做法，通过上述做法争取美国民众对中国的理解和好感。最后，中国需要根据自身的能力和需要，适度增加军费，加强国防能力，确保在中美冲突和国际安全环境恶化的情况下，有足够的军事实力维护国家安全。

2. 全球化挑战与中国外交

面对全球化挑战，在反对干涉内政和维护国家稳定的前提下，中国首先需要加快自身的改革和建设，无论是在经济领域，如完善市场机制，保护知识产权，提高科技水平方面；还是在社会领域，如改进教育、公共卫生和社会保险体系方面；还是在政治领域，如加强民主和法治，改善人权状况，都要积极稳妥地推进，都要有所作为，而且要积极作为。必须充分认识到：一个高效、合理和先进的经济、社会和政治体制是中国人民利益的根本所在，也是中国实现和平发展宏伟目标最根本的保障。

其次，中国需要针对对中国安全构成潜在严重威胁的问题进行深入研究并提出具体预案，以便在危机爆发时能够有效应对。这些问题包括国际与地区冲突、国际间贸易保护主义、金融风险、能源短缺与价格波动、环境污染、气候变化、跨国传染性疾病、恐怖主义、国际犯罪和国际海洋通道安全。如在目前面临的全球经济危机问题上，中国需要认真回答这样一些问题：世界各主要经济体采取的刺激经济的方案将会对国际经济的走势造成什么影响，这些刺激方案导致的流动性大幅增加会不会引发一轮世界范围的通货膨胀？如果会，中国应当如何应对？再如，在巴基斯坦问题上，近年来巴基斯坦局势动荡加剧，政局不稳，如果巴国内出现大问题，而巴政府无力控制其拥有的核武器，巴国内恐怖主义势力有可能获得核武器，中国应当怎么办？在2008年新疆出现暴乱的背景下，这一问题更加突出。

再次，中国需要积极参与国际事务和加强国际合作，包括积极参加各类会议、对话、谈判和协商，也包括在深入研究的基础上提出自己在各类问题上的看法和主张，并在力所能及的情况下，特别是在那些直接影响中国和平发展的那些问题上，积极承担国际责任如参加国际维和、救援和人道主义活动，同其他国家一起积极应对和解决国际社会面临的各种问题。通过加强国际合作，中国不仅可以更加有效地应对全球化挑战，推动自身发展的利益，而且可以消除国际社会对中国的误解和偏见，减少国际社会对中国崛起的担心和忧虑，增加国际社会对中国的信任感，树立中国负责任大国的形象，促使国际社会对中国的发展形成良好预期。

3. 中国崛起效应与中国外交

面对国际社会对中国崛起的忧虑，中国需要做出更大努力让其他国家对中国的崛起放心。中国需要充分认识到不管自己的动机多么善良，像中国这样一个超大型国家的崛起都必然导致国际上力量对比的变化和国际形势出现新的不确定性，从而引发他国对中国崛起意图的担心和猜忌，并给敌对势力创造新的挑拨和煽动对中国不满情绪的空间。尽管完全消除这种担心和猜忌是不可能的，但通过努力尽可能地减少这种担心和猜忌还是可以而且必须做的。面对国际社会对中国的猜疑和批评，中国在有选择地反击少数恶意中伤言论的同时，对大多数批评应采取有则改之、无则加勉的态度，同时，做更大的努力向外界解释中国的政策和主张。所有这些都是为了最大限度地压缩敌对势力在国际上制造中国与他国之间的对抗和冲突的空间，减少实现和平崛起道路上的障碍。

针对国际社会对中国日益增长的期待，中国在积极参与国际合作、承担国际责任的同时，需要反复向国际社会说明，尽管中国经济过去三十余年有了很大的发展，尽管中国在国际上的地位和影响不断提升，中国还是个发展中国家。作为发展中国家，在相当长的时间内，中国还需要集中精力发展经济和从事国内改革，在此情况下，中国不会也不可能在国际上发挥超出自身能力的作用，因此，不要对中国抱有过高的期待。

针对国内对中国政府在外交上的期待，中国政府需要做两方面的努力，一是加强对普通中国公民在国际上的尊严和合法权益维护的力度。这些年，中国政府加强了对中国公民在海外权益的保护，但很不够。比如说，中国驻外使领馆对普通中国公民服务的态度和质量有待改善，许多人抱怨在国外找使馆联系甚至连电话都打不进去，这种情况必须改变。此外，尽管中国政府过去为方便中国公民出境采取了许多措施，包括简化各种手续和缩短申办护照时间，但中国普通公民出国还是很不方便，不仅无法享受到免签证待遇，而且在一些国家驻华使馆办理签证手续时还常常受到各种刁难和歧视。这些年中国国际地位提高了，影响增大了，但中国老百姓作为个人在国际上的地位并没有得到相应的提高，他们作为中国人的尊严在国际上并没有得到应有的尊重。中国应当加强这方面的工作，让普通中国老百姓充分享受到国家在国际上地位和影响上升所带来的尊严和便利。

二是针对国内民众在媒体上就国际问题表达的不同声音，中国应当在鼓励社会各界理性和深入地探讨国际和中国外交问题的同时，通过各种方式和途径加强对中国外交的说明和解释工作，让广大关心国际问题和中国外交的民众充分了解国际问题和中国在这些问题上的考虑和做法，争取在重大外交政策和决策问题上得到国内最广泛的理解和支持。与此同时，还需要旗帜鲜明地反对那些煽动极端民族主义，制造中国与外部世界对立的不负责任的说法和做法。

4. 国内和国际层面互动

在国内问题和国际问题相互交织、互动加速的情况下，中国需要统筹协调国内政策和对外政策。中国在制定政策时，特别是做重大决策时，需要充分考虑国内外两方面的因素，协调两个方面的利益，尽可能避免出现国内政策和外交政策相互脱节和相互矛盾的问题。为此，中国有必要认真考虑成立一个强有力的国家安全委员会，通过这样一个机制加强外交和其他部门之间政策的统筹和协调能力。

5. 加强国际问题研究

中国需要整合现有国际问题研究的力量，加强对国际问题的研究，充分发挥民间智库的作用，为国家制定外交战略和有效地开展外交活动出谋划策。目前国内从事国际问题研究的机构不少，在国际问题研究和对外政策研讨方面发挥的作用也越来越大。但是，应当说存在的问题也不少。一是国际问题研究缺乏学术独立性，由于许多智库为政府部门所办，政治上和利益上受所属部门利益的影响较大，研究成果政治和部门利益色彩较重，缺乏学术和政策创新。二是基础研究比较薄弱，对对策性研究重视有余，对理论性、战略性和前瞻性研究重视不足，对非洲、拉美和南太平洋地区的研究尤显薄弱。三是研究经费缺乏，且主要集中在少数课题上，难以充分调动研究人员的积极性和创造性。四是政府部门和研究单位交流少，政府工作人员没有时间从事研究，研究人员没有实际工作经验，双方工作脱节。

上述情况急需改进。首先，需要加强智库的独立性，采取一些包括支持民间智库发展的措施，以确保研究人员在不受或少受单位利益和政治干扰的环境下从事研究工作并独立提出自己的看法。其次，需要重视和加强理论性、基础性和前瞻性课题研究，重视对非洲、拉美和南太平洋地区的研究。再次，需要加大对国际问题研究的投入，同时采取有效措施鼓励更多的研究人员主持和参与课题研究。最后，需要通过体制改革打破政府部门和研究单位之间樊篱，鼓励政府工作人员和研究人员之间的交流。

中国的崛起与国际规范的变迁*

张小明

中国改革开放30年的主要成果之一,便是中国综合实力(尤其是经济实力)的迅速增强,导致在国际社会中出现一个被广为瞩目的"中国崛起"之现象。中国崛起及其对近代以来西方主导的国际社会所产生的影响,也自然成为冷战结束以后的一个国际热门话题。早在20世纪90年代中期的时候,就已经有西方学人出版了有关"中国崛起"专著,比如美国人威廉·奥弗霍尔特(William H. Overholt)所著的《中国的崛起:经济改革正在如何造就一个新的超级强国》。[①]几乎与此同时,中国学者也开始研究中国崛起这一课题并出版了相关著述,比如阎学通等著的《中国崛起——国际环境评估》。[②]如果说在20世纪90年代末的时候,还有一些西方人士质疑有关中国

---

* 本文系教育部人文社会科学研究规划基金项目"从文明标准到新文明标准—中国与国际社会规范的变迁"(项目批准号:09YJAJGW003)的研究成果之一。

① (美)威廉·奥弗霍尔特:《中国的崛起:经济改革正在如何造就一个新的超级强国》,达洲译,北京:中央编译出版社,1996年。该书英文版发行于1993年:William H. Overholt, *The Rise of China: How Economic Reform Is Creating a New Superpower*, New York: W. W. Norton & Company, Inc., 1993. 虽然奥弗霍尔特并非最早使用"中国崛起"这个词的人,但是可能正是他的这本书引发了冷战以后有关"中国崛起"的讨论以及"中国崛起"这一概念的流行。笔者查到过多部分别出版于1941年、1943年、1959年、1962年、1964年、1970年、1989年英文著作的书名中包含"中国崛起"这个概念:Chiang, May-ling Soong, *China Shall Rise Again*, London: Hurst & Blackett, Ltd., 1941; William F. Burbidge, *Rising China: A Brief History of China and a Biographical Sketch of Generalissimo and Madame Chiang Kai-Shek*, London, 1943; Arthur Doak Barnett, *Communist Economic Strategy: The Rise of Mailand China*, Washington, DC: National Planning Association, 1959; Victor Purcell, *The Rise of Modern China*, London: Routledge and Kegan Paul, 1962; Wayne Ayres Wilcox, *India, Pakistan and the Rise of China*, New York: Walker, 1964; Immanuel C. Y. Hsu, *The Rise of Modern China*, Oxford: Oxford University Press, 1970; Irwin Millard Heine, *China's Rise to Commercial Maritime Power*, New York: Green Wood, 1989.

① 阎学通、王在邦、李忠诚、侯若石著:《中国的崛起——国际环境评估》,天津人民出版社1998年版。

崛起论点的话①,那么在进入21世纪以后,中国崛起为大国则似乎已经成为西方学者、评论家和政治家的广泛共识了②。特别是自从2003年以来,随着中国知识精英和国家领导人公开阐述中国"和平崛起"的思想,有关中国崛起的讨论更是逐渐成为一种国际时尚,甚至中国人提出的"和平崛起"(peaceful rise)这个概念本身,也成为今天某些西方国际关系学者研讨的对象了。③ 据本文作者的不完全统计,从2000年到2009年10年间,以"中国崛起"为题的英文书籍就超过20部。④

在我看来,所谓"中国的崛起"至少包含两个方面的含义,即中国在世界上实力地位的大大提高,以及中国被承认为大国俱乐部的成员之一,并参

---

① Gerald Segal, "Does China Matter?" *Foreign Affairs*, Vol. 78, No. 5 (1999), pp. 24–36.
② Samuel S. Kim, "China in World Politics," in Barry Buzan and Rosemary Foot, eds., *Does China Matters? A Reassessment: Essays in Memory of Gerald Segal*, London: Routeledge, 2004, p. 40.
③ Bonnie S. Glaser and Evan S. Medeiros, "The Changing Ecology of Foreign Policy Making in China: Then Ascension and Demise of the Theory of 'Peaceful Rise'", *China Quarterly*, Vol. 190 (June 2007), pp. 291–310.
④ Michael E. Brown, et al., *The Rise of China*, Cambridge, Mass.: MIT Press, 2000; Ramgopal Agarwala, *The Rise of China: Threat or Opportunity?* New Delhi: Bookwell, 2002; Kokubun Ryosei and Wang Jisi, eds., *The Rise of China and a Changing East Asian Order*, Tokyo: Japan Center for International Exchange, 2004; Robert Sutter, *China's Rise in Asia: Promises and Perils*, Lanham, MD: Rowman & Littlefield Publishers, 2005; Ted C. Fishman, *China Inc: The Relentless Rise of the Next Great Superpower*, London: Simon & Schuster, 2005; Harm De Blij, *Why Geography Matters: Three Challenges Facing America: Climate Change, the Rise of China, and Global Terrorism*, New York, NY: Oxford University Press, 2006; Ian Storey, *ASEAN and the Rise of China*, London: Routledge, 2006; Daniel C. Lynch, *Rising China and Asian Democratization: Socialization to 'Global Culture' in the Political Transformations of Thailand, China, and Taiwan*, Stanford, Ca.: Stanford University Press, 2006; Brahma Chellaney, *Asian Juggernaut: The Rise of China, India and Japan*, New Delhi: Harper Collins Publishers, 2006; Edward Friedman, ed., *China's Rise, Taiwan's Dilemmas and International Peace*, London and New York: Routledge, 2006; Zmark Shalizi, *Energy and Emissions: Local and Global Effects of the Rise of China and India*, Washington, DC: World Bank, 2007; David C. Kang, *China Rising: Peace, Power, and Order in East Asia*, New York: Columbia University Press, 2007; Bates Gill, *Rising Star: China's New Security Diplomacy*, Washington, DC: Brookings Institution Press, 2007; William W. Keller and Thomas G. Rawski, ed., *China's Rise and the Balance of Influence in Asia*, Pittsburgh, PA: University of Pittsburgh Press, 2007; V. P. Malik and Jorg Schultz, eds., *The Rise of China: Perspectives from Asia and Europe*, New Delhi: Pentagon Press, in association with Observer Research Foundation, 2008; Minqi Li, *The Rise of China and the Demise of the Capitalist World Economy*, London: Pluto Press, 2008; Rex Li, *A Rising China and Security in East Asia: Identity Construction and Security Discourse*, London: Routledge, 2008; Sheng Ding, *The Dragon's Hidden Wings: How China Rises with Its Soft Power*, Lanham, MD: Lexington Books, 2008; C. Fred Bergsten, et al, *China's Rise: Challenges and Opportunities*, Washington, DC: Peterson Institute for International Economics, 2008; Charles Horner, *Rising China and Its Postmodern Fate: Memories of Empire in a New Global Context*, Athens, Georgia: The University of Georgia Press, 2009; Hsin-Huang, Michael Hsiao and Cheng-yi Lin, *Rise of China: Beijing's Strategies and Implications for the Asia-Pacific*, London: Routledge, 2009; Scott Snyder, *China's Rise and the Two Koreas: Politics, Economics, Security*, Boulder, Colo: Lynne Rienner Publishers, 2009.

与世界新秩序的塑造。实力地位的提高,特别是经济实力和军事实力地位的提高,是中国通过自己的努力可以实现的目标,而中国被承认为世界大国俱乐部的成员之一、参与塑造未来的国际秩序,则需要获得其他国家、特别是国际社会中主导国家的认可与支持,其行为需要符合国际社会主流的行为规范并具有合法性。当然,这两个方面是相互关联、密不可分的,我们今天所说的"中国的崛起"现象也正是包括这两个方面。中国的崛起无疑正在给国际社会带来意义深远的影响,而从根本上说,中国的崛起与国际社会的关系之核心,在于中国对待国际社会行为规范的态度,即到底是适应、接受,还是修正、挑战,或者既适应、接受,又修正、挑战?事实上,国际规范本身并非一成不变,而始终处于变化过程之中,中国作为一个正在崛起的非西方大国,总是要面临着如何对待主要由西方国家主导的国际规范变迁这样一个重要问题。简单地说,今天主流国际规范正在发生着从强调主权原则到强调人权和民主原则的变迁,这是正在崛起的中国所不得不面对的国际现实。中国的崛起与国际规范的变迁,就是本文拟集中探讨的问题。

一、从"文明标准"到"新文明标准"

所谓国际规范就是国际社会的核心价值、行为规则以及制度,它制约和塑造国家的对外行为,也是国家行为合法性的重要来源。国际社会中的核心价值、行为规则与制度,是国际秩序赖以存在的基础,它们实际上也就是西方一些学者所说的"文明标准"(standard of civilization),而西方国家则在很大程度上便是"文明标准"的制定者、解释者和裁定者,并努力使之具有普世性质。国际社会中的"文明标准"并非一成不变的,其内涵一直处于变化、发展过程之中。正如有学者所指出的,西方国家对国际社会核心价值和规则的认识一直在变化与发展,并努力把自己的认识变成普世性的东西,让别的国家也按自己理解的更高"文明标准"行事。①

我们今天所说的国际社会,就是指由主权国家所组成的国际社会或者国家社会。而现代主权国家所组成的国际社会发源于欧洲,并且逐步扩展到世界各个地区,形成今天的全球性国际社会。② 正是由于国际社会是发源于欧洲,而且西方国家长期以来在国际社会中占据着强势或主导地位,国际社会中的核心价值与行为规则,基本上也可以说就是西方国家所倡导和认可的核心价值与行为规则,它们被认为是国家在国际社会中具有合法性的重要依据。在西方长期主导的国际社会中,一直存在着主流的核心价值、行为规则与制度,或者说存在着某种"文明标准",尽管其内涵并非一成不变。不仅如此,"文明标准"也曾经是一个和殖民主义密不可分的、名声不太好的词。正如江文汉(Gerrit Gong)所指出的,"文明标准"是由西方国家所制定的,散发着文化帝国主义、种族傲慢以及西方中心主义的气味。③ 赫德利·布尔(Hedley Bull)也认为,在第二次世界大战结束以后,随着一大批过去的殖民地或半殖民地成为主权国家或者国际社会成员,"文明标准"变成了一个名声不好的概念。④ 但实际上,某种形式的"文明标准"是一直存在着的,而且其含义也始终在发生着变化。

在过去,包括在冷战时期,西方学者在论及国际社会中的核心价值、行为规则和制度或者"文明标准"的时候,比较强调主权原则及其对维持国际秩序的重要作用。⑤ 值得注意的是,有学者在冷战的后期和冷战结束之后提出和阐述了"新文明标准"这一概念。江文汉在1984年出版的《国际社会的'文明'标准》一书中就已经提到过,虽然在第二次世界大战期间以及第二次世界大战结束以后,文明标准作为一个法律概念已经被抛弃,而且文

---

① Robert Jackson and George Sorenson, *Introduction to International Relations: Theories and Approaches*, 3rd edition, Oxford: Oxford University Press, 2007, p. 7.

② Hedley Bull and Adam Watson, eds., *The Expansion of International Society*, Oxford: Oxford University Press, 1984.

③ Gerrit Gong, *The Standard of "Civilization" in International Society*, Oxford: Clarendon Press, 1984, p. 66.

④ Hedley Bull, "Foreword," Gerrit Gong, *The Standard of "Civilization" in International Society*, pp. vii – viii.

⑤ (英)赫德利·布尔著:《无政府社会——世界政治秩序研究》,张小明译,世界知识出版社2003年版。

明标准本身含义也有所变化,但是文明标准或者文化优越感依然以其他(或隐藏)形式存在于国际社会中。他认为,在第二次世界大战以后,人权标准(the standard of human rights)和现代性标准(the standard of modernity)已经成为了旧的文明标准之继承者。① 当代英国学派学者约翰·文森特(John Vincent)在冷战结束前夕所发表的著述中也强调个人和国家一样都是国际法的主体,存在着普世性的人权,主权不是国际社会中衡量一个国家国际合法性的唯一标准,对人权的态度也是国家国际合法性的重要来源之一。② 虽然文森特没有使用"新文明标准"一词,但却暗示普世性人权是衡量国家国际合法性的文明标准之一。

在20世纪末、21世纪初,一些西方学者开始明确提出和论述"新文明标准"("new standard of civilization")这一概念,而民主和人权往往被视为其中关键要素。③ 冷战结束之后,特别是进入21世纪以后,西方知识精英中的不少人,在解释国际社会中的核心价值与行为规则或者"文明标准"的时候,则有淡化主权原则,强调民主、人权等原则的思想倾向。④ 比如,在冷战结束后,有西方学者把国际关系中的核心价值或者基本价值归纳为五个,即安全(security)、自由(freedom)、秩序(order)、正义(justice)以及福利(welfare)。"文明标准"的内涵显然已经有所扩展。⑤ 有的西方学者明确指出,国际社会的规范已经发生了演变,主权不再是绝对的,个人的权利也得到了国际法的承认,人权已经成为国家国际合法性的一个"新标准",或者人权是一个衡量国家"正确行为"的新标准。⑥ 或者如有人所说的,"在

---

① Gerrit Gong, *The Standard of "Civilization" in International Society*, pp. 90 – 93.
② John Vincent, *Human Rights and International Relations*, Cambridge: Cambridge University Press, 1986, p. 130.
③ Jack Donnely, "Human Rights: A new standard of civilization?" *International Affairs*, Vol. 74, No. 1 (1998), pp. 1 – 24.
④ Robert Jackson and George Sorenson, *Introduction to International Relations: Theories and Approaches*, 3rd edition, pp. 157 – 159.
⑤ Robert Jackson and George Sorenson, *Introduction to International Relations: Theories and Approaches*, 3rd edition, p. 3.
⑥ Tim Dunne, "Fundamental Human Rights Crisis after 9/11," *International Politics*, Vol. 44 (2007), pp. 269 – 286.

人权问题上，国家政府越来越受到国际标准的制约"。① 也有西方学者指出，冷战结束以后，人权和民主已经上升为全球共同价值。② 还有的西方学者称，"人道主义干预已经成为国际社会合法的实践"。③ 笔者近年来在阅读西方学术著述以及与西方学者的交流中，不断看到或听到过有关"新的文明标准"（new standard of civilization）的提法，而民主和人权往往被视为该标准中的关键要素。④ 另外值得指出的是，一些非西方国家的知识精英和官员，包括中国的邻国日本、印度、韩国等国的知识精英和官员，在欢呼非西方国家崛起的同时，也认为民主、人权、市场经济已经成为当今国际社会的普世价值，实际上认同西方学者所说的"新文明标准"。⑤ 根据源于西方的"文明标准"和"新文明标准"来判断国际社会中的其他国家之性质与地位，一些非西方国家就可能被视为国际社会中不够"文明"的国家，甚至可能被看作是"无赖国家"（rogue state）。

中国自从近代以来，就一直面对着如何处理与西方主导的国际社会的关系这个难题。有西方学者认为，这是一个中国最终放弃自己的"文明标准"并接受西方的"文明标准"、从而成为西方主导的国际体系或国际社会一员的过程。⑥ 实际上，在鸦片战争之后，中国长期被西方列强排挤在"文明国家"阵营之外，直到1943年才拥有完全的主权，被认为符合国际社会的"文明标准"，1945年还成为了联合国安全理事会的常任理事国。但是，第

---

① （美）彼得·卡赞斯坦著：《地区构成的世界：美国帝权中的亚洲和欧洲》，秦亚青、魏玲译，北京大学出版社2007年版，第18页。

② I. Carlson and R. Ramphal, *Our Global Neighborhood*, Oxford: Oxford University Press, 1995, pp. 46 – 57.

③ Nicholas Wheeler, *Saving Strangers: Humanitarian Intervention in International Society*, Oxford: Oxford University Press, 2000, p. 1.

④ Gerrit Gong, *The Standard of "Civilization" in International Society*, pp. 90 – 93; Jack Donnely, "Human Rights: A new standard of civilization?" *International Affairs*, Vol. 74, No. 1 (1998), pp. 1 – 24; My interview with Barry Buzan, March 4, 2008, LSE.

⑤ Brahma Chellaney, "Bridgebuilder on the Ganges: India's ascent in a rapidly changing global order," Hitoshi Tanaka, "Renewal or Irrelevance: Asia's ascendance and the case for systemic reform of global governance," *International Politik*, Fall 2008, pp. 34 – 41; *International Politik*, Fall 2008, pp. 82 – 87; "Korea Institute at Australian National University: Focal Point of Korean Students in Australia," *Korea Foundation Newsletter*, Vol. 17, No. 10 (2008), pp. 2 – 3.

⑥ Gerrit W. Gong, "China's Entry into International Society," in Hedley Bull and Adam Watson, eds., *The Expansion of International Society*, Oxford: Oxford University Press, 1984, pp. 255 – 183.

二次世界大战后爆发的东西方冷战以及新中国的成立，使得中华人民共和国长期被西方国家视为国际社会中的一个"革命国家"或者"反抗西方"阵营的组成部分，并被排挤在联合国以及其他重要的国际组织之外，处于在国际社会中"被疏远"的地位。① 从中国 1971 年恢复在联合国的合法席位开始，尤其是从 20 世纪 70 年代末中国执行改革开放政策开始，中国被认为开始进入一个接受国际社会的核心价值和规则、逐渐融入国际社会的过程，中国本身及其与国际社会的关系都发生了巨大变化。截至 2007 年底，中国已经同世界 170 个国家建立了外交关系，参加了 100 多个政府间国际组织，签署了近 300 个国际条约，向 110 多个国家和地区组织提供了 2000 多个援助项目。进入 21 世纪以来，中国积极推动朝核问题六方会谈和朝鲜半岛无核化进程，主张通过和谈妥善化解伊朗核危机，建设性地参与伊拉克重建、苏丹达尔富尔危机、巴以冲突、黎以冲突等国际热点问题的解决，表明中国作为国际社会的重要一员，愿意和努力承担相应的国际义务和责任。另外，中国人也逐渐接受了民主与人权思想，尽管其对民主和人权的理解与西方人的理解仍然有所不同。比如，改革开放 30 年来，中国的人权事业在理论和实践上都取得了较大进展，包括签署了一系列国际人权法规，尊重和保护人权也被写入中国宪法和中国共产党党章。2008 年 11 月，中国政府还决定将制定《国家人权行动计划》，以便全面推进中国人权事业的发展。《国家人权行动计划》内容将涉及完善政府职能，扩大民主，加强法治，改善民生，保护妇女、儿童、少数民族的特殊权利，提高全社会的人权意识等与人权相关的各个方面。也就是说，改革开放 30 年来，中国在观念和行为上的确发生了很大的变化。今天，在国际舞台上已经很少有人再把中国视为一个"革命国家"，美国前副国务卿罗伯特·佐立克（Robert Zoellick）在 2005 年 9 月的一次演讲中甚至称中国应当成为现存国际体系中的负责任的"利益攸关方"（stakeholder）②。

---

① Yongjin Zhang, *China in International Society since 1949: Alienation and Beyond*, Basingstoke, Hampshire: Macmilian Press, Ltd., in association with St. Anthony's College, Oxford, 1998, pp. 17 – 58.
② Robert B. Zoellick, "Whither China: From Membership to Responsibility?", September 21, 2005, http://www.state.gov/s/d/former/zoellick/rem/53682.htm

然而，在一些西方学者（以及某些非西方学者）眼中，正在崛起的中国，尚未符合或者不完全符合国际社会"新的行为标准"或"新文明标准"，因而可能会对西方构成挑战。首先，由于意识形态、社会制度因素，中国很容易继续被西方国家视为"他者"中的一员，在不同程度上被看作西方主导的国际社会中的一个问题国家或者潜在问题国家。今天，在西方主流媒体有关中国的报道中依然常常出现"共产党中国"、"红色中国"、"极权国家"等词汇，这便体现了很多西方人判断中国的国家性质及其在国际社会中的地位之思想偏见。其次，中国被认为固守强调主权原则的、旧的"文明标准"，不情愿接受已经变化了的国际行为规范，或者"新文明标准"，从而导致其在全球性国际社会中的成员地位至今还受到质疑。比如，有学者指出，"然而，即便是在21世纪初，中国作为全球性国际社会完全成员的地位依然受到质疑，因为许多人怀疑中国接受与其大国地位相适应的责任之诚意与意愿。冷战结束以后，国际社会的规范发生了变化，人权和民主化成为政治实践中的日常事务。而作为一个正在崛起的大国，中国一直强烈抵制这种规范变化。当世界似乎正在超越威斯特伐利亚时代的时候，中国则坚定地捍卫威斯特伐利亚秩序"。[1] 也有学者认为，中国、印度、俄罗斯和巴西等正在崛起的大国，倾向于坚持旧的主权与不干涉规范，但它们要想成为大国俱乐部的成员，必须承认国际社会变化了的规范，即符合新的文明标准。[2] 最后，在国际经济领域，中国融入国际社会的程度也被认为很不够。冷战后中国融入国际经济体系（包括贸易、金融、国际经济组织），被认为是中国"重新加入"国际社会过程之最少具有争议的方面。[3] 即便如此，中国经济市场化和融入国际经济体系的程度，仍被认为远未达到西方期望的水平。有西方学者指出，使中国成为全球经济体系中的一个负责任的支柱，将是未来长期的

---

[1] Yongjin Zhang, "System, Empire and State in Chinese International Relations," *Review of International Studies*, Vol. 27 (2001), p. 63.

[2] Andrew Hurrell, "Hegemony, Liberalism and Global Order: What space for would-be great powers?" *International Affairs*, Vol. 82, No. 1 (2006), pp. 1 – 19.

[3] Yongjin Zhang, *China in International Society since 1949: Alienation and Beyond*, pp. 194 – 243.

挑战之一。① 进入 21 世纪以后，有西方学者在思考如何通过社会化过程，让中国、印度这样新崛起的大国融入把民主和人权当作全球普世行为标准或者新的"文明标准"之"自由连带主义国际社会"（liberal solidarist international society）问题。② 美国普林斯顿大学教授约翰·艾肯伯里（John Ikenberry）2008 年初在《外交》杂志上发表文章，探讨如何将中国融入国际制度中，从而使之不损害西方所主导的国际秩序。③

总之，正在崛起的中国面临着国际规范变迁这一问题。值得注意的是，全球化的背景下，西方对国际社会的共有价值与规则的认识发生了变化，总体趋势是弱化主权原则，强调人权、民主等原则。这样一来，在当今国际关系中存在着一个重要问题，即包括中国在内的广大非西方国家（今天这类国家在国际社会中占据多数的地位）如何对待国际社会的核心价值与行为规则及其变化？随着人权、民主被视为国家国际合法性"新标准"的核心要素，崛起的中国自然会在国际社会中面临着来自西方世界的极大压力，特别是面对着来自霸权国家的极大压力。正如亚当·沃尔森（Adam Watson）所指出的，国际社会中的国家只是法律上平等，实际上是不平等的，始终存在大国（一个或多个）行使霸权的情势，比如迫使其他国家遵守国际社会的规则和制度（往往是由霸权国家解释的，甚至可能是由霸权国家制定的），并干涉他国内部事务。这在冷战后国际社会中的一个突出表现就是，美国等一些西方国家坚持普遍人权原则。在沃尔森看来，这种"在人权问题上的立场，便是 19 世纪（西方）要求那些想加入欧洲主导的国际社会的非欧洲国家必须符合文明标准的立场之现代版本"④。

---

① C. Fred Bersten, "A Partnership of Equals: How Washington Should Respond to China's Economic Challenge," *Foreign Affairs* (July/August 2008); Donald H. Straszbeim, "China Rising," *World Policy Journal* (Fall 2008), pp. 157 – 170.

② Andrew Hurrell, *On Global Order: Power, Values, and the Constitution of International Society*, Oxford: Oxford University, 2007, pp. 211 – 212.

③ G. John Ikenberry, "The Rise of China and the Future of the West: Can the Liberal System Survive?" *Foreign Affairs* (January/February 2008).

④ Adam Watson, "The Practice Outruns the Theory," in B. A. Roberson, ed., *International Society and the Development of International Relations Theory*, revised paperback edition, London: Continuum, 2002, p. 151.

二、崛起的中国与未来的国际秩序

如前所述,国际规范正在发生着变迁。根据"新文明标准",中国依然属于国际社会中"不够文明"的国家,崛起的中国容易被视为西方在国际社会中所面对的一个挑战。

改革开放30年来,中国在主动融入国际社会方面无疑迈出了很大的步伐。因此,今天很少有人明确把正在崛起的中国视为国际社会中"反抗西方"势力的组成部分。相反,不少西方学者注意到了中国融入世界经济体系的程度、充当世界政治中的"负责任大国"的愿望以及不挑战美国主导地位的意愿。也有西方学者承认中国对国际人权规制(regime)的态度发生了积极的变化,比如中国签署了联合国《经济、社会和文化权利公约》、《公民与政治权利公约》等等国际人权文件。① 这充分说明,西方学者对中国的认识发生了很大的变化。当然,它也是中国自改革开放以来和国际社会关系本身发生了巨大变化之反映。

但是在另一方面,一些西方学者对正在崛起的中国可能在国际社会中挑战西方的前景依然表示出某种程度上的担忧。有学者指出,在1945年以后,国际社会的人权法和武装冲突法规得到了较大发展。人权和人道主义问题在国际政治中的重要性比以往时代要大得多,这可能带来一些问题。比如,"建立在经济自由主义、人权和民主思想基础上的全球社会理念,与依然存在的主权国家理念经常发生冲突"。② 他特别提到了中国在人权问题上与西方发生的"全球价值与当地情势之间的冲突"。③ 也有学者认为崛起的中国希

---

① Rosemary Foot, *Rights beyond Borders: The Global Community and the Struggle over Human Rights in China* (Oxford: Oxford University Press, 2000); Rosemary Foot, "Chinese Strategies in a US-hegemonic Global Order: Accommodating and Hedging," *International Affairs*, Vol. 82, No. 1 (2006), pp. 777 - 94; Adam Roberts, "The Evolution of International Relations," Notes for lecture at Royal College of Defense Studies, 21 January 2008, p. 21.
② Adam Roberts, "The Evolution of International Relations," Notes for lecture at Royal College of Defense Studies, 21 January 2008, p. 21.
③ Ibid.

望成为一个大国,它会对西方主导的国际社会结构以及国际社会的规范变革表示不满。① 而在另外一些学者看来,正在崛起的中国坚持与西方不同的人权与民主理念,特别是反对未经联合国安理会授权的国际人道主义干预行动,因而会在国际社会中对西方构成挑战。②

西方学者对中国崛起的这种忧虑,与他们习惯把非西方国家视为"他者"中的一员、担心西方国家在国际社会的主导地位受到挑战的思维定式是密切相关的。如前所述,当今全球性国际社会是欧洲国际社会扩展的结果,其赖以存在的核心价值和行为规则或者"文明标准",也是由欧洲国际社会发展而来的,并且具有了一定程度上的普世性,国际秩序一直是由西方所主导的。一个正在崛起的中国,假如不进一步发生西方希望看到的变革和符合西方阐述的文明标准或新文明标准,则可能会继续被看作是在国际社会中"反抗西方"势力的组成部分,或者被看作是国际社会中的潜在问题国家。不仅如此,在一些西方学者看来,由于中国具有重要的实力地位,西方国家无法使用压力来迫使中国改变自己的行为。比如,一位学者指出,西方曾经以武力迫使中国接受威斯特伐利亚秩序观念,但是今天的中国难以在西方的压力下放弃这一观念。③ 另外一位学者同样认为,作为一个崛起的大国,西方不敢、也无力逼迫中国接受西方的价值,但中国自己自愿接受则是另外一回事。④

中国正在崛起,这已经成为许多西方观察家的共识。但是,对于崛起的中国到底是国际社会中维持现状国家,还是革命国家或者修正主义国家,中国崛起对于国际社会来说是机遇还是挑战,西方世界是要遏止中国的崛起,

---

① Andrew Hurrell, "Hegemony, Liberalism and Global Order: What space for would-be great powers?" *International Affairs*, Vol. 82, No. 1 (2006), pp. 545 – 566; Rosemary Foot, "Chinese Strategies in a US-hegemonic Global Order: Accommodating and hedging," *International Affairs*, Vol. 82, No. 1 (2006), pp. 77 – 94.

② Nicholas J. Wheeler, "Introduction: The Political and Moral Limits of Western Military Intervention to Protect Civilians in Danger," in Colin McInnes and Nicholas J. Wheeler, eds., *Dimensions of Western Military Intervention*, London: Frank Cass Publishers, 2002, p. 4; Tim Dunne and Nicholas J. Wheeler, eds., *Human Rights in Global Politics*, Cambridge: Cambridge University Press, 1999, p. 13..

③ Yongjin Zhang, *China in International Society since 1949: Alienation and Beyond*, p. 250.

④ Robert Jackson, *The Global Covenant: Human Conduct in a World of States*, Oxford: Oxford University Press, 2000, p. 364.

还是把中国融入国际社会等等诸如此类的问题,西方观察家们却一直有着不同的看法和认识。值得注意的是,一些西方分析家习惯于从所谓中国的"中央王国"意识和"百年国耻"心理,来判断一个崛起的中国之未来行为方式,十分担心一个强大的中国可能让世界面临新的"黄祸"威胁,面临东西方不同文明之间的对抗。[①] 更多西方观察家关注的是,随着中国的崛起,西方所主导的国际体系或国际社会可能受到严重的挑战。比如,美国一位学者在2008年初出版的《外交》杂志上发表文章,分析了中国崛起的后果。他在文章中指出,一些观察家认为美国时代行将结束,西方主导的世界秩序将被东方日益占上风的秩序所取代。历史学家尼尔·弗格森(Niall Ferguson)写道,血腥的20世纪见证了"西方的衰落"以及世界向东方"重新定位"。现实主义者继续指出随着中国变得更强大,美国的地位丧失,可能会发生两件事:中国将试图利用它越来越大的影响力去重塑国际体系规则和制度,以更好地为自己的利益服务,而体系中的其他大国——特别是衰落的霸权国家——将开始视中国为日益严重的安全威胁。他们预测,这些发展的结果将是紧张、不信任和冲突,是权力转移的典型表现。以这种观点看来,中国崛起这出戏剧的特色将是日益强大的中国和日益衰落的美国陷于史诗般的、争夺国际体系领导权和统治地位的斗争。而且由于这个世界最大的国家是从二战后国际秩序的外部(而不是内部)崛起的,这部戏剧将以中国的盛大取胜和以亚洲为中心的世界秩序开始为结局。也有观察家持不同的看法,认为这个方向并非不可避免。中国的崛起并不一定引发痛苦的霸权转移。美中权力转移和过去的权力转移可能有很大差别,因为中国面对的国际秩序根本不同于过去那些崛起中的大国所面对的。中国不仅仅面对美国;它面对以西方为中心的体系,一个开放、融合、以规则为基础、而且有着深厚政治基础的体系。同时,核革命令大国之间不大可能发生战争,这排除了崛起中的大国用以推翻衰落中的霸权国家所捍卫的国际秩序的主要工具。简言之,当今的西方秩序难以推翻,而且容易加入。如今,中国可以充分地进入这个体系,并

---

① David Scott, *China Stands Up: The PRC and the International System*, London: Routledge, 2007, pp. 4 – 19, pp. 83 – 85, pp. 167 – 168.

在体系之内蓬勃发展。如此，中国将崛起，但西方的秩序（如果管理得当的话）将继续存在。所以，这位美国观察家给美国政府建言："当面对上升中的中国，美国应该记住，它对西方秩序的领导权让它有权塑造中国将作出重要战略抉择的环境。如果它想保留领导权，华盛顿必须努力加强支撑那种秩序的规则和制度——让它更容易加入，更难被颠覆。美国的大战略应该围绕这句格言：'通往东方的路贯穿西方（The road to the East runs through the West）'。它必须尽量加深这个秩序的根基，鼓励中国融入而不是反对这个秩序，提高这个体系在美国相对实力下降后仍可继续生存的几率。美国的'单极时刻'不可避免会结束。如果把21世纪的斗争定义为中美之间的斗争，那么中国将拥有优势。如果把21世纪的斗争定义为中国和一个复兴的西方体系之间的斗争，那么西方将取得胜利。"[①] 这充分表明，西方学者一直在思考如何通过国际社会的规范结构来约束新崛起国家的行为，以便维持西方在国际社会中的主导地位。

实际上，中国在自改革开放以来主动融入国际社会的过程中，与西方国家在人权等一系列问题上的争端就一直没有停止过。虽然不能说崛起的中国在国际社会中"反抗西方"，但是崛起的中国与西方国家之间存在着分歧与争端则是显而易见的。特别是自从1989以来，中国更是在人权问题面临着来自西方世界的极大压力，其中包括一些西方国家在国际组织上就人权问题向中国施加压力、以不同方式支持中国的持不同政见者，甚至对中国实施经济制裁。比如，自1990年以来，美国等西方国家在联合国人权会议上先后11次提出有关中国人权状况的议案。诚然，中国承认保护人权的重要性，也不挑战普遍人权的原则，还同意参加有关人权问题的国际对话。但是，中国强调保护人权的主要责任在主权国家，生存权是人权的首要内容，人权状况和一国发展程度、历史与文化传统相关联。这和西方强调公民政治权利的人权观念显然是有所不同的。不仅如此，西方国家也就所谓的"西藏问题"（西方把它视为中国的人权问题之一）联合对中国施加不少压力。一些西方

---

① G. John Ikenberry, "The Rise of China and the Future of the West: Can the Liberal System Survive?" *Foreign Affairs* (January/February 2008).

国家在联合国人权会议上提出过所谓"中国西藏局势"议案。流亡海外的达赖喇嘛在冷战结束后获诺贝尔和平奖,并获得西方政府首脑的频繁会见,这遭到中国政府的严重抗议,给中国与一些西方主要国家的关系带来了负面影响。此外,进入21世纪之后,中国在缅甸爆发大规模反政府游行示威、苏丹达尔富尔流血冲突和人道主义危机等一些国际热点问题上,也同样面临着来自西方国家的批评和指责。特别是在2008年北京奥运会火炬在西方国家传递期间,中国与西方国家在人权、西藏等问题上的分歧与争端更是达到了白热化的程度,中西思想观念的强烈碰撞得到充分展示。不少中国人在2008年奥运火炬在欧美传递受阻的事件中,看到了自己的国家作为一个正在崛起的大国,并没有在国际社会中得到应有的尊重和对待,也感受到了中国融入国际社会过程的艰难。与此同时,中国人的自信心增强和民族主义情绪的增长,也更让西方对中国崛起表现担心。[1]

同样值得注意的是,当今世界上正在崛起的并非中国一家,但西方似乎最关注和担心中国的崛起。比如,西方学者对中印崛起的态度就很不一样,采取了双重标准。在西方,甚至是在联合国,所谓中国的人权纪录经常受到指责,而印度作为一个民主国家则常常被赞扬,日内瓦联合国人权委员会[2]也从来没有点名批评过印度的人权状况,但中国则经常榜上有名。这在很大程度上是由于中印两国政治制度和价值理念的不同,后者更接近西方。印度被西方普遍认为是"世界上人口最多的民主政权"。[3] 西方国家如同马丁·怀特所说的,总是把国际体系中成员国的国内政治安排或政府结构,当作国际合法性的一个原则。[4] 最近,也有中国的民族主义者提到了中国由于不是"民主国家",和印度相比在国际交往中吃了很多亏:"我在这里把话说得更明确一些:我们由于不是国际社会所公认的'民主国家',在国际交往中吃了太多的亏。印度无论是对于国际社会的贡献,还是国内人民的生活,都远远比不上我们,就是沾了'民主国家'的光,什么时候国际舆论都是站在它

---

[1] David Scott, *China Stands Up: The PRC and the International System*, pp. 83 - 98.
[2] 在2006年,人权委员会为人权理事会所取代。
[3] (美)查尔斯·蒂利著:《民主》,魏洪钟译,上海世纪出版集团2009年版,第51页。
[4] Martin Wight, *Systems of States*, London: Leicester University Press in association with London School of Economics and Political Science, 1977, p. 41.

那一边,在中印边界冲突中是如此,在经济竞争中也是如此……"①实际上,印度政治家也常常拿民主和人权说事,以此证明印度比中国强。比如,印度总理辛格2009年11月访美期间在纽约对外关系委员会发表演讲时声称,尽管中国发展速度快于印度,"我总是相信,还有比国内生产总值增长更为重要的价值",其中包括"尊重基本人权,尊重法治,以及尊重多元文化、多元族群、多元宗教的权利"。他还指出,民主国家所推行的政策"一定会比非民主国家的统治集团所采取的改革政策要有效得多"。②

这无疑属于意识形态或观念问题,也属于西方"文明标准"的当今版本,其核心在于西方用自己的标准来衡量其他国家的行为,倾向于认为单一的而非多元的世界更有利于世界和平与稳定。冷战后流行的"民主和平论"就是这种思想的一种表达方式。很大程度由于其政权性质,在很多西方人眼中,中国还是国际社会中的"非我族类",中国融入国际社会的程度(政治和经济上)还很不够,还只是处于国际社会同心圆中的外环。③很多"中国威胁论"论调正源于此。尤其是美国和一些欧洲国家担心一个崛起的中国不属于维持现状的国家,他们十分关注所谓的"中国威胁",特别是中国的"军事威胁",包括中国对台湾的武力威胁,拒绝美国军舰停靠香港,以及试验反卫星武器等等。2007年12月,美国企业研究所的一个研究员发表文章指出,"可能中国打算在国际体系内成长,但只是不喜欢国际体系中大部分由美国来制定的规则。可能当中国足够强大,它会建立更符合他喜好的新规则。"④2007年圣诞节前夕,对于中国制造的产品大量进入美国,美国学者

---

① 王小东著:《天命所归是大国》,江苏人民出版社、凤凰出版传媒集团2008年版,第40页。
② John Pomfret, "Obama welcomes Singh, hails India's 'leadership role' in Asia," *Washington Post*, November 25, 2009.
③ Susan Shirk, *How China Opened Its Doors: The Political Success of China's Trade and Investment Reforms*, Washington, DC: The Brookings Institution, 1994, pp. 76 – 77; Barry Buzan, "From International System to International Society: Structural Realism and Regime Theory Meet the English School," *International Organization*, Vol. 47, No. 3 (1993), pp. 327 – 352; Barry Buzan, "International Society and International Security," in R. Fawn and J. Larkins, eds., *International Society after the Cold War: Anarchy and Order Reconsidered*, Basingstoke: Macmillan, 1996, p. 261 – 287; Yongjin Zhang, *China in International Society since 1949: Alienation and Beyond*, pp. 244 – 251.
④ Den Blumenthal, "Blind into Beijing," *The American* (An Magazine of Ideas-online at American.com), Dec. 20, 2007, http://www.american.com/archive/2007/december-12 – 07/blind-into-beijing

莱斯特·布朗（Lester Brown）惊呼"圣诞节是中国制造的"，并由此联想到美国在世界上的领导地位正受到挑战。他指出，"为了向其他国家要石油、要他们为我们的债务提供资金，美国正在迅速丧失它在世界上的领导地位。我们面临的问题不仅仅是'圣诞节是否中国制造'那么简单，更重要的是我们能否恢复那些令我们成为一个强国——一个让世界钦佩、尊重、仿效的大国——的准则和价值观。这不是圣诞老人能给的礼物，只能靠我们自己来完成。"①

三、适应、接受，还是挑战、修正？

中国正在崛起，这是一个事实。国际规范在发生变迁，这也是一个事实。中国的崛起与国际规范的变迁之间存在着一定关联性。从理论上说，正在崛起的中国既可能适应、接受西方主导的国际规范的变迁，也可能对此加以挑战或者希望修正。在另外一个方面，国际规范的变迁，既可能认可和接受中国的崛起，也可能制约或阻碍中国的崛起。结果如何，在一定程度上取决于中国自己的政策选择。

国际规范发生变迁，这基本上不是中国可以左右或者影响得了的，它主要是西方国家所主导的，因为当今以及可见将来的国际社会依然是西方国家所主导的。挑战国际社会的主流国际规范不利于中国的发展，这已经为历史所证明，因为新中国曾经充当过国际社会中的"革命国家"，并因此长期被疏远和孤立。相反，自从改革开放以来中国所坚持主动融合国际社会的政策，导致中国与国际社会的关系得到极大改善，中国自身的综合实力也得到大大增强。改革开放30年来，中国自身发生了很大的变化，中国与国际社会的关系也同样发生了很大变化。在很大程度上，正是因为中国自身的变化，导致了中国与国际社会的关系发生了变化。中国变革的过程还在继续，

---

① （美）莱斯特·布朗：《圣诞节是中国制造的》，http://www.stnn.cc/ed_china/200712/t20071221_697783.html

中国与国际社会的关系也将继续发生着变化，中国进一步融入国际社会是大势所趋。特别值得指出的，中国不应该把自己放在"人权"、"民主"原则的对立面上，否则会在国际社会中再次处于被孤立和疏远的境地。因此，在一定程度上适应、接受国际规范的变迁，包括人权和民主观念，应该是中国合理的政策选择，它也有助于为中国的和平崛起创造一个良好的国际环境。毫无疑问，中国应该改变自己，包括大大提高自己的综合实力，并且在国际社会的规范与制度框架内行为，以便在更大程度上影响世界，发挥国际社会负责任大国的作用。

实际上，中国主流媒体、领导人已经明确表明了中国愿意成为"文明国家"世界一员并愿意承担相应责任的愿望。值得注意的是，在2007年中共十七大前夕，《人民日报》发表文章，明确表示中国属于"文明国家"一员："中国坚持独立自主的和平外交政策，在和平共处五项原则基础上同世界各国和睦相处，有效地捍卫了国家的主权、安全和利益，维护了国家发展的重要战略机遇期，在国际舞台上树立了和平、民主、文明、进步的形象。"它进一步指出，中国作为"国际社会的重要一员"，努力承担国际义务与责任。[1] 胡锦涛总书记在2007年10月中国共产党第十七次全国代表大会上的报告中指出："当代中国同世界的关系发生了历史性变化，中国的前途命运日益紧密地同世界的前途命运联系在一起"，"中国发展离不开世界，世界繁荣稳定也离不开中国"。[2] 中国外长杨洁篪明确表明中国是"国际社会负责任的大国"，它始终是以认真负责的态度来处理国际事务。[3] 他还表示，"随着中国自身力量的增强，我们当然会承担更多的国际责任，同世界各国人民一起来推进和平和发展事业。"[4]

另一方面，中国作为一个文明古国，不可能、也不应该一味迎合别人的要求而无原则地改变自己。中国在坚定保持自身特色的同时，需要搞清楚自

---

[1] 李文云：《中国和平友好走向世界》，人民日报《喜迎党的十七大特刊》，2007年10月14日，http://politics.people.com.cn/GB/1026/6374853.html

[2] 《胡锦涛在党的十七大上的报告》，http://news.xinhuanet.com/politics/2007-10/24/content_6939223.htm

[3] 杨洁篪：《2007年国际形势与中国外交工作》，《求是》2008年第1期，http://news.xinhuanet.com/world/2008-01/01/content_7347068_1.htm

[4] http://www.xinhuanet.com/2008lh/zb/0312a/

己在哪些方面需要变化，哪些变化符合自己的利益，以及国际社会可能做出的反应。与此同时，中国在适应和接受国际规范变迁现实的同时，也应当根据自身利益，坚持和表明自己某些有关未来世界秩序的看法，并且积极参与国际规范的修订。比如，在一个多种文化共存的世界中，中国应该坚持世界多元化的原则。正如前面提到的《人民日报》评论员文章所指出的："在国际事务中，中国致力于推动各国平等参与国际事务，促进国际关系民主化；推动各国共享经济全球化和科技进步的成果，促进互利共赢；推动不同文明加强交流理解，倡导世界多样性"。① 这实际上也就是中国提出的"和谐世界"思想的要旨。中国的"和谐世界"思想属于"多元和平"（pluralistic peace）理念，其核心是承认多元文化的共存。未来的国际社会到底建立在单一文化或者多元文化的基础之上呢？其结果取决于多元和平理念与民主和平理念之间的较量。中国理应表明和坚持自己的理念。此外，中国也应该积极参加国际规则的调整与修正。中国政府在这方面已经表明了自己的立场。比如，中国外交部长杨洁篪2007年底在《求是》撰文说，中国要"积极参与国际规则的调整"。② 又比如，中国商务部长陈德铭在2009年9月的一次访谈中指出，"客观上看，WTO的许多规则是在发达国家主导下制定的。我们加入WTO后，就要参与规则的制定，从更高的层面维护我国和广大发展中国家的利益"。③ 这表明中国作为国际社会中正在崛起的非西方大国，要参与国际社会规则的调整。

总之，正在崛起的中国如何对待和应对西方主导的国际规范的变迁，这是今天以及可见将来一个十分重要的问题。

---

① 李文云：《中国和平友好走向世界》，人民日报《喜迎党的十七大特刊》，2007年10月14日，http://politics.people.com.cn/GB/1026/6374853.html
② 杨洁篪：《2007年国际形势与中国外交工作》，《求是》2008年第1期，http://news.xinhuanet.com/world/2008-01/01/content_7347068_1.htm
③ 《共和国部长访谈录：商务部部长陈德铭谈新中国60年商务》，http://news.xinhuanet.com/politics/2009-09/07/content_12010716_3.htm

中国与邻国关系的转变与思考

张蕴岭

中国与邻国在漫长的历史时期中建立了悠久而密切的联系。近代，由于西方列强对亚洲国家实行殖民统治，中国也沦为半殖民地，许多历史的联系被削弱或者扭曲了。1949年中华人民共和国成立以后，中国开始与邻国发展新的关系，但是，由于复杂的国际关系和形势，中国与邻国的关系经历了许多反复和曲折。

与邻国的关系在中国对外关系中居于特殊的和首要的地位，处理好周边关系是改善中国国际环境的基础。改革开放后，尤其是冷战结束后，中国与邻国的关系发生了巨大变化，如今，周边环境得到根本性的改观，周边邻国成为中国创建长期和平发展环境，构建和谐世界和地区的首要之地。

一、"应对"战略下的关系特征

中国与14个国家接壤，与6个国家的领海相接或相重叠，此外，还有几个非接壤，但有着密切关系的近邻国家，因此，世界上像中国这样的有着如此多邻国的国家实属少见。[①]

新中国成立后，由于复杂多变的国际环境，在相当一个时期里，中国与邻国的关系都是被置于捍卫国家安全的被动应对型架构。比如，为了国家安

[①] 江泽民：《同周边国家发展睦邻友好关系》（2001年8月），《江泽民文选》（第三卷），人民出版社2006年版，第313页。

全，中国被迫卷入朝鲜战争，全力支持越南抗法抗美，中苏分裂后，又不得不实行国家动员进行备战，甚至不惜以武力惩罚越南。由于大的形势变换转折，与邻国的关系也处于复杂多变的状态。

20世纪50年代，中国周边地区的总体关系结构是受两极格局和意识形态制约的，几乎在所有地区都形成了阵营分野，造成阵线分明的对峙或对抗局面。在建国以后，受到当时特定历史条件制约，中国不得不实行"一边倒"的对外政策，与苏联结盟，抵御美国为首的西方阵营的压力与遏制。在此情况下，除了极少数例外，中国与邻国的关系被划分为对立的两个阵营。① 总的来说，中国与从属于西方阵营的邻国的关系处于隔离或对峙状态，而与从属于东方阵营的国家之间的关系得到正常发展。朝鲜战争爆发后，这种分隔就变得更为突出了。②

20世纪60年代初，中苏关系开始恶化，到60年代末，两国发生严重对抗，甚至爆发了边界武装冲突，苏联从中国的盟友，变成了最危险的敌人。③ 由于中苏关系恶化，中国与邻国关系的结构也发生了一些重要变化，比如，与越南、印度和蒙古的关系逐渐恶化，甚至转向敌对。

20世纪70年代初，为了化解来自苏联的安全威胁，中国开始采取与西方和解的战略，积极推动与美国关系的正常化，并且建立反苏合作阵线。中美关系的发展也改变了中国与邻国关系的结构，使得中国与属于西方阵营的邻国，如日本、泰国、菲律宾、马来西亚等的关系逐步实现了正常化。

然而，尽管中国与邻国的关系发生了一些变化，但是，被动应对的局面没有得到改变。从总的来看，在相当长一个时期，中国总是被动的处理与邻国的关系，因此，这使得中国与邻国的关系处于不稳定的状态，不时把中国卷入对抗甚至战争的旋涡之中，像朝鲜战争，由于中国直接大规模卷入，对中国的周边环境与邻国关系产生极大地影响。在被动应对的架构下，中国无

---

① 张蕴岭：《构建中国与周边国家之间的新型关系》，载张蕴岭主编：《中国与周边关系：构建新型伙伴关系》，社会科学文献出版社2008年版，第1~2页。
② 参见章百家：《改变自己 影响世界——20世纪中国外交基本线索刍议》，载牛军主编：《中国学者看世界 中国外交卷》，新世界出版社2007年版，第16页；唐希中等：《中国与周边国家关系(1949-2002)》，中国社会科学出版社2003年版，第55页。颜声毅：《当代中国外交》，复旦大学出版社2004年版，第205~210页。
③ 叶自成：《新中国外交思想：从毛泽东到邓小平》，北京大学出版社2001年版，第151页。

法建立起一个符合自己发展利益的，且能够发挥主导性影响的周边环境。这里有国际大格局的影响因素，其中主要是冷战大格局的影响；也有自己本身的因素，比如经济不发达，实力弱所产生的对外部安全威胁的畏惧；意识形态之上，不切实际的"世界革命"外交（尤其是在"文化大革命"中）所导致的认为树敌等。在相当一个时期，中国的内政取向多有变化，国家战略重心的定位也不时发生大的转变，尤其是对国家安全的认定有时也发生偏差，这些都对中国与邻国的关系产生影响。①

二、"新战略"下的关系特征

中国实行改革开放政策后，对外关系，其中包括与邻国的关系发生重大转变。由于中心转移到经济建设上来，对外政策也进行大幅度的调整，中国的周边外交也逐渐打破了意识形态的控制，把重点放在改善和发展与各国的稳定、和平与合作的轨道上来。②

在新的思想与战略的指导下，中国在处理与邻国关系上有许多新的举措，做出了新的努力，取得了显著的成果。

中苏于1979年10月开始举行关于双边关系的谈判，中国的主要目标是解除苏联对中国的实际威胁，提出了《关于改善中苏两国关系的建议》，其中包括消除安全障碍，发展经贸关系，开展边界谈判。③ 1984年，两国签订了关于经济合作和科技合作的协定，1987年，重新开始进行边界谈判，直到1989年5月戈尔巴乔夫访华，中苏实现关系正常化。

中国作出新的努力改善与东南亚国家的关系。1978年，邓小平访问泰国、马来西亚、新加坡。中国明确表示，支持东盟国家维护独立与主权，支持东盟加强东盟自身的团结，此举推动了中国与这些国家的关系的改善。不

---

① 安全亦取决于对安全判断的主观能力。见张蕴岭主编：《未来10—15年中国在亚太地区面临的国际环境》，中国社会科学出版社2003年版，第6页。
② 唐家璇：《新中国外交的光辉历程》，http://www.fmprc.gov.cn/chn/ziliao/wjs/t8737.htm。
③ 苏军入侵阿富汗使开始松动的中苏关系再次停滞，但持续时间不长。

过，由于柬埔寨局势恶化，中越之间的矛盾分歧加大，1979年2月，中越边境战争爆发，整个80年代，中越之间的对峙长期存在，两国虽未断绝外交关系，但各方面的正常联系基本中断。

中国与日本的关系也取得了突破性发展，1978年间，中日不仅实现恢复邦交，而且还签订了《中日和平友好条约》，奠定了政治与经济关系发展的新基础，尤其是经贸关系，得到迅速发展。

在南亚地区，中国与巴基斯坦一直保持密切的关系，但与印度的关系由于60年代的边界冲突，长期处于不正常局面。为了改善与印度的关系，1981年6月，黄华副总理访问印度，双方关系开始解冻，并就边界问题开展谈判①，尽管中印关系此后的发展并不顺利，但是，还是朝好的方向发展。② 1988年12月，印度总理拉吉夫·甘地访华，这使中印进入了比较正常发展的轨道。

此外，中国在保持与朝鲜关系平稳发展的同时，改变了对韩国不接触的政策，从发展经贸关系入手，逐步扩大联系，为两国关系实现正常化奠定基础。

从总的来看，经过调整，中国与邻国关系总体得到很大改观，尤其是经贸关系得到迅速发展，这样，以改善双边关系为基础，实现了中国周边安全环境的综合改善。③

进入90年代，国际格局发生重大变化，苏联解体、冷战结束。冷战结束带来的一个重要变化是大国关系结构的调整。由于两大阵营的对立不复存在，大国关系中出现了一种新的趋势，即通过对话、协商与合作的方式寻求建立伙伴关系。这为近邻国家处理其与中国和其他大国的关系、参与地区事务开辟了更大的空间。④

---

① 1981年6月，中国政府提出关于中印边界问题的"一揽子解决"建议，即将东、中、西三段边界"作为一个整体联系起来加以考虑"。

② 中印关系的发展并不是很顺利，1986年12月，印度议会通过法案，将印度在边界东段占领的中国领土上建立的"阿鲁纳恰尔直辖区"升级为"邦"，企图使占领合法化，中国政府立即就此提出抗议。

③ 20世纪80年代，中越关系是一个例外，两国发生了军事冲突，在一个时期处于严重对立的局面。

④ 张蕴岭：《构建中国与周边国家之间的新型关系》，《当代亚太》2007年11期第2页。

在国际局势缓和的大背景下,谋发展成为主流,这为中国与邻国发展关系提供了新的基础。

改革开放使中国的经济实力显著上升。中国实力的上升也为中国在周边地区发挥影响力提供了一定的条件,从而推动了中国主动营造有利的周边环境的意识和政策。

在新的格局和环境下,主动构建一个长期和平发展的国际环境,成为中国对外战略的主体内容。而在构建长期和平发展环境中,周边环境被置于突出的位置,因此,与邻国的关系也就被放在首要的地位。

为了构建一个长期发展的和平环境,中国积极推动国家间的伙伴关系。构建伙伴关系是中国的一大创造。"伙伴关系首先是一种非对抗性关系,同时也是一种合作的关系"。① 这种关系的一大特点是,不直接挑战现有的国际秩序,不结盟对抗第三国,而是积极推动新的对话、合作,创建新的利益基础和架构。伙伴关系的建立使中国的外交空间大大拓展。

中国把努力改善与周边国家的关系,营造一个良好周边环境放在对外关系的首位。到90年代初,中国与所有周边国家实现了关系的正常化,包括同印度尼西亚复交②,同新加坡、文莱、韩国,还有从前苏联新独立出来的哈萨克斯坦、吉尔吉斯斯坦、塔吉克斯坦等建立外交关系,同蒙古、越南实现关系正常化③,并且与各国逐步发展起了全面合作伙伴或战略合作关系。

到21世纪初,中国的新睦邻外交取得了积极的成效。目前,尽管中国与邻国之间还有一些没有解决的问题,但是,已经没有敌对关系。这是新中国建立以来的第一次。

中国对邻国关系的认识和定位也是逐步深化的。20世纪90年代初,邻国关系只是众多关系的一个重要部分,1997年,党的十五大明确把"良好的周边环境"置于创建和平国际环境的特别重要地位,到2002年党的十六

---

① 张蕴岭主编:《伙伴还是对手——调整中的中美日俄关系》,社会科学文献出版社2001年版,第5~6页。
② 1950年4月,印度尼西亚同中国建交。1965年印尼发生"9·30"事件后,两国于1967年10月中断外交关系。1990年8月,两国恢复外交关系。
③ 中国和越南于1950年1月建交,70年代后期中越关系恶化,1991年11月,两国关系实现正常化。中国和蒙古于1949年10月建立外交关系,60年代中后期,两国关系经历了曲折。1989年,两国关系实现正常化。

大,与邻国的关系就被置于首要的地位,提出了"与邻为善、以邻为伴"的新邻国关系,并且完整地制定了"大国是关键、周边是首要、发展中国家是基础、多边是重要舞台"的外交方针。

为了从根本上减少和消除周边国家对中国迅速发展所产生的疑虑,促进同周边邻国关系的全面改善和发展,中国对传统的睦邻政策加以丰富和发展,进一步提出"睦邻、安邻、富邻"的新政策。2003年10月,温家宝总理明确指出,"新形势下中国的周边外交方针是:坚持与邻为善、以邻为伴,加强睦邻友好,加强区域合作,把同周边国家的交流与合作推向新水平。"①

在新的形势下,中国与邻国关系得到深化,尤其是经济关系,出现重大的转型,中国成为近邻国家的主要贸易市场。在中国的周边国家和地区中,日本、韩国、东盟、俄罗斯、印度均名列中国十大贸易伙伴之列。经济关系的提升对于政治关系的发展有着积极的意义,使伙伴关系有着更坚实的利益基础。

区域合作是当今世界发展的一个新潮流。中国采取新的战略,通过推动区域合作深化与邻国的关系。

东南亚地区一向是中国的重要战略区。在东盟的合作框架下,东南亚地区由分裂、动荡逐步走向稳定、和平与发展。为此,中国把发展与东盟国家的关系放在突出的位置。在采取一系列积极措施,改善与加强与东盟的关系基础上,2000年,中国率先提出与东盟构建自由贸易区。这个倡议得到东盟的积极支持,2002年双方签署了中国与东盟全面经济合作框架协议,开始了自贸区谈判,先后签订了物品、服务和投资协议,到2010年初包括货物、服务、投资开放在内的自贸区协议开始全面落实。同时,中国通过与东盟构建战略伙伴关系,发表了《南海各方行动宣言》,正式签署了《东南亚友好合作条约》。经过几年的努力,中国与东盟在政治、经济领域形成了多方位、多层次的合作框架。

中国与东盟的合作有力地推动了东亚地区的合作。在中国构建自贸区的

---

① 王光厚:《从"睦邻"到"睦邻、安邻、富邻"——试析中国周边外交政策的转变》,《外交评论》2007年第3期。

激励下,日本、韩国都积极推动与东盟建立自贸区。在东亚形成了"10+1","10+3"以及东亚峰会(10+6)为基础的多层区域合作构架。中国成为这些合作机制的中坚力量。中国与东盟的合作,还有由东盟牵头中国参与的东亚地区合作多重机制,成为中国与邻国关系的新框架。

中亚地区是涉及中国周边安全的重要地区,受到极端主义、分离主义和恐怖主义的威胁。中国积极倡导与俄罗斯和中亚国家建立新型合作组织—上海合作组织,共同应对和解决三股势力带来的威胁。同时,在上海合作组织框架内,中国和俄罗斯、中亚国家积极发展新的合作方式,开辟新的合作领域。[1] 同时,上海合作组织还建立观察员制度,邀请具有战略利益的印度、巴基斯坦、蒙古和伊朗作为观察员。上合组织是一个重要的创新。[2] 上海合作组织以新的理念和原则开展成员国之间的合作,建立了领导人的对话机制,实施了一系列旨在维护地区共同安全的合作项目,该组织以安全合作为主要内容,逐步发展经贸合作。通过建立秘书处、反恐中心以及进行联合军事演习,中国、俄罗斯与中亚国家逐渐建立起信任和信心。

在南亚,中国还积极申请成为南盟的观察员,加强在地区层面上的对话与合作。在东北亚地区,尽管存在复杂的历史认知、岛屿和专属经济区的争端,还有朝核问题引起的紧张,中国还是作出积极的努力推动地区层面的对话与合作,比如开展中日韩领导人对话,发表三国合作宣言,建立中日韩峰会等,尤其是中日韩领导人会议,把三国的关系发展与对话合作置于区域制度化基础上,是一个历史性的突破,具有深远的意义。

在解决朝核问题上,中国积极推动和主持了六方会谈,六方会谈机制为缓和朝鲜半岛局势,为通过合作,而不是对抗解决朝核危机,为建立朝鲜半岛长期和平合作的地区机制提供了一个建设性的平台。尽管目前遇到了新的困难,处于停滞状态,但是,从长远看,它还是最终处理和解决朝鲜半岛关系,建立长久和平发展机制的一个基本框架。

---

[1] 孙壮志:《中国与中亚国家关系的发展》,载张蕴岭主编:《中国与周边关系:构建新型伙伴关系》,中国社会科学文献出版社2008年版,第342页。
[2] 如John W. Garver所指出的,"对于上海五国来说,共同面临伊斯兰原教旨主义的挑战是使合作得以形成的核心因素。"John W. Garver: China's influence in Central Asia and South Asia, in David Shanmbaugh edited, *Power shift-China and Asia' new dynamics*, p. 211.

在发展与邻国关系上,一个重要变化是,中国变得更为自信和主动。这种信心和主动性反映在两个方面:一方面中国提出了更多的倡议,另一方面中国接受和参与了更多地区制度安排。①

三、新形势下的关系发展

经过艰苦的努力,我国与大多数邻国解决了边界划界问题,但是目前还与一些国家存在领土、岛屿和专属经济区上的争端。如何解决这些争端,是很棘手的问题。为推动与邻国睦邻友好关系的发展,在缓解和解决与邻国关系中存在的矛盾和困难,特别是在领土争议问题上,中国努力探索新的思路。

中国主张搁置争议,共同开发,促进领土争端的妥善解决。对于领土、资源争端,邓小平提出:"有些国际上的领土争端,可以先不谈主权,先进行共同开发。"② 对于南沙群岛和中日钓鱼岛等争端,中国主张"搁置争议,共同开发"。搁置争议,并不是不承认争议,而是把有争议的主权问题暂时放在一边,避免激化双方矛盾。共同开发,是从经济利益入手,用经济利益的共同纽带将争议中的各方连接起来,使各方共同获益,为合理解决争端创造有利的环境和氛围,最终实现消除争端的目的。"先不谈主权"并不是不谈主权,而是一个选择谈主权的时机问题。在时机和条件不成熟的情况下谈主权,往往会把事情弄僵;在时机和条件成熟的情况下谈主权,则有利于问题的解决。

中国推动和平协商,合情合理地解决边界纠纷。对于边界争端,中国提出的解决思路主要包括:尊重历史和现实,和平协商;双方相互让步;在和平解决边界纠纷之前,维持边界现状,避免武装冲突,一时解决不了的,可

---

① Wang Jisi, China's changing role in Asia in Kokubun Ryosei and Wang Jisi edited, *The Rise of China and a Changing East Asian Order*, JCIE, Tokyo, 2004, p. 19.
② 邓小平:《稳定世界局势的新办法》(1984年2月),《邓小平文选》,第三卷,第49页。

以先放一放，不影响两国发展正常的外交、经贸关系。① 按照这一思路，中国解决了与俄罗斯、哈萨克斯坦、塔吉克斯坦、吉尔吉斯斯坦等国之间的边界问题，中国与印度也就和平解决边界问题达成了原则协议和共识，缓和了边界紧张局势。

从总体上说，中国在边界问题的解决上，主张求同存异，不纠缠历史旧账，强调面向未来，以长期的、战略的眼光解决问题，强调未来合作的利益，从双边关系的大处着眼。新的挑战是海上专属经济区的划分问题，随着联合国海洋法生效，这个问题的紧迫性突出，同时，由于这方面的问题非常复杂，各个领区的情况各异，因此，处理起来是非常有难度的。因此，这要求中国继续冷静地、从战略高度处理问题，积极寻求解决争端的机会，不使这些争端影响双边关系大局和中国在周边地区发挥更大作用的大局。

在中国实力增强的过程中，周边国家所受到的影响和冲击无疑是最直接的。中国实力的迅速上升，对邻国带来复杂影响：比如，它可以引起邻国对中国的担心，对中国崛起后战略意图的怀疑和疑虑，进而激起"中国威胁论"，或者拉入外部大国，平衡中国的影响；中国发展的成功，中国为邻国提供越来越多的利益（贸易、投资、援助等）又会拉近他们与中国的关系，推动他们与中国合作，但同时，他们也会面对越来越大的来自中国的竞争压力，尤其是，邻国感受到的竞争压力也会成为其国内的政治与社会问题。中国需要处理政府与社会的关系问题，因为中国所提供的市场机会主要只能使那些大公司首先受益，而大众特别是穷人很难从中受益。

还有，中国对于资源的需求越来越高，也使邻国感到担心。中国的经济以制造业为中心，加上国内消费的增长，导致中国对资源的需求迅速上升，在资源方面国内供需的缺口也迅速拉大。其结果是中国不得不从海外获取更多的石油、天然气和其他许多自然资源，以保障稳定的供给。从资源供应的角度，周边地区处于优先的位置。从短期来看，这会为邻国带来财富；但是从长期来看，这也可能会造成关系的紧张，因为供应国会担心自己的主要资

---

① 唐希中等著：《中国与周边国家关系（1949—2002）》，中国社会科学出版社2003年版，第17页。

源迟早会被耗尽。中国也需要对越来越多的外国直接投资进行管理,并对不发达邻国提供更多援助,帮助它们实现可持续发展。

由于中国的实力还处于上升的过程中,从某种意义上说,中国与周边国家的关系尚未定型。在这个过程中,中国要作出切实的努力,减轻周边国家的疑虑,推动与邻国关系的发展,比如,以更为有效的方式,传达出中国的战略意图,避免邻国对中国的战略意图产生误判;更多地参与地区组织和多边合作,以制度、利益相互依赖等方式减少不确定性,结成利益共同体,在双方获取合作利益的同时减轻邻国的忧虑,增强邻国对中国的信任。

这里有一个如何对待和处理美国在中国周边影响与作用的问题。美国虽然不是中国的邻国,但是美国因素深刻地影响着中国与邻国的关系。在冷战时期,中国与周边国家的关系受到美国因素的很大影响。20世纪50年代,中国执行"一边倒"的外交战略,导致的一个结果是中国同美国及其在中国周边的盟友进行严重的对抗,美国也把中国视为需要加以遏制的对象。20世纪70年代初开始,中国同美国及其在中国周边地区的盟友联合。中国与日本、马来西亚、泰国、菲律宾等国关系的改善,受到中美关系改善的重要影响。

冷战结束后,美国对中国及邻国关系的影响主要表现在,它试图防止任何一个有可能挑战美国霸权的国家出现。美国在中国周边有许多盟国,美国努力强化与日本、韩国、澳大利亚等传统盟友的关系,并试图扩大盟友队伍,比如,美国与印度的军事交流与合作迅速发展,美国借助反恐之机使它的力量向中亚国家渗透。美国的这些做法,客观上加大了中国的安全压力,加上美国在全球范围内对中国影响力的某种遏制,美国是对中国构成最大战略压力的国家。[①]

中国在发展与周边国家关系的时候,必然受到美国因素的影响。以中国与东盟国家的关系为例,东盟国家有利用美国平衡中国影响力的考虑,与此同时,美国也要努力防止中国对东盟影响力的上升,它也有主动进行平衡的

---

① 王缉思:《中美关系:寻求稳定的新框架》,载牛军主编:《中国学者看世界(中国外交卷)》,新世界出版社2007年版,第233页。王子昌:《美国因素对中国周边安全环境的影响》,《当代世界》2005年第4期,第9~10页。

一面。至于中国与美国的盟友发展关系，更要受到美国因素的影响。除双边关系以外，中国周边的诸多热点问题如朝核问题中，都有美国因素的存在，美国也在台海问题、南海问题上起着重要的作用。

在今后中国与周边国家的关系中，美国因素将会长期存在。如何处理与美国的关系，维护自己的周边安全环境，并推动中国与邻国关系的健康平稳发展，是中国必须面对的一个重要问题。① 尽管中国的区域关系战略并不是针对美国的，但是，没有美国参与的区域组织或机制仍然使美国极不放心。因此，中国在发展与美国的双边关系的同时，必须越来越多地考虑中美关系的地区因素。在可能的情况下，创造美国直接或间接参与的机制。

自改革开放以来，中国加快了融入国际社会的步伐，中国对周边外交的重视程度也不断提高。20世纪90年代以后，中国与周边国家的关系有了实质性的提升和发展。真正意义上的周边外交逐渐成形。成功的周边外交，对于中国的未来发展十分重要，它有助于为中国国内集中精力谋发展而创造、营造、塑造安定的周边环境；周边也可以成为中国崛起为世界一极力量的主要支撑点与战略依托带。与近邻国家的共同发展，也可以提高亚太地区在世界格局中的战略地位。

过去很长一个时期，中国在与邻国的关系中是一个被动者，改革开放以后，我们把对外关系的重点转向经济发展，构建和平发展环境，使中国与邻国的关系得到新的发展，逐步实现了与邻国关系的正常化，基本上扭转了被动的局面。进入新世纪，中国与邻国的关系开始转向主动，这主要是因为：其一，中国与邻国在新的基础上发展起了紧密的利益关系（以经贸关系为基础）；其二，中国以新的思维、新的战略，积极主动提出倡议和设想，推动双边和地区的合作。

在主动的形势下，中国就可以做更多的事情，通过主动的努力，使双边关系和地区秩序向有利于和平发展的方向发展。进入新世纪以来，中国在经济、政治（政府功能性合作）、安全（主要是非传统安全，也包括传统安

---

① 张小明：《中国与周边国家关系的历史演变：模式与过程》，《国际政治研究》2006年第1期，第69页。

全）以及社会和文化（如资助孔子学院）等几乎所有可能的场合提出了新的设想。通过这些倡议，中国不仅提出了想法和建议，也提供资金上的支持。

从防御性的角度出发，中国曾认为，外部的制度性安排是用来对付和遏制中国的，因此往往加以批判和拒绝。而现在，中国认为发展地区制度合作安排是符合其利益和角色的。在过去的相当长时期，中国为其生存而感到担心。随着信心的加强，中国逐渐承认和接受了当前由美国或西方联盟主导或在其中有主要影响的现存地区与世界秩序。尽管中国并不赞同现有体系中的所有方面，但中国也并不认为现有秩序是完全不符合其利益的，因此并不试图挑战这一秩序。而且如果可能的话，试图融入这一体系。当然，另一方面，作为崛起的大国，中国的一些利益和要求在现有秩序中是不容易轻易得到满足的。这使中国试图推动发展与现有制度安排相平行的一些新的制度安排，以更好地服务于其利益。这可以解释为什么中国在新的地区制度安排中变得越来越积极主动。[1] 不过，中国在这一方面比较谨慎，避免直接挑战美国的权力和影响。[2]

由被动应对到主动创造的明显转变是到了这个新世纪。推动区域合作是这个转变的一个凸显例子。2000年，朱镕基总理在东盟提出来要与东盟建立长期的经贸关系，搞自由贸易区。这显然是一个主动型战略。改革开放后，我们先是要求加入世界贸易体系——关税贸易总协定，也就是当今的世界贸易组织（WTO）。要求加入WTO不是创造，虽然是一种主动性参与，但是在关系构架上很被动，人家掌握着主动权。我们要求人家允许入伙，人家不会轻易放你进入，结果谈了15年，好不容易才进去了。2000年就不同了，我们主动提出来，得到东盟的响应，很不一样。我当时是专家组成员，在研究过程中，就可以把我们的一些想法与东盟商量，处在主动地位。中国—东

---

[1] 有些学者认为，中国已经成为国际体系的圈内人，是一个试图维护体系的现状国。A. I. Johnston: Is China a status quo power, *International security*, vol. 27, no. 4, quoted from Susan L. Shirk: *China: fragile superpower*, Oxford University Press, 2007, p. 107.

[2] 正如一名美国亚洲问题专家Robert Sutter所指出的，中国看来"急于找到一种方式，使得中国在亚洲和世界范围中迅速上升的影响力不被看成是对美国的权力和影响力的挑战。" Robert Sutter, China's regional strategy and America, In David Shambaugh, *Power shift-China and Asia's new dynamism*. University of California Press, Berkeley, 2006, p. 291.

盟自由贸易区建设这步棋把我国的外交这盘大棋搞活了。接着，日本跟进、韩国也跟进，我们走在了前头，使得东亚地区的合作有了显著进展。还有就是上海合作组织的建立，也是我们采取主动，以新的理念和方式处理共同的非传统安全威胁，取得了与俄罗斯、中亚国家合作的主动权，创建了新的安全与发展合作形势。

我们创造环境从推动区域合作开始，进一步延伸到国际层面，比如在这次金融危机中，通过二十国集团会议，我们提出了许多新的主张，旨在推动建立更加合理的国际货币金融体系，这有利于我们的发展，也有利于世界的发展。我们推动构建合理的国际经济体系，不是要搞革命，推翻现有的旧体系，而是与其他国家一起，对其进行调整、改革，实现稳定、有序的逐步过渡。这样一种稳定转变的秩序对大家都有利，我们是发挥建设性的作用，不是破坏性的作用，因为我们是通过参与现有体系取得发展的。

在国际关系方面，我们主张以一种新的思想、新的方式来构造对外关系和安全结构，为此，我们提出了"新安全观"。什么是"新安全观"？就是跟旧安全观不一样的安全关系和架构。旧的安全观是什么？就是军事结盟关系，是二战以后形成的，是以美国为主导的军事同盟，包括双边同盟和地区同盟（大西洋联盟）等等。我们提出的"新安全观"，核心就是共同安全、协商对话，避免使用对抗的方式、军事的方式。在与邻国的关系上，我们提出来很多新的原则，比如，与邻为善、以邻为伴，安邻、睦邻、富邻等等，我们不仅说说而已，也实际努力去做。

在国际秩序方面，我们提出了构建和谐世界。和谐世界思想基于我们的传统价值文化，也基于和平发展的需要。中国的传统文化价值强调"和而不同"，和就是和谐共存，和睦相处，是在尊重不同的前提下求得共同发展。世界是多样的，不同是客观存在，和是目标。我们提出来构建"和谐世界"，这就改变了长期以来形成的西方主导的基本价值观和思想文化观念。

冷战结束以后，本来是可能发生一场大的冲突的。苏联垮台了，社会主义体系没有了，剩下的就是中国，还有几个小的国家共产党执政，西方在推行民主的口号下，要实现"历史的终结"，这个形势很危险。我们小心地、谨慎地、主动地创造环境，提出构建"伙伴关系"。伙伴关系就不同于敌对关系，寻求的是合作，而不是对抗。我们不是在搞游戏，而真是在努力构建合作伙伴关系，我们和俄罗斯、美国以及其他大国构建伙伴关系，和邻居也构建伙伴关系，而且有不同的特点、不同的定位，这是我们取得了主动。现在，伙伴关系已经成为世界普遍接受的一种新型国际关系方式。二战以后的冷战时期，是两个阵营的敌对关系，两个联盟对抗，把世界推向冲突的深渊。冷战结束后，我们与其他国家一道，以新的观念，新的方式处理国家间关系，经过努力改变了世界的格局，我们是有贡献的。应该说，很大程度上，通过这样一种创造，既改善了我们的发展环境，也在一定程度上改变着世界的国际关系格局。

中国的快速崛起引人关注。我们主动提出来要和平崛起，走和平发展的道路。如前所述，像中国这样一个大国强大起来了，它要做什么，大家都关注，因为涉及人家的切身利益。我们提出始终不渝地坚持走和平发展的道路，走一条不同于传统大国崛起（特别是近代）的道路。我们坚持和平发展，开始很多人可能不信，如果我们坚持下去，让时间考验，慢慢大家会把它作为国际关系中新的准则，至于将来能不能成为主导的关系，还要看我们本身的发展。

从总体上来说，自新中国成立以来，有真正意义的创造型周边外交的历史并不长，而且，在这个过程中，新生事物不断涌现，出现了许多新问题和新挑战，同时，也提出了很多解决问题的新思路。如何与邻国长期友好相处，是我们面临的一个重大历史课题，这也是一个学习和探索的过程。我们需要不断总结其中的经验教训，使中国与周边邻国的关系长期稳定、和平、合作与发展。

中国与"东盟加"结构:走向适应性共赢

翟崑

中国崛起是东亚秩序变迁的主要推动力,但中国构建"和谐东亚"进程的复杂性和艰巨性超乎想象。有一组关联现象特别值得注意:从1997年亚洲金融危机之后至今的11年,东亚迸发出一股强大的合作潮流,东盟再度活跃,中国—东盟合作关系突飞猛进,东亚地区合作快速发展,亚洲呈现整体崛起之势,美国调整亚太地区合作政策。无论是从全球视野,还是从东亚变迁的长时段历史进程来看,这十年涌现出的合作现象具划时代意义。从现实层面看,尽管东亚地区还存在各种冲突的可能,但多层次多领域的地区合作正在优化东亚地区秩序。从理论层面看,如能揭示该现象的起源、动力、机制、演化,趋势,将有助于我们发现东亚地区秩序变迁的内在逻辑和深层规律,尤其是与中国崛起的关联。从政策层面看,探究各国的战略和政策如何适应互动,形成推动合作的合力,将有助于我们理解东亚合作形势的复杂多变,以优化中国推进"和谐地区"建设的战略、政策和手段。①

本文的基本结论是,"东盟加"结构是东亚地区一种新型的地区结构,在这种结构下,东亚地区整体,以及中国、东盟,以及东亚,有可能通过该结构的一些功能机制,走向"适应性共赢"。其基本历史逻辑是:第一步,亚洲金融危机后,中国率先与东盟达成以"共赢"为目标的整体性制度合作;第二步,东盟借助中国—东盟合作关系,迅速推动东亚合作

---

① 中国政府一向把"和谐地区"与和平、发展、合作联系在一起,比如,"实现中国与亚洲的共同发展、共同安全、共同繁荣等"。

(10+3)，并与周边其他大国构筑起以东盟为核心的多个 10+1 整体性制度合作框架，再加上东盟主导建立的东盟地区论坛（ARF）、东亚峰会（EAS）等多个平台，进而在东亚复杂系统中创造出一种新的结构形态——"东盟加"（相对于美国在本地区的轴辐结构，hub-spoke）。第三步，"东盟加"结构具有"核心聚集"、"对称复制"、"差异发展"、"适应学习"、"层次转化"等功能，虽然存在各大国分别与东盟的关系存在"局部竞争"，但能形成地区性的"整体优化"，并与东亚地区现存的其他结构协调共存。在"东盟加"结构中，各方彼此适应，相互学习，你追我赶，达致动态利益平衡，使东亚各方总体上呈现一种各方均能接受的状态，即"适应性共赢"。

本文采用了系统科学的分析方法。第一，系统是指，（1）组成系统的一系列单元（unit）或要素（element）相互联系，因而一部分要素及其相互关系的变化会导致系统的其他部分发生变化；（2）系统的整体具有不同于部分的特性和行为状态。[①] 第二，本文借用了复杂科学中的"复杂适应系统"（CAS）的概念体系。复杂适应系统是指由大量的按一定规则或模式进行非线性相互作用的行为主体所组成的动态系统。行为主体通过"学习"产生适应性生存和发展策略，导致 CAS 进行创造性演化。[②] 第三，本文还特别强调辩证法和社会进化这两个基本的分析路径。辩证法强调系统各要素的普遍联系；多样性的统一；相互制约、转化、依存等；社会进化强调生物界和人类社会都遵循"变异—选择—复制（遗传）"的进化规律。[③]

[①]（美）罗伯特·杰维斯著，李少军、杨少华译，《系统效应：政治与社会生活中的复杂性》，中文版前言第 VIII 页，上海世纪出版集团 2008 年版。

[②] 主要参照约翰·霍兰（美）著，周晓牧等译，《隐秩序：适应性造就复杂性》，上海科技教育出版社 2000 年版。本书对复杂适应系统的演化、适应、凝聚、竞争、合作，做了经典地解释。

[③] 本文对系统—辩证—进化方法的综合应用，主要受多位前辈的启发：一是中国现代国际关系研究院的王在邦研究员，其专著《霸权稳定论批判：布雷顿森林体系的历史考察》（1994），明确使用"辩证系统论"；二是上海复旦大学的唐世平教授整合各种社会科学研究方法而成的社会进化范式（SEP）和社会系统范式（SSP）；三是外交学院副院长秦亚青教授在介绍罗伯特·杰维斯的系统效应思想时说，"实际上复杂理论和系统效应是富有意义的科学思考，将其用于国际政治学关系研究，会产生许多新的学术兴奋点。国内国际政治学界还没有人做过这方面的研究课题"；四是罗伯特·杰维斯的《系统效应：政治与社会生活中的复杂性》。

一、"东盟加"结构的形成

(一)"东盟加"结构的原点:东盟一体化的进化

在"东盟加"结构中,原点即该结构生发的逻辑起点和中心点。东盟在该结构中发挥了原点的作用。当我们讨论东南亚在全球所处中心性地位时,乔万尼指出,"自16世纪起,东南亚就成为东北亚和亚洲内陆经由好望角和美洲与南亚和欧洲进行区域间贸易的首要的也是最关键的枢纽。这就意味着,按照当时的标准,经过该地区的海运不论就物品数量还是种类来说都已经相当可观了……与东南亚同时保持最重要依存关系的地区,不是一两个,而是有近(南亚和东北亚)也有远(欧洲与美洲)。"500年后,东南亚以一个组织——东盟(ASEAN)的形式,再次成为"全球交往的连接点"。[1] 这就是大历史展现给我们的相似性。

二战结束后,东南亚国家纷纷独立,但都面临追求国家安全与自身实力不足这一难题。解决这一矛盾的途径有二:一条道路是走现代化道路,增强自身抵御力。但当时的东南亚领导人认识到,作为中小国家,无论怎么发展,都难以在实力上接近周边大国。因此,还有一条是在现代化的基础上联合自强,建立地区性合作组织,增强地区抵御力,在组织内部解决纠纷,以集体力量与大国打交道。1967年8月,印尼、新加坡、马来西亚、菲律宾、泰国五国建立东盟。

东盟在发展过程中进一步认识到,东盟不可能成为第二个欧盟。东盟整体的硬实力仍无法与周边大国比较,必须利用周边大国环绕的地缘特点,通过向大国提供交流平台,与大国建立制度性对接,增强彼此之间的相互依赖,将东盟塑造成大国间的枢纽。冷战期间,东盟与主要国家和国际组织建

---

[1] "导言:从地区和世界历史的角度来理解东亚的复兴",[美] 乔万尼·阿里吉,[日] 滨下武治、[美] 马克·塞尔登主编,《东亚的复兴:以500年、150年和50年为视角》,社会科学文献出版社2006年版,第9~10页。

立了对话伙伴关系。冷战结束后，东盟在将组织扩大到整个东南亚范围的同时，参与并改造亚太经合组织进程（APEC，1989），建立了以东盟为核心的东盟地区论坛（1994），以及以东盟为主要参与方的亚欧峰会（ASEM，1996）等地区和跨地区性交流平台。1997年亚洲金融危机后，东盟又创立10＋3东亚地区合作平台，并在该框架内形成三个10＋1峰会机制，分别为东盟＋中国，东盟＋日本，东盟＋韩国。但直到20世纪末，由于东盟还处于金融危机后的低谷，三个10＋1机制还缺乏实质性的制度性合作内容。

（二）"东盟加"结构的核心支柱：东盟——中国制度性合作的率先确立

二战结束之后到1967年东盟成立之前，在东亚两极对抗格局下，中国与东南亚的一些社会主义阵营国家如越南、老挝，不结盟国家缅甸、柬埔寨等关系密切，而与具有明显的"遏制共产主义"性质的东盟处于相对对立状态。随着东亚地区体系结构的变化，中国与东盟的合作逐渐展开：20世纪70年代，东亚体系结构由两极对立转变为中美苏大三角互动，中美关系改善，中苏关系恶化，中国与亲西方的泰国、马来西亚和菲律宾建立外交关系，对抗性质减弱。尤其是80年代末90年代初，中国与东盟国家在柬埔寨问题上密切合作，消除了中南半岛上的冷战遗迹。

整个90年代，中国和东盟在东亚体系结构变迁中的作用日渐突出，双方的合作关系也快速发展。1991年，冷战结束，中国与东南亚所有国家建交、复交或恢复正常关系；时任中国外长钱其琛出席第24届东盟外长会议开幕式，与东盟国家外长们举行首次非正式会议。[①] 1994年，中国加入东盟主导建立的东盟地区论坛。尽管1995年出现"美济礁事件"，但在1996年，东盟还是将中国提升为"全面对话伙伴国"。1997年亚洲金融危机成为中国—东盟对话关系中的重要转折点。中国克服困难，坚持人民币不贬值，并向受危机影响的东盟国家提供援助。东盟开始认识到并确信：日益增强的中国经济对东南亚至关重要，中国愿意在关键时刻向东盟伸出援助

---

① 《中国—东盟名人小组报告》，世界知识出版社2006年版，第24页。

之手。1997年12月，东盟倡导举行东盟与中日韩领导人（10+3）会议和中国与东盟领导人非正式会晤。自此，中国与东盟领导人建立了年度峰会机制，并发表联合宣言，宣布建立面向21世纪的睦邻互信伙伴关系。从1998年到2000年，中国与东盟10国分别签署了双边关系框架文件或发表了合作计划。

进入21世纪，中国与东盟的整体性合作又上新层次。从2001年到2003年底的短短三年内，双方合作关系实现全面突破发展：(1) 确立双方新世纪初五大重点合作领域，开启中国—东盟自贸区谈判进程（CAFTA，2001）；(2) 中国与东盟签署《南海各方行为宣言》（DOC，2003）；(3) 中国加入《东南亚友好合作条约》（TAC，2003）；(4) 确立面向和平与繁荣的战略伙伴关系（2003）；(5) 中国支持东盟主导的以10+3为主渠道的东亚合作。以上各项均为中国与东盟整体间的制度性合作，涉及战略、政治、经济、安全等多个领域，构成中国—东盟战略伙伴关系的主要框架和支柱。

双方领导人均认为中国与东盟关系进入历史最好时期。这一时期，本地区的主导外交哲学为"共赢观"，以国家和地区的共同发展、共同繁荣和共同安全为主要目标，追求共赢。2004年以后，中国与东盟着力于推进战略伙伴关系，相继举办中国—东盟博览会（CAEXPO，2004）、中国—东盟建立对话伙伴关系15周年纪念峰会（2006），设立中国驻东盟大使（2008），中国在全球金融危机肆虐的背景下向东盟提供100亿美元基础建设基金和150亿美元信贷（2009）等措施。以上措施均是对2003年前建立的制度性合作框架的完善和扩展。期间，南海问题虽有所升温，但在可控范围。

总结起来，中国与东盟发展合作关系大致经历了四个阶段：第一阶段，是从东盟1967年成立到1991年以前，性质是从对抗怀疑走向对话合作。当时占统治地位的外交哲学是"生存观"，以追求国家安全与生存为主要目标，零和思维占优。第二阶段是从1991年到1996年，建立全面对话框架；第三阶段是从1997年到2003年，建立制度性合作框架和战略，确立战略伙伴关系；第四阶段是2003年至今，推进战略伙伴关系。主导后三个阶段的外交哲学是"共赢观"。尤其值得注意到是第三阶段，中国"抢"在其他大国之前，与东盟率先确立较为完整的制度性合作框架。① 这一时期，双方在内外环境均发生重大变化的形势下，能确定共同利益和共赢目标，合作比较成功。

（三）"东盟加"结构的大致形成：以东盟为核心的多组10+1合作机制

中国的先发举措成就了"东盟加"结构。主要表现为三个关系紧密、相互伴生的进程：

1. 2000 年底，鉴于东盟国家普遍担心中国入世后将给东盟带来巨大的经济挑战，中国时任总理朱镕基在中国—东盟峰会上提出与东盟建立自贸区，向东盟开放市场，让中国的资金进入东盟。这一举措惊动世界，标志着中国参与东亚地区合作的政策从积极参与转向主动塑造。东盟借此获得巨大收益，既提高了地区地位，又获得启动新一轮大国平衡的有力杠杆。之后，在东盟的穿针引线之下，日本、韩国、印度等纷纷步中国—东盟自贸区谈判的后尘，开启与东盟整体谈判建立自贸区的进程，出现你追我赶的竞争性合作局面。到 2010 年前后，东盟与多个大国的自贸区谈判完成或接近完成，"东盟加"结构在经济领域得以拓展和深化。

2. 中国首先于 2003 年加入《东南亚友好合作条约》，与东盟建立"面向和平与繁荣的战略伙伴关系"，引发其他大国纷纷加入该条约，并提升与东盟的战略关系。2009 年 7 月，美国最后一个加入 TAC，标志着"东盟加"在安全领域的拓展和深化。

3. 2005 年底，鉴于中国在东南亚影响力上升速度过快，主导东亚合作进程的态势明显，东盟、日本、美国等考虑将澳、新、印拉入东亚峰会，造成 10+3 和 EAS 并行的局面，以此制约中国影响力。此举导致东亚合作进入"迷惘的瓶颈期"，但有利于东盟将外部势力拉入，丰富和完善其"东盟加"结构。

---

① 关于中国与东盟关系发展的阶段划分，本文主要参照了官方的《中国—东盟名人小组报告》(2006)，并根据最近几年的动态发展进行了完善。

由此可见，一方面，中国—东盟的合作关系不仅实质性地推进了东亚合作进程，也是成就"东盟加"结构的最大动力，并受该结构的制约。另一方面，东盟从"破碎的地区"走向地区的整合，从弱势无为走向有所作为，从权力边缘走向权力中心，从多样性耗散到聚集性权力，变弱为强。

不仅如此，中国—东盟合作还成为 10+3 合作的主要推动力，周边大国等纷纷效仿中国，竞相与东盟谈判自贸区，签署东南亚友好合作条约，建立战略伙伴关系。美国由于担心被排除在东亚合作之外，也与东盟发展全面合作关系，乐见澳大利亚、新西兰和印度三国加入东亚峰会，并在亚太经合组织框架下提出亚太自贸区构想（FTAAP，2006），并于 2009 年 7 月最后一个加入《东南亚友好合作条约》，极有可能在 2009 年底加入东亚峰会。中国—东盟合作关系中的共赢思想，已延伸扩散至东亚地区。

根据系统的自组织原理，机制化的组织一旦形成，就会不断寻找自我强化机制，使之维持下去。另外，在亚太地区缺乏大国协调机制的背景下，尤其是中日竞争局面的持续，只要东盟保持基本发展，不致停滞不前或崩溃，"东盟加"仍有很大成长空间。

二、"东盟加"结构的内在逻辑

中国与东盟建立的整体性制度合作关系，是东亚地区在 21 世纪初掀起的一股巨大的合作浪潮。东盟借此吸引日、韩、印、澳新、俄、美等建立相似的整体性制度对接，形成以东盟为核心，以多个 10+1 为支架，以东盟地区论坛、10+3、东亚峰会、亚欧会议等为主要平台的"东盟加"结构，形成东亚地区的一个新结构。东盟为什么能在复杂的东亚系统内建成"东盟加"结构？其他大国为什么会跟进？如何跟进？有何收益？东亚秩序将在"东盟加"结构下走向何方？

（一）"东盟加"结构与东亚复杂适应系统

"东盟加"结构是推动东亚新秩序构建的诸多结构中的一个，往往被忽略。东亚曾出现过几个主导性的体系结构,古代以中国为中心的朝贡体系结构,近代西方殖民时期的霸权结构,日本短暂的霸权结构,美苏争霸的两极结构,以及美国双边军事同盟为支架的轴辐结构。当前,就覆盖范围来看,除了以东盟为核心的"东盟加"结构外,东亚地区还有以美国霸权为核心的轴辐结构,以日本技术和资本为核心的亚洲雁行模式结构,以中国市场为中心的"和谐东亚"结构等。① 只有"东盟加"是由非大国主导,并得到各方普遍认可和适应的结构。它自身如何演进、维持,发挥功能,如何与其他同时存在的结构竞争、合作与协调?"东盟加"结构使东亚体系更趋复杂。

本文尝试借用复杂科学中的"复杂适应系统",剖析"东盟加"结构的内在规定性。② 所谓复杂适应系统,是指由大量的按一定规则或模式进行非线性相互作用的行为主体所组成的动态系统。行为主体通过"学习"产生适应性生存和发展策略,导致 CAS 进行创造性演化。

适应性造就复杂性。在复杂适应系统中,"适应性"是一个核心概念。CAS 将生物学中适应性术语的范围扩大,把学习与相关过程也包括进来。尽管不同的 CAS 过程具有不同的时间尺度,但适应的概念可以应用于所有的 CAS 主体。所谓适应,就是个体与环境之间的主动的、反复的交互作用。

任何系统包括 CAS 都是由大量元素组成的。主体概念加上适应性概念成为"适应性主体"或"行为主体",把 CAS 组成单元的个体的主动性提高到了复杂性产生的机制和复杂系统进化的基本动因的重要位置。在 CAS 中,任何特定的适应性行动者所处的环境,其主要部分都是由其他适应者组成的,每个行动者在适应方面的努力就是要适应其他适应性行动者,为同它们相适应而行动、学习、改进自身。同一环境中的不同行动者相互提供资源,相互产生适应性压力,既相互支持和合作,又相互制约和竞争,在合作与竞争中

---

① 除了上述几个比较成型的结构外。一些学者还在讨论构建一些新的地区结构,如美中 G2 结构,美日中协调结构,亚洲大国协调结构,以及澳大利亚总理陆克文倡议的类似欧盟的亚太共同体(APC, 2007)等,不一而足。

② 本文关于复杂适应系统概念的说明,主要根据[美]约翰·霍兰著,《隐秩序:适应性造就复杂性》,上海科技出版社 2000 年版;苗东升著,《系统科学大学讲稿》,中国人民大学出版社 2007 年版;[美]米歇尔·沃尔德罗普著,陈玲译,《复杂:诞生于秩序与混沌边缘的科学》,生活·读书·新知三联书店 1997 年版。复杂适应系统(CAS)具有聚集、非线性、流、多样性等四大特性,以及标识、内部机制、积木等三大机制。

相互适应。

另外，环境中还可能存在作为入侵者的其他适应性行动者，如免疫系统的抗原，作为适应性行动者的抗体是在同抗原的对抗中学习和自我改进的。不论是合作者、共生者、竞争者或入侵者，它们的总和构成 CAS 行为、特性、策略。每个适应性行动者努力去适应其他适应性行动者，这个特征是 CAS 生成复杂动态模式的主要根源。

（二）"东盟加"结构具有使整体趋向适应性共赢的功能

"东盟加"结构是东亚体系的一个结构，东亚体系本身就是一个巨大的复杂适应系统。首先需要说明的是，本文的东亚泛指东南亚、东北亚、美国、印度、澳新等实际参与了东亚地区合作的国家所涵盖的地区。这个范围超越了一般意义上的地理东亚或政治东亚。笔者认为，东亚的范围一直处于历史变动中。本文的涵盖符合东亚体系演化的内在现实发展逻辑。乔万尼等人把东亚视为"世界区域"，"长期以来，这些因素的综合使得东亚成为一个具有明显多样性特征的世界区域"。[①] 乔万尼等人倾向于认同卡尔·多伊奇对世界区域的概括：由许多邻近国家组成的，按照不同的空间和时间维度，在广泛领域中都存在显著依存关系的国家群体。皮特·卡赞斯坦指出，这种观点提供了一种能够把握动态变迁的方法，既揭示了本体论者所关注的内部结构特点，同时又避免把世界描绘成一个外形不断变化但内核却固定如一地流动着的集合体。[②]

根据复杂适应系统的若干原理，本文推导出"东盟加"结构对优化东亚秩序的若干功能。

第一，共向（核心）聚集。"物以类聚，人以群分"。适应性行动者的一个重要表现，就是具有自我集聚的本性，不安于孤身独处。只要同一个大环境中分散着众多适应性行动者，它们就有自动聚集起来的去向。聚集是一

[①] [美] 乔万尼·阿里吉，[日] 滨下武治、[美] 马克·塞尔登主编，《东亚的复兴：以500年、150年和50年为视角》，"导言：从地区和世界历史的角度来理解东亚的复兴"，社会科学文献出版社2006年版，第6页。

[②] 同上，第6页。

种相互作用，大量行动者在这种相互作用中逐渐找到稳定的关联方式，形成具有一定结构的聚集体（系统），能够采取集体的行动。① 在"东盟加"结构中，东盟对各方尤其是对大国都不构成威胁，并创造了沟通的渠道和平台，因而各方力量均向东盟聚集：东盟各国向东盟一体化的方向聚集；大国博弈也向东盟提供的连接管道和平台聚集。这就形成东盟的核心性和中心性，造就东盟的枢纽位置。这是东盟能充当东亚合作的"驾驶员"，构造"东盟加"结构的主要原因。因此，东盟在2007年成立40年时提出"活力亚洲的心脏"的口号。东盟作为权力聚集和生产的中心，能得到持续收益。② "一个国家处于关键地位，就能够获得与其经济和军事资源不相称的收益。……一个国家处于关键地位，大概就能够为了广泛的利益以及它自己的好处而影响其他国家的行为。"③

第二，对称复制。所谓对称，是指以东盟为核心的各组东盟加是对称的，比如东盟+中国、东盟+日本、东盟+美国，在形式上是对称的。所谓复制，指一个政策措施可以在各组"东盟加"关系中连续复制。比如FTA谈判就从中国—东盟复制到日本—东盟、韩国—东盟、印度—东盟，以及澳新—东盟等，甚至欧盟和美国也曾提出与东盟谈判FTA的构想。在各大国中，谁先启动一种有效增进与东盟合作的新政策，谁就能在此政策领域获得相对先发优势。随着该政策被复制到其他各组东盟加关系，该国先发优势也就不断减退，但是各大国在东南亚的利益也趋于平衡。"仿效也可以重建均衡……从而使创新者只能享有短暂的优势。"④ 对称复制的循环演进，是使各组"东盟加"趋向帕累托最优。中国在2003年前一度占据整体先发优势，日本在推出EPA战略后，尤其是在2005年推出东亚峰会后，势头赶上中国。美国则在2008年后来者居上，率先推出美国驻东盟大使，获得一次先发优势，中日等相继效仿。各组东盟加在你追我赶的动态平衡中，优化了东亚地

---

① 苗东升著，《系统科学大学讲稿》，中国人民大学出版社2007年版，第385页。
② 在东盟内部，那些地缘战略地位特别重要（如越南），实力最强（如印尼），应变能力最强（如新加坡）的国家，对于东盟发挥"东盟加"作用最突出，获利也最大。
③ （美）罗伯特·杰维斯著，李少军、杨少华译，《系统效应：政治与社会生活中的复杂性》，中文版前言第XII页，上海世纪出版集团2008年版，第162页，第216页。
④ ［美］罗伯特·杰维斯著，李少军、杨少华译，《系统效应：政治与社会生活中的复杂性》，中文版前言第XII页，上海世纪出版集团2008年版，第162页。

区秩序。"更为重要的是，类似的进程能够推动进化。"①

第三，适应学习。复杂适应系统理论的重要性在于，适应性行动者会学习、能够积累经验，通过了解外部环境的变化来调整、改进自己、以适应环境。在"东盟加"结构中，复制之所以能产生，主要是因为各方都能根据适应性学习，调整政策。中国率先加入 TAC，其他各方迅速认识到：第一，中国与东盟将不以武力解决南海问题，双方达成战略互信。第二，如果本国也加入 TAC，也可与东盟增进战略互信，于是跟随。当然，各大国的适应能力和适应快慢是有区别的。比如，中国最先明确了可以由东盟主导东亚合作的道理，因而就能比较顺利地推动东亚合作。日本不理解也不愿意让东盟引领东亚合作，所以一直停留在与中国竞争主导权的层面，与东盟发展关系的速度一度落后于中国。美国对东盟主导的东亚合作进程一向持"善意忽视"态度，直到"东盟加"结构显示出较强的生命力时，美国才意识到要采取行动。通过学习机制，使大国间形成相互学习对方先进经验，彼此适应的习惯，这比什么都重要。急剧下降的学习曲线（learning curve），每次学习所需的时间就越少，成本越低，效率也就越高。

第四，差异发展。差异是系统发展的根本动力，差异造成复杂性、多样性、竞争性。由于各大国的实力、地位不同，与东盟各成员国的远近亲疏不同，对东盟整体的战略目标、意图、倾向、重视程度不一，政策执行力不同，因而，复制的结果也不同。而且，有些政策很难复制。比如日本可以为支持东亚峰会的研究机构 ERIA 提供 100 亿日元的研究资金，中国限于财力就很难做到。差异为东盟实施大国平衡提供了条件。比如，中国与东盟多个成员存有南海纠纷，而美国与东盟多个成员拥有军事同盟或准同盟关系。差异也为各大国寻找与东盟建立不可替代的关系创造了条件。比如，东盟不可能放弃中国的大市场，也不可能放弃日本的技术、援助，更不可能放弃美国在本地区的安全存在。

第五，层次转化。所有 CAS 都有多级层次结构，下一层次的小聚集体成

---

① ［美］罗伯特·杰维斯著，李少军、杨少华译：《系统效应：政治与社会生活中的复杂性》，中文版前言第 XII 页，上海世纪出版集团 2008 年版，第 170 页。

为构筑上一层次聚集体的建筑砖块。能够修正和重组自己的转化的建筑砖块，能够形成更高层次的聚集体，是 CAS 根本的适应性机制。① 东盟各成员以及各大国是东亚系统的组成要素。它们由内而外主要构成如下层次：第一层为东盟（组分为各成员）；第二层为多组"东盟加"；第三层是东亚系统。层次转化有如下特点：（1）每个层次都有不同于其他层次的整体性特点。东盟的特点是合作性较强，东盟加的特点是差异发展，东亚系统则是共同进化。（2）各层次之间的相互联系和转化非常复杂。有三种最基本的路径。一是从内到外。东盟的强弱将直接影响其操纵各组东盟加的能力，各组东盟加的发展态势又会影响大国关系和东亚秩序。一个相对强势的东盟更有利于引导东亚合作，反之则会出现"小马拉大车"，"东盟无用论"等批评。二是从外到内。大国关系的变动也会影响到各组东盟加和东盟。比如，对东盟来说，美中和中日关系保持适度紧张对东盟最有力，否则要么"被共同管理"、要么"被迫选边站"。三是从中间向两端发展。东亚合作一方面靠东盟来协调，具有增强东盟作用的功能；另一方面又可能促进中日韩的合作，从而使东盟面临被边缘化的风险。事实上，层次转化绝不会这么简单，由于各种因素同时起作用，层次之间的转化也变得异常复杂。

最后，整体协调。作为一个系统，整体与部分，部分与部分之间的关系至关重要。在东亚体系中，"东盟加"结构要得以维持，还必须与其他结构协调共生。比如，美国认为，10＋3 的发展将把美国排斥在东亚之外。因此，东亚合作各方强调，东亚地区主义是开放的地区主义，不排斥美国，支持 APEC 进程。美国则支持 10＋3 扩展为东亚峰会，并推进 APEC 进程。而作为一种折中，美国很有可能以某种方式建立与东亚峰会的互动关系。这样，"东盟加"结构与美国的霸权结构进行协调，这是部分与部分之间的协调，有利于东亚整体的合作气氛。另外，从整体来看，东亚的复杂性和多样性将会允许不同的结构同时共存。因此，无论是美国的霸权体系，还是以东盟为核心的"东盟加"结构体系，都有生存的空间，不可避免地竞争、协作、达致一种适应性妥协。

---

① 苗东升著：《系统科学大学讲稿》，中国人民大学出版社 2007 年版，第 385 页。

三、"东盟加"结构与适应性共赢

（一）处于"东盟加"结构中心地位的东盟收益最大

我们想当然地认为大国定乾坤，小国无外交。但这种认识往往会蒙蔽我们对小国追求权力的观察。小国在何种情况下才能获得与大国平等共舞的权力呢？当小国能创造一种大国所缺乏的新型权力资源，并能持久保障和运用这种资源，进而有利于塑造更好的地区秩序时，权力就可能到手了。冷战结束后东盟苦心经营东亚合作和大国平衡的努力，塑造"东盟加"结构的历程，正是其获得权力的历史。东盟在遭遇1997年金融危机的打击后，一度陷入低潮。但进入新世纪以后，随着东盟国家经济的复苏，东盟的地区地位和作用不断提升，在自身一体化、东亚地区合作进程、大国平衡战略方面都令世人刮目相看。具体表现在：

1. 东盟正在改变我们对权力拥有者的传统认识。当我们还固守东南亚是大国争夺势力范围的竞技场这一老概念时，东盟的大国平衡战略已运转开来。美日甚至开始为中国在东南亚影响力的上升而吃惊，结果是不断给东盟国家以更多的胡萝卜。大国若想参加到东盟所编织的地区合作网络，防止在竞争中被边缘化，就必须达到东盟所设定的条件，比如得加入《东南亚友好合作条约》。美国不愿加入，也就无缘成为东亚峰会的成员。俄罗斯虽然加入了TAC，但东盟以"双方经贸关系仍未达到非常紧密的程度"为由，予以拒绝。因此，东盟在与大国的集体游戏中获得一定的裁决权力。

2. 东盟正在改变我们对国家追求财富的传统认识。一般的经济合作理论认为，在大小国家谈判建立双边自贸协定的过程中，往往是大国着力推行，小国被动开放市场。大国通过与多个小国建立自贸区而成为获益较多的轮轴国家，小国成为得益较少的轮辐国家。比如美国力图将北美自贸区推向整个美洲的意图，就是要实现其在美洲的制度霸权。当多数亚洲国家还固守这些国家追求财富的老观念时，东盟早就抛开中日关系这对矛盾，在建立之初就开始了地区经济一体化进程,在创造出将中日韩整合包容在一起的东亚合作框架。中日韩承认和支持东盟的主导权。这样,东盟在制度设计上就成为获益更多的轮轴国家,大国反而成为轮辐国家。因此,东盟在追求地区和国家财富时获得主导权。

3. 东盟正在改变我们对国家寻求安全的传统认识。冷战期间,不是东盟成员的印支半岛战事不断,而东盟老成员国之间虽多次剑拔弩张但力避战事。冷战之后,东盟的不断扩大最终把和平扩展到整个东南亚。东盟国家认为,传统安全的威胁主要来自朝鲜半岛、台湾海峡和南中国海。这是东盟国家实施大国平衡的最大动力来源。于是东盟建立东盟地区论坛为亚太等地区20多个国家提供了安全对话平台。这也是东盟希望亚太大国——加入"以和平方式解决彼此冲突"为宗旨的TAC的最主要原因。过去,都是大国强按小国签署和平条约,现在则是大国主动加入TAC以给予小国安全保障。

另外,东盟还体现出对人类安全共同体这一先进理念的先知先觉。在跨国非传统安全的威胁面前,他们更容易受伤害,更有感于国家能力的不足,更迫切于地区合作和国际援助,更担心国家主权的侵蚀。因此,东盟国家正努力寻找国家、地区和国际之间的平衡点。为此,2003年,东盟领导人决定在2020年前将东盟建设成为东盟安全共同体。因此,东盟在寻求安全时获得一定的主动权。

4. 东盟正在改变我们对国际规范的认识。如果要评选国际关系史上最美妙的理念,冷战时期的"和平共处",全球化时代的"共赢",也许都能拔得头筹。东盟成员间已经实现"和平共处",眼下他们正努力实践区域内外的"共赢"。在本地区,东盟国家不可能不让大国赢,这是国际政治的最大现实,也是东盟对外战略设计的题中应有之意。而东盟国家的宗旨是实现地区赢,即小国们要在大国环绕之间求独立、生存、发展、壮大,这是地区政治的最大现实。从这个角度讲,以讲求回避矛盾、寻求共识为主旨的"东盟方式",既能对内缓慢培养地区意识,也能对外谨慎周旋于大国之间。东盟在建立地区规范时也创造了大国愿意遵守的国际规范。东盟成长为东亚合作的"权力中心",发挥舍我其谁的主导作用。此番情形在东亚国际关系史中并无先例。国际政治最大的现实是,不会轻易放弃已经获得的权力。

（二）中国作为东盟加结构的主要创造者、拥护者和受益者

地区合作与构建地区秩序密切相关。加强地区合作构建地区秩序是中国既定的外交战略。中国在东亚合作中发挥关键作用，一方面是因为中国的态度决定东亚合作是否成功；另一方面，中国经济发展和转型将重塑东亚的经济结构，改变中日之间的经济力量对比，并促使东亚合作转型，从而改变地区秩序。胡锦涛主席 2005 年以来先后提出了"和谐世界"、"和谐亚太"、"和谐亚洲"等一系列关系到塑造地区和国际新秩序的理念。温总理在 2006 年 10 + 3 领导人会议上提出"和谐东亚"，并建议加强东亚合作的战略规划。时任外交部副部长王毅称，东亚合作是"探索新型国家关系和国际秩序的地区新秩序，形成周边牢固的战略依托"的实践。"中国的基本思路是坚持以良好的双边关系为基础，坚持和平共处五项原则和大小国家一律平等，坚持支持和尊重东盟在东亚合作中的主导地位。全面参与、重点投入、积极主动、循序渐进、互惠共赢、开放包容"。中国共产党的十七大报告提出，"实施自由贸易区战略，加强双边多边经贸合作"。周边地区特别是东亚是实现这一战略的核心地区。中国立足和平发展、经济优先的和平方式，积极推动东亚地区合作，使地区合作形成了带动地区秩序构建的基本属性。

1. 有利于塑造地区战略依托。迄今，中国已参与 10 + 3 框架的全面合作，涉及政治、经济、文化、社会等各个领域，成为东亚峰会的主要成员，促进形成了多层次、多领域的合作网。经济上，通过参与图们江、大湄公河、泛北部湾等次区域合作，带动了边境地区与周边国家的经贸交流，形成了战略依托前沿；通过积极的自由贸易安排，全面推动东亚自贸区的建设，构筑广泛的周边战略依托腹地。政治上，2003 年，中国加入《东南亚友好合作条约》，与东盟建立了"面向和平与繁荣的战略伙伴关系"，构建了中日韩领导人定期会晤机制，推动东亚峰会发挥地区战略对话平台的作用，赢得一定地区声誉。安全上，2002 年，中国与东盟签署《南海各方行为宣言》，2005 年与菲律宾、越南达成《在南中国海协议区三方联合海洋地震工作协议》，以及《中国—东盟关于非传统安全领域合作联合宣言》，在打击贩毒、贩卖人口、非法移民、海盗、恐怖主义、武器走私、洗钱、国际经济

犯罪等方面展开积极合作。另外，中国内地与东亚各国的密切合作，有利于在东亚地区构建反"台独"的认同和支持。由此，中国初步形成了东亚战略依托的基本框架，为中国引导本地区秩序建设奠定了必要的基础，有利于中国以东亚为依托，与欧盟和北美建立更平衡的关系。

2. 有利于合理统筹国内外两个大局的实践。中国地区合作战略实践了统筹内外两个大局的科学发展观，地区合作与地方发展、"走出去"战略结合越来越紧密。东北振兴计划、环渤海经济圈建设以及大庆油城的转型，正与东北亚地区合作对接；西部开发与湄公河次区域合作、泛北部湾合作相连；长三角、珠三角以及沪深金融市场与东亚主要工业地带和金融中心彼此联动，共同构成地区经济、产业分工的龙骨。随着上海经广州、直达新加坡的陆上交通动脉贯通，泛亚交通网络日益完善，中国与东亚的合作依存、融合程度提高，统筹内外两个大局，实现两种市场、两种资源深度结合的平台趋于完善。中国从未像今天这样依赖于区域合作。中国作为一个大市场具有强大的吸引力，为东亚的经济发展提供巨大的商机。中国竞争力的增强与东亚经济圈的出现互为依存。

3. 有利于形成完善中国的地区主义。近年来，随着东亚合作等地区合作形式的推进，中国的地区主义理论渐趋成熟，主要有以下形态：一是"周边主义"。该主义遵循"与邻为善，以邻为伴"方针，执行"睦邻、安邻、富邻"政策，加强地区合作，包括东亚合作、上海合作组织、中日韩合作等。二是"亚洲主义"。该主义集中反映于博鳌亚洲论坛所代表的亚洲共赢和"亚洲的中国"等理念。2006年5月，胡锦涛主席在亚信会议上提出了"和谐亚洲"理念。2006年，时任外交部副部长王毅在演讲中详细阐述了新的亚洲主义的思想渊源、历史演进、实践支撑、基本架构与时代内涵，指出新的亚洲主义的核心内容是合作、开放、和谐。三是"亚太主义"。该主义伴随中国参与亚太经合组织、东盟地区论坛等合作日趋成熟。2006年，胡锦涛主席在河内APEC会议上正式提出"和谐亚太"理念。"欧亚—亚太主义"，随着中国地区合作的兴起，从全球角度设计和推广中国地区合作的战略设想不断增多。2005年，胡锦涛主席在于俄罗斯签订《中俄关于国际新秩序的联合声明》中指出：区域一体化是当前国际形势发展的重要特征，"建立在地区开放、平等合作和不针对其他国家基础上的多边区域组织在国际新秩序形成过程中发挥着积极作用。在经济领域，地区倡议应促进贸易共同体更加开放和富有成效。在地区安全领域，建立兼顾各参与方利益的、开放的、不针对其他国家的安全合作机制具有根本性意义。双方支持各地区一体化组织建立横向联系，营造互信、合作氛围"。四是"欧亚—亚欧主义"。一些中央级智库比如中国现代国际关系研究院，已经在探讨建立横亘欧亚大陆，连接 APEC、上海和组织、亚欧会议等的，跨越太平洋的两栖地区合作带，即"欧亚—亚欧主义"。

4. 有利于推进和谐共赢的地区合作理念。历史上，中国的地区观曾有三次变化：第一次是朝贡体系时期，其哲学思想是"天下观"，即中国是地区的中心，讲求相安而居；第二次是在西方殖民和冷战时期，其哲学思想是"生存观"，中国丧失主导地区秩序的能力，为了生存和安全而与地区国家形成复杂的博弈关系；第三次是冷战结束后的全球化时代，中国以主要参与者和推动者身份积极塑造地区秩序，其哲学思想是"合作共赢"。第三种地区观赢得本地区的普遍欢迎，"中国崛起"逐渐被地区接受，也有利于缓和及平衡"中国威胁论"。

5. 有利于积累合作经验。中国的地区合作战略尊重地区多样性，注重经济—政治—安全的互动性，支持地区制度建设，倡导平等参与、协商、合作及共同发展的地区秩序基本原则，主张对话、协商、合作的安全观，推动"以邻为伴，与邻为善"的方针，"睦邻、安邻、富邻"政策，促进地区和谐发展。中国支持东盟在东亚合作中的主导地位，决不当头，为其他大国所接受。中国地区合作战略强调开放的地区主义与全球化相结合，不排斥美国在东亚的利益，通过合作，扩大共同利益。中国与东盟创造了自贸区谈判的"早期收获"模式，对市场开放采取渐进、分步走的方式，强调地区合作"舒适度"。

总之，在"东盟加"结构中，以 10+3 为主渠道的东亚合作是中国"大国是关键，周边是首要，发展中国家是基础，多边是舞台"这一外交布局的结合点，是和平、发展、合作的落脚点，是韬光养晦和有所作为结合的突破点，是推进国际关系民主化与公正合理国际秩序的出发点。东亚合作的理念和实践充分反映了中国的外交新理念,展示了中国贯彻和平发展道路的坚定决心和积极影响。中国已成为地区合作的坚定支持者、推动者和促进者。

(三) 东亚整体在东盟加结构中共同进化

历史上,东亚曾形成以中国为核心的"朝贡秩序",后因中国国力衰落而难以为继;日本在明治维新后试图营建"东亚共荣圈",建立"殖民秩序",但以失败而告终;二战后,美苏争霸形成东亚地区的"冷战秩序"。冷战结束后,在全球化背景下,国际和东亚地区秩序深刻转型,美国霸权、地区大国崛起、东亚地区合作等,均成为塑造地区秩序的重要力量。和平时期的国际秩序建设具有长期、缓慢、复杂和专业的特点,大国间的合作和竞争往往集中在制度、组织、规范、规则等方面。而地区合作能起到规范地区秩序、调整大国关系的重要作用。因而,地区合作也能推进和改善地区秩序。经过多年发展,在"东盟加"结构中,东盟主导的东亚合作进程成为诸多塑造东亚地区秩序的一种重要力量,东亚合作有助于亚洲崛起。

1. 东亚合作开启了东亚新的历史进程。中国反方认为,1997 年东亚金融危机后,东亚合作浪潮迭起,形成了多领域、多层次、多支点的官民并举的合作态势,标志着东亚地区开始步入全球化下的地区合作新时代。多年来,东亚形成了以东盟为核心,以中、日、韩为支撑的 10 + 3 合作机制,并衍生出多组 10 + 1 合作轴。东亚峰会启动了更广泛的地区战略对话机制,以经济合作为主的多领域合作全面展开。迄今,东亚已开辟了 18 个重点合作领域,建立了 50 多个对话机制,实施了近百余项合作项目;同时,区内双边、多边自由贸易安排不断成型,相互投资显著增长;地区扶贫、减灾、环保等合作启动,社会文化交流频繁,政治安全合作渐次发展。特别是以清迈倡议和亚洲债券市场建设为代表的地区金融合作取得实质性进展。10 + 3 合作改善了东亚地区的发展环境,提升了地区整体实力,为各国带来了实际利益,成为地区合作的主渠道和支柱。

2. 东亚合作使东亚日益成为一个内涵丰富的地区。二战后,东亚仅是个松散的地理概念,远未形成完整的政治、经济、社会、文化等地区属性。东亚合作使东亚具备了一个相对完整的地区所应有的要素和特征。东亚地区合作的兴起、发展和深化,确立了东亚致力于经济发展、社会进步和民族振兴的地区目标,使东亚在世界舞台上崭露头角。目前,在地理上,东南亚和东北亚共同构成了"东亚地区"的概念。在政治上,10+3机制确立了东亚共同体的长远目标和共同利益,形成了地区认同意识。在经济上,东亚人口超过20亿,经济总量快速扩大,区内贸易、投资依存度上升。以10+3为主渠道、东亚峰会为补充,东亚形成了多层次、多渠道的经济合作框架。在文化上,中华文明、印度文明和伊斯兰文明相互交融,多种文化和谐共处,形成了亚洲文明。在国际上,东亚合作产生了巨大的吸引力,澳、新、印积极加入,欧美也加紧与东亚建立实质性联系。东亚合作已从地理概念转变为富有实际内涵的地缘政治概念。

3. 开创了构建多样性和差异性并存的地区主义新方向。东亚合作积累了有别于欧盟的地区合作经验,明确以"经济合作"、促进持续发展与合作共赢为大方向,确立了"开放性"、"舒适度"、"创造共同利益"的基本理念,坚持"东盟主导"、"互利共赢"、"循序渐进"的基本原则,推行"多层次、多渠道"的合作方式。"东亚地区主义"具有时代生命力:第一,适应了东亚地区经济依存与安全对立并存的二元结构特征,选择了从经济合作走向政治合作的渐进道路;第二,适应东亚地区的多样性与差异性特点,积极推进多种合作机制相互重叠、在重叠最密集的地区形成共同体的"层叠模式";第三,正视现实,积极合作,构建认同,体现了多种理论思想并用的新特征;第四,将民族主义与全球主义结合,通过地区合作与地区治理方式,维护各自的国家利益和地区共同利益;第五,以地区合作为舞台,积极协调中日美印等多方利益关系,为建立公正合理的地区秩序提供了机遇。因此,东亚地区主义既不同于欧盟的超国家模式,也不同于美国的霸权模式,是建立在共有利益和共同利益基础上的东亚模式。

4. 东亚合作模式有利于改善美国主导地区秩序的霸权属性。二战后,美国通过在亚洲构筑双边同盟体系行使霸权,东亚在安全结构上形成了长期对立的格局。冷战后,随着东亚崛起,地区意识萌生,东亚国家自主决定地区秩序的意识上升。尤其是日、韩、澳等美国的盟国开始要求自主性与独立性,寻求建立"自立与共生"并存的地区秩序。同时,随着地区经济依存度的不断加深，非传统威胁因素上升，非传统安全诉求增强，美国主导的地区治理模式面临挑战。进入 21 世纪，东亚能源紧缺、环境恶化、贫富差距拉大，疾病、灾荒、走私、贩毒乃至恐怖活动等非传统安全威胁上升，其安全影响远远超出一国范围，也不以民族、制度甚至意识形态为限，单独的国家力量、传统的军事手段，特别是美国主导的双边军事同盟无法应对，客观上要求以地区合作方式应对非传统威胁。因此，平等、互惠、合作的东亚模式挑战美国主导的地区霸权秩序是一种必然选择，它有助于促进美国调整地区治理方式，与东亚共建公正、合理的地区秩序。

5. 东亚合作初步具备协调东亚可持续发展的功能。亚洲整体的复兴或东亚崛起需要可持续的共同发展。东亚合作的兴起在某种程度上具备了协调东亚可持续发展的功能：第一，协调和管理发展不平衡问题。发展是东亚各国最重要的日程，也是本地区秩序演变的关键因素。二战以来，东亚的发展缺乏协调管理，加剧了资源和市场的竞争，造成国家间与地区间发展不平衡、生态环境急剧恶化、地区冲突以及各种安全困境。第二，可解决东亚经济的结构性矛盾。东亚的产业结构带有依赖外来投资和出口导向的特点，且区内市场规模不一，大小市场间存在严重的结构性矛盾。而外部市场贸易保护主义抬头，市场约束趋严，贸易竞争秩序混乱，成为制约东亚经济可持续增长的重要的结构性原因。因此，通过建立地区自贸区，有效协调区内贸易，10＋3 框架把东亚的发展中国家和将为解决结构性矛盾提供基础性的制度保障。"发达国家联系起来，形成优势互补，有力地促进了地区经济融合及地区经济一体化的发展。第三，有利于形成官民结合的双轨合作机制。金融危机前，东亚已形成以市场为主导的民间商业网络和产业链。10＋3 合作机制启动后，东亚开始形成以政府为主导的制度合作，实现了由"市场诱导型合作"向"政府主导型合作"的转变，形成了"双驱动"合作模式。第四，10＋3 机制有利于形成"开放、学习、包容和强调集体主义"的新亚洲价值观。经济共同体需要以地区普遍价值观为灵魂。美、日等提出的"民主、人权、法制"价值观，给东亚合作蒙上了"推行民主"的阴影，必将导致东亚合作的分裂，不利于东亚地区的稳定与秩序构建。

由此来看，东亚合作使东亚地区正式踏上一体化的正轨，以合作代替对抗，明确了发展方向，降低了东亚地区转型过程的不确定性。相对于亚太经合组织、亚洲合作对话、博鳌亚洲论坛，东亚合作取得的成就无疑更大。APEC 号称有美国这样的超级推动力，日本一直试图推动日本版的地区合作，ACD 是亚洲地区唯一的官方合作机制，博鳌亚洲论坛是中国主办的亚洲论坛，但都没有东亚合作取得的实际性成果大。

四、中国与东盟走向适应性共赢的案例

（一）共赢的社会进化范式

中国与东盟的各项制度性合作的共同点是，均以"共赢"为目标，结果也基本令双方满意。行为体之间大致存在六种交往方式，分别为利人利己（赢赢）、损人利己（赢输）、损己利人（输赢）、两败俱伤（输输）、独善其身（独赢）、好聚好散（无交易）。利人利己即共赢，各方对合作交往的结果都基本满意。在经济学上，就是通过帕累托改进达到帕累托最优。中国与东盟如何实现共赢的？是历史的偶然吗？条件和动力何在？根据社会进化范式，双赢局面是中国—东盟关系社会进化的结果。

社会进化范式（System Evolution Paradigm）认为，进化论方法考察的是由活的生命主导的系统。生物世界和人类社会这两个系统是进化论方法的天然领域。系统随时间而变迁，表现为变异—选择—遗传三阶段。人类社会与生物世界最大的不同在于，生物世界只有物质力量发挥作用，而人类社会还有一个社会进化的新力量——精神力量，在起作用。因此，社会进化范式强调物质力量在本体论上的优先性，并将物质力量和精神力量有机地结合起来。物质力量与精神力量交互作用，而不是单独作用，驱动社会变迁。社会进化范式同样以变异—选择—遗传的机制解释系统的变革及其相对稳定性。一个社会系统依赖于微观层面的力量来"内生地"（endogenously）驱使宏观层面的变革。在大多数情况下，除非遇到强大的外部力量干扰，一个系统是相对稳定的。然而，由于系统内微观层面的变化不断累积，并达到临界值

时，系统即能够发生变革。因此，通过将系统变革置于微观层面之上，社会进化论范式因此将系统变革内生化：系统内部的行为者的作用与相互作用最终导致系统的变革。①

根据社会进化范式的变异—选择—复制（遗传）的进化原理，我们可以解释中国—东盟关系在整体上是如何从"对抗猜疑"进化到"合作共赢"的。国家行为体及其环境的变化，导致该国精英的观念变化（变异）。在诸多竞争性的观念中，其中一个脱颖而出，被国家采纳为战略思想和政策指导（选择），并在较长时期内得以执行（复制）。物质力量（地理位置、国际体系、国家实力、国家关系、技术水平等）和精神力量（观念、思想、哲学、习惯、制度等）在进化过程中交互作用。

冷战结束后，中国和东盟所处的东亚系统的社会进化，主要体现在两个方面：在物质层面，两极结构解体，并向多极结构演进，战争威胁降低，国际关系缓和，发展成为国家战略的主要目标。中国和东盟等经济体快速发展，并扩展为东亚复兴、亚洲崛起等地区趋势。在精神层面，合作思想逐渐成为广为接受的地区性观念，如东盟提出的"东盟方式"，"东亚地区主义"，"不以武力解决纠纷"，中国提出的不针对第三方的"新安全观"，"睦邻、安邻、富邻"周边外交方针，以及"和平发展"、"和谐世界"等。② 这些观念都具有共赢的内核，具体表现为合作谋求发展，以合作方式解决冲突。这就使合作型的战略文化成为中国和东盟的共同选择。上世纪90年代迅速发展的双边与多边合作，中国在1997年亚洲金融危机的负责任表现，均为双方合作实现从量变到质变的突变做了准备。中国加入WTO则是突破临界点的事件。因此，2001年中国与东盟启动自贸区谈判是历史突破性举动。此后，双方又将整体性合作复制到政治、安全和战略领域，如《南海各方行为宣言》、中国加入TAC，中国—东盟战略伙伴关系等，形成中国与东盟进行整体性制度合作的框架基础。中国—东盟关系向共赢方向进化。

该社会进化过程大致经历了五个阶段：第一阶段是共赢观念的产生。共

---

① 唐世平，"国际政治的社会进化：从米尔斯海默到杰维斯"，European Journal of International Relations。
② 类似的观念还有"合作安全"、"共同安全"、"综合安全"，安全共同体等。

赢思想并非新观念。根据辩证法，非此即彼和亦此亦彼都是成立的。非此即彼可对应"零和思想"，符合"霍布斯文化"的特征；亦此亦彼对应共赢思想，符合"洛克文化"与"康德文化"。① 冷战结束后，东南亚和中国在交往中较早摆脱零和思维，在社会构建中体现出"洛克文化"的特色，共赢思想逐渐兴盛。第二阶段是共赢观念的动员。"对真理的最好检验就是一种思想在市场竞争中能否被人接受。"② 东盟组织的发展壮大，东盟搭建地区及跨地区交流平台，为共赢思想的传播做了动员。中国坚持"和平共处五项"原则，以和平方式改善周边环境，积极参与各种地区合作组织和机制，也是很好的动员。第三阶段是推行共赢思想的精英获得影响力或权力。邓小平认为世界大战打不起来，和平与发展是世界主题，"搁置争议，共同开发"等思想，为共赢思想的具体化奠定基础。马哈蒂尔等东盟国家领导人也逐渐认识到，并广为传播"中国不是威胁"。在具体操作层面，国内一批"地区主义者"一方面推进以共赢为目标的地区合作实践，一方面不断形成较为系统的"亚洲主义"。③ 第四阶段是为共赢思想制定规则。在中国，首先表现为睦邻政策的丰富化和具体化。中共十六大报告提出"与邻为善，以邻为伴"，温家宝总理提出"睦邻、安邻、富邻"。在具体实践中，朱镕基总理提出，中国应本着"多予少取"的自贸区谈判原则。第五阶段是将共赢思想机制化（稳定化）。中国与东盟在2001前建立的峰会制度，2001年后形成的各项制度性合作，均可视为共赢思想的机制化阶段。

---

① （美）亚历山大·温特著，秦亚青译，《国际政治的社会理论》，上海人民出版社2000年版。根据秦亚青对温特的总结：霍布斯无政府文化是由敌人的角色结构确立的，它的核心内容是敌意，其逻辑是"所有人反对所有人"。洛克无政府文化是由竞争对手的角色结构建立的，核心内容是竞争，其逻辑是"生存和允许生存"。康德无政府文化是由朋友的角色结构确立的，核心内容是友谊，其逻辑是"一人为大家，大家为一人。"唐世平认为，国际政治理论具有时代性，霍布斯文化是过去，洛克文化是现在，康德文化也许是将来。时代特征决定了主流的时代思想，在弱肉强食的"霍布斯文化"时代，零和思想必然是主导思想；而在以合作解决冲突的"洛克文化"时代，以及世界大同的"康德文化"时代，共赢思想自然成为主流思想。

② （美）沃尔特·艾萨克森，埃文·托马斯著，王观生等译，《美国智囊六人传》，世界知识出版社1991年版，第118页。

③ 从上世纪末至今，王毅（曾任中国外交部亚洲司司长、副部长及驻日本大使）是中国积极参与和推动地区合作的主要推手，并发表了很多关于东亚地区合作以及亚洲地区主义的演讲和学术作品，如发表在《外交评论》2006年第3期上的"思考21世纪的新亚洲主义"等。

(二) 中国—东盟合作共赢的基本达成方式

合作并非一蹴而就，也非一厢情愿。在东亚历史上，有合作条件，有合作基础，有合作意愿，但没有达成合作行为，以及没有形成共赢的合作比比皆是。从目前来看，中国与东盟以共赢为目标的合作比较成功。

《中国—东盟名人小组报告》（2006年）总结了中国与东盟关系快速发展的主要经验：（1）平等相待、相互尊重。坚持大小国家一律平等，互不干涉内政，相互尊重各自选择的发展道路。（2）求同存异、增进互信。对于双方关系中出现的问题和摩擦，通过坦诚对话和协商逐步加以解决，照顾彼此舒适度。（3）互利互惠，立足共赢。相互照顾对方需要，避免不必要竞争，立足"富邻"，争取共赢，使双方最大限度地分享合作成果。（4）建立机制，推进合作。在双方同意的重点领域建立了各种层次定期对话、交流、协调与合奏机制，促进长期伙伴关系发展。①

这些实践经验弥足珍贵。从理论角度，这些经验可以丰富和发展国际关系的合作理论。在此，主要分析几个保证合作成功的关键问题。

第一，合作的方式问题。双方主要通过扩大共同利益，搁置冲突利益的方式，从易到难地趋向"共赢"。从实际效果看：（1）扩大经济共同利益相对容易，比如中国—东盟自贸区建设；（2）创造共同经济利益相对较难，比如共同推进10+3进程；（3）形成共同安全利益相对容易，比如加强非传统安全合作；（4）搁置冲突安全利益较难，比如，各方虽然根据TAC，信守不使用武力解决冲突的承诺，但都抱怨对方破坏《南海各方行为准则》，尤其是2005年以后，破坏行为和抱怨频率明显增多。

第二，合作的层次问题。相对于其他大国，中国更愿意把东盟当作一个整体看待。当时，美国、日本等都延续着东盟是一盘散沙的观念，侧重与东盟国家的双边合作，而非与东盟组织的合作。比如，中国倾向于与东盟整体分阶段洽谈自贸区协定，2008年，中国—东盟博览会打出"10+1＞11"的宣传口号，体现了中国重视整体，懂得"整体大于部分之和"的系统原理。

---

① 《中国—东盟名人小组报告》，世界知识出版社2006年版，第32页。

日本和美国则倾向于分别与条件成熟的东盟国家分别谈判。原因有两方面，一是从政治上看，美国、日本很难克服东盟整体中还存在缅甸等问题国家的难题；二是从经济上看，美日等习惯于国别之间的双边谈判。由此可见，中国更具大国包容心态。

第三，合作的动力问题。东盟的主要动力来源：（1）东盟逐渐丧失制造业中心的地位，在全球经济体系中，必须迅速搭上中国经济快车，尽快与中国形成新的产业分工体系；（2）通过地区化与社会化进程，采取"机制化平衡"，使中国融入地区秩序，并保持自我克制。[①]

中国的动力来源则更为丰富：（1）中央的积极性。中国对东南亚外交的相对成功，提升了东南亚在中国对外战略中的地位，也推动中国外交实现了由重视大国到大国与地区并重的战略转变。在"大国是关键，周边是首要，多边是舞台，发展中国家是基础"的提法中，东南亚占了三项。（2）部委的积极性。官方推动的整体制度性合作，充分激发和调动了中国政府绝大多数部委，尤其是外交、商务、财政等部门的积极性。在每次峰会前提供好的合作建议和措施的做法成为惯例，以推动中国—东盟合作关系不断上台阶，在与日本的竞争中保持主动和优势。（3）地方的积极性。在"统筹内外两个大局"，"走出去"战略的鼓励下，除沿海发达地区外，云南、广西、海南、福建等直接面向东南亚的省区，均加大对东盟交往力度，甚至四川、重庆、陕西、湖北等内陆省也积极与东盟搭建合作平台，为本省区经济发展服务。尤其是云南和广西在与东盟的次区域经济合作中，表现特别抢眼。云南是中国参与大湄公河次区域经济合作（GMS）的主要省份，而广西则推动旨在与东盟加强海上经济合作的泛北部湾经济合作（Pan Beibu Gulf Economic Cooperation）。（4）企业尤其是国企的积极性。不少国企成为中国—东盟合作关系的最大受益者和推动者，尤其是承建援建项目的企业，以及一些资源能源开发型企业。（5）学术界的积极性。随着政府、部委、地方、企业等对东南亚专业知识的上升，社科院、部委下设的研究机构，院校、智库、高校

---

① 有关东盟的机制性平衡理论（insitutional balancing），见 Kai He, Institutional Balancing and International Relations Theory: Economic Interdependence and Balance of Power Strategies in Southeast Asia, European Journal of International Relations 2008; 14; 489。

等智力支持部门的积极性大增，贡献颇多。比如，社科院的张蕴岭研究员就对10+1和10+3做出不少实质性贡献。（6）媒体与民间的积极性。媒体方面：报道增多，交流增多。中央电视台专设"亚洲报道"，云南和广西电视台，把"东盟"作为特色品牌定位。民间方面：个人旅游、移民数量增加，一些非政府组织也开始活跃起来。双方社会化进程迅速展开。总的来看，一系列正反馈刺激中国不断加大马力，经营东南亚。

第四，合作的相对收益问题。相对收益是影响合作是否能达成的关键变量。从中国领导人的表态，以及中国的外交实践中可以看出，中国愿意也能承受相对利益小于东盟的事实。中国在自贸区谈判中的确如朱镕基所言，采取了一定的让利行为。对此，可做如下理解：（1）体现中国大国气度；（2）以经济利益换取政治安全利益，消弭"中国威胁论"，体现"吃亏是福"，"吃小亏占大便宜"的中国传统智慧。实际上，结果是双方在战略上均有很大收益。

第五，合作的时机问题。一方面，中国比日本、美国等更早地意识到，与东盟存在合作共赢的可能，也较早意识到东亚合作只能靠东盟引导，而非中日分别或中日联合主导。因而，中国得以在先进理念的指导下，下了几手非常漂亮的"先手棋"，引领合作进程，获取先发优势和战略主动性。① 另一方面，中国的"先手棋"也得到了东盟的回应。事实上，从1997年金融危机后，东盟对中国主要采取了"拉入"的策略。中国、东盟的战略方向和意图正好合拍。中国和东盟都巧妙地借助了"势"。②

第六，合作对第三方利益影响问题。中国与东盟合作迅速发展势必影响美、日、印、韩、澳、欧盟等在东南亚的利益。中国"微笑外交"获胜，"中国在东南亚排挤美日"等西方言论，反映了其他大国的担心。不过，其他大国整体上采取了效仿中国—东盟做法的策略。原因有三：（1）中国与东盟的合作没有影响到各大国的核心利益。因为一旦触碰到核心利益，势必遭致第三方反弹，引发制约中国—东盟合作关系发展的负反馈。"中国推动地区合作成功与

---

① "先手棋"中国外交部总结的中国对东盟外交的成功经验之一。
② 盛力军，新加坡国立大学李光耀公共政策研究员高级研究员：《中国哲学、战略文化与外交：论势与时空刚柔》。

否有赖于两个条件,一是是否挑战霸权国美国的地区核心利益,二是满足地区合作成员国的核心利益。只有既没有挑战美国地区核心利益,同时满足周边国家核心利益的政策才能取得成功。"① (2) 在全球化时代,推动地区合作具有道义上的优势。(3) 在东盟的穿针引线之下和平衡下,各大国只要采取跟随策略,就能获得新的利益,使地区的权力和利益分配趋于平衡。

第七,合作的负面效应问题。2003年以来,伴随着中国东盟合作关系的全面展开,一些制约合作发展的负面效应也逐渐显现。主要表现为:(1) 为平衡中国在东南亚影响力上升过快,东盟开始放慢与中国合作的速度,加快与其他大国合作的速度。(2) 东盟在处理多个合作机制时,有些力不从心。比如,东盟平衡10+3和东亚峰会的协调发展的背后,实际上是在平衡中日在地区合作中的竞争关系。(3) 中国一些政策的推行效果不好。比如,一些匆匆上马的援助项目质量不过关,企业社会责任低,不仅没有给当地国家带来福利,反而破坏了生态,损害了国家形象。另外,也有一些政策推行的过快过猛,不够细致充分,与东盟方面一向节奏较慢,讲究"舒适度"的行事风格相冲突。(4) 新移民如何融入当地国家的问题。

因此,中国与东盟以共赢为目标的合作关系,除了用好正反馈外,还需找到更好的办法来解决负反馈问题。

总之,"东盟加"结构有可能将东亚秩序导向一种适应性共赢的局面,使整个地区形成共同进化。(1) 东盟要维持其在"东盟加"中的核心地位,加强共向聚集功能,除了加强一体化建设外,别无选择;(2) "东盟加"的对称复制功能将各方导入一种相对的利益动态平衡,比较符合本地区极有可能形成的多极力量结构;(3) 东盟加的差异发展功能,将会保持各组东盟加的竞争与合作态势;(4) "东盟加"造就的适应学习能力,导致各组东盟加在竞争中学会照顾各方利益,趋向于帕累托最优;(5) "东盟加"的层次转化功能,将最大限度地带动各方的利益协调,结构兼容。(6) 东亚体系的复杂性和多样性要求,"东盟加"必须与其他地区结构共存共生,引导东亚秩序进入"适应性共赢"的共同进化轨道。

---

① 孙学峰、赖华夏:"冷战后中国地区合作政策的战略效应分析",《国际观察》2009年第2期。

会议讨论选录

公文書金成案

第一场　中国外交实践

张蕴岭：

回顾新中国 60 年的对外关系，周边关系是一面镜子。中国是世界上少有的拥有这么多邻国，且关系这么复杂的国家。因此，处理与邻国的关系成为中国对外关系的首要课题。从总的来看，可以把 60 年分成两个阶段：第一个阶段是"应对型的对外关系"（应对型的对外关系不光是新中国以后，从中国近代衰弱就开始了），应对型的对外关系的核心考虑是生存安全。第二个阶段是"主动创造型的对外关系"，创造型的对外关系的特征是以我为主，创造更好的发展环境。

回顾起来，有人说，现在是近代以来中国与周边关系最好的时期，有人说是"历史上最好的时期"。尽管这些说法还有争议，但是有一点是事实：我们通过主动的创造型的对外交往，改善了与邻国的关系，我们想干什么，也许不一定完全干成，但我们可以进行努力，可以取得效果。

中国的崛起改变了周边的秩序结构。从邻国的角度来观察，中国上升很快，跟不上，他们觉得中国的战略不明确，未来不确定。正是这种不明确、不确定产生了很多问题。尽管我们提出和谐地区、和谐世界，别的国家还需要时间观察，我们自己也在摸索。

参与和推动地区合作是我们构造地区环境的一个亮点，也是我们做出新的巨大努力的领域。以东亚合作为例，我们通过改善和加强与东盟的合作，进一步推动整个东亚的合作。我们坚持把"东盟+3"作为主渠道，就是这个目的。但是，推动东亚合作涉及过去的地区秩序，这就遇到阻力，"东盟

+3"没有得到提升,结果出来了"东盟+6"的东亚峰会。我们要推进"东盟+3"自由贸易区,日本提出要搞"东盟+6"的自由贸易区,最后成立了两个专家组,这样,两个专家组并行,提出两份报告,结果什么都搞不成。

这说明,尽管我们开始主动创造环境与秩序,但是,阻力还是有的,分歧很大,利益不同,战略考虑不同,这使得地区的关系变得复杂,不仅是区内国家,还有区外的国家,主要是美国。美国的影子到处都是,美国的利益,与盟友的关系,这些我们都要考虑。我们不是在搞一个反美的秩序架构,但是,我国的利益与影响上升,使得美国紧张。

我们主动创造秩序与环境的过程刚刚开始,这里涉及究竟构建什么样的区域结构和关系,既要考虑本国的利益,也要考虑别的国家的接受度,既要考虑本地区,也要考虑全球。历史上,中国强大的时候所构建的地区关系是和世界不接轨的,那时候,地区就是世界,现在不同了。

周永生:

一个国家的对外战略主要基于这个国家的利益判断,这是目前西方价值观和西方国际关系理论与西方发达国家对外实际战略的主导选择。我觉得,中国和西方国家有很大的不同,我们所具有的传统的文化底蕴和西方国家远远不一样,相差很大,因此我们在对外战略的选择方面,在根本原则上,必须与西方国家拉开距离,我们之间有不同。有什么不同呢?我们的传统文化一个最根本的内核就是重视道义,重视道,重视德,重视善,重视义,这就是我们传统文化的核心和精髓。我们现在的对外政策和外交战略必须把这样的传统文化的内核作为我们的根本原则。比方说与邻为善,睦邻、富邻、安邻等等,这些主要都是道德的因素、道义的因素,但是我们并没有进行浓缩、概括,变成具体的富邻、安邻、睦邻措施。我想以后中国对外政策的一个根本原则第一条就是道义原则,明确了这个道义原则,其他的一些提法都是这些道义原则的分支。

除了道义原则以外,我们还要强调利益原则。我觉得,仅仅强调道义原则也是不够的,必须要强调利益原则。为什么必须强调利益原则呢?因为我们国家要发展，要富裕，要强大，没有利益的追求，怎么能够实现呢？但是，我们这个利益的追求必须得是在道义原则的框架之下，在道义原则的范围之内，而不能超越道义原则。同时，我们要认识到，这种利益的原则对于像中国这样一个大国来说，绝不是自私自利的，而是带有强大的公益性和正义性。为什么这样讲呢？中国是世界上人口第一大的国家，我们的国家政策代表的是我们13亿人口，我们追求13亿人口的利益难道没有正当性和公益性吗？显然这个正当性和公益性是非常充足的，是非常有理据来说服人的。因此，我想这两个原则今后要并行不悖，同时给予相应的重视。

杨洁勉：

我们这一场的主题是中国的外交实践，前面几位专家大概主要谈了五个问题。第一，中国外交实践的基本出发点和归宿点来自于、但并不限于中国国家的核心利益。第二，上面几位总结了中国外交实践是来自于中国的战略思维和布局，从毛泽东和周恩来，一直到现在，但是他们总结过程中间提出了中国的外交实践对中国的全球战略的作用和贡献，正在明显地增长，由被动、反应式的朝着主动构建，或者说营造、塑造方向转变，中国的实践是一个具有长远性的、全局性的看法。

第三，中国的外交实践正在制度和机制建设方面日益对全球和地区事务做贡献。有很多创造性，比如说双边的战略伙伴关系，中国大概同世界上的主要国家和重要国家建立了战略合作伙伴，中国与美国的战略和经济对话，被看成当前最重要的双边战略对话机制，英国等国纷纷提出要求采用这个模式。从多边机制来讲，我们对中小国家，包括新兴大国的"三、四、五"，"三"就是中国、俄罗斯、印度，"四"就是金砖四国，"五"就是对话五国，形成了多边的、在地区内比较有创造性和运转比较好的多边机制，如东盟和上海合作组织。从全球的范围里，我们也在进行选择，我们对八国集团、二十国集团、联合国的改革和功能、职能的增加或者减少等，也正在进行着战略性思考和努力实践。

第四，中国的外交探索使非西方外交实践正在成为全球外交实践的重要组成部分。我们的和平共处，我们的与邻为善，友邻、睦邻、安邻，以及发展中国家之间的合作等等，正在成为国际舞台上的外交先例。既然东亚峰会能够让不是东亚的印度、澳大利亚和新西兰来参加，那么我们中国参加南盟也是理所当然，参加西半球地区组织也理所当然，我们同东南亚国家共同创造的地区组织是"包容的"而不是"排外的"，欧洲的地区组织只能是欧洲国家，而我们东亚的组织就有不一样的地方。

最后，我们的外交实践的内涵和外延，正在随着时代的变化而发生与时俱进的扩展。比如说章百家讲的，改革开放这一段时间，经济外交的突出，现在进入新世纪以后，我们对公共外交、学术外交的重视等等。这在以前是不可想象的。如果说中国的外交实践还有哪些不尽如人意或者需要改进的地方，我认真听了几位的发言，大概有四点：一是要充分认识到中国外交的主体和客体的变化，特别是要重视非国家行为体。二是需要加强中国外交实践的整体性和联动性。我们搞了中非合作论坛，搞了亚欧会，搞了奥运外交，世博外交，我们是为了什么？我们搞了一个中非合作论坛，我们同非洲人非常努力地在探索双方怎么合作。但是就在亚洲，有日本和非洲的合作论坛，有印度和非洲的，有韩国同非洲的，说得远一点，还有欧洲的等等，这些没有互相形成一个整体。我想，这也是我们外交实践中需要努力去探索的。三是我们要重视中国外交实践中的国内机制和体制存在的缺失所带来的负面影响和对时代的不适应性，这是统筹国际国内两个大局。最后，如何处理好韬光养晦和有所作为，也是我们义不容辞的任务。

张睿壮：

周永生教授刚才的发言，提出中国的外交要有别于西方，我们要把道义放在首要原则。我想，这不是新的东西，美国外交也有把道义放在首位的提法，美国的外交是非常意识形态化，非常讲原则的，但是在实际当中到底怎么样，那是另外一回事。在现实生活当中，道义原则和国家利益发生冲突的时候，就面临一个困难的选择，不是一个口号就能解决的问题。

中国人谈外交的时候，更多强调了合作，把合作当成了最主要的关注点。刚才听了张蕴岭老师的讲话，他有外交实践的经验，知道讲合作不是那么容易的，一旦真正到国际舞台上，跟外国人坐在一起开会的时候，你发现合作不是那么容易的事。我认为，这种题目可以做一个实证的研究，看看效果到底怎么样。

时殷弘：

我想问翟崑先生（其发言参见论文部分）几个简短的问题，同时呼应一下杨洁勉先生。现在中华人民共和国成立60周年，包括对外关系的60年，谈成就，谈经验。但是，有的时候，人们展现的图景可能过于玫瑰色了。我想就中国的东南亚外交向翟崑先生提一些问题。美国从2006年就开始重新加强在东南亚的竞争能力和竞争表现，奥巴马上台之后更明显，我们对此是否有足够的认识和对策？如何看待现在潜在的在南海问题上中国与东南亚国家间的重新争夺？过去在南海问题上我们较多妥协性的政策，那么怎么来看待现今中国国内舆论对南海问题的政策施加的制约？

中国改革开放以来，特别是近十多年来国力急速增长。在这样的背景下，是不是我们的外交充分适应和符合这急速的增进？我们的外交是有效的，但是背后的实力这么大，增长这么快，有效性的提高和实力增长的提高是大体上处于平衡状态还是明显落后？

杨洁勉先生刚才特别谈到要重视非国家行为体的问题，我非常赞成。我在2008年奥运会前夕写过文章，强调"草根对草根"，我们到底要中国自己的公民社会集团有怎样的官方正确性，同时又希望或允许它们有自己怎样的相对独立性和活动能力？这是对外交乃至体制和政治文化的很大的挑战性问题。

我们想到朝鲜核问题，想到伊朗核问题，特别想到全世界正在准备如果哥本哈根大会失败的话就狠批美国或狠批中国。美国现在特别多的高官和领导人到中国来，强调气候变化问题，目的之一就是准备把美国的责任推到中国头上。诸如此类的问题涉及我们近年来经常在谈论的、以更大的频度和力度谈论的国际责任问题。中国越来越强，国力越来越增长，对外关系越来越广泛深入，因此我想问杨洁勉先生，中国应当怎么样应对国际责任的问题，有什么样的原则。外部世界要求的国际责任我们不能全部承担，甚或不能大部分承担，但是我们自己也承认并且呼吁要增进中国的国际责任。那么，用什么样的基本标准和基本原则来判断我们应当在什么样的程度上承担什么样的国际责任？

还有，很多发言者都谈了两个基本概念，一个是利益，还有一个是道义，很多发言者也实际上相关地谈了合作和竞争的问题。似乎大家都是二元论者了，不知道道义有的时候甚或经常是很高明的政治利益的工具。这是中国和平发展纲领下的外交的一个核心问题，所以请问，就道义与利益这二元而言，在中国外交层次上有没有统一的看法？

张蕴岭：

究竟是在地区构造什么样的秩序？现在还是在构造过程中，刚刚开始，新旧并存，以旧为主，新的刚刚出现。这个开始的阶段，我叫做竞争性的构建。大家都在争着构建自己的，还没有主导力量。东盟搞了"东盟+"，虽然在框架上是形成了，但是作用上还难主导。中国要搞"10+1"，日本也要搞"10+1"，我们要搞"10+3"，日本要搞"10+6"，美国要高调重返亚洲，这样的竞争性博弈还会持续相当一段时间。能不能形成合力？有的可以，有的很难。

中国的秩序构造的目标是什么？在今后一段时间，我认为，还是要符合我们的大战略，就是保障一个尽可能长的和平发展环境，不管你是用什么样的形式都可以，这样，可以增加我们行动的灵活度。

周边国家担心什么？我觉得，一个担心是中国做大做强。最近，美国高调回到东亚，许多国家是欢迎的，因为可以平衡中国，在一定程度上还可以制约中国。要知道，在格局大变动的时期，这些国家可能希望建立一种平衡结构，有一种平衡的力量。如果我们做得过急，做得过强，别人就担心，这一点我们要能理解，并不一定是反对中国。地区制度的重新构造还要经历相当长的时间，力量的对比，利益的各种平衡，都还在转换的过程中。其实，美国在亚太地区的主导地位只是二战以后才真正确立的，冷战中，这种所谓的主导也是部分的，并没有独霸一方，冷战结束以后，美国宣称"历史的终结"，好像可以主导一切，其实并非如此。现在，美国更难主导一切，新的地区秩序在重构，我看是一种多层构架并存，相互交叉、有矛盾也有合作的复合结构，我们是重要的一方，而且随着我国实力的增强，分量逐步提升。

周永生：

关于道义的问题，我强调的是中国的外交应该概括为道义原则和利益原则，这两个主要的原则。第二点，美国虽然有道义的原则，但是美国在实际对外政策和外交当中，他的利益原则其实是第一位的，这正是美国在世界很多地方搞得不得人心的重要方面。第三点，道义和利益发生冲突的时候怎么办，我觉得不能笼统地回答，只能具体问题具体分析。第四点，为什么要强调道义，为什么要把它集中概括为道义的根本原则呢？我觉得，没有道义就没有吸引力，就没有感召力，这是非常重要的因素。第五点，回应一下时殷弘教授的问题，二元论如何统一，我觉得很好统一，在道义框架下的利益关系。道义是本，利益是用。

张蕴岭：

中国的利是分享，和西方的不同。中国的道义是尊，大家相互尊敬，这也和西方不同。

翟　崑：

我简单回应一下关于合作的问题。我的文章本身是写合作，但是有一个前提假设，我们肯定不是在康德时代或者是洛克时代，基本理念相对于以一种不以战争的方式来解决，认为战争是一种可以利用的手段。至于说我们过于强调合作，把合作当目标，这的确是我国外交界的一个现实问题。我提了一个局部竞争，中国、日本这些大国在东南亚地区的竞争，这种竞争是很激烈的。美国到这儿来，就差不多算是量变吧，中国 2001 年开始跟东盟谈判的时候，美国 2002 年马上就提出来单个国家的自贸协定，每年都有动作，只是到今年之后，奥巴马感觉还要重新进来，就复制了两个新东西，第一是加入东南亚友好合作条约，第二是布置在湄公河地区，像中国和日本一样也搞合作，这就是一个复制，复制虽然有差距，当然我们的竞争肯定是加剧了，第一条件是中国挡不住人家进来，进来之后怎么办？所以要有竞争有合作。适应里有竞争，但是总体上来看，对这个地区是整体有利的。

章百家：

我们基本的原则，在实际使用中有一个度的把握，其实这是最重要的。我们原则就这些，其实处理现实问题的时候会遇到各种各样的矛盾，并不是原则是否正确，而在于你是否很好地把握和原则之间的度，这是外交中比较大的一个问题。除此之外，作为历史学家，我更强调要有历史眼光。比如说过去的历史地图，我们现在看到的地图基本准确的是清朝的地图。我们一开始画地图没有太多的依据，最开始是哪个报纸编辑自己画的，后来说大点比小点强，先画了再谈，我们注意不要变成给自己设一个套，这个东西变成了政府一个承诺，你再宣传这个东西以后，政府就没有办法处理了。我们看看过去解决边界问题，从1953年开始，从人大开始做起，1954年第一届人大周总理就说边界问题，我们边界有很多跨境民族，这也是很复杂的，中国人现在的边界概念是源自西方的从旧体制转到新体制，我们面临大量非常复杂的问题，这是现在必须考虑的。

现在中国的国际形象到底怎么样，我们得心里有数。这种情况下强调合作、强调共赢，是让别人信任你的唯一办法。现在国际关系最重要的一个东西就是现在我们强调的合作共赢，尽管这个东西很理想主义，但是仍然是一种历史发展趋势。不干涉内政原则也是非常重要的原则，某种程度上也是中国自保的一个原则。

王逸舟：

谈两点看法。第一，外交是比较实际的，但外交研究要看得远一些。分工不一样，决定了外交工作与外交研究要有所不同。中国外交部门表态说，中国不能承担超越中国现有能力的国际责任。这是一种务实的态度。从研究者角度看，中国为何和如何承担符合自身能力的国际责任，对此需要仔细探讨。首先要承担我们对双边、多边乃至全球体系已承诺的责任，如向某些地区和国家派遣维和部队的使命。其次是中国考虑那些现在暂时没有能力承受，但将来有能力承担的、符合中国国家根本利益的国际责任。比如说针对我们不断拓展的海外利益，如何维护马六甲海峡海上通道乃至印度洋、太平洋上我们国家及其他国家的利益。我们还要向国际社会提供一些公共产品，比如设计、运筹新的国际体系（不仅是金融和经济方面的）。第三是中国还要准备承担超出单纯的国家利益的国际责任。比如说气候变化问题，或解决全球难民和饥荒问题。在全球进步的潮流面前，我们中国人不能逆势而动，而应该顺势而为，用我们的努力，带动世界的稳定与发展。

第二，关于推进新时期中国独立自主的外交政策。新中国60年的独立自主外交政策保持了连续性。1949年毛泽东讲"中国人民站起来了"，这反映了近二百年积弱积贫后的国家的深层次追求，即国家要强大，要自主。不过，限于外部形势和自身能力，中国外交在很长一段时间属于反应式的，被动的内容比较多。现在不同了，中国的发展也体现在主动性的提升，外交视野的开阔。未来的中国外交，在保持独立自主性的同时，会更加重视开拓新领地、下更多的先手棋，这也许是新时期中国独立自主外交的一个特点吧。

第二场 中国外交史

余万里：

中美建交 30 年，有一个所谓的周期现象，有个大周期，有个小周期。所谓的小周期，基本上每年 3 月份到 6 月份，中美关系肯定不好，各种各样的事情都会来，有各种各样的报告，中国经济报告、人权问题等等，到了下半年中美关系就太平无事了，因为每年下半年领导人必然会有一次 APEC 上的碰面，加上各种互访也往往在这个时候。这个现象到底是怎么回事？对美国政治有所了解的话就可以看得出来原因很简单：因为每年上半年 3 月份到 6 月份都是美国国会审议预算的时候，每年审议预算的时候，各种利益集团，包括一些所谓的反华组织，包括"藏独"、"疆独"组织，要在这个预算当中分一杯羹，就需要制造一些声音，制造点话题，搞点小动作，显示他们的存在，就比较方便地拿到预算。这个规律到现在其实还是存在的，每年上半年 3 月份到 6 月份，肯定会出现一些关于中美关系负面的东西。还有一个是大周期，一般是跟大选周期相关联。从里根到老布什，因为是党内的继承，老布什又是副总统继续做总统，所以不明显。从老布什到克林顿，党际交换的时候，中美关系又出现了一些问题。克林顿八年到小布什，在这个过渡过程中又出现了比较大的中美关系的大波动。

具体到小布什政府上，这个波动到底是如何产生的？看了一些材料后，我发现如果把小布什的对华政策起点说清楚的话，必须往回溯，不能从小布什当政开始往后讲。在 1997、1998 年，江泽民和克林顿互访之后，问题已经暴露出来了。我记得《美国对华政策》这篇文章中已经把问题点出来了，只不过大家还没有看得很清楚,到底是怎么一拨人。现在有一些材料披露出来,蓝队不是完全针对对华政策的一批人,更广义的层面上是"新保守主义"这一块,对华政策只是其中的一方面。这部分人是有组织的。1996年的时候,美国众议院里有一个政策委员会,这个政策委员会平常一起开会,就开始筹划共和党未来的外交政策,包括了后来大家看到的小布什第一任期的一批干将,他们第一次发威是在1999年,围绕着"李文和事件"。这个过程中,包括4月份朱镕基访美,为什么说美国国内形势很险恶,都是这股力量在兴风作浪。这样自然而然就带来了布什上台之后中美关系一个很大的考验。那时候我还在社科院美国所跟着王缉思老师做一个课题,正好是4月1日撞机事件之后,那个报告的结论把中美关系估计到最低了。王缉思老师的主要看法是,中美关系最后剩下两条底线,一条是美国不能支持"台独",第二条是美国不能颠覆中国共产党的领导,如果这两条不动的话,两国关系还可能会维持,如果碰到这两条,后面的结局就不可设想了。那个时候其实已经估计到最差了。

之后大家看到了"9·11"事件。事实证明,即使没有"9·11",这两条底线还是可以守得住的,但是有了"9·11"使得缓和的进程更快了一些。"9·11"之后,说中美关系迎来了超常稳定期,最早提出这个概念的是鲍威尔,他于2004年接受采访的时候说现在中美关系是20年(后来有人说是30年)最好时期。国内学者将信将疑,没有想到到现在已经八年相对稳定了,中美关系没有出现过大的波动。在这个所谓的最好时期、超长稳定期中观察中美关系的变化或者因素,我认为主要是三条,第一条是反恐。反恐其实是泛泛地说,中美关系上,反恐最重要的一点表现在朝核问题上,大规模杀伤性武器、核扩散和恐怖主义的结合是对美国安全的最大威胁,这使得朝核问题变成美国处理东亚或者成为中美关系的重要议题。正是因为朝核问题上,六方会谈的框架下中美有比较好的合作,才引发了2005年之后美国对华政策的大辩论,到底如何定义中国在美国全球战略中的地位,这个辩论引出了2005年9月21日佐利克提"利益攸关者"(stakeholder)的概念,这个讨论跟朝核问题是密切相关的。

第二个中美关系稳定的重要因素,就是在台湾问题上中美达成了某种默契。这个变化发生在 2003 年年底到 2004 年，这个过程中一个很重要的变化是促使美国认识到（应该说包括一些中国学者的努力），"台独"是当下最大的危险。这个转变使得小布什政府在台湾问题上给陈水扁很大的压力，使得台湾问题保持稳定。

第三，在这个时期很重大的进展就是中美之间的对话机制，无论层级、数量、深度上都得到了很大的提升。一系列的对话机制保障了中美之间更好地沟通，使得双方关系有了更好的发展，像有保护网一样，避免因为误判而导致摩擦、危机的进一步扩散。之所以有了这样八年的超长稳定期，主要是表现在这样三个方面。

奥巴马政府上台以后，现在再看中美关系的话，很显然，一个大周期规律在这次大选中间被打破了。这次政党轮替中间中美关系没有出现大的波动，而且小布什所有的遗产可能都被奥巴马扔了不要了，唯独中美关系是继承下来，得到完完整整的继承。在奥巴马政府里，而且在金融危机的背景下，中美关系还在这个轨道上进一步得到加强，这是我的基本结论。

现在说中美关系还有什么问题的话，或者从研究的角度来看还需要发展的两个方向，第一个是超越中美关系，中美关系中间越来越多地出现了第三方，中美非洲、中美朝核、中美气候变化的问题上，有很多超越双边关系的议题。这些问题需要研究美国的学者更多地超脱中美关系双边层面的知识来展开讨论。另外一方面可能也需要更多地结合区域研究或其他领域的专家，才能得到更深的研究。

向下的方面是如何夯实中美双边关系的国内政治基础的问题。中美政府层面上的沟通和合作已经达到了相当密切的程度，但政府关系不好的时候，两边不好说话，就需要中间沟通。新疆"7·5"事件的时候，正好胡锦涛主席在八国峰会上，他提前回国，奥巴马会见戴秉国的时候说，理解中国在这个问题上的立场，所以也不需要沟通了。但是中美关系有一个现象：我们只有共同利益，但是没有共同价值观，这对双边关系的国内政治基础很不稳定。尤其是社会当中、民众当中对中美关系的认识还不是很充分，这个东西通过国会也经常有一些反弹出来，如何夯实这个基础，还是未来中美关系研究需要加强的部分。

杨洁勉：

关于中国的国家定位。我想国家在世界上的定位是关系到一个国家的对外关系的大局和全局，如果说在过去的60年里，中国的国家定位更多的是看世界对中国的影响，但是今后的40年，更大的变化，一个是美国、一个是中国，要看它们对世界的影响。在过去的60年，我认为大致可以分为四次定位，第一当然就是1948、1949年，对即将诞生的、新建立的中华人民共和国的定位应该是怎么样的。我们在政协的《共同纲领》里，把中华人民共和国定位为新民主主义国家，但又指出，新民主主义是一个过渡性阶段，一定要向更高级的社会主义和共产主义阶段发展。1954年的第一部宪法讲得更清楚，到1957年就宣布社会主义改造成功，新民主主义这个词就不用了。所以从1949年一直到60年代初中期，中国的对外关系实际上就定为社会主义国家阵营中的一员，也就是说带有比较强烈的意识形态。第二次定位是从60年代初中期开始一直到70年代末，主要考虑是国家安全。毛泽东和周恩来其实在50年代中期以后就逐步在考虑这个问题，把中国同广大的亚非拉国家关系更加紧密地结合在一起。到70年代初，毛泽东提出了"三个世界"的理论，把中国定位为第三世界国家。具有悖论的是，在中国最讲意识形态的"文化大革命"期间，中国的对外关系试图从强烈的意识形态化中走出来。第三次定位中国把自己定位为美国和苏联以外的独立力量，也就是说，第一次试图从国家利益出发。十二大的政治报告提出社会主义中国属于第三世界，这是一脉相承，但又是与时俱进的，后面强调的是中国还是一个发展中国家，中国绝不依附于任何大国或者国家集团。第四次定位是从21世纪初期开始的，中国的综合国力增长以后，国际地位上升，但是中国的社会主义属性大而未强的特征、尚未完全实现国家统一的现实，又使它面临许多有别于其他大国的严峻挑战。现在，中国更多的是把自己定位为新兴的发展中大国，也就是新兴大国。主要是有这么几个原因：第一，还是社会主义初级阶段，温家宝总理说了，要一百年不变。第二，中国又不是一个普通的发展中国家，而是一个发展中的大国。第三，中国希望把自己列于其他（如印度、南非、巴西等）新兴大国群体中间，在这个群体中间推进自己的利益，实现自己的利益。在今后 40 年里，中国将会至少经历一次，我个人认为是 2025 年到 2030 年之间，真正意义上的多极世界形成，中国作为一个比较主要的力量中心，对自己的定位将会更加明确。

如果要简单地总结一下，在过去的 60 年中间，前 30 年，中国主要是通过维护和巩固政局，自己的政权，以及国家来应对多种不利的国际环境，在改革开放以来的 30 年，中国是逐步地要学会利用各种有利的国际因素，来推动自己的改革开放，这样中国基本上完成了从国内平行关系的认识到内外相连相关的立体性的多维度的认识之间产生的飞跃。再过 40 年，我想中国在看待自己同世界的关系的时候，以前如果说和平为发展服务，外交为经济服务，我个人认为，从现在开始，一二十年里将逐步过渡到发展要为和平服务，经济要为外交服务，中国在这短短的 30 年里，经济迅猛发展，这是一个超常规的失去比例的发展，今天张蕴岭老师讲的，为什么要多讲一点道义，多讲一点软实力，多讲一点文化，我认为今后一二十年，是这方面的补课和恢复性的平衡。为了实现中国今后的发展，中国的外交应该有三个变化，从方向定位上来看，要从利益驱动向目标导向，从中国企图左右逢源，适度超脱，要到承担责任，要从强调经济，到均衡发展。如果翻开过去 30 年里的政府文件和领导人讲话，有一句话或者两句话很突出，就是经济是能够解决一切问题的，我们中间的许多问题是可以通过发展来解决的，但是从"3·14"事件、"7·5"事件可以看出，很多事情不能光靠经济，光靠发展，这种情况下就要从强调经济到均衡发展，也就是我们说的科学发展观。

牛 军：

我的论文题目就是今天我要发言的题目，建国 60 年中国外交的经线。所谓经线就是从开始到现在为止的基本线索。首先解释一下，我的问题跟现实无关，是我自己的问题。我在写一本教科书，基本上完成了，写教科书和上课都要解决一个问题，就是怎么帮助同学学习和理解这门课程。讲历史 60 年，我就要告诉同学们理解中国外交 60 年，或者叫中华人民共和国对外关系史，它的基本线索有哪些是最起码要掌握的，不掌握就很难理解。我认为，这个基本线索就是三条：一是中国革命运动的影响，二是研究中国的内政,三是同世界的互动。其实细想起来,简单地说,这三个问题没有一个是新问题,可能会受到质疑的是中国关于革命运动的影响能不能算作是从1949年到现在是贯穿始终的线索。大家同意这个划分,建国分成前30年、后30年,中国的外交也大致分成了前30年、后30年,中国的革命运动能不能算作是贯穿始终的线索呢?这个可能会有争议,后两个我觉得不会有太大的争议。但是怎么理解,它的内容要包含什么,这是我要解决的问题。

这三条线索可能不是仅有的,但是到现在为止,这是三条主要的、起码要了解的线索。首先解释一下关于中国革命运动,这可能是比较容易引起争议的,我把它提出来,当然我的答复是肯定的。为什么这样说?我提出大概有三个理由,为什么还要研究中国革命运动。一是中国外交的首要目标,或者说首要目标之一,持续到现在,它仍然是中国革命运动在追求的目标,这个仍然存在。我不能细分析,大概是两方面的内容,一是中国革命运动追求的目标在对外关系方面就是追求主权独立、领土完整、民族解放和国家统一,这仍然是中国当前对外关系外交工作在解决的问题之一。第二个目标是结束屈辱,为中华人民共和国争得一个大多数中国人可以接受的世界地位,这仍然是我们今天在奋斗的目标。可能有满意的,也有不满意的,但是它作为一个目标,仍然是我们在争取的。我记得毛泽东在1935年12月有一段讲话,迄今为止表述得最确切的,我们现在有民族复兴,有中国崛起等等,但是1935年毛泽东的表述我认为仍然是最确切的,他讲:中华民族有同自己的敌人血战到底的气概,有在自力更生的基础上光复旧物的决心,关键是最后一句话,有致力于世界民族之林的能力。在中华民族危机的时候,在抗日战争目标里提出了中国的世界地位问题,这是包括抗日战争这样的大事件中。

第二个,我们现在外交坚持的最基本的、最核心的原则是中国革命运动时期形成的,就是独立自主。其实革命运动时期形成的很多原则都是通的,但是独立自主是最核心的一个问题。其实在中国革命运动时期有关独立自主原则提出了坚持是中国革命胜利的必要条件,这在中国革命运动时期,那个时期的经验今天仍然有启示作用,最具有典型意义的是第二次世界大战以后,国共两党权力转变的状况。二次大战结束以后,当时的国民政府在世界上获得了空前未有的国际社会赋予的合法性，所以毛泽东在1945年9月抗日战争结束以后，有一段话里专门讲，我们就是无法无天，那个"无法无天"就是针对着国民政府是世界上所有国家承认的合法政府，中国共产党有没有权利推翻它，他说我们就是要无法无天，中国共产党的权利是人民给的。最后这场冲突的结果证明，中国共产党在中国社会内部获得的合法性，在中国整个历史进程中大大超过了当时国民政府从外部获得的合法性和产生的影响，所以独立自主原则的坚持植根于对中国社会的改造这个基础上，植根于中国公众对共产党政策的支持的基础上，这是理解中国对外关系的一个非常关键的问题，我们把它变成今天非常简单的话题，一项对外政策，如果得不到公众的支持就很难贯彻，也很难持久坚持。

第三，中国革命运动过程中形成了一套现在的中国执政党仍然在运用的认识、理解和世界政治、制定对外政策的一套知识结构，或者叫认知结构。这个认知结构是相当复杂的，我们对它的研究还是不够。这一套认知结构的核心问题，它不是要解决学术问题，它要解决的问题是中华民族的解放和中国未来世界地位的问题，在解决这个问题过程中形成了一套逻辑和概念体系，是跟我们今天的话语系统不同，但是现在的执政党仔细阅读，执政党的历届全国党代表大会的报告，那一套话语系统没有基本的改变，特别是改革开放以后，融进了很多新的概念，但是它的逻辑基本的概念没变。所以从这个角度讲，以这三点为理由，研究中国革命运动仍然是时至今日中国外交的重要线索，今天还在发挥作用。

于 滨：

几位老师都提到关于"道"的问题，关于价值观的问题，关于认同感的问题。尤其是对发展中国家，后发国家，我个人觉得这是全球性的问题，甚至包括美国这种已经在国际体制中软实力、硬实力都非常有决定影响的国家，它也有一个认同的问题。亨廷顿2005年提出"我们是谁？"的问题，说明冷战以后美国社会本身政治文化本身也有认同的问题。在美国观察奥巴马现象，就可能得出不同的结论。我从美国来，我不是来向大家挑战的，是希望提供一些不同的视角。美国人现在的认同问题相当尖锐。

我想就"西方主义"的问题谈三点。首先是定义问题。美国学者提出了"东方主义"（Orientalism）的问题，指的是从西方角度研究东方或者非西方国家。在美国的国际关系学研究中，"外国研究"（foreign studies）的另外一个词是"敌人研究"（enemy studies），你是我的敌人的话我研究你。苏联垮台以后变成了俄罗斯联邦，西方——主要是美国——研究俄罗斯的领域一落千丈，几年前美国国防部有一个"与国家安全利益有关的外国语言"的清单（foreign languages of national security），俄语从2006年2月6日发表的《四年防务评估》（Quadrennial Defense Review）中已经拿掉了，又新添了汉语、波斯语、阿拉伯语。2010年2月四年一度的报告又要出来，我们还要看一看。这种以敌人的角度研究对方，在美国是非常明显的。

我这里用"西方主义"，跟西方的概念不同，而是指西方主要的意识形态、流派和政治理论，他们非常有特色的，是在方法论上追求完美，力图以一个变量或者尽量少的变量，能够用最简单的方式，来解释复杂的政治世界，这在西方的各种主义中是非常普遍的。在座很多各位都在西方学习过，我想你们也比较了解。

作为意识形态来说，作为国际关系的理论或者政治理论来说，西方主要的流派都是尽量通过越来越简便的方法，用一个或者若干个变量来解释或者改变现实世界。这一点包括主要流派，现实主义、自由主义，建构主义倒是和传统西方流派不大一样，但是建构主义有一个特点就是打倒一切，对所有现存的西方流派都要推倒重来，当然在治学方面给很多研究生提供了很多空间。对中国未来软实力的发展，对中国理念方面、价值观方面与国际的接轨，可能建构主义或者后现代派对中国未来挑战性更大一点。

第二点，讲讲"西方主义"对中国本身的影响。过去90年可大致分为三个阶段：从1919年到1949年，1949年到1979年，1979年至今。在三个不同阶段中国和西方这些"主义"在互动，至少是借用这样一个符号。

从五四开始，五四运动的历史意义在于它完成了中国从西方自由主义到西方马克思主义的转变，然而这还是在西方主义的整个框架之内，在西方主义的范式之内。西方主义包括自由主义、马克思主义、资本主义、市场资本主义。这些主要的流派或者意识形态都是通过以自己的角度解释世界、改造世界，力图达到极端的完美性。中国过去的 90 年，从五四开始到 1949 年共产党夺取政权以后，实际上也是在西方共产主义和西方资本主义做了一边倒的选择。这一点上中国外交也付出了相当代价。我论文中提到，尽管中国在世界上实际是独立或者孤立的，孤立于东西方两大阵营之外，但大部分时间中国要么以苏画线或者以美画线。在西方学者研究中国外交学中有一个流行的说法，即中国 1979 年改革开放以前，中国作为地区大国是没有自己的地区政策的，主要以苏画线以美画线，一直在两者之间摇摆。在冷战期间中国还是在西方共产主义或者西方资本主义之间游离，二者都是"西方主义"，中国并没有跳出这个大框架。30 年改革开放，以和平与发展、独立自主的外交，使中国对内对外政策都远离了各种西方主义的基本内核，使中国更加接近传统的政治文化。这里讲的"远离"并不是抛弃，实际上是经过百年的反思、追求和探索之后，中国在历史性崛起的过程中，同时对西方主义中不同的要素、内核进行理性的评估、选择而不是被迫地、有时是痛苦地抛弃一些、索取另外一些。比如说 1919 年的时候，到底有多少人了解布尔什维克主义呢？恐怕中国很多热血青年倒向西方马克思主义，更多是由于《凡尔赛和约》对中国主权的侵犯导致对西方自由主义的幻灭。事后实践证明，列宁当时两次提到要主动归还沙俄攫取的中国领土、放弃俄国在中国的治外法权、特权，实际上没有做到这一点。

第三，比较粗线条来看，中国在过去 90 年里基本在西方框架下，但最近 30 年呈现相当成熟的自主性。这是我个人的看法。回到现实问题，大家讲到未来中国和世界互动的时候，道的问题、合法性的问题、价值观的问题、认同的问题。这个问题越来越大，说实在的，发展可以解决很多问题，硬性的发展也不是很难，有大量的投入，有相当时间的秩序稳定，可以办到。但是和外部世界的这种互动、接轨，还是西方主导的，这种情况下西方在多大程度上能够接受中国？也许我是从西方角度看问题比较多一点，感受也不同，我想是从不同角度来看。比方说，尽管西方的各种政治理念、政治文化是相当不一样的，在西方很大程度上，或者西方整个历史粗粗理一遍来看，西方在政治文化上是一个不断地分的过程。比如说美国在早期的时候，因为文化上不能和英国有什么不一样，从政治上和英国要划清界限，英国成为专制、贵族、压迫自由的象征；美国代表着自由，代表着不断进取、民主。19世纪美国和欧洲划的很清楚。在整个大框架下，西方的整体政治文化，西方的现代史也是不断地分、不断地离的过程。比如说市民社会和王权、神权、特权分离的过程，新教、东政教和天主教分离的过程，政教合一走向政教分离，当然这有很多进步的方面，也不可以否认。西方在和非西方接轨的过程中也是不断地分，分而治之。这是西方殖民化非常有效的手段，西方非殖民化也是这样，临门一脚，临走的时候进行分治。现在这个问题依然是十分热闹，英国人写了一本书《分而离之》（Divide and Quit），临走之前把印巴分离。英国统治香港150多年，临走给你一个民主制度，150年英国很少想到这一点。这种例子很多，在非洲更多了。非洲殖民化基本上都是分的过程。在西方政治文化中这是非常明显的。

中国本身，尤其最近30年来，大家刚才提到周边外交、地区外交，我记得改革开放以后，我在国务院国际问题研究中心，宦乡搞了第一个报告，是调整"大三角"关系，第二个报告就是中国的周边政策，周边政策的概念是改革开放以后提出的，当然有继承性，比如过去的和平共处五项原则，……总的来说这30年中国逐步建立了和周边关系互动互利关系，成效很大。中国周边是非常复杂的，而30%的美国人甚至不认为加拿大是外国。

西方一些学者也好、媒体也好，对中国外交中若干个在中国人看来理所应该的方面很不理解，比如说上海合作组织，认为这个合作组织是一帮乌合之众。西方是因为"同"而"和"，欧盟、北约都是这样，唯一一个土耳其永远进不了欧盟。而中国的方式完全不一样，思维方式不一样、操作方式也不一样，他们不能理解文化背景不同、宗教信仰不同、社会制度不同的国家可以坐在一起；而这比制度相同、肤色一致、宗教信仰一致的国家相处的难度要大得多得多。上合组织是这样，朝核问题也是这样。

最后我想讲领导权的问题。这是一个伪命题。对西方来说中国的硬实力已经强大到不能靠冲突使中国就范了，更重要的是中国对与西方碰撞根本不感兴趣，这违反中国利益也不符合世界利益。领导权问题在最近几年谈得非常多，西方多，国内也多，但是我觉得领导权的问题最终对中国来说不是谁领导谁的问题，而是如何和外部世界相处的问题。哪怕是最强大的国家也不能够完全按照自己的意志行事，否则要付出很大的代价。所以"和而不同"和"同而和之"这两个不同的理念在未来可能碰撞程度会越来越激烈。

张蕴岭：

余万里教授提出来中美在过去一些年关系发生了很大转变，转变的原因究竟是什么？在我看，中美关系转变的一个重要体现，就是共享利益和共同参与和操作的领域在增加。前不久我在日本开会，基辛格对我说了一个观点很值得思考。他认为，21世纪，最重要的是中美能够保持对话。我理解，他没有说合作，只说对话，含义是，两国保持对话协商，不发生对抗，这样，就可以保持世界不陷入大的对立、冲突。

杨洁勉教授提出了很有意思的观点。他认为，过去，我们考虑比较多的是世界如何影响中国，今后，要考虑中国如何影响世界。中国对自己的定位发生变化，现在是发展中大国，今后还会发生一次转变，由发展中大国到一个新兴的大国。2025年到2030年，中国是个什么国家？这也是有意义的，怎么定位自己，是对自己实力和发展阶段的正确定位，它会影响我们的对外关系。建国后，我们曾有过不适当的定位。不适当的定位使我们遭受了损失，走了弯路。这里的定位也和外部相联系，对外部的环境、对外部的关系怎么来认定。安全认定，一个是客观的，一个是主观的。主观的就是自己怎么来判断。主观认定就是对形势的判断，1978年前，我们总是认定新的大战不可避免，要时时准备打仗。最大的转变就是1978年，我们判断，新的大战打不起来了，这样，安全的主要威胁就不是战争了。这样一种判断使我们把主要的精力放在发展经济，搞改革开放。对自己的认定也很重要。认定要与自己的实力相符合，不能过高，也不能丧失信心，这些都会对我们的外交有很重要的影响。

牛军教授提出从革命运动来理解中国的发展、中国的外交，这是有很大分歧的，看你怎么理解。他说的革命运动，主要是指共产党领导的这场要改造中国的革命运动，他是放在历史发展角度，要改造中国，使中国由衰到强的革命运动。共产党的革命是改造中国，找到了马克思主义。中国的现代化走什么道路？现在要重新思考。牛军教授提到核心价值，什么是当代中国的核心价值？中学为体，体是什么？现在国内有分歧。许多问题大家在争论，这些问题都会在相当长一段时间继续存在，集中一点，中国寻求一条适合自己的发展道路。

于滨教授提出了西方主义，中国很长时间基本上是在西方主义控制之下，但是也要转型，转到东方主义。西方主义是分而治之，东方主义是和合共处，这样的划分对不对？这些东西都得探讨。新中国60年，我们完成了重要的发展阶段，开始了新阶段。新阶段需要多长？是不是另一个60年？我们还说不清楚，但是今后一段时间可能发生很多新变化，而且这个变化和世界的变化相结合。中国今天的变化和发展和过去历史上是不同的，全球化，世界、国际因素都在大大加强。

时殷弘：

余万里先生谈到了中国当代对外关系史，谈得很好，但是有两个关键的叙述可能不够准确。仔细看的话，"9·11"以后，中美关系有很多波折，但是毫无疑问，到了2002年11月中共十六大的时候，全世界的评论者都在讲中美关系发生了新的大变化。美国方面，千难万难终于宣布东突是恐怖主义组织，这是涉及中国至关紧要的利益的变化；与此同时，中国终于宣布已向美国许诺了几年但此前一直未交付的导弹技术、化学两用技术和生物两用技术的出口管制条例。这是中美关系大的良性转折点。还有，2005年9月佐利克发表了非常重要的Joint Stockholder演说，有什么样的背景？仔细看，2005年1月到7月，中美关系多年来几乎从来没有那么坏过，在所有主要问题领域关系都相当紧张。接着，布什终于决定他亲自来管对华政策，由佐利克具体负责，将中国当作重要的利益伙伴，这是个很大的良性转折。大致与此同时中国方面也采取了重要行动，首先是胡锦涛主席第一次宣布中国要逐渐地改变汇率，逐渐平衡中国巨额的对外贸易顺差。中美关系什么时候有了良性的大幅度提升？正好在这样的时候，双方各自采取非常清楚的创新性的行动，来照顾对方的vital interests。将来中美关系提升的话，还得这样做。

杨洁勉院长讲了发展中大国，这是一个定位。他强调"发展中"，其实还有"大国"，发展中大国有双重含义，有双重功能。讲发展中首先是为了我们与第三世界国家的关系，而讲大国的时候主要是对西方而言。我们有大国外交，在其中这两个东西是有内在紧张的。无论是看伊朗问题或苏丹问题，还是看缅甸问题或朝鲜问题，我们都会发现，我们这样一个发展中大国既要照顾与发展中国家的关系，同时又要照顾与西方的关系，这是我们外交面临的经久的困难问题。我非常赞同牛军教授讲的中国革命运动的影响，但做一个最重要的补充。对当代中国甚至未来中国，毛泽东的革命运动影响最大的，在于确立了中国当代的一个最重要的坚定信仰，甚至可以说当代中国的首要意识形态，那就是坚持中国特性本身，坚信中国国情、中国实践对中国人、对中国共产党人所做的事情的头号重要性。

也可以说，在这一点上毛泽东在很大程度上准备了我们，造就了我们。毛泽东搞民主革命坚持倡导中国特定国情和中国人自己的实践决定中国革命战略，坚持抵制共产国际将其所谓的革命普遍主义加诸于中共，这在中共历史上有巨大的意义，在1894年以来中国政治史、思想史和精神史上有重大意义。这可以说是毛泽东对中国现代史的一项最大贡献，影响到邓小平改革开放要纠正毛泽东自己的革命普遍主义时，用的根本思想方式和根本话语就是毛泽东的。这就是中国革命运动对当代中国也许最大的影响。因此，于滨教授讲得很好，但是有一句话我有点怀疑。"改革开放以来是中国首次远离西方主义"吗？毛泽东30年代首次远离西方主义，我们这个也许是第二次。还有，我们改革开放不折不扣地远离了西方主义吗？我们改革开放以来很大程度上致力于经济成长，如果讲这一点，恐怕我们没有远离西方主义，而是靠近了西方主义，改革开放以来越来越深地卷入（如果用西方激进派的话说）世界资本主义体系，这也不是远离西方主义。我觉得作为基本命题还是对的，因为改革开放以来我们依靠的最大的东西，就是毛泽东在几十年前远离西方主义时的那个，即尽管中国虽然还不明确地知道中国将来走要的道路，但是有一点坚信不疑，那就是路要由中国人自己在中国的特定环境中走出来，而不是模仿外国人画出来或由外国人指定的。

潘忠岐：

有两个评论，一个是针对杨洁勉院长，还有于滨教授。我刚刚从欧盟使团回来，一年半的时间，从事了一些工作。中国外交国际定位的问题，这不仅仅是外交部非常关心的问题，我也参与了这方面的研究和调研，我感觉到有一个问题，中国人特别重视这一点，就是一定要给自己找一个定位。我考察的时候发现，美国人有人这样考虑，欧洲人、日本人、俄国人怎么样考虑自己国家定位的问题，对我们有没有启发意义，美国把自己定位为世界上唯一的超级大国，那是别人给他的，不是自己定的。中国也存在这个问题，中国现在也在变强大。中国可能感觉不到大国地位的崛起给世界带来的冲击，而在国外能强烈地感觉到这一点。我们说我们是发展中国家，国际社会就此对中国越来越不满，认为中国想为自己谋利益的时候，说自己是世界大国，想摆脱责任的时候，总是说自己是发展中国家，是落后国家，这个矛盾是外国人提给我们的，是所谓的国际责任的问题。中国有没有必要一定要围绕着大国、强国的概念给自己定位？欧洲给自己的定位很明确，是规范性力量，中国能不能像这样，曲线一点，柔性一点，不要从力量的角度来界定。

牛军老师对中国外交的研究是非常深的，让我们望尘莫及，但是你提到中国革命运动我承认，提到中国外交的经线，特别是历史性发展，我没有看到你的文章，我总觉得你的几个分类、几个内涵的划分，看不出明显的历史变化的问题。比如说中国的革命运动对中国的外交影响很大，但是这30年或者60年，也可能再往前推到90年，有没有变化，影响肯定是不一样的，这个变化是什么？您能讲一讲的话，我们会非常受益的。

贾庆国：

我主要谈两个问题，一个是牛军老师刚才提到的合法性的问题，我觉得，那个问题非常重要。实际上中国共产党自从执政以来，始终在不断地调整，在追求它的合法性，这也是中共不断地进行改革的动力，非常强烈的动力，一个是追求国内的合法性，国内进行改革，再一个是追求国际上的合法性。对合法性的追求对中国的内政外交都产生了重要的影响，我想，在不同时期，对合法性的认定、界定，还有它的内涵的变化，这可能是一个值得进一步探讨的课题。

另外一点，关于于滨教授提到的西方主义，改革开放以后，好像中国更加远离西方主义。对此，我有点同意时殷弘的疑问，觉得这个问题比较复杂，有的方面中国是在跟西方保持距离，比如说强调中国的国情，强调中国的特性，强调中国的需求等等，确实在刻意去强调自己的特性，强调自己是中国而不是西方的某一个国家。但是另外一方面，实际上改革开放30多年，甚至中华人民共和国的成立，就是对西方理念的某种程度的接受，马克思主义肯定是西方的，共和国这个政体也是西方的，改革开放以后，我们逐渐调整了很多方面的政策，可以说在相当大的程度上，许多新的经济政策反映的是西方的自由主义，比如说现在我们成了自由贸易的一个主要的倡导者和鼓吹者，这次应对金融危机的做法也是如此，我们的领导人在外面讲话，一个重要内容就是反对在这个时候搞贸易保护主义。自由贸易这个理念不是中国历史上的东西，而是西方传过来的，我们接受了亚当史密斯和李嘉图的比较利益说，并在这个基础上主张贸易自由。再有，法治这个东西也不完全是中国传统意义上的法制，改革开放之初，我们曾辩论到底是应该坚持党的领导还是搞法制，现在这个问题在理念层面上似乎不再是问题了。党的领导和法制本身不是矛盾，当党的意志在宪法和法律中体现出来时，坚持法制就是坚持党的领导。人权也好，民主也好，理念上的认同好像已经超过了改革开放以前，所以某些方面，不光不是远离，而且是在接近。

牛　军：

几个问题我简单回答一下。时殷弘教授提出的问题，我非常赞成，我刚才简单讲了独立自主，其实独立自主在逻辑上最深层的根据就是国情，中国的国情的特性，当然独立自主要有条件，这是共产党自己在革命过程当中创造出的很多条件，但是逻辑上最深的理由就是中国国情问题，怎么认识中国国情。当然，首先要承认中国是不是应该按照自己的国情来探索自己的发展道路。刚才时殷弘教授已经说得非常充分了。

第二是潘忠岐教授提的问题，就是变化，我在写这部分的时候，我的问题不是说中国革命运动的影响没有变化，而是说它发生了那么大变化以后，我还能不能把它当成一个持续性因素来肯定，所以我讲的都是不变的东西，不然我就把自己否定，不谈这个问题了。中国革命运动，我的表达上可能有问题，因为我说的是中国革命运动的理念，运动是很复杂的，特别是中国革命运动，这么大的国家里面，包括大规模的群众运动、大规模的暴力，还有一整套的组织活动等等，这些都随着国家进入到一个正常建设时期，很多都变了。大规模的群众动员，在毛泽东时代是正常的，我们现在基本上不做了。动员能力还在，在外交上只不过是不做这样的群众动员了。在中国对外政策中使用武力问题、对武装力量在国家安全政策中的作用问题，这些都在持续地变，每个阶段都有它的特点，讲变化其实我觉得容易，不容易的是到底是不是有不变的东西，这是我的重点，在这里也不详细解释了。第三个是关于合法性的问题，贾庆国教授谈的其实是对这个问题可以大大丰富的，首先确定有没有这样的问题存在，它对中国对外政策的影响是不是值得我们研究，这一点，贾庆国老师支持了我的观点。

于　滨：

谢谢各位提的意见，有几个问题，关于领导权的问题，是时殷弘教授提出来的，我认为是一个伪命题。这是我的看法。我个人感觉，一个有效的国际领导者，要么是自然产生的，要么是通过一定的过程之后产生的。美国采取的做法是标榜自己，要让别人来尊重你，或者强迫别人接受你的领导。中国在和国际社会进行互动的时候，一个最重要的问题是，你怎么能够和国际社会有一个比较有效的互动？刚才潘忠岐教授讲了美国定位的问题，克林顿时期的国务卿奥尔布莱特说，美国是世界"不可或缺的领导者"（indispensible leader），不管怎么样，我都是不可或缺的。奥巴马现在也是这样，小布什当然把这个名誉给糟蹋了。自我标榜，让别人尊重你，说我是领导，至少中国不接受这一点。今天上午潘维教授讲了一点，西方普遍看中国的外交在过去一段时间是比较有声有色的，还是成效很大的，但是国内学者有不同的意见。我想提出一个问题，实际上中国人是做得不错，但是话语权远远不够，这个问题非常尖锐，而且越来越尖锐。但是怎么样包装中国的外交？有一个先例，"9·11"以后，五角大楼成立了一个"战略影响办公室"（Office of Strategic Influence），实际上是通过五角大楼把一些假新闻塞给媒体，以图改变美国的形象，结果越抹越黑，最后取消掉了。

最近国内有关部门要大力打造中国的媒体王国，宣扬中国外交的名声、业绩。当然最好是做得好、说得也好。又能说又能做是真把式，光说不做是假把式，光做不说是傻把式。现在的问题是话语权不在中国，而主要是在英语世界，在海外，这个差距非常大，而且可能会越来越大，因为西方对中国整个模式还是有一种强烈的抵制或者不信任感，至少是不确定性。因为从来没有像中国这样一个非西方式民主、非白人的、非基督教的大国的崛起；还因为西方大国的崛起从来是伴随战争进行的，所以有关领导权的问题，或者概念的问题，中国人怎么看，中国方面怎么去阐述，是值得探讨的。我个人觉得，比较有效的领导，是自然而然地产生的。

第二个问题，贾庆国教授提出来的，时殷弘老师也提出来了，我完全同意，这里有一个表达的问题，邓小平提出来黑猫白猫不要管它，意识形态就是搁置一边，这个没有意义，做就行了。最近胡锦涛也讲了"不折腾"，怎么解释也行。中国人心里都明白，"不折腾"这种虚拟的东西，意识形态的东西，这一点，中国是告别了西方资本主义极端的成分，过去30年中，中国能够同时对西方共产主义、西方自由主义和市场资本主义的不同要素进行同时评估、筛选和理性地借鉴，而不必被迫在不同的西方主义之间进行选择，这一点中国还是付出了相当大的代价。

最后一点，我的东方主义是打了一个靶子，东方主义不是中国要走的，那是西方的概念，以西方为主，实际上是"学术种族主义"（academic racism），即以我为标准，非西方国家的事是要由西方来解读，而不是由你们中国来分析、来解释。

张蕴岭：

关于领导权，我看这个问题还是存在的。就我参与区域合作的实践来说，几乎每一件事情，都有领导权之争。东盟自己说自己不是领导，是坐在驾驶员的位置上，但是，不让它当领导，它就不干。中日之间的领导权之争也很明显，还有美国，不甘心被边缘化，搞了很多行动。但是，新的特点也有，这就是"争而不破"，有竞争，也有协调与合作。有点"八仙过海，各显其能"的味道。

关于西方主义还是东方主义，还是有区别的。有没有东方主义？我觉得还是有。比如中印的崛起，不是孤立的东方进程，但是也有优于传统的西方模式不同的特点。是叫做东方主义，还是叫做东方模式，还是东方文化？不管怎么样，今后相当一段的发展，随着中印为主干的这样一种大进程的发展，至少是非西方的这样一种价值理念、方式，包括外交方式等等，会发生越来越大的影响。不管怎么样，这两个国家，如果按照现在的进程往下走的话，以西方为主导的、唯一的现代化制度，或者国际体系，肯定会发生变化，所以从这个意义上，"东方"的影响会上升。当然这个"东方"不是完全跟世界孤立的，是吸收了很多东西的，包括西方的东西，但还是自己有主体的，不同于西方的东西，这个问题值得进一步探讨。

第三场　中国外交战略

王逸舟：

我的观察，研究中国外交，真的是看得越多，困惑也越多。我感觉，现在中国的外交也好，中国在世界上的位置也好，是适应了其中一部分，不适应另一部分。世界大体上有三维，一个是经济的世界，一个是政治的世界，还有社会的世界。在经济的世界里，中国改革开放30年，有相当不错的成就，全世界看中国，最强的就是作为中国经济。在政治世界，涉及政府、军方或者传统实力对峙的时候，中国开始适应博弈的规则与过程，开始成为受人尊重的国家，虽然没有达到经济界那么让人害怕或力量强大，但中国在政治界干得还行。但这个世界还有另外一面，就是社会界。社会界很复杂，有的我们能感觉到，比如说国会、大企业如波音，很多还没有感受到，不太容易说清楚，我们在外交上还要学会适应很多，比如跟NGO，跟不同的非政府组织怎样打交道。这算是一个大问题。

第二个问题就是反差，即国内民众与国外民众对中国力量认知的差异。我去过国外一些地方，越来越明显地感觉到这种差异。比如，假使在国内1万多个人调查，很可能有9000人会说中国还是发展中国家，属于比较贫穷落后的国家，人均GDP、人均教育、人均环保指标还是比较落后的；假使在国外调查，同样有1万人，可能有9000人认为中国不是发展中国家，而是大国、强国甚至超级大国。这种反差，使作为研究者的我，感到非常严重。我的结论是，多数中国人和多数外国人，都没有对中国和世界关系的重大变化做好准备。

第三点看法是，在具体操作层面，可以说相当不错，非常实用，很精准的，外交部各个司对相关事宜的解释，都会答得非常清楚。但这种看上去在操作层面，在具体政策上的自信、精确，同我们外交思想上的茫然、外交理论缺少自信，外交研究缺乏争鸣，以及中长期外交战略思维的缺失之间，形成了大的反差。中国的外交人员越来越专业化了，而中国的外交思想在失去自我。问题即是：我们短期的政策层面操作的精准和长期思想方位的迷失。

第四点感受，像很多朋友提到的，真正到国际上，会觉得中国人没有太多的话语权，说到底深究一下，还是我们自己舆论的自觉不够，就是对中国外交的长远、中国外交长期目标的认知。说实话，我不敢说能不能谈理论的自立，首先自觉还是不太够的。这个缺失，可能是我们在建国60年之际来寻求中国的自主，寻求中国对外关系的理解与合作，非常大的一个挑战。

最后一点，关于中国外交的社会基础或者内政的基础，我觉得应该进一步解析，我们谈得是很不够的。我们有很多正论、反论，但是没有一个取得共识。中国政治体制，中国现在的政治结构，是力量大了，还是弱点越来越严重？一种看法认为，中国和俄罗斯的模式、或者东亚的发展模式很有生命力。我们不要相信西方自由主义，它那个东西不行了。而上述发展模式，在可预期的未来，是相当有力的。这就是中国及俄国模式发展的独特性。另外一种看法是，外交的发展和内政的进步是联系在一起的，安全性和进步性是相关的。在他们看来，中国和俄罗斯内部政治腐败相当严重，怎么会有先进的外交？这种看法当然也很有道理，不过它也有自己的难处：比如，人们会问，为什么美国国内的三权分立做得不错，但它外交仍然经常失败和犯错误？

我们再深入探讨一个问题，即核心价值对于中国外交未来的重要性。正论是说，如果没有核心价值，一个大国外交是不可能成功的。它强调了核心价值的重要性。但反论马上出来了：中国最大的思想进步是从原先的大一统，单一的意识形态，变成越来越多元制衡的思想文化；现在，在改革开放的新时代，"中"、"西"、"马"三种意识形态并立，构成我们多元的"底色"，这个"底色"让我们觉得丰富，有更大机会。说实话，我很难判断，到底我们非得朝着一个有核心价值的方向去努力，还是说保持目前这种多元化的中国思想状态更好。类似情况还可举出很多例子,这些问题的出现,要求我们作为研究者,把自己的任务跟外交部的任务区别开来。需要群策群力,畅所欲言。

赵汀阳:

非常荣幸能够有机会和大家交流。我不是做外交研究的,我是做哲学的,所以我希望界外的这样一种研究对你们稍微有点用。

我要讨论的一个问题,主要是跟软实力有关的,因为外交光有实力也是不够的,但是根本来说,你的话有没有影响力,取决于硬实力,但是软实力还是可以起很大作用的。改革开放以来,我们都比较注重硬实力,最近政府开始意识到软实力跟不上,就提倡了这个问题。

这其实是一个更为深远的问题,软实力控制和支配的是人的心灵,对于心灵的领导,毛主席对这个问题是很有意识的,说是"灵魂深处要闹革命",你只有支配了人的心灵,才能说真正支配了别人。你要领导世界,或者至少要在世界上做你自己,你还非常需要有足够强的软实力。

软实力的问题,有一个在世界上竞争的问题,谁都有软实力,这就有所谓的对话的问题。这种文化的对话,其实也是一个博弈,绝不是搞联欢会,而完全是非常严肃的博弈。我们的软实力面临的问题,就在"世界话语广场",我愿意用一个希腊的词汇,就是广场的意思,但是它有双重意义,它既是一个政治话语的广场,同时也是一个市场,在人人都能发言的意义上来说,它是一个广场,但是什么话语被选择,这时候它又是一个市场,所以这个词是很有意思的,事实上是西方民主概念的起源。我们在"世界话语广场"上,要做什么,这个话语竞争,按照哈贝马斯的想象,如果大家足够理性,更好的论证就会胜出,所以中国非常需要下工夫构造一些像模像样的论证,否则的话,你的话语只是一些主观意见,是没有说服力的,这是特别需要做的问题。但是,光有"世界话语广场"是不够的,因为你最后的目的是要占领软实力的高峰,所以你必须要提出更好的观念,不仅是有更好的论证,你必须要有更好的观念,只有拥有了被人接受的更好的观念,你才能够成为世界游戏规则的制定者,而不是别人给一个什么游戏你就玩儿什么。这时候你怎么玩儿都是被动的。我们好像把西方的东西都背得挺熟，但是美国、西方是游戏规则的制定者，你只是玩儿，你始终是被动的。所以中国应该成为世界游戏规则的制定者，至少是之一，应该有这样的想象。

如何构造这种所谓的更好的观念呢？我觉得应该满足以下几个条件：第一，它必须是一个普遍主义的话语，我注意到中国现在也有一些我看来是错误的策略，采取一种所谓特殊主义的话语，说中国跟你们不一样，你们那么搞，我们中国有中国特色，我们另有一套，你们那套普遍的管不了我们这套特殊的。采取这种姿态就是劣势，因为你自己承认了你的观念是不能全世界通用的，那么你凭什么对世界发言？你凭什么对世界负责任，你凭什么解决世界的问题？所以这个策略肯定是错的，特殊主义、地方主义的策略肯定是错的，所以中国要提出的观念也必须是普遍主义的，我们中国提的这个观念不只是中国人提出来的，但是它并不是中国的观念，而是世界的观念。

第二个标准，提出这个观念必须能够更好地解释和解决世界上共同关心的问题，而不是仅仅解决中国自己的问题。西方出现各种问题，我们的理论是能够解释的，我们有自己的一套解释，说你们其实是这样的。就像西方用来解释中国的时候，我们明明觉得不是这样，但是西方说你们其实就是这样。我们应该达到这个强度，否则的话没有足够的意义。

第三个标准，这种普遍观念要能够通过普遍有效性的证明，才是真正有利的。怎么证明呢？有很多种方案，西方提供的一般来说是一种理性主义的方案，或者说先验论的方案，诸如此类的，如果大家感兴趣，我有这方面专门的分析。我自己推荐的一个是普遍模仿的实验标准，细节也不说了。另外一个是具有最强的兼容性，我觉得这个是很值得一提的。任何一个人文社会文化方面的观念，都是有所谓一种特殊文化提出来的，这个时候你如何让世界接受，你必须具有尽可能强的兼容力，能够把别人好的观念也兼容在一起，这个时候才有可能得到普遍的认可，这一点是非常重要的。否则的话，你不可能得世界的人心，这是跟软实力有关的方法论的问题。

简单说一下我自己做了什么。我这十几年来，一早在考虑这个问题，我看了中国古代各种资源，各种书、各种观念之后，从里面挑出了一些被我认为在今天仍然有用的东西，有一些是没有用的。我挑出来的最有用的一个概念是天下，在十年前我做了一个理论，叫做"天下体系"，用来解释这个世界政治。因为在今天，在我看来，国际政治这个框架已经太小了，已经解释不了现在我们面临的政治问题了，我们必须有一个场面更大的框架，叫做世界政治。这个世界政治其实是中国早就有了，这就是属于中国的天下观念。中国的政治问题的起源和西方不一样，西方的政治问题起源是从国家开始的，从城邦开始的。而中国的政治问题一开始就是从世界入手的，从天下开始的，这两条线决定了分析框架不一样。到了今天，到了全球化的背景下，"天下"这样一个分析框架，我觉得是更有利的。所以，具体的内容就不说了，大家如果有兴趣，可以看我这方面的书。

而我做的另外一个努力就是你必须承认有一些重要概念、普遍概念是西方提出的，对中国同样有效，但是有可能解释得不太对。这个时候，我们采取的策略应该是对这种概念进行解构和重构，这样你才能变成一个共享的观念，而不是随便人家说什么你就接受了，因为没准其实是错的。我做了一个实例，就是人权的概念，这肯定是西方提的。但是中国面对这个概念的时候，采取的对策却不够周全。正确的做法是你必须提出一种更好的人权理论，比西方更好的人权理论。所以我当时做了一个预付人权的理论。西方的人权理论叫天赋人权，天赋人权这个评论是包含着逻辑上的自相矛盾，以前没有人想它，其实错误非常明显，简单地说，如果权利是具有绝对优先性的，你只要是个人就拥有了永远不可剥夺的绝对权利，而不和义务做平衡的话，这种时候可以想象，在这个游戏中，最佳的博弈策略就是做坏事，以做坏事破坏别人的人权牟利，你的人权还不被剥夺。这样的人权理论定义了什么社会游戏呢？就是坏人坏事在博弈中会占优，这是完全错误的人权理论。并且，如果人权是无条件的话，人有很多的想象力，你可以不断地增加人权的项目，人权会不断地膨胀，现在人权的项目已经膨胀到了世界根本承担不了。这种无限的膨胀，为什么会出现？就是因为权利绝对优先，它没有义务或者责任去限制。所以我做了预付人权理论，利用了中国"义"的概念，人权必须配有仁义，没有仁义的人权就不叫人权。人权解释为预付的，就是预付给每个人，效果上和天赋差不多。但是如果一个人破坏别人的人权，就等于默认放弃了自己的人权。对他的行为是有约束的，迫使每个人以尊重他人的人权来保证自己的人权，这样的人权才是双方的，才是良性的循环。西方那种单方面考虑自己的人权是不行的。

我的理论在国际上也讲过，马上就遭到西方很多攻击，这个就不管它了。诸如此类的一些努力，我还试图做过一个孔子改进的东西，因为一般来衡量一个社会的改良，西方喜欢用帕雷托改进，帕雷托改进只能表现出一个社会总量的改进，但不一定是令人满意的改进，因为有可能光改进别人，我从来不动，保持原样，老是不改进，有这种情况，所以它并不一定是一个良好的社会。所以，这时候就利用孔子的一个原理，重新定义和谐。这个孔子改进就是和谐概念的一个讲解，其实非常接近于共融的概念，你的利益改善，我的利益必须得到相应的改善，否则的话，这个改善是有可能不公正的。

这是我做的一些个人的努力，对不对也不知道，请大家批评。

贾庆国：

随着中国的崛起，中国在外交上正面临着有史以来最为全面和最为复杂的挑战，这个挑战来自两个方面，一个是单极世界对中国安全的威胁在继续，全球化对中国的挑战增多，国际社会对中国崛起的焦虑和期待在增长，这是国际方面的挑战。在国内，国内对海外利益保护的需求在增长，要求在国际上有所作为的呼声在增强，国内舆论对外交的影响在上升。这是我们中国外交正面临的两个方面的挑战。与此同时，国内国际因素交织互动，对外关系问题日趋复杂。在这种情况下，如何应对这些挑战，不仅关系到中国对外关系的健康发展，也关系到中国国家发展目标的实现。我这篇东西，主要是梳理一下这些挑战，并在此分析的基础上提出一些相关的建议。

之所以说中国外交正面临着有史以来最为全面而复杂的挑战，是因为这些挑战不仅来自国内外，涉及多领域，而且源于国家利益和国际利益之间的交织和重叠，国际国内因素之间的联系和互动，以及理想和现实之间的矛盾和冲突，所有这些都使得处理对外关系变得异常复杂和棘手。

面对这些错综复杂的挑战，我觉得中国需要冷静分析，认真谋划，沉着应对，抓住机遇，和平发展，为中国未来在世界上发挥更大的作用做好物质上和理念上的准备。首先需要客观地评估形势和国家实力，务实地制定外交战略目标。我们要对国家的实力有客观和清醒的认识，那就是，尽管这些年我们有很大的进步，尽管我们保持了几十年的高速经济发展，但是我们现在国家的实力还是非常有限的，在世界上的影响，跟美国还有其他的一些发达国家相比应该说还不是很强，当然我们希望很强。在这种情况下，我想我们的外交政策根本目标还是要建构一个良好的国际环境，以便集中有限的精力和资源克服发展当中的困难和实现改革的目标。我们的外交应该继续保持低姿态，做实事的做法，顺势而为，量力而为，有所为，有所不为。

所谓顺势而为，就是尊重客观现实，顺应历史潮流，在此基础上处理对外关系和国际问题。比如说美国主导的单极体系是个客观现实，我们喜欢也好，不喜欢也好，我们都必须尊重这个现实，并认真对待，全球化也一样，我们需要认真地对待全球化给我们带来的挑战，而不是闭着眼睛不去看。在大的框架下，寻找最有利于我们国家发展的空间。所谓量力而为，就是在现有的国际格局和全球化的背景下，根据国家实力和能力处理对外关系和国际问题，不应该承担过多的所谓的国际责任。所谓有所为，就是承担一些国际责任，这些国际责任应该符合我们的利益，同时也是有利于国际社会的利益。比如说参加国际维和行动，推动朝核六方会谈，援助某些发展中国家等等，在这些地方有所作为，顺应国际社会的愿望和要求，符合中国自身在和平、稳定、繁荣、环保等方面的利益，有助于改善中国在国际上的形象和提高中国在国际上的影响，这种利己利人的事情，不仅要有所作为，而且在力所能及的情况下多有作为。所谓有所不为，在现有的国际化背景下避免盲目冲动、采取损人不利己的做法。总之，我们的外交还是要现实一点，要根据大势，根据我们的实力，根据我们的需求，来进行，来制定。

金灿荣：

我从四个方面谈一点感受，有些东西可能和大家是重复的，但是我用我的逻辑再说一下。关于中国外交现在的定位，一个是国际定位。中国外交、中国外交战略变动已经成为牵动国际格局变化的重要因素。这句话是杨洁篪外长2008年在媒体上发表的，中国外交已经成为牵动国际格局变化的重要因素。这不是吹牛，现实就是这样。可能最早注意到中国外交分量上升的应该是2006年2月份的香格里拉会议，会议完成以后纽约时报上的报道，会议上看到一个形势，都是先看美国怎么发言，然后看中国怎么发言，然后再决定自己怎么发言。另一个定位是历史定位，我们的外交处在将起未起的阶段，中国的发展势头引起了大家关注，但是中国还没有让大家心理上接受，这个阶段可能要有10年或者20年，是比较困难的阶段，需要我们的外交艺术比较高超。所谓的外交艺术高超主要是实践问题，知识分子可以提供一点建议，但不要强加给实践家，因为你是从一个侧面反映，其实我们这是小智慧，实践中有很多智慧在平衡。中国处在这个历史阶段，我们叫做"将起未起"这是非学术语言，但是我觉得这个表述应该是准确的。这是关于中国的外交定位，国际地位已经很高了，大家注意这个现象，第二历史定位是比较难的，所以对外交艺术的要求是比较高的，所以我们知识分子从不同的角度提点意见，当然实践家用的智慧跟我们生活上逻辑性非常强的智慧是不一样的。

刚才讲了定位。下面讲，现在有一个长期趋势和短期趋势的矛盾在加剧。长期趋势是这样，我觉得中国大概还需要30年时间真正解决内部挑战，比如说政治问题，民族问题、统一问题，经济的可持续发展，外交上能不能被接受。中国外交如果运作得好人家应该接受你，这些重大的内部挑战没有解决前，中国肯定是内向化的，内部挑战优先的。从我们分析的角度首先要承认，未来以30年为期，中国肯定是内向型的外交战略，不是到处设计，让外面的格局形势对我有利。但是现在短期趋势跟这个出现矛盾了，金融危机加速了中国崛起，加速了多少年不知道，肯定是加速了。现在有一篇文章的题目《中国时代的到来比大家预想的快》，这就对我们下一阶段外交形成矛盾，从战略结构上我们还是内向型外交战略。另外还有几支上升的力量可能推动中国走向国外，就是外交进取性加强，第一是大企业走向国际，一旦企业利益点由国内转向国外，我们外向型的外交就很大，实际上是有利于利益集团政治的，比如说五十强有一半在外面，这个不得了，它不需要整个中国老百姓都在外面，只要一百个国有企业的五十强在国外，这个力量非常强。第二是网民，网民是新现象，3.38亿网民，这是人类历史上最大的网民群体，整天关心外交，对外交形成了很大的压力。第三个是军人。可能还可以找到别的几个力量，这三个力量，大国有企业、网民、军人，就可以提前把你的外交态势扭转过来。

第三，未来的外交决策环境有三个特点我们要记在心里。一是我们所面临的身份困境会越来越突出，随着中国力量的增长，我们的政治定位仍然是发展中国家，所以身份困境会越来越突出。再一个是外面对我们看得很重，我们对自己的问题看得很重，这都是有道理的。第三是内外互动，外面批评我们，政府可以不予理睬，现在那么多网民却不答应。清华的还搞了一个antiCNN.com，你批评我可以，但是你不能造谣。

我的结论，未来一段时间，我们在外交决策方面出发点还是两个，第一，在国际上我们的相对位置不高、相对力量还不够。第二就是要解决内部治理问题，我们要承认我们内部治理有问题。决定一国地位的因素有两个，一个是相对力量，一个是内部治理力量，这两个基本事实要认识清楚，相对力量不高，内部治理是有问题的，未来要用10到20年把这两个问题解决好。

牛 军：

刚才王逸舟提的几个问题非常值得我们思考，而且未来其实每个问题的研究、解决、深入都不是容易的事情，因为它差不多切入到中国当前外交面临的深层次的问题，比如我们对理解的理解和观察，到底是我们的观察还是政府主导的观察，作为学者来说要区分，特别是当我们大量卷入现实政策研究的时候，处理的政府间的问题，处理的高位阶的政治问题，对社会层面、文化层面这些不是我们研究的重点，甚至不研究，有不少从事这项研究的，这样我们就缺失了一些知识，这类知识的缺失导致我们一直没有意识到要观察它。另外外交思想和外交活动的关系，思想总归是在实践后面，思想活跃到什么程度，跟上实践还要多长时间，有时候很难。客观讲是这样一个现实，再客观讲，其实理论是灰色的，生命之树常绿，大概就是这个意思。

关于话语权的问题，王逸舟提出我们缺乏理论自觉，我非常同意。前两天开会潘维教授从另一个角度提出我们在自觉学习西方的理论，但是没有意识到要进行理论层次的思考。

关于外交的社会基础。王逸舟举了两个例子，我对这些问题只有能力思考，没有合理的知识结构解决，我觉得研究中国外交必须具备这些基本知识，基本知识要掌握，否则没有办法研究探讨，没有办法深入。我感觉只有国际政治理论是不够的，只有国际政治理论不能研究中国外交，要研究这个问题需要长远的建设问题。

我看了赵汀阳的那两篇文章，听了刚才的发言，坦率讲我理解起来很吃力，完全是在抽象层次上思考，这是需要赵教授像讲课式地一段一段的解释，像赵教授这样形成体系的思想，一般几个层次比较复杂，最深层的是问题是什么，今天赵教授没有展开，到底是什么原因引起赵教授研究天下体系问题，而且在哲学层次上探讨，第二是逻辑，第三是层次。我认为提出的这几个关键问题，撇开发言稿提出几个问题，带有普遍主义的观念、方案、实验标准、竞争力，这几个都是能够帮助我们进行规范性的思考。我借着做评论的特权提两个问题，这个领域对我来说太新了，普遍主义话语定义一下，概念层次上抽象讲什么是普遍主义话语。因为这个东西是带有实践指向的思想，必须要回答在现实生活中哪一类话语是最接近普遍主义的，这样才能说使用西方话语是不是合理，如果事实证明那套话语是最接近的普遍话语，那就应该向人家学习，如果认为它那个离得比较远，还有另一套存在，我们没有看见，你看见了，更接近普遍主义话语，我们应该学习那种话语，这个是应该回答的问题，包括普遍主义标准的问题，这是我个人比较困惑的问题。说中国特色的国际关系理论过去 20 年主要特色是学习，我们是不是一开始就学错了，或者学了一个阶段不错，后来走极端了。这个问题在实证的层面上能不能解释一下。

第二个问题是我个人的困惑，天下体系是中国人解释的概念，过去很多人谈，如果说天下体系，你认为它这个概念表述和它追求的理想状态是合理的，毕竟这个概念状态提出是有它一套秩序，它是一个文化、是一套秩序，包含不同的含义，如果把这套秩序抽掉以后目标还能实现吗？用天下取代世界，是用全球取代世界，在世界上历史学新发生一个学派，他们明确界定自己就是区别"天下"的，是"天下"更好还是"全球"更好，"天下"因为有固定的一套逻辑，你把它的秩序层面抽掉了以后，它的理想状态还能实现吗？通过什么途径？或者结构或者建构，这个概念怎么样去定义？这是我自己研究中老存在的一个问题。

关于人权问题确实非常有启发。过去研究中美关系人权是大事，老是在天赋人权的概念里转，今天听了赵教授的发言很受启发，有一些困惑可以进一步思考和讨论。

我把贾庆国老师和金灿荣老师的发言对比起来谈，可能更容易引起讨论。首先比较他们两个人的观点，明显的是对中国世界地位的判断有巨大的差异。他们的语言表述学术式的很有分寸，但是基本判断是不一样的。所以导出来的结果，贾老师明确提出来要有所为有所不为，量力而行、两立行为，是跟他对中国地位和中国面临的四大挑战紧密结合，逻辑性非常强。金灿荣老师的判断非常清楚，结论也很清楚，中国目前对自己的内部问题，对自己力量的相对增强要有清醒的判断，但由于这样强势的发展，中国最担心的是在没有准备好的情况下面临一种突然的强势的挑战，由自己地位带来的巨大外部变化，反而给自己造成了责任的挑战，如果没有准备好或者造成失败或者丧失机遇，这都是极高的成本。他们这一组论文非常宏观，架构都非常清楚，给我们提出了很多要思考的问题。比如说贾老师提出国内挑战部分，有一个国内要求有所作为的需求在增长，这到底是什么造成的？原因找出来了才能找到解决办法，我个人认为一部分是我们自己宣传造成的，我们自己忽悠了自己。金灿荣老师提的这个问题，重大的历史定位，假定20年超过美国，我想知道你的根据。

周宝根：

请问各位老师，大家都知道国际社会的非政府、非国家行为很重要，我们的外交怎么样做工作，包括在我从事对外援助研究领域里也是，中国政府怎么样跟国外 NGO 打交道？从理论上说，中国一些 NGO 跟西方国家对垒去做，可是面临的情况是中国 NGO 没有很好发展起来，清华大学做过研究，中国这些年 NGO 没有很好地发展，那么，怎么样跟西方的 NGO 做工作，使得我们的外交工作取得更大的成就？

许振洲：

刚才听了赵汀阳先生的发言很受启发，我有一点呼应，一点评论与一个小小的问题。相当官方的说法，我们一直在否认普适价值。其实毛泽东同志说得很清楚，当年马克思主义是放之四海而皆准的真理，这肯定是一个普适性的东西。所以问题是不是反对普适价值，而不是用我们自己的普适价值去替代我们不喜欢的普适价值，这个想法跟您是完全一致的。

一点小小的评论，您谈到预计中的新的普适价值，或者意识形态，不管是什么，是价值观还是软实力，应该具有相当大的包容性。从我个人的喜好来讲，我完全赞同您的说法，但是如果说从一个更功利的角度来看，似乎只有针锋相对、相当极端的意识形态才具有吸引力，具有包容性的东西从来不能达到这个效果，特别是如果它是一个新兴的意识形态，它如果不采用斗争的方式，它就更不容易得到别人的认同。也就是说，你承认别人的东西越多，你自己的东西就越不明显，而你承认别人的东西的时候，你永远不如人家的正宗。所以几乎所有的新的思想的提出，其实在一开始都是针锋相对，都是具有极大的挑战性的。

一个小小的问题是，您谈到对现有的占支配地位的"天赋人权"说法的批评，我的问题是，在这个问题上，欧洲传统的右派对于人权的批评，他们站在国家、站在历史、站在集体的角度，对人权的批评，我们可以借鉴，可以采纳吗？为什么后来逐渐地被人抛弃了，没有成功？

于 滨：

过去20年、30年，中国外交的实践是有相当成效的，但是没有相应的外交的理论和国际关系的理论，那么中国外交是什么支撑引导？不管是相对于中国自己的过去还是相对于其他国家，或者相对于美国，是不是没有理论的外交也能相对比较成功？这是不是一个常识性的东西？这个问题可以请教一下赵汀阳教授，在"天下"理论过程中，普适性的东西，实际上是常识性的，这个理论的必要性在哪里？

许振洲教授提出一个问题，普世主义的标准，我觉得这也是很有意思的问题。赵汀阳教授提到包容性，有这种普世主义，应该寻找，如果从过去西方的行为方式来看，西方的东西，作为普适的东西来推广，中国的未来会不会也走这条路？因为天下的概念对中国人来说是可以理解的，但是对中国以外人的有没有可能理解？这个理论本身提得非常好，我可以举一个反例，美国小布什时代，2008年大选的时候，投票前几天麦凯恩和奥巴马纷纷告诉美国选民，说他们当选之后会加强美国的安全，谁也没讲国际安全和国际合作。这是很奇怪也是很有意思的，一个国际型的超级大国却没有一个"天下"的概念。问题是中国在什么程度上能够超越这一点？王逸舟教授提出一个问题，这也是很多中国学者所困惑的，为什么美国的内政那么好，外交那么不好？实际上1999年美国"误炸"中国使馆以后，有人做了一个调查，发现中国知识精英一般都认为美国的内政是好的，但是外交不好。然而一个民主的内政为什么必须要有比较好的外交？这个连带关系到底怎么产生的？回到康德的理论，他提出一个概念，民主体制也会导致侵略和扩张（liberal imperialism），后来资本主义帝国主义都有这样的情况。

周永生：

我想提一个问题，刚才听到了赵汀阳先生对国际关系方面的思考，觉得很有深度。比如说关于天下观、世界观、全球观的想法。但是，天下观在中国的产生是有特定历史背景的，它是在春秋战国的纷争状态之下而产生的。春秋战国和现在世界、全球还是有很大的差异，这个差异就是，春秋战国时代，虽然各个小的国家在一定程度上具有相对的独立性，他们的君主能够自由地支配自己的内政，自由地支配自己的外交，但是在法理上，还有一个天子的存在。现在世界的情况，是不存在一个凌驾于各个国家之上的周朝天子的法理的至高无上的身份，因此从这个角度来讲，情况是有所不同的。当然，你想用"天下"来取代世界，取代"全球"的想法，我认为是值得考虑的，也是可以探讨的。但是，从法理的角度来说，怎么样能够把它衔接起来，怎么样能解释不同时代背景之下的差异性。虽然现在有一个联合国，但是联合国的权力还远远无法和周朝天子那个至高无上的地位相比拟，您怎么看待这个问题？

时殷弘：

我作为一个普通的发言者也想讲几句。王逸舟教授刚才讲了中国外交思想在一定程度上存在着迷惑或者欠缺，我表示有条件的同意。我想谈其中一个原因，不是所有的原因。这个外交是可以宣示出来，可以武装人民的，这个外交从何而来？其中一个条件，是基于实践甚至精于实践的大思想家和大表述家。大表述家是什么意思？就是大战略家经常是大演说家或大写作家。因此我觉得，如果我们谈论到毛泽东，那么不管他做的事情、想的事情是对还是错，这两个条件是符合的，大思想家、大表述家，邓小平也是。他们眼光远大、基于实践、精于实践，并且能打动和动员人民。我认为中国是有外交理论的，如果你们看看毛泽东时代，我们不是讲60年嘛，看看毛泽东的书，看看邓小平的书。中国有外交理论，只不过还没有达到更好的程度，以致能基本上没有迷惑，没有缺失。但是，中国是有外交理论的。还有好多人提到核心价值问题，现在已经成了时髦的话，说中国没有核心价值，中国崛起，30年成功，但是没有灵魂，我不同意这个话。非常明显，我们有一个成长中的可能还会变化的核心价值。这个核心价值是什么？这个核心价值不是很抽象很脱离实际的东西。你看看英国崛起的时候，看看美国崛起的时候，总是有一个东西，就是"national greatness"。改革中的中国，一个独立的大强国，大部分人都有这个东西。这就是核心价值。当然光有这个不够，特别是光讲GDP，恐怕是没有灵魂的。所以后来讲科学发展观，实际上就是社会公正，这个东西现在中国还是很弱的。如果我们的爱国主义加上强烈的社会公正意识和比较成功的社会公正实践，我觉得中国的核心价值就有了，大概至少可以管50年。

顺便说一下思想的贡献。思想的贡献，无非是造就更好的观念，并有更好的表述。但是这些后面有更根本的东西，不管是城邦还是民族国家，后面都有一个essential backbone。雅典人为什么曾经神气过？后面有雅典的舰队，有雅典的公共建筑，有雅典的帝国财库，有大规模的城邦民主政治，有半个世纪以上非常骄人的内外成功记录。世界上最重要的就是经久的成功。我的想法跟刚才金灿荣教授讲的一样，说老实话，若有经久的成功，那么到后来，成功者几乎所有的东西都被别人认为是好的甚而最好的，尽管你明白并非所有的东西都好。他讲普遍主义我不很反感，但是他贬低特殊主义我有意见。特殊主义是谁讲的？从来大帝国都讲普遍主义，特殊主义不是大帝国的东西，特殊主义的要义是仍要坚持自己的独立生活方式，仍要坚持自己的独立发展道路。所以我觉得中国还是要讲点特殊主义，当然这个特殊主义不是极端特殊主义，极端特殊主义是相对主义。要减小我们与普遍主义之间的距离，但是我们坚持基本上的特殊主义。什么叫特殊主义？就是最最重要的事情在于主要按照中国的情况，由中国人自己把中国难办的事情办好。办好了以后，即使你不讲普遍主义我们也有普遍主义了，因为中国特殊经验里面有普遍价值。13亿人的经验当中怎么可能没有一些全球的意义呢？其他的四十几亿人可以借鉴，虽然不可能也不应当让其他四十几亿人都弄这个东西。

"天下"不是中国独有的，相似的东西也见于处在基本上同样发展状态的西方或其他地方。而且，它并非真的那么普遍主义。所有帝国讲的都是普遍主义的，但是后面有帝国的特殊主义，这就是普遍特殊主义，用摩根索讲当代帝国的话说就是 universal nationalism。它后面的权势、利益、政治文化仍然是特殊的，尽管它是帝国，比其他的非帝国有更多的普遍性。也就是说"天下"总是不那么天下。还有，我们现在如果把"天下"这个观念运用到当代世界或者可预见的未来世界，那么这里面就有一个大矛盾，即民族国家仍然是当今世界或者可预见的未来世界里的最重要的一类主要角色，虽然其他角色很多很多，问题越来越复杂。古老的中国的观念，东亚学派，实际上就是"天下"，怎么样运用到政治、经济、文化有巨大和复杂的多样性的当今世界，有很大的实践问题和理论困难。

最后，贾庆国教授说单极世界，我们要打一个问号。1990年的时候说单极世界还差不多，而现在的世界，看到无论是中国的崛起还是美国相对衰弱，还是印度的崛起，再讲单极世界恐怕不符合事实。讲单极世界有两个可能，一个可能是危机感非常强，要跟美国巨大而不可容忍的霸权对着干，还有一个相反的可能性，即单极世界，美国很厉害，至少今后50年我们要服从，这恐怕也跟我们应有的地位和民族目标不大相符。这就是普遍观念、简单观念里的陷阱，所以我不赞成讲单极世界。

王逸舟：

对于给我的几个问题我做一个简短的回应。我有一个判断，中国未来一段时间的社会发展，是决定中国外交成败的关键。我觉得现在就是比赛，看危机发生蔓延的速度快，还是我们的社会治理、政治进步、体制朝着更加公正的方向走的速度快。如果是前者速度快了，我们的外交将来会一败涂地。这才是制约外交的一个关键线索。再有，我认为，真正的外交想的应该是老百姓，要大家都觉得亲切。电视上看到，在某些国家，涉及一个公民的安危时，大使拼命去跑，甚至前总统去救人。这中间当然有很多战略目的和作秀的成分，但这么做了，老百姓会觉得这个外交跟自己有关系，外交的公信力就不一样。

最后回应关于中国有没有外交理论的问题。外交思想和战略还是有的，看我们政治最高领导人，特别是雄才大略的政治家，确有一些微言大义的思考与谋划，但这些东西跟我们所说的外交理论研究还是有一点区别。我们学界的外交研究还是很少，很不深入。真正的外交研究，要有批评、有比较、有鉴别，有调查、有数据、有思想。我们做得很不够。今天早上有一个学生来找我，他是日本的硕士生，为了研究中国的非传统安全观念，他自己花钱到中国来找材料、请教专家、到处调研。其实，国外很多同行做一个课题都能非常认真而系统地做下去。我批评说我们的外交理论不够，是这个意义上讲的，我们要扪心自问，要有反省的态度，真正研究下去，不要太亏心或太懒惰。

赵汀阳：

先回答一下牛军教授刚才的问题。这个普遍主义是这样的，人文社会领域，主要是两个意义上的使用，一种是"指"，如果一个原则对每个人都有效，对每个人都有好处，这个意义上我们叫做 universalism，或者另外一个意义，所有人每个人都同意的，也可以说是 universalism，哪些话语最接近普遍话语，不限中西，西方当然有普遍的东西，我们中国也可能发展出普遍的东西，只是不太一样。西方的普遍话语，从哲学上讲，都是以个体为单位来分析的，这种情况下得出来的真理，咱们假定说它是真理的话。中国都是建立在关系的基础上来发现真理的，我觉得正好可以配合，都有普遍话语。比较集中的是关于"天下"的问题，"天下"这个理论，我想象的是 200 年以后有效的，但是我们必须提前思考，就像康德当年的永久和平理论，也是过了 200 年才变成联合国和欧盟的，但是提前想总有好处，现在肯定不能做到。我们必须考虑到一些超出民族国家的困难，这些困难我们必须想一些解决的办法。而"天下"是一个比较好的资源，中国原来周朝的那个"天下"，当然不是我们要恢复的那个"天下"，我们需要建立一个新的"天下"，很多因素今天不合适是要去掉的，比如说当初是君主制，我们今天不再需要君主制，这个因素要去掉，我们要留下一些有用的，然后可能还要补充一些新的元素。但是它的基本精神是接近的，这个基本精神是这样的，"天下"为什么跟世界不一样？世界就是地球，"天下"第一个含义就是这个地球，第二个含义就是万民之心，全世界所有人的心，有古文专门讲了，天下是天下人的天下，是民心所向，这是在心理学意义上定义的世界，这是西方没有的。第三层意思更重要，"天下"指的是一个世界制度，当一个世界有了一个制度，这个时候我们管它叫天下。如果一个世界没有制度，那么它就是世界。所以这是有区别的。我为什么说在当今的世界，还不是一个严格意义上的世界，就是因为它还没有成为天下，没有一个世界制度，而这个世界制度是我们以后要建立的。周朝这个"天下"的观念只是一个资源，但是这个资源很重要，它之所以独特，就是一般来说，拥有世界眼光的这样一个政治眼光，都是帝国眼光，比如说罗马，还有你刚才说的基督教，也是有全球眼光的，还有包括中国的帝国也是一样，不管是成吉思汗还是诸如此类的，帝国确实是有世界眼光的，但是帝国所看到的世界指的是其他土地都是他准备征服的对象，如果征服不了就算了，这是帝国的特点。而"天下"是唯一一个反帝国性质的世界制度，因为它是讲王道而不是讲霸道，霸道就是帝国。它试图通过礼乐，按照今天的话说就是软实力，想通过一套好的价值观，一套软实力，建立一个人人都喜欢的世界制度，然后让大家都加入，是这样一个基本想法。不过具体的内容很多，大家有兴趣的话，我推销一下，我有两本书是跟这个有关的，一本就叫《天下体系》，这本书比较简练，我用英文翻译回来的，但是是写给老外看的，所以里面的古文献基本上都省略了，都是现代的话。比较复杂的是有一本新出的，叫《坏世界研究》，里面很长的篇幅是讲"天下"的，有大量的原始材料，都是古文的，如果大家感兴趣的话，可以读一读。

刚才有位先生提的问题很有意思，说包容性缺乏吸引力。不过我说的不是包容，我用的是兼容，是用电脑的词汇。为什么需要兼容呢？因为我相信普遍有效的观念有很多来源，有的是西方的，有的是中国的，我们能够建立一套能和西方的贡献兼容的中国的普遍价值，这样就有优势。因为西方很多自认为普遍价值和中国的普遍价值显然是不能兼容的。如果说我们能和它兼容，从我们这方面能兼容，我觉得应该有优势。如果我们能提出很新鲜的东西，还是有希望。我自己在十年前在西方讲"天下"的时候，他们所有人都大感兴趣，因为从来没有听说过有这种东西，所以我觉得还是有希望的。像"和谐"也是西方人比较感兴趣的。但是我们必须能够兼容西方的一些重要的贡献，比如说"自由"，这确实是西方的一个重要的贡献。但是"民主"不是，民主不一定是普遍的，但是自由是普遍的。不管怎么说，你这个问题提得非常有意思。

贾庆国：

我先回答牛军老师提的问题，我觉得我跟金灿荣老师之间的观点差异没有他说的那么大。现在不少人觉得应该放弃韬光养晦的外交政策，希望中国在国际上有所作为，我觉得原因很复杂，不同的看法有不同的道理。有的人觉得中国现在发展起来了，有这样的实力可以做一些事情，有的人是因为外部对中国有很高的期待，跟国外的人接触多了，觉得中国确实应该多做一点事情。还有的人是因为心理上有一种需要，他们觉得韬光养晦就是忍，已经忍了那么长时间了，再忍下去，心里面受不了。但是，也有很多人还是认为，现在我们的实力不允许我们在国际上做太多的事情，不是说不做，而是说要有选择地去做。有一个问题非常有意思，我们的外交和理论之间的关系，是不是没有理论的外交也可以很成功？我个人认为，从建国的时候起，虽然领导人在外交上的表述更多的是基于一些常识性的东西，但是其背后还是有一些理论的支撑。像50年代到改革开放以前，这段时间基本上是三种所谓理论在起作用，如果你把儒教也叫做一种理论。一个是马克思主义。在相当长的时间，我们判断国际形势，认为战争是迟早要到来的，我们现在是所谓战争与革命时代。现实主义实际上也在起相当大的作用，我们在分析国际形势的时候，发觉马克思主义不能完全解释为什么战争老不到来，所以也讲力量平衡。中国领导人在不同的场合都谈到力量平衡和战争什么时候爆发之间的关系。此外，周恩来，还有其他的领导人在处理外交的时候，很多时候采用的是儒家的思路，用儒家的语言和处理问题的方式。我觉得，这都是挺明显的。改革开放以后，马克思主义分析思路的影响在减少，也就是说我们不再主要从阶级关系的角度来看待世界，而更多的是从民族国家关系的角度来看待世界。所以，现实主义的色彩越来越重，三个世界理论的提出以后，我们眼中的世界逐渐地就变成民族国家的世界，而不是一个阶级的世界。此后自由主义的影响也在上升，而且越来越强。比如说国际间的贸易问题，实际上更多的是从比较利益学说的角度来处理我们国家的对外经济关系。当然儒教的影响，现在也在上升，最近还出现了和谐世界的提法。所以我觉得，虽然领导人没有很系统地去讲这个理论，但是所讲的这些常识和说法的背后还是理论。

最后谈谈多极化的问题，这种判断是否存在问题？我觉得，单极格局下说多极化没有问题，但不能因此否定这是一个单极世界。多极化实际上还是单极，要不然怎么会"化"呢？邓小平曾经说过，这个世界是多极的，不是单极的，我们中国也是一极，第三世界也是一极，所以后来不再用单极这个概念了。我觉得，邓小平当时也没错，他是在鼓劲，邓小平不是在研究学术，也不是在客观地分析国际形势，他是个政治家，他这样说主要还是为了给中国鼓劲，中国当时是非常弱的，我们需要不断地给自己打气，事实上，在很多方面，从宣传到政治都是这样做的。毛主席也曾讲不是东风压倒西风，就是西风压倒东风，也是在给大家鼓劲。

但是，作为学者，我觉得还需要从学术的角度看问题。世界到底是多极的还是单极的，关键是实力在国际上是如何分配的，如果有一个大国的实力远远超过其他大国，这个世界就是单极世界，如果有两个大国的实力远远超过其他大国，这个世界就是两极的世界，如果有三个或三个以上的大国的实力远远超过其他大国的实力，这个世界就是多极世界。单极、两极和多极都是客观的状况，我们喜欢它也好不喜欢它也好都不重要。单极世界不等于对抗，单极世界也不等于服从。当初我们承认有两极世界，不等于我们与这两个国家之间必然要对抗，也不等于我们服从苏联或者美国。现在我们承认单极世界，也不等于我们要服从美国。客观地判断国际格局是我们维护国家利益的需要。

第四场　中国外交战略

王湘穗：

新中国60年的外交需要回顾，也需要前瞻。昨天的会议，谈史的比较多，是当历史学家；今天展望未来的多，是当未来学家。研究国际政治既需要历史，也需要现实，更需要未来。我在发言当中力图做到回顾历史、分析现实和展望未来，在15分钟里只能谈要点。

我今天主要谈谈观察当代国际政治的一个新视角，即从币缘角度看当代国际关系的问题。币缘是与地缘对应的一个概念，它是指若干国家围绕核心货币形成的经济与政治的关系。

目前的国家利益呈现出金融化的趋势。外交是干什么的呢？我觉得，除了谈国际合作之外，还有一个为国争权益、谋利益的问题。当然也要传播道义，有时候讲面子，换句话说是为国家争荣誉，其中也有实际利益。

外交上争利益，在中国是有传统的，比如说战国时期的渑池之会，蔺相如叫秦王击缶，这是挽回国家荣誉；让和氏璧完璧归赵，这是争取实际利益，这恐怕是外交的本质。

以前人们对国家利益比较清楚，现在却越来越不清楚了。原因之一就是我们的社会的生存基础和国际政治的一些前提发生了重大的变化。以前我们是农耕时期，国家利益跟土地联系，修长城就是农耕民族与游牧民族的利益边界，我是种地的，不能让你过来抢粮食，"不教胡马渡阴山"就与此有关。

到了工业化时期，国家利益主要跟市场、资源有关，鸦片战争就是争市场，要为贸易打仗，这与大工业能够生产大量商品有关系。那时的外交围着贸易和市场转，军事也是为贸易开路。

而到现在，国家利益主要跟金融有关。在1969年以前，整个金融业是嵌入到实体经济中间的，有一个统计，当时整个金融活动有80%是为实体经济服务的，只有20%是纯粹的金融商品。到了1971年，布雷顿森林体系解体后，开始实行美元本位制，1972年金融衍生品出现，到1976年的时候，80%的钱都拿去做金融产品了，只有20%的钱做实体。到今天，各种金融产品交易量每年是700万亿美元，而实物贸易的量是2%，也就是15万亿。这说明了什么呢？说明主导我们今天经济的，既不是农耕生产，也不是办工厂、办商店，而是大量的金融服务业。金融业改变了我们的生存基础，也改变了我们的国际政治、国家利益的基础。

地缘政治关注于国家空间关系，这是资本扩张时期形成的国际政治关系，各国要通过地理划分把产权边界分清楚。这就是摩根索讲的"地理是一国权力依赖的最稳定的因素，国家是占据一定空间的生物体"。

现在国家已经不仅空间生物了，国家间关系也开始变得有些不同。地缘因素在降低，围绕核心货币的国家形成特殊的国际关系即币缘因素开始出现。现在有很多事情，按照原有的框架不好解释，比如说金砖四国，G20也不好解释，但是如果放在围绕核心货币形成的一些国家关系来看，就看得比较清楚了。这说明我们面对的国际关系已经实质上发生了一种变化。

我认为，币缘这个东西不是一直就有的，而是从1971年美元本位制诞生的时候才开始出现的。1944年的布雷顿森林体系，实行了金汇兑制，就是美元跟黄金挂钩，其他货币跟美元挂钩，这是前币缘时期。以前各国的货币都是自己跟黄金挂钩，在布雷顿森林体系下的制度就是其他货币跟美元挂钩，美元跟黄金挂钩，这是一种金汇兑制。

到了1971年改变了，美元成了世界上第一个全球性的信用货币。这就发生了变化，货币是一个古老现象，但是信用货币、纸币成为全球的生活基础的话，是最近的现象，是一个只有几十年历史的新现象。近当代的货币体系的建立，这个问题实际上跟国际政治关系联系非常紧密。斯大林最初是想参加布雷顿森林体系，因为他跟罗斯福在雅尔塔开会的时候决定二战后美苏共治世界，彼此间是有一种协调的，包括愿意参加统一的货币体系。莫洛托夫一开始也签了字。斯大林想了很长时间以后，决定苏联不参加。凯南著名的八千字电报，就是分析苏联为什么不入伙，为什么不参加我们这个货币体系？凯南认为，苏联是要输出革命，要埋葬资本主义，因此我们要把苏联开除出局。这个电报，是冷战的思想基础。但是，斯大林这样的选择，导致美苏对于世界事实上的分治或者共治。斯大林很长时间没有考虑清楚货币体系的核心是什么，但是他的政治直觉非常敏感，觉得苏联不能在货币上跟你美国搞一个体系，搞了一个体系苏联全听你美国的了。后面发生的事证明，出于对苏联国家利益的维持，斯大林的决定是对的。

国家利益金融化的过程开启了一个国际关系的币缘时代。你要看经济危机、金融危机，就会发现，货币对于国家的安全影响非常大，金融危机能够成为财政危机、社会危机，威胁国家的安全、国家的生存。金融危机能够把苏联打垮，能够把马来西亚政权、泰国的政权给颠覆。对国家财富也是重大威胁，我们在30年间，13亿人存下了2万亿外汇储备，大部分作为美元资产。如果美国调整自己的国内政策的话他不需要占领你，就能改变你的国家财富形态，这也是很大的变化。还包括稳定，包括汇率政策，美国重大的关切就是中国的汇率政策，我们满足他，他就给你调整政策，他们已经把汇率政策作为自己国际政治的一个核心的诉求。

国家利益已经金融化，由于这种金融化导致国际政治关系的基础发生了变化，而这种变化的前提就是因为出现了以金融主导的生存模式，大家主要是靠金融业来挣钱。美国的制造业，现在是13%，其中不到7%左右军工业，民用生产的只有6%。

国际政治的新焦点就是争夺币权。我觉得除了陆权和海权以外，还应该有一个币权，币权就是通过控制金融资本去影响世界经济体系运行和利益分配的权力。这是一种新的权力，这种权力对于我们，对于国家，对于整个国际社会影响很大，大家可以体察得到。

我重点讲一讲，谁来控制币权？我提出两类主体，一类是核心货币国家，比如说美国，或者国家联盟，像欧盟，一种是世界性的金融机构。币权的主体是核心货币国家与全球性金融机构的联合体。这就是"华尔街＋华盛顿共同体"，还有"法兰克福＋布鲁塞尔共同体"，它们既有国家权力要素，也有军事力量，也有强制的力量，包括土地、人口、资源等等，但是也有金融机构的权力，比如说它的几个大的评估中心、大的公司，能够对于主权信用进行评估。我把你降下来之后，你在借贷的时候要付出很大的代价，它的评估权对于整个国际政治经济影响非常大。包括美国这样的国家，对他来讲都有所忌讳。

还有，在美国国内立法之后，放弃金融监管，金融衍生品的创新，把一些以前属于中央银行才有的权力就给了这些金融机构，比如说货币发行。现在拿出人民币来看，还是四个伟人像，都是国家权力的象征。现在很多的机构都能发行货币，怎么发行呢？他们是创造金融衍生品，创造一种产品以后，你来买，我就开始兑现，实际上他也在释放流动性。

所以从1971年以后，到现在整个世界流动性增加大概20倍，把中央银行的权力给了一些金融机构有关系，形成了某种共谋的关系。我们认识这一点很必要，如果我们进行币缘博弈的时候，我们的对手是谁？谁在掌握币权？是与虎谋皮还是与羊谋皮，这是不一样的，你需要的装备可能也是不一样的。但是我们经过观察以后发现，实际上我们面临的是狐狸加狮子，非常狡猾又非常强大。比如说保尔森，他可以在高盛当CEO，然后几天之后他就成为美国财政部部长了，他可以利用一些国家权力对于金融进行一种竞争，这里的转换，比我们想象的要快得多，这是一种很大的变化。这种变化就跟当时艾森豪威尔讲的大家要警惕"军事和工业集团"这些新权力集团一样，军工集团的特点是要用战争去解决问题。政治经济复合体，就是华尔街+华盛顿复合体，或者法兰克福+布鲁塞尔共同体喜欢用危机，用各种各样的危机，经济政策、政治政策、颜色革命、政治战争，按照美军的说法是全频谱手段。

现在关于货币霸权、金融体制的问题，已经成为总统、主席级别的高政治话题。以前讨论老是核问题、核战略、核扩散，现在来讲，金融、货币也在进入主席、总统级别，不断进入高政治话题。

我们必须积极介入币缘秩序的重构。因为现在来讲，由于金融危机冲击，导致美元本位体系可能会解体，这样的话就会导致币缘秩序的一种重构，这是60年之大变局。在重构过程中间，既有利益分配，也有模式冲突，比如说全球治理的问题，昨天赵汀阳讲了关于天下观，也是公平和效率，中国是损有余而益不足，你在国际上能不能推行这一点，你拿什么东西去推行，如果不推行，岂不是要以不足而益有余？就是我们现在这种国际关系模式，这些都是我们后面要考虑的。

关于币缘秩序，美国建构了第一个币缘秩序，他把布雷顿森林体系延续下来的组织机构遗产都继承下来了，苏长和教授翻译过《霸权之后》这本书，关于秩序的问题专门有一段论述。他把联合国、国际货币基金组织、世界银行、关贸组织（WTO组织）、北大西洋工业组织，这些机构和各种协议都平移过来了，但是现在都面临着解体，这是很大的变化。

我觉得中国应该介入到体系重构过程中去，但是现在中国介入进去，至少有两条原则要注意把握：

第一早介入，现在我们已经介入了。第二缓表态，我们现在表态得太急。以后可能会形成泛太平洋地区的美元币缘圈，一个泛欧的一个币缘圈，我们中国正好处在中间，是可以待价而沽的，美国崛起的过程就是一个待价而沽的过程，这边先是支持德国和日本打仗，后面支持英法，反手就把德国和日本干掉，然后他获得利益、获得世界霸权，我们中国可以学习，这是很好的榜样。

从战略上讲，中国应该推多元，求平衡。就是我们现在应该推出多元货币体系，走多强格局，这是一个比较平滑的路线。我们应该促进这个过程，这是我们的基本战略目标。我们可以跟美国协调关系，但不能完全机会主义，这一点是非常重要的。求平衡，发达国家、发展中国家、市场与国家、公平与效率的平等。

当年通过地缘政治的框架，可以理解和把握大工业时代的本质，今天通过币缘的视角，可以帮助我们理解今天的世界。

时殷弘：

我讲两个方面：第一，中国外交实践的优良和成就，还有它们的若干原因，而非全部原因；第二，中国外交实践面对的若干基本条件，而不是全部基本条件。其中有一部分内容是在我提交的论文里，还有一部分内容与我提交的论文相关，但没有充分写在论文里。

中国外交实践，如果看它的意识形态基础，与近二三十年有关，尤其引人注目的是这样一个新的成分："新国际主义"。新国际主义是在全球化和中国越来越卷入世界体系的大背景之下的一个新发展，它的主要特征在于比较迅速地增长的一些特定的诚信，通常真诚地相信并且致力于出自各国合理需要的多边合作、国际组织和国际机制，也真诚地相信有益的跨国非政治性交往，既是由于它们对促进中国国家利益的助益，也是鉴于它们本身被认为有的内在价值。所以，有新安全观，有和谐世界理念，这些东西很大程度上可被认为是体现了这个新国际主义。当然，还有中国外交的多边主义。

与此同时，我们对外战略的意识形态基础还有另外一层，即中国现代民族主义，或者说中国爱国主义。同毛泽东时代相比，邓小平以来中国最高领导层怀抱的现代民族主义在烈度上已经逐渐减低，但有一极重要的例外，那就是在中国的边疆领土主权完整问题上。这样一种烈度有所减缓的民族主义，用一位美国著名华裔学者的话来说，是"讲求实际的民族主义"。不仅如此，改革开放以来，中国综合国力不断增进，影响不断增大，在世界经济当中的地位迅速提升，加上中国主体面貌和主体素质有了巨大的进步，因而与过去相比，中国的最高领导层、甚至中国公众怀抱的中国现代民族主义当中，激愤情感、造反精神及其部分思想产物越来越被雍容的自信、审慎的自豪、大战略式的展望以及信心和耐心兼备的所谓风物长宜放眼量的胸怀取代。

同样，在我们对外战略的意识形态当中，还有一种是现实主义意识形态。与过去相比，中国的现实主义意识形态也增添了某些新内涵，也就是说国家利益观念在一定程度上已经"国际社会化"，也就是说中国最高领导心目中国家利益的一部分与国际社会共同利益发生了融合或者同化。更重要的是，同毛泽东领导时期相比，改革开放以来，中国最高领导层的根本战略行为特征反映出他们现实主义意识形态成分的愈益成熟和内在均衡，再加上与此相关的根本实践技能的优化。这些特别表现在中国改革开放以来的大战略目的方面。中国的领导层确实在非常复杂和非常有挑战性的内部环境当中，做到了国家根本目标应该具备合理、明确、平衡、有限、集中和充分这几项战略性素质。其中平衡有限和集中尤为关键。改革开放以来的实践表明，中国最高领导层懂得国家多种利益互相之间常有或大或小的紧张、竞争甚或冲突，要确定合理的国家根本目标，就需要尽可能适当地平衡这些利益，也就是说对它们各自打上合适的折扣，使它们构成一套内在动态平衡的战略目标体系，使根本的战略目标具有明确的优先地位，既不损伤其他重要目的，又具有明确的优先地位。在国内外各种严重干扰当中，中国的领导层很不容易地避免了目标的过度伸展和不足，总的来说既韬光养晦，又有所作为，从而保证了中国的持续崛起。

中国对外战略的根本纲领就是和平发展。我在《中国日报》上写的一篇文章的题目是"Peaceful Rise is A Pragmatic Foreign Policy"，就是突出它的战略功能。和平发展有非常明显的根本的大战略裨益，因为和平发展在绝大部分时候和绝大部分方面依靠广义的软权力，也就是和平的、非军事的力量资源和力量行使，而所有这些东西的特征在于它们的非暴力伤害性、渐进累积性、广泛弥漫性以及很大程度的互利性。它们的成本最小化，后果最可接受，因此有双重的战略好处，即效和和合算。而且，在世界政治的变化着的基本性质中，和平发展有颇为坚实的基础，也就是说与先前的历史时代相比，世界政治基本性质正在发生重大变迁，在这个变迁当中，和平发展符合世界政治的基本潮流，因而具有获得成功的相当大一部分保障。

在和平发展这样一个中国对外战略思想根本纲领之下，显得特别突出的就是经济外交。经济外交在中国对外政策当中变得越来越显著，运用的频度和重视程度近年来急剧增长。特别是对美国和欧盟的经济外交，还有对俄罗斯的经济外交。同样，近几年中国对于分布在几大洲的一些大量的能源以及原料资源，或者在地缘政治和外交意义上重要的对若干发展中国家的经济外交，也非常引人注目，而且范围大增，成为常见的国际政治话题和国际舆论话题。

和平发展战略，特别能表现它自身的特征的，是在某些困难和久经周折的问题上。在这些问题上，按照具体情势具体地贯彻中国对外关系的和平发展战略，表现出它内含的坚定不移、富有耐力和因势利导特征。这些问题中特别突出的一个就是中国面对的朝鲜半岛问题。中国近七年来在朝鲜核问题上屡遭艰难和挫折，而且这样的经历还会持续下去。但是，这艰难和挫折需要被置于更广泛的视野和更深的"景深"当中，也就是置于与中国的和平发展战略及其半岛政策密切相连的区域性地缘经济全局之中。这样一来，展现的图景就显得对中国有利得多。最具有决定性的大事态是中国近年来崛起为巨型经济大国，因此具备了规模和效能远非先前可比的区域政治影响资源。

中国多年来对朝和对韩政策从主要方面来看，有利于中国半岛影响力的保持、建设和积累。中国在无保留地坚持朝鲜半岛的非核化和维护东北亚和平稳定、反对朝鲜拥有和发展核武力的同时，坚持不为非核化而全然疏离朝鲜。中国持之以恒地以最大援助国身份援助朝鲜，同时操作对朝贸易和投资，在朝鲜的经济交往国行列中遥遥领先。对韩国，中国除了一直积极发展经济关系，由此成为韩国的最大贸易伙伴之外，还控制和致力削减中韩间的历史争执以及其他一些争端，并且近两年来进一步发展两国间的政治关系。中国对朝、韩两国的外交政策是齐头并进的政策。这个政策提示，中国在以几乎特有的耐力和耐心，从容地追求自己与半岛的和平稳定和发展密切相连的长远利益，并且保持和拓宽未来政策的选择余地。在半岛问题上，中国的政策、中国的外交表现，可以说是"路遥知马力"，这是对半岛国际政治未来的最好的比拟，也是对中国和平发展战略的最好的比拟。

当代中国对外政策有压倒性的国内功能。换句话说，当代中国在操作对外关系的时候，与1945年或者1990年以来的世界任何大国相比，几乎独特地"执迷于"国内目的。这个中国特性大有助于中国的战略集中，大有利于中国近二三十年来非常突出经济增长和社会稳定成就，也促成了中国总的来说保守或者审慎的对外政策战略文化，而且大概会铸成未来中国在获取外部政治影响方面与相反情况相比进展较慢。

改革开放以来的中国历史本身，就是经改革和维护而来的国内经济成长和社会稳定。虽然国内经济增长对外部市场和资源增大了需求，像当前全球经济危机那样的扩展国际影响的机会，还有更大民族荣耀的天然吸引力，结合起来可能导致对外态势的基本变化，使中国改变压倒性的国内优先惯例，但是基于多年经验的审慎和耐心的战略文化，加上作为一个巨型发展中国家的经久的国内困难，会坚定地将中国保持在"有分寸的伸张"的限度内。

在中国对外政策、对外战略后面，特别重要的一点是一个坚定的信仰，那就是坚信中国特性本身，坚信中国特性对从事维护、改革和发展的压倒重要性。中国改革开放至今的成功提供了中国当代爱国主义的一大源泉，"中国特色社会主义"的伟大成功恢复了中国人民在"文化大革命"灾难之后的自信，在当代西方早先的耀眼成功面前的自信。这个自信在目前全球金融危机和经济衰退的大背景下发展到了一个新的高度，它们进一步减损了西方的威望，并且显著增进了西方对中国的依赖。

中国对外政策的影响明白可鉴。在我们面对的若干基本挑战中，包括我昨天再次提到的那些：第一，草根对草根，要发展中国自己的公民社会集团，否则中国在世界政治的下一个"战役"当中有可能输掉。第二，周边环境和周边外交，这永远是中国对外战略的一大侧重，就此而言要坚决维护朝鲜半岛和平，最终实现朝鲜半岛非核化，同时要认真处理中日关系，认真建设中韩关系，积极促进东亚区域和次区域多边体制的创设和发展。目前周边的挑战还在南亚和南海，要控制同某些国家就南海发生的争执，绝不能让它们过于多发和过于激化。在南亚方面，要积极仔细地对待巴基斯坦问题，同时要好好地研究和着力于中印关系，对于有长远重大意义的中印关系不能掉以轻心。

最后是国际责任问题。今后必须进一步大为增长国际责任承担。这方面有三个标准：第一，这样的承担不违背中国的紧要利益和基本能力，而且多少符合增长中国国际权势和影响的需要；第二，国际责任的承担要出于中国与外部的平等协商，而不是出于外部世界的指令和逼迫；第三，国际责任的承担要与中国合理的国际权益的增长相符。国际责任正在成为中国对外大战略问题的一个关键词，是中国总的来说要予以积极应对的一大挑战。不要忘记，中国占世界人口的六分之一，一般而言中国为世界做出的贡献和责任承担将相应地回过来惠及中国。

乔　良：

我不是专门研究国际关系的，更不是研究外交战略的，我只是研究军事战略，但是和外交、国际关系略微能挂上一点钩。

我的主题是中国外交战略必须突破传统思维。战略是什么？尤其是韬光养晦对中国意味着什么。韬光养晦对中国确实非常重要，但是意味着什么呢？它不是一个懦弱的代名词，不是怕惹事的代名词。对于韬光养晦我们必须要有正确的理解，假如我们确实认为韬光养晦是一种战略的话，起码要具备这样一些要素，首先是目标明确，我们自己起码要明确，知道我们要什么。第二，我们要知道我们怎么要，什么时候要，起码要符合战略的三要素，一个就是目标，一个是时间表，一个是路线图。

关于"摸着石头过河"，我认为这是很管用的，起码到现在为止推进了中国 30 年的非常有效的策略，摸着石头过河不能叫做战略，是非常有效的策略，但是当你大国的形态渐渐显形的时候，你离你的大国目标越来越近的时候，这时候你不能没有战略了，不能没有对自己的设计。

刚才我谈到了目标要明确，要有时间表和路线图的问题，中国到现在为止，目前主要的时间表就是翻两番，然后再翻两番，就是 GDP 指数。GDP 指数绝不是大国的唯一指数，你的政治力量、经济力量、文化力量、军事力量、科技力量要达到什么程度，这个东西一定要有一个指标，而更重要的不是达到这个指标，达到这些指标之后你要干什么，这些力量我都具备了，你要干什么？你作为世界的同行者，你是引领别人，你是领导别人，你是管理别人？还是跟美国一战之前一样，把自己守在光荣的孤立之中，你总得有一个相比。

谈到道义感召力的问题，你拿什么东西道义感召？你跟别人谈，你提的任何新观点别人都不接受。为什么不接受？与别人拥有强势话语权有关系，另外，就是你这个话语体系和别人根本不接轨，现在有几种接轨的方式：一些人让自己的思想迅速接轨了，结果迅速被洗脑了，这没有意义了，你不过变成一个香蕉人而已。现在如果你不变成香蕉人，你还要用别人的话语去说，不仅仅是说流利的英语，还要说出你的思想来，我觉得在这方面中国人没有下工夫。比如外交方面，西方人谈普适价值，我为什么不谈推进国际关系民主化的问题？你美国人既然讲普适价值，民主是第一要义，为什么不谈国际关系民主化呢？美国人在国内大肆的、极力推行民主，在国际问题上毫无民主可言，你为什么不在这个问题上打它的"偏"呢？其实西方的话语权中，西方的话语体系中给我们留出了充分的余地。

中国现在的外交思维，还是传统的思维模式。刚才王湘穗先生谈到了地缘政治的问题，究竟地缘政治重要还是币缘政治重要？我们在这方面根本没有任何思考。这就涉及我说的第二个小点，就是中国外交战略如何提高的科技含量问题。美国为什么要在上世纪80、90年代极力推进因特网，信息高速公路、IT和纳斯达克板块，美国人拿这个编故事，从世界圈走了大量财富。

刚才王湘穗谈到了国家利益正在金融化，我觉得这是非常重要的，这必须引入到我们的外交战略中去，包括这种对于币权的争夺。本人对超主权货币的提法不认同，今天什么东西能超主权呢？NGO可以，但是货币不行。看看欧元就知道，欧元是一个真正的发展前景吗？欧元今天为什么跟美元最终不能对抗？就是因为它是个软货币，是非主权货币。将来真的有超主权货币，必须让全世界的国家把主权都让出来，才能变成硬货币，所以谈超主权货币完全是纸上谈兵的问题。

中国的大国外交，就是要在国际公正和国家利益之间寻找战略平衡点。刚才时殷弘教授也谈到了，所谓做负责任大国的问题，负责任的大国怎么负，不是说按照美国，按照西方要求我们的方式去负。我觉得外交最重要的首先要有大思路，接着要有具体的策略。

苏长和：

有关中国的外交有没有战略的问题，我认为有。毛泽东问过一个将军，什么叫战略。这个将军说，把敌人给灭了，叫战略。毛泽东说不对，战略是把敌人慢慢变成朋友，这是战略。我刚才想，如果按照这句话来讲，中国外交战略、外交布局其实是"润物细无声"。十年前我读书的时候，台湾问题是非常非常重要的大问题，但是那个时候我就感觉到，这个问题慢慢可能不会变成中国外交中的大的问题，在优先性的排列上，它可能相对要下降。所谓相对下降（我不说其不重要），是相对中国全球性影响上升而言。所以在十年前，我们想象不到在非洲，在拉美，在周边，也想象不到在很多其他地方或者其他多边舞台上，我们有现在如此之多的外交行动和布局。所以我觉得，见微知著，这是一个大的布局和延伸，是近十年来中国外交大战略体现。外交是"斗"，但是也是"和"，不是说我采取强硬态度就表明我就有外交战略，战略不可说，很多时候等我们看清楚的时候，才回溯性概括出战略来。总的来讲，中国的敌人越来越少，朋友越来越多，外交布局获得极大的延伸，说明我们有战略。

王湘穗老师的发言提到币缘，提到金融很重要，我个人觉得金融的重要性可能是结果，不是原因。如果认为它是一个结果而不是原因的话，可能讲币缘是不是和我们过去讲的地缘政治和地缘经济其实还是有一点关系的。所以，王老师提出币缘的概念，我也在想，这样的概念能不能成立，值得我们探讨。

我同意王老师的看法，金融的重要性怎么强调都不过分。有两个例子，一个是金融不重要，一个是金融重要。一个是，听研究阿拉伯、伊斯兰的人说，阿拉伯和伊斯兰社会根本感觉不到金融危机，他们的银行体系和西方完全不一样，比如说他们的存款是没有利率的，所以这次金融危机来的时候，根本就不认为有金融危机。第二，历史上全世界将近有一半的白银从墨西哥、菲律宾、西班牙、日本流到中国，这么多白银流到中国，使清代张居正实行"一条鞭法"的货币财政成为可能。弗里德曼有一本书叫做《货币的祸害》，大概花了三分之一的篇幅讲白银对国民党在中国大陆失败的影响，根源在于实行银本位制的中国由于国际上货币权力结构变化产生的白银贬值带来的中国通货膨胀有关，所以通货膨胀对发展中国家政治稳定是个与货币相关的大问题。

回到时殷弘老师这篇文章，时老师这篇文章讲到三点，一是新国际主义，还有一个是和平发展，还有一个是创新性的事业。这篇文章有一部分文章他已发表，今天听他发言的时候有一个想法，他提到中国和平发展里面讲到经济外交，我觉得是不是可以考虑到一点，和平发展里面还有人文外交的问题。回到经济外交，昨天金灿荣老师提到中国企业如果有一半的产值在海外，可能整个国家的政策都会变。我觉得在经济外交里面，待会儿我发言会讲到这个，就是国家对大公司的控制要比公司对国家的控制对这个世界的危害性要更小。如果公司不被国家控制住的话，让公司来要挟国家的利益和人类发展的利益的话,这个国家的外交政策经常会走上极端的方式。

另外时殷弘老师讲的一点我非常同意,就是当代中国政治领导的坚定信仰。信仰是定力。没有这样的定力和坚定的信仰,我们今天可能根本就没有机会在这里谈中国的崛起或者是中国的大国角色问题。另外时老师提到公民社会集团,这也是将来中国外交里的重要问题,我个人的看法是,公民社会应该是跟政府合作的,不能在制衡的原则上谈公民社会的培育和发展。过度强调公民社会对政府的制衡角色,社会经常会出现分裂,或者在道路选择上出现分歧。

最后,庞中英老师的文章我读了以后,更多的地方同意,有些地方在理解上可能会不一样。我讲两个地方:一是他讲到中国从对"现状的维护者",到"修正主义者",到最后结尾的时候,他的想法是中国应该直接说出来,需要怎么改变世界秩序。我理解的是,中国其实在改革开放以来一直跟国际社会是一个合作的关系,也就是国内政治一直保持了跟国际政治合作。这种合作可能不需要中国一定要去完全改造国际政治,而是在两者的合作里面考虑一个是如何解决国内问题,一个是如何解决国际问题。所以,我觉得中国要提出改变世界秩序的具体主张,可能在时机、影响力上都不够,当下维持住国内政治和国际政治的合作比提出具体的世界政治改造蓝图可能更迫切更现实。

另外庞老师还提到经济制裁外交,我同意他的主要看法,也觉得这会是将来中国外交很重要的一个维度。中国现在在国外有那么多海外利益存在,外国在中国也有那么多利益存在,这都说明经济相互依赖给外交关系管理带来的新议题。我想到的是,经济制裁有很多种形式,直接经济制裁是常见的西方人习惯使用的方式,不过中国人似乎习惯使用隐形的非直接的方式管理经济外交,比如,中国先前在国际相互依赖关系中的脆弱性和敏感性很强,但是现在由于可选择政策手段的增加,中国的脆弱性得到降低,相反,外方与中国的经济关系里的脆弱性可能相应上升,在此种背景下,中国可以借助许多隐形的手段(市场开放、旅游人口限制等)影响他国政策。再比如买美国国债,老百姓觉得亏了为什么还买,但是从国家大经济战略上讲,可能就不是这么简单,内里总有个国家目标在里面。

于 滨：

几位老师提到中国的外交，苏长和教授在评论的时候提到一点，外交是要把敌人变成朋友，在这个意义上，中国还是有自己的外交战略。有一个俄罗斯空军的副总参谋长在 2003 年讲了一句话，讲俄罗斯的外交应该把敌人变成中立、中立的变成朋友。用一个反例来看，美国的外交，庞中英教授谈到美国外交有一系列的工具，美国在这方面有不同的看法。就像您提到凯南那本书，在芝加哥大学演讲，他提到，美国作为一个庞然大物，非常有实力，但没有头脑和智慧，对外界事务一概不关切、也不理会，直到它的利益受到重创的时候，它会不仅会把对手置于死地，同时会把它赖以生存的世界搞得乱七八糟。

跳到 2000 年，"9·11"前几个月，基辛格出版了一本《美国需要外交吗?》的书，提到美国是没有外交的，但是他指的是克林顿时代。在基辛格看来美国的外交不是传统的外交，而是最后通牒式的外交。美国是完全相反的，美国是强国无外交。如今中国处于强大上升时期，外交上是有目共睹。

王湘穗：

1904 年，麦金德在英国地理协会做了一次演讲，他的演讲稿翻译成中文，就是著名的《历史的地理枢纽》。书只有 1.5 万字，五六幅图片，揭示了火车、铁路出现以后，陆权将对整个世界政治格局产生巨大影响。他作为一个英国人提出必须要重视陆权，然后他提出了著名的三段论，虽然三段论老是出错，但是他提出了世界从此连为一个整体的思想。

我们今天也在面临类似的变化，但是这个变化不是出现在地缘上，是出现在刚刚我所说的币缘上，是在金融上。金融成为人类生存方式的主导。刚才有很多人说金融是结果，不是原因。原来的确如此，就是最底下是土地、土地上面是树木，树木上面结果实，长期以来就这么长出来的。可现在反过来了，是金融国家、核心货币国家利用金融手段控制了世界，控制了资源和制成品的定价权，使它能够长期保持贸易赤字、财政赤字，这是所有的经济学理论都无法解释的问题，而美国就是如此，欧洲也正开始进入到这个领域。金融—定价经济国家在主导世界，底下就是制造业国家，就是中国这样打工的国家，再往后就是欧佩克组织和澳大利亚这样的资源类国家，包括俄罗斯这些过于依赖资源出口的国家。这就是今天的垂直分工体系。这种垂直分工体系谁来主导？就是金融来主导世界。但是如果看一些变化的话，大概从信息技术、金融衍生品、金融技术，社会技术的推动，再加上国家利益的金融化，这几个进程，我们把一些原来的经济政治结构彻底颠覆了。结果变成了原因，而且它就在主导世界。你现在看，世界权力的结构大概就是这样的。举一个具体的例子，就是石油，2008年最高每桶147美元，2009年跌到过37美元。在2007年底，我问过一位研究石油经济的学者，你怎么看石油价格？他对我说，他说你放心好了，按照石油定价机制，石油绝对不会超过100美元。结果超过了。我想这是研究石油的人的框架有问题。我就自己研究，研究的结果是什么呢？现在决定石油价格的不是供需关系，而是在金融市场获得定价权的国家或者金融机构来决定的。不然，你用供需关系决定怎么解释前年60美元、去年到147、今年到37美元呢？不止是石油，铁矿石也是，它正在被金融化。还有碳排放也是，碳排放本来不可能成为一种金融现象，金融国家就是要把它金融化，然后变成碳交易。如果你不从这个角度看这一切，你就不理解将成为国际政治重要议题的碳排放问题，也不能主导这一类话题。这一点是必须要明白的。

  再简单说一下我为什么会研究这个问题。我当了30多年兵，当教授没有几年，所以我常讲我是潜伏在学者中间的丘八。最初研究战争，发现战争发生很多变化，跟原来完全不一样，所以和乔良一起写了《超限战》。从战争的变化、技术的创新，再到经济变化、金融与货币的变化，就感到这个世界变化太大了。这种金融化不但影响到了战争，为什么今天的帝国不需要土地、帝国不需要占领，与帝国的利益变化有关，国际政治关系也在改变，因为我们生存的基础发生变化。我的研究是跟着问题走的，问题到哪，研究的触角到哪里。我觉得我们关注现实政治问题的研究，要注意基础的重大变化，只有把握这些变化之后，我们才能够跟上现实的发展，而不能仅跟着国际政治的典籍去研究问题。就像一句话讲的，理论是灰色的，生命之树常青。我们要关注常青的生命之树，研究鲜活的问题。

时殷弘：

王湘穗教授说的那个观点，毫无疑问出自非常重要的视野、非常重要的关切和非常重要的剖析。但是我不是金融专家，我对刚才讲到的一点有相似的看法。美国金融帝国权势后面的支撑条件是什么？我们会想到军事力量，会想到作为一个大国在组织资源、知识专长、技术权力等方面的权势，还有意识形态影响。意识形态影响就在于使得美国以外的许多人相信现存的国际体系，当然还有跨国公司等等。然而，我们还应当想到另外一个方面，那就是美国金融帝国权力的局限性，只有看到它的局限性才有信心和办法对付它。也就是说，因此需要想到可能性。什么样的可能性？一是推翻金融帝国权力；还有一种可能性是转换（transforming）这帝国权力；此外还有一种可能性，那就是侵蚀（eroding），润物细无声地侵蚀，最后把它销蚀掉。因此，对于美国的金融帝国权势，中国可以设想不同的 Option，一种就是支持这个金融体系，最多主张做一点有限的改良，还有就是逐渐地或者比较快地介入，但是目的是为了改变它，转换它。还有就是侵蚀，润物细无声地侵蚀美国帝国权势。还有一个选择就是与此平行另搞一套，人民币集团，中国在区域性金融方面争取较迅速地确立优越的影响。

我还想强调的是中国是有战略的，战略可以是 eroding（侵蚀）。为什么呢？战略要讲成本，讲可能性，讲成本效益。所以我刚才已经讲过，以和平发展为纲领的战略有巨大的战略裨益。为什么？中国领导人特别关注成本，中国人一般来说在有一点上比较容易经受住考验，那就是战略耐力。但是 eroding 包含一个潜在的、严重的弊端或陷阱，因为搞得比较慢，因为润物细无声，因为是 eroding，那就可能逐渐地忘记你的目标，忘记为什么 eroding，甚至忘记 eroding 本身。这主要出于两个原因：一个是转入全球化，会产生所谓既得利益集团。既得利益集团可能变得非常庞大、非常有力，乃至于国家也控制不了，甚至国家也被利益集团化了。另一个是意识形态同化，人家天天讲全球化好，你就慢慢相信甚而迷信，然后你自己开始 being eroded，最后慢慢忘记了你原本的战略目标甚而独立性。但是有一个保证，中国是一个巨型大国，这个巨型大国有 13 亿人，有她自己的深远传统和伟大自尊。中国人可能有时变得糊涂，可能有时走下坡路，但是我相信，中国的巨型规模和与我们的历史——不仅是古代史而且是现代史和当代史——相连的民族荣誉感是最后的永远的根本积极因素，使得我们不会同意任何人的霸权。

有关中国外交战略问题它们是有统一性和系统性的。我觉得乔良教授希望的战略地图有点教条主义，要求绝对清楚、很固定，没有内在的紧张，少有可以修改、可以发展的余地。对中国对外表现的这样一种评论，与当前甚至大部分外国人的评论都相反。什么叫战略？战略就是要讲精细性，就是要讲区别性。我们要允许不同的战略 Options, alternatives, 我们不能假设世界上只有一种战略方式，实际上还有别的战略方式，东方人、中国人、阿拉伯人、印度人，你去看看历史，尽管有失败，但很多时候有成功，他们用的战略方式跟西方不大一样。

最后关于中国自信的问题，有人说中国的自信是表面的，这个是关于自信的定义问题。如果我们用一个抽象的自信定义，最大的例子就是海湾战争打完以后美国人讲"End of History"。这不是表面的自信，这是完全自信，乃至绝对自我狂信。与这相比，我觉得我们中国人的自信几乎永远是相对的自信，也就是说我们看中国人的自信要用历史的视野。可以说，我们现在的自信大为增长。但是，仍然有一个永恒的主题，就是昨天讲的"强大的中国，羸弱的中国"，这样的自信大概永远会是相对的和比较审慎的，中国人一般总是既自信又心怀忧患。这是中国的特点。

庞中英：

谢谢各位的评论和问题，我做一点回应。其实我不是个很激进的人，也不是要提很多极端观点，从来就不是，可能你们看过我过去很多文章，尽可能找平衡。其实我文章里面谈到的一些情况，包括发言谈到的一些情况，主要是想说明一个事实和趋势，过去的事实是什么东西，现在的事实是什么东西，将来会如何，比如关于美国这样一个世界地位的问题，我就提到了。这样的情况采取了什么策略和政策，那是下一个问题，比如像提到了美国金融结构中间这样一个控制地位的话，其实也是这个意思，我们现在对美国国际金融体系结构的控制长期性、稳定性确实我们的认识是不足的，可能经济界的人有体会，但是这个体会缺少对政治上的一个考虑，这是一点。

第二，我觉得我文章一个思路框架其实是西方人一直强调的。美国人一直强调的就是连续和改变的思维方式，我们看到中国的外交政策、外交战略有很多东西要连续，但是你这个连续中间要寻求改变，改变实际上是一个根本性的东西，因为世界在变。有关"弱国无外交"说法，我认为这种说法不太好，我们长期以来不管流行多长时间，100年还是多少年，弱国无外交，其实弱国更需要外交，强国有时候不需要外交——当然现在强国也需要外交，美国是强国，也需要外交。我是教书的，经常给学生们推荐英国剑桥大学的那个外交官写的《外交政策分析》，他把外交政策手段的光谱分成软和硬，外交学院特别关心的外交和外交部特别关心的外交，外交部已经变了，现在中国叫大外交。我说的狭义外交在这个人写的那本书里面是属于软那一侧，不是属于强制性的那一侧。所以这个我觉得狭义的外交根据一个国家的外交政策、工具组合的情况，可能有时候是很弱的，或者是不重要的。有时候是很强的，也是根据国家历史上的情况。最后我想说一点，其实我看很多研究，包括我在内都比较重视领导人说了什么，或者是别人说了什么东西，官方说了什么东西，这是一个基本的思路，其实在我看来，历史性的好多事件，大的危机存在的东西可能就是在真正塑造包括中国外交的战略。现在其实大家都没有想到美国走到21世纪第一个十年快结束的时候发生了金融危机，而且美国人对金融危机的认识显然比我们认识这个金融危机要严重得多。它实际上已经改变了很多东西，包括他们现在讲的，基辛格现在也写文章。实际上这样大的历史事件在塑造着、改变着我们的进程，所以我们也不必太在乎有战略还是没战略这样一些书面上的东西，关键是随着这样的世界的演化过程能不能改变我们的策略。我倒是认为中国是有策略的，但是我们确实在有些方面要自我批评。我们要根据世界、根据历史的进程改变我们的策略。

乔 良：

我经常评价自己，我经常用激烈的语言表达中庸的思想。不错，战略有形成过程不错，但是形成了之后必须让它实施，罗斯福的战略就是借助二战，彻底让美国成为强大的国家。美国人起先发现借钱是一种战略的时候，就把它变成一种金融战略，过去 40 年来，全世界这种金融体系是美国刻意的制度性安排而不是一步一步走出来的。从布雷顿森林体系解体我们就可以看出来，逆差经济怎么成为美国战略的手段。另外就欧元问题，我认为它仍然是个软货币，是个扯皮货币，从这个角度讲，区域性货币不是个很好的选择，这是我的第二个说法。

第五场　中国模式和世界秩序

苏长和：

首先感谢北京大学中国与世界研究中心的邀请。我的发言题目是"中国模式和世界秩序",分为这样几个部分,一是关于中国和世界关系的展开,二是中国发展模式从国内政治角度来看有哪些特点,三是简单讲一下西方世界秩序存在的问题,四是中国模式和世界秩序的可能性。

第一,关于中国和世界关系的历史性展开。我的一个看法是,新中国成立以后,对世界政治是有能动性影响的,这个影响是三个,一是从60年代末到70年代初的战略调整,中国对冷战体制的最终瓦解结束起到能动性的影响,国际冷战史研究里有一种观点即认为,冷战的转型就是从这个时候开始的。第二个重大的选择是1978年的改革开放,中国参与国际经济体系对世界政治经济的影响。第三是中国提出的和谐世界的建设,我觉得这是很长远的一个战略谋略,是关于中国人对于世界未来的比较明确的提法,其影响到底有多大,有多深远,值得我们给予关注。

关于中国跟世界关系的展开,有这样几个比较值得一提的经验,我是从国内政治和国际政治互动的角度来理解这些经验的。一是中国通过国内制度的创新来降低和消化中国发展过程中出现的可能对世界政治产生的消极效应的问题,这也避免了中国的发展对世界政治产生负的效应,最大限度地维持了跟外部世界的合作。二是从1978年以来,中国寻求跟国际制度的合作,以非对抗的、温和的方式实现中国的现代化过程。这样一个经验,避免了中国像早期现代化进程中有些国家试图通过对国际制度进行振荡式改革,对国际体系带来的不利影响。三是中国的发展，她的现代化道路，始终是在国内国际两个大局的统筹下，从国内政治和国际政治相互合作、共同进步的角度，来理解中国和世界的关系。世界政治进步的一个重要经验是，当一个大国的国内政治和国际政治不合作的时候，或者分离的时候，往往世界秩序会乱。但是当主要的大国的国内政治和国际政治合作的时候，这个世界政治和国际体系应该是比较稳定的。

第二，关于中国模式的国内政治的启示。我主要是从三个方面来看，昨天正好看到潘维教授撰写的《中国模式——中华体制的经济、政治、社会解析》一文，可惜先前没有读到，所以很遗憾我的文章没有吸收他的成果。从政治制度看，我觉得有几点是中国比较独特的经验，一是人民代表大会和政治协商制度，不是金钱或者财团民主制。二是政党关系是合作型的，而不是竞争型的。三是独特的选举制度，选举和推选结合的制度。四是跟其他发展中国家截然不同的表现在政军关系上面的，也即强大的政党执政能力以及政党对军队的领导，排除了许多发展中国家在现代化过程中频繁出现的军人干政现象，这是作为发展中国家的中国与战后很多其他革命性国家或者发展中国家截然不同的政治生态，这跟中国历史中"无兵文化"和"文人政治"是有关系的。

另外一个关于政治制度的，是国家结构，这里我不展开讲了。从我个人的理解来讲，我们的国家结构是一种单一制，当然，是带有混合制特征的单一制。这种国家结构是治理大地域政治的一个比较独特模式，与古代中国国际体系存在一定的延续性。

从经济体制来看，有这样几个独特的东西，就是公有制为主体的所有制结构，保证了国家对大型国有企业的控制，有利于提高国家的宏观调控能力，保证国家能够决定经济发展的方向。通过比较广泛的民主基础，排除了金钱民主和资本权利对于政治过程的控制和主导，避免了在国家现代化进程中，国家利益被大公司或者财团要挟，走向现代化对外扩张的道路，这也是中国这样一个经济体制制度决定了中国不会向早期很多大国现代化过程中出现频繁的对外扩张。

在经济增长和政治体制之间，中国不认为竞争性的西方民主制度是实现经济增长的必要条件，但是中国的经济增长是通过逐步扩大个人的自由选择和引入市场竞争机制，逐步提高了经济民主的程度。

中国的社会主义市场经济体制是参与国际市场经济的，这一点跟以前经典的或者计划的社会主义体制，或者在当时冷战时期一些前苏联东欧国家实行的所谓社会主义市场经济也是不一样的。

在社会发展领域，有很多比较独特的经验，在扶贫、救济、降低文盲率、城市化进程、粮食问题的解决等等制度方面有比较独特的经验。对我来讲，有两点值得注意，就是看国家和社会的关系，最近谈得也比较多。对于中国这样一个国家的国家和社会的关系，第一个30年和第二个30年有些不同，在第一个30年的时候，我们一般认为是国家主导，或者说国家统制一切，或者说成强国家、弱社会，民众的智慧在这个阶段是基本上被压下去的，1978年，1979年以后，国家和社会关系发生大的变化，就是个人自由和社会组织的扩大，总的来说，国家和社会是合作的，特别体现在政府组织和非政府组织上。现在有人提出准政府组织，或者有人认为中国的非政府组织不是非政府组织，因为是非独立的，我可能跟这个看法不一样，我认为在中国，这两者之间的合作能够保证形成一个现代化方向的共识，不因为出现对立和分歧而导致现代化战略的中断。

第三，谈一下西方世界秩序存在的根本性问题。首先，西方的国内秩序是建立在世界政治经济的一个中心和外围的结构上，不管是马克思主义或者新马克思主义，或者其他的国际政治经济学研究里，都接受这样一个看法。我的看法是，这样一个模式可以更早地追溯到西方希腊和罗马秩序里，这个秩序的核心是有一个殖民地，或者被征服的广大地区，通过这些地方的利益来维持其中心地带的秩序。包括在希腊时代，很多国内拥有比较辉煌的民主制度的城邦国家，都离不开殖民地体系的存在而存在。这样一个中心—外围结构在20世纪初的时候受到外围地带或者边缘地带政治上的独立，一直到冷战结束前后到现在，由于边缘地带的经济发展而冲击。所以，边缘地带的发展会削弱中心地带的政治和经济，会威胁到中心地带福利或者民主赖以存在的物质基础，这是西方国内秩序最为担心的地方。

其次，从人类历史长远来看，我个人觉得，西方的秩序与对欲望和对民智处理的态度存在关联，我的理解是，在文艺复兴以后政治发展的一条主线，说到底新兴的政治制度需要对民众欲望作出让步，或者说是如何对待日益兴起的"民众欲望"，最终的办法是在政治制度设计上表现出"寻求以民欲来制衡民欲"，或者"以欲望来对抗欲望"的精神。我想，在民智开启方面，西方有很多经验值得我们学习，但是任何制度里"民欲"被放出来之后，到底怎么处理它，这是一个大问题，这不仅仅是西方碰到的问题，在当代的中国，这也是必须要注意的一个问题。

再次，我个人觉得，西方的秩序主要建立在强大的军事实力的基础上，没有军队、商业和政治权力的联盟，这样的秩序很难维系。新近一些历史社会学研究深刻阐述了这点，我就不作更多说明了。

最后，西方世界秩序中的国内政治和国际政治是分离的，典型的体现在国内"民主"与其国际行为的"专制"现象上。也就是说，现在的西方民主是建立在特定的边界范围内的，其内在机制，制度的、利益集团的、政治文化的以及心理的，都使国内民主存在直通国际专制的基础，举个例子，现行国际制度如果真的以民主精神来设计，那么应该强化问责、质询制度，但是，恰恰在这方面，国际制度很脆弱；再比如，国际民主至今解决不了各国国内公共政策的域外负效应。我觉得，阻碍国际民主深化的一个重要因素，是国内政治和国际政治之间长期的分离和分割。

第四，关于中国模式和世界秩序，我觉得最核心的问题，或者说与西方的理解不一样的是，在中国这样的政治秩序里，合作是政治经济社会制度安排中最重要的精神。西方政治制度安排服从制衡和对抗。两者不同的根源在于，一个是对人性看法的不一样，还有对差异性看法的不一样。中国当下和将来的政治改革，我个人觉得需要从"合作"精神而不是"制衡"精神出发，探索治道之路。

最后，回到中国模式对世界秩序有没有意义问题上。现在很难回答这样的问题。我觉得从历史上各种模式和世界秩序的关系上来讲，无非就是三种途径，一种是寻求用国内政治改造国际政治，西方一直强调这点，这是西方的经验，第二个是两者完全分离，完全关闭。现在我们可以看到这样的苗头，比如说在经济危机情况下，国际政治和国内政治会关闭掉，一旦关闭掉,这个世界很多问题就得不到解决的办法,世界政治中很多困局问题均由于此。第三个是国内政治和国际政治一直维持比较高质量的合作或者高水平的合作,我个人可能倾向于第三种途径,中国模式中的合作精神体现着这点。我个人认为,第一种会导致世界政治中的专制,第二种会导致分裂,第三种途径可能是人类政治的出路所在。

叶自成:

我主要的发言内容在论文里都有了,我讲一点跟这个相关,但是又不完全一样的观点。

第一个观点,讲讲中国古代秩序,怎么样看的问题。前几年王缉思院长主编《中国学者看世界》的国际秩序卷,什么是中国古代的国际秩序的传统,或者东亚秩序的传统,很多人用朝贡体系来解释,这是我们学术研究的一个很大的问题。现在整个国际关系领域主要的理论、方法都来自于美国,西方影响比较大,有些东西是没有办法,中国没有,所以要学美国,学习西方,这很正常。但是解释中国历史的时候,我们还是受西方的影响,这就有问题了。朝贡体系是费正清研究的结果,这个东西用来解释中国的历史,有一部分是解释得通的,尤其是解释明清两朝大体上说得通。但是解释整个中国历史传统的时候,就有问题了,而且很多学者在讲,中国东亚秩序是什么东西的时候,都喜欢用这个来概括,这里面有很大的误区。第一个误区在于,朝贡体系解释不了春秋战国时期那样的体系,这完全是跟朝贡体系很不一样的模式。如果用朝贡体系解释,那非常勉强,我觉得说不通。比如说春秋战国时期的几个大国,齐国、晋国、楚国、秦国之间基本上没有朝贡体系的关系,所以用来解释春秋战国肯定是不行的。第二个,中国的几个王朝,比如说汉朝、唐朝、宋朝,用朝贡体系也是有问题的。比如说汉朝主要关系是对谁的关系呢?主要是汉匈关系,汉朝和匈奴的关系,前一百年是匈强汉弱,谈不上朝贡体系,第二个百年是汉匈对峙和战争,也谈不上朝贡体系。只有最后一百年勉强谈得上有这样的关系在里面,汉朝三百年,有二百年的时间没有朝贡体系,而且汉朝的对外关系里最主要的是对匈奴的关系,所以这样解释比较勉强,说不通。唐朝一开始,还有隋唐,有大概四五十年的时间不是用朝贡体系能解释的，当时主要的对手突厥，也是有点跟汉匈关系差不多。突厥是处于强势，而在隋末和唐初是弱势。唐最强大的时期过了之后，唐朝和吐蕃的关系也不是什么朝贡体系关系，而这些东西都是唐朝最主要的关系。宋朝跟东南亚一些国家有朝贡体系关系，但是最主要的关系是谁呢？是夏，西夏，还有辽、金，这不是什么朝贡，而是反过来的一种关系。所以我们研究中国历史的时候，太多受朝贡体系概念的影响，我觉得应该做进一步研究。

第二点，中国的秩序跟西方的秩序是什么样的关系。这个关系我们也是过于简单化，以为中国是西方国际秩序的一个受害者，其实我觉得，有几点：第一，我们书里讲，包括很多学者讲，西方国际秩序是以主权平等为基础的，中国的国际秩序是以等级制为基础的，我觉得这个说法比较勉强，也不符合实际情况，应该说两者都有。中国的国际秩序并不都是等级制的，也有平等关系，比如说春秋战国时期，那些大国之间是一种平等关系。第二，西方的关系也并不都是所谓的主权平等，它也是两个部分，西方国家之间，特别是西方大国之间，是以主权平等作为基础，相互交往的。但是，西方国家对非西方国家之间，哪里谈得上什么主权平等的问题？根本没有。直到今天，中国是一个很大的国家，政治上可能跟西方大国有平等的地位，但是经济上，主权并不平等，文化主权上更不平等。所以我们说，这实际上是两重规则，一种是所谓的国际关系以主权平等为基础的，但实际上不是，尤其是西方国家跟非西方国家的关系上更不是。

中国1840年以后是西方秩序的受害者，这没有问题，一直到今天，中国在有些问题上还是受害者，比如说台湾问题，这也是西方秩序的一部分，一个没有解决的问题。但是，我们在改革开放30年以后，中国和西方的关系就变化了，中国所谓的融入西方体系是以接受西方的国际秩序为基础的，所以我觉得，这个关系也有变化。

现在我们一谈秩序，就会有一个新秩序和旧秩序的问题。我们国内的学者，一般比较喜欢把西方的国际关系秩序叫做旧秩序，而且在一些字典里解释什么叫旧秩序的时候说，旧秩序就是霸权主义、强权政治、殖民主义，会这样解释。但是也不一定，西方的秩序里也有合理的因素，包括我们经常强调的所谓和平共处五项原则,其实也都是西方秩序的内容。前面四条是西方国际法里的主要内容,和平共处是俄罗斯首先提出来的,所以西方秩序里要区分,并不都用旧秩序否定掉了,里面合理的东西要吸收。什么叫新秩序?新秩序是不是都好,这也是一个问题。我们中国的概念里喜欢用"新",加以褒扬,说是好的东西,旧的东西都不好。其实不完全是这样,很多生活的内容不是新比旧好,可能相反。比如说我们用的手机可能是越新越好,越来越升级,但是文物可能是越旧越好,那不一样,看什么方面的内容。所以看新秩序和旧秩序的时候,并不一定说我们倡导的新秩序就比旧秩序好。美国也在倡导新秩序,美国的新秩序是什么呢?小布什倡导的新秩序里有一条叫"先发制人",这个新秩序还不如以前的老秩序、旧秩序。

我们在讨论国际秩序的时候,我的观点,不光是国际秩序的问题,我们很多对外战略、国际战略的问题,都必须和国内政治联系在一起来考虑。

刚才有人说我们中国没有对外战略,我是认为有的,而且这个战略跟国内政治经济文化都是密切联系的,比如说和平发展战略,不光是中国需要和平环境来建设自己,而且在国际上怎么样减少阻力,比如说对外开放,那是一个大战略,不能说没有战略。所有这些比较成功的战略,都是把国内问题跟国际问题联系起来考虑,怎么样让国际环境有利于中国国内政治的发展。

袁　明:

我很抱歉地说明一下,昨天晚上十点钟从香港飞回来。在香港的时候知道这个会议,心里一直这么对自己讲:如果错过这个名单的话,我感到很遗憾。我无论如何要参加这个会议,但是我没有什么准备。这次在香港我是参加香港大学教育资助委员会的会议。教资会是给八所大学钱的,所以大学校长、大学学生代表们都坐在那儿。碰到钱就不得了,从早到晚在那儿讨论这些问题。偶然的让我碰到了一个场景,我就想从这个场景开始介绍,说说我昨天的经历。

我们这个委员会以香港人为主,我们这个所谓国际上的代表作为点缀,但是还是要投投票,起点作用。有牛津大学校长、伦敦大学校长、澳大利亚悉尼大学校长、当地的社会贤达。大陆就是我和复旦大学前校长杨福家教授。昨天和学生代表座谈很有意思,八所大学各出三个,一般都是学生会主席。因为工作语言是英文,所以每个人介绍自己的时候都要用英文。突然到了一位学生代表,他就开始说广东话,牛津大学、悉尼大学的校长全都傻了,我和杨院士也傻了。我勉强能听懂一点点,基本上还是听不懂。介绍自己没有关系,名字、单位听不懂没有关系。最后发言也用粤语。主持会的人是高彦鸣教授,是从美国留学回到香港,"空降部队",他说你能不能讲英文?这位同学用广东话说:我一定要讲我自己的语言。然后讲了大概有5分钟,被主持人停止了。高彦鸣教授就把他的广东话翻成英语——香港这片土地已经回归了,我们中国人站起来了,我们现在为什么要说英文?我们为什么不能说自己的语言?我们必须要有这样的精神,要有这样的勇气。做完这个翻译以后,也就结束了,大家又谈别的话题去了。到会议结束的时候,坐在我旁边的香港一所大学的校长就跟我讲:你要知道,这个学生会主席和他的学生会在今年春天,把他们大学告上了法庭,就是为什么在大学里面开英文课,应该讲中文课。吃午饭的时候我把这位同学留下来,叫到一边问他多大了,他说18岁。他说我现在一定要学政治学,我觉得政治非常有意思,香港这个舞台非常广阔。他说我们第一要争的就是话语权,一定要讲粤语。他也自己讲,他说他反对这个学校开英语课,应该有更多的中文课,把这所学校确实告上法庭。他讲这些很激动,因为大家都没有理他。但是,我在北大当学生和当老师47年了,我是从年轻的时候过来的,我们60年代意气风发,反修防修,当时大喇叭一响,都跑向操场,听"九评",而且我还拒绝学英文,我想学西班牙文。那样的年代,对那样的年轻人至少是这种精神。我问他:"你知不知道在北京大学希望开设更多的英文课程,因为中国的故事需要用语言告诉世界,世界要听到中国故事怎么说?怎么让世界了解中国,这是三千年未有之变局,这个挑战是非常大的。"我当老师当惯了。他才18岁,比我儿子还要小一半,他很开心,我也觉得能跟他谈。

但是我们看问题的另一面,就是他把大学领导告到法院上,他现在还很主动的、积极的在组织各种要对抗开设英文课程的活动。他的对象是谁呢?是这么一位校长,我认识多年。他是从大陆到台湾、又从台湾到了美国,在美国功成名就,香港回归以后就出任香港的大学校长。最近他做出两个举动，因为他是于右任老先生的外孙，他把于右任先生在海外私人珍藏的所有他能够收集到的全部收藏捐给了复旦大学，因为于右任先生创建了复旦大学，如果将来能看的话，可以到复旦大学去看。还有一个，他最近彻底地放弃了美国国籍，就要在香港这个东西方的交界点上培养更多未来的人。

昨天我碰到这么一个场景，我就在想，都是中国人，当然他们的年龄差了好几十岁，老一点的经过了几十年的沧桑，也到了大洋彼岸，最后实现了一个心灵的回归。但是他面对的学生现在又反对他，我们现在能够用很政治化的语言说他们到底谁爱国吗？肯定不行，但是我们要用一种历史的厚重感，历史上发生过的事情从他的一个角度来看，有某种合理性，但是如果拉到一个历史的厚重来看，我经常讲要与历史同行，中国人的这种沧桑，外国人不了解，外国人的沧桑我们大概也不够了解，所以我想提两个问题，这两个问题非常困扰我自己，如果谈中国与世界，刚才我说中国面临三千年未有之变局，这是李鸿章讲的话。我觉得我们现在还没有走出这个历史宿命，如果把这个眼光放的比较大，就是今后的中国人、华人，因为一个功成名就放弃了美国国籍，回到了香港，在做文化建设、教育建设，还在其他方面做智囊，香港的年轻人那么崇敬中国、向往中国文化，要用这样的方式抗争，很不容易，我们北大的学生一看牛津大学校长到面前，都会变得很尊敬，他不管，他就说广东话，所以他心理上还是有那种素质。将来中国人脑子里面、中国人的世界观，或者我们讲现代性的中国人，是一个什么样的世界观？

我非常酷爱中国文化，中国文化里面有的那种大气、包容，甚至有的表现形式是很柔，但是实际上很大。这种东西到了现代，尤其是在工业革命器物挑战这么重的面前，将来中国人的精神世界到底是什么？比如我又想起梁启超先生，在戊戌变法失败，亲历辛丑和约，他当时到了夏威夷讲了一段话，"余乡人也，九岁时游他乡，十七岁时游他省，了无大志，蒙蒙然不知有天下事。曾几何时，受十九世纪世界大风潮所颠簸、所裹胁，所驱遣，使我不得不为国人焉，不得不为世界人焉。"每次我看到梁先生这段话，我心里总是有非常大的触动，我觉得像他们所处的那么一个很黑暗的时代，精神很压抑，他怎么能有这样一种胸怀。这是一种境界。未来中国人在境界上在精神上是一个什么样的状态，这是我的第一个问题。

第二个问题，我要讲一点自己的感受。这几十年，我没少跟西方人打交道，没少跟欧美战略人士打交道，没少跟学术界打交道。我觉得我是女性，大概容易把感性融入其中，有些深奥的理论我也读不进去，有时候我开玩笑地说我自己是一个不爱读书，不善于思考问题，但是又有学术胸怀，使命感并存的边缘人员。但是我在想，如果按照我自己的实践来说，我感觉到现在我们所处的国际话语生态是很差的，我们那么多的学生到美国去留学，我觉得他们都是很真诚的，但是也觉得很苦、很累，现在我们很多翻译，完全是两套话语体系，有的时候是鸡和鸭在说话。如果是承认现在国际政治尤其是话语环境比较差，尤其对我们来讲很艰难，有没有可能我们改造这个环境？如果改造这个环境，我们用什么样的精神状态？你还要有学识，语言只是载体，英文、日文、德语都是载体，问题是内容，你讲什么？这个内容我们怎么看世界？我们怎么来表述我们的理想，这是一个大问题，而且现在我没有任何的答案。先不说改造这个环境，你参与其中，你成为一分子以后，你想不改造你也在动它，问题是我们要用什么样的内容来动它，这个内容的构建已经超出了国际关系的范围，是整个民族文化重建的问题，是我们从哪里来，我们到哪里去这么一个问题。放开放大讲，我最近看《读书》杂志上一篇文章，讲美国人自己，美国历史研究已经全球化了，把奴隶制度、移民，都扯进来了，是这样解释自己的历史的。我们怎么梳理？我这个人作为边缘人只能提提问题，而且有一些很天真的问题，也没有这个能力做深入研究，只是自己在想该怎么参与。谢谢大家。

张睿壮：

听完几位精彩的发言，我想谈一些我的感想，首先是苏长和教授，他讲的用中国国内的模式把它应用到世界上，就是世界事务或者全球事务的一个发展模式，我对这个说法有两点评论或者疑问。第一，苏长和教授在描绘国内模式的时候讲了内嵌的合作精神，有伦理道德观为主导等等。我的疑问是好像对国内形势的描述是不是太玫瑰色了？合作是一个结果，怎么达到这个合作的结果没有说。所以这个模式能不能应用是个问题。合作是一个很动听的词，大家都希望合作，不希望打架，但是世界上有那么多人在打架。合作不是轻易能够达到的。

伦理道德为主导，我也很有疑问，记得不久前，中国新闻周刊有过一个专辑，题目就是中国当前社会的伦理道德的真空，没有或者说已经非常少了。你说把国内模式应用于国际模式，这个我想说，因为我们都是搞国际关系理论的，我们都知道，国际和国内社会的本质差别在于一个是有政府、一个是没政府，如何把一个国内社会的发展模式移植到世界，这个我觉得是有很大问题的。这是关于苏长和教授的评论。

接下来是叶自成教授，他的文章我昨天晚上看了，非常好的一篇文章，把中国的国际秩序观做了很全面、很系统的总结，我觉得这个文章很有价值。我当时记了一些问题下来，但是叶教授发言的时候，把我的问题差不多都回答了。提到新的国际秩序，叶教授这里面说的这些东西我都同意，新的不一定比旧的好。我们现在有很多的提法实际上都是似是而非的，比如说多极世界比单极世界好，多极世界一定比单极世界好吗？

今天听到叶教授当场发言，我基本上同意他说的这些。有一点我想对叶教授提个醒。我看你的文章里面说到西方秩序的缺陷、批判西方秩序的时候，有一点没有做区分，一个是秩序本身，一个是西方列强违反了自己定的秩序。比如说主权平等原则，实际上西方列强是不遵守自己定的秩序，经常欺负小国、弱国，经常践踏别人的主权。这两个没有区分。但是如果说它的秩序有合理性，比如主权不可侵犯，那么和它违反的实践是不是做一个区分？这样的话，就肯定了它原来的秩序中有它的合理性，就像叶教授刚才说的那样。这是我对叶教授发言的一些感想。

最后评论袁明教授发言。她讲了一个故事，非常值得我们去深思，这种事情，不光是外交，我们研究社会人文的，碰到很多问题都是没有简单答案的，她刚才说了，一方面这个学生肯定是爱国的，毫无疑问的，但是那个校长说的也有他的道理，或者像袁明说的也非常有道理，如果你不讲英文怎么向全世界宣讲，怎么跟人家交流。现在不可能一下子扭转这个事实，就是说没有这么多人能听得懂中文。比如你用广东话在那里讲，讲了半天，只是一个姿态的宣誓，这点肯定有积极意义，而且我觉得在弱小势力开始抗争的时候，都要采取极端的做法。但是你讲了半天，房间里面的人莫名其妙，大家都不知道你说什么,这又是一个问题。我们如何向世界讲中国故事,这一点很重要。这个问题怎么解决,如果说袁明老师都说是一个难题,至少我无法解决这个问题。

我非常同意袁明教授刚才讲的一个或许是更加深刻的问题。就是我们现在国际话语生态很差,但是用什么样的东西去重建?其实这个问题可以举一反三,在很多问题上都适用。比如我们如果反对现行的世界秩序,如果说它是不合理、不公正的世界秩序,那么公正、合理的是什么,你得拿出来。不能光喊口号,建立公正,叶教授的文章写了,最早是 70 年代初,建立公正合理的经济新秩序,是什么?我们知道不平等的贸易条件,富国操纵市场等等。但是你用什么取代?比如市场机制,大企业、垄断力量操纵市场,在国内我们可以像美国有反垄断法,政府又是强力机构,在国内可以用强力机构、法律处理这些问题,在国际上怎么处理?你说靠联合国,这些穷国都是弱国根本控制不了联合国,这种情况怎么办?我们有一些口号提出来这是很容易的,但是问题是具体怎么做?比如像这次金融危机,大家都说金融危机是一个机会,我们中国人有实力,应该在世界利益的分配当中让我们的利益得到体现,但是怎么去做?如果提不出具体的东西,我们连玩都不会玩,你怎么改规则?你都没有办法改。

赵汀阳:

我想解释几句关于和平共处,我们把它叫"周恩来主义",我觉得那个和西方的原则还是很不一样的,跟叶教授讲的有点关系。西方国际法的那些东西,强调的还是从康德当时的想象,是自由国家之间要遵守这些规矩的,而对那些非自由国家就可以不是这样的。包括到后来,比较晚进的,所谓民主国家之间不打仗来证明民主是好的,也是同样的道理。他们说的是民主国家和民主国家之间不打仗,并没有说民主国家不能去打别的国家。比如说在他们看来是流氓国家或者坏的国家,美国见谁打谁。所以这个绝对跟当时周恩来说的和平共处是完全不一样的,周恩来和平共处的创意说的是每一个国家都应该不打仗,都应该和平。他说要尊重每一个国家自己对自己国家的选择,就是说有可能不当一个西方型的国家,可能选择当一个伊斯兰的国家,也可以选择当一个社会主义的国家。就是说它是不干涉别的国家内政的，我觉得这是一个超越意识形态的原则，所以和西方的由意识形态所支配的所谓互相尊重主权的那个是很不一样的。就是这个意思。

王湘穗：

刚才谈的和平共处五项原则，我觉得是这样，我觉得要放在一个特定的历史背景下，那个时候，一群发展中国家到了一块儿开会，要享受这些发达国家早就享有的权利，并立为我们的原则，这实际上是历史的进步。到了今天，我们已经比那时更强了，我们要在世界范围参与制定规则，这实际上有一个历史的变化。这是第一个看法。

第二，对于这次开会感觉到印象非常深。这次会议有很多的一些圈外人或者半圈外人在里面，这样使得会议的讨论有了更多的角度也很深入，我觉得非常好。在布雷顿森林体系建立的时候，美国人、英国人在制定这个体系的时候，是一大帮经济学家、政治家一块儿琢磨了三年多的时间。美国人是从打了珍珠港的第二天开始研究战后秩序，凯恩斯比他们还早了一年，但是最后美国的怀特方案打败了凯恩斯方案，除了美国的实力之外，也有非常多的学理的基础。当时，凯恩斯夫人说，你们让他回去吧，他身体不行，再谈下去就要死在美国这儿了。我们中国人在学术上能不能到这一步？好像现在还有差距。但是今天的会议，我觉得是非常好的开端。

第三，关于外交合作的问题。就像叶教授讲的，我们有非常悠久的历史。赵汀阳教授说，春秋战国时期就有天下的观念。蔺相如那时候也搞外交，他能逼秦王击缶，把和氏璧拿回来，要国家荣誉有国家荣誉，要实际利益有实际利益。最后还能合作，秦王还请他吃饭。折冲樽俎的外交技巧，是中华民族自古以来的文化精髓，我们应该发扬，外交不是你好我好，也讲折冲樽俎。

王　军：

我有两个看法，一是叶自成老师的，我非常敬佩叶老师一直在中国传统文化里面找一些国际关系理论的资源和理论的突破。但是我对朝贡问题的理解跟您的理解不一样。我在理解中国文化的时候，最初也是接受了西方所谓线性模式来理解，以为是天下主义到民族主义，后来我觉得该模式是错误的，虽然它有一定解释力。我觉得像朝贡体系这个概念，本身完全可以修正线性模式，我们国内有大量的这样的资源。在我的理解里，朝贡体系是华夷秩序的另外一个表达，或者叫礼仪体系，或者叫赵汀阳老师近来论述的天下体系。这样的一种叙述，按照我对中国文化的理解，一定要看到表里的统一性，或者看到概念外隐藏的部分。同样，我们讲朝贡体系一定会有和朝贡体系这个概念相反的内涵附着在那个历史事实上。因此我觉得这个概念本身还是有用的，但我们一定要有新的理解方式，看天下主义的时候，一定要了解它底下支撑的国家主义或者民族主义。这是我第一个看法。

第二是苏长和关于中国市民社会的判断，我比你要悲观。我四年前在社科院社会学所做博士后，经常参加他们的一些调研和座谈，有一些认识。中国现在的情况是，经济发展得很好，社会问题很多，我们的领导在政府工作报告里面提出要又快又好地发展。前两年我们提出了社会建设，这在世界上原是没有的概念。北京市设立了一个社会建设局，局长找到陆学艺老师说，你看我们这里应该设立什么样的下设机构，他不知道应该有何下设机构就建了一个局。我们现在的市民社会（或者组织形态），您说是依存合作型，这种合作型我觉得是一种生存的策略。这种 NGO 的方式或者准政府的行为是一个生存策略而不是市民社会组织主观所希望的，因此它也不是成熟的、多元化的。

许振洲：

我没有确定的问题，我只是根据刚才袁明教授的演讲谈一点感想。1973 年至 1974 年中间，当时在河南有一个很有名的事，背景就是当时"修正主义教育回潮"，让学生人人学英语，有一个女孩没有答，写了一首打油诗，"我是中国人，何必学外文，不学 ABC，照样当接班人，接好革命的班，还要埋葬帝修反……"后来这小孩儿自杀了。我能体谅这种心境，因为我自己不会说英语，就尤其能够体谅，我们经常说这样的人不够开放、不够宽容。但是我是这样觉得，开放和宽容其实是来源于一种高度的自信，知道我们自己是什么，知道我们自己想什么，尤其是我坚信我想的这个东西比你那个东西要优越得多，这个时候我一定是一个宽容的人，是一个开放的人。我们的自信就是从这里来的。

在这样一个时代里，我们到底是什么，我们的文化自觉到底是什么，我们自己要坚持中国的特色，中国的特色是什么，很多学者都在试图建构这个东西，但是老实说到现在为止这个工作仍然没有完成。我们没有文化圣人，没有这样的圣人不是坏事，是因为所有的思想都产生于末世，我们现在是盛世，所以暂时没有思想，还是可以理解的。

时殷弘：

改革开放之初，邓小平以及他的同僚们做的政治经济决定，不是跟美国走，而是开放，也就是我们要卷入世界资本主义体系，要参与大国外交。这不能说是跟着美国走，这是跟着自己走，自己做的决定，为了自己的富强。而且我觉得在那个时候，1996年我们对台导弹试验，美国航空母舰开进台湾海峡后，中国潜艇部队出动，毫不客气地做出威慑。在台湾问题上，还有其他一连串我们跟美国的对立，中国的态度是相当强硬的。同时，在新疆问题、东突问题上，中国多少年来与美国斗争，直至最后布什宣布东突为恐怖主义组织。还有，邓小平开始与俄国人对抗，后来出于独立的决定改善对俄关系。中国没有跟着美国走，中国人是有选择的。

至于有些地方，在改革开放这一从来没有做过的事业上，肯定做过不少错事，其中一些问题是难以避免和可以调整的。如果看中国人的表现，美国霸权很张扬的时候，全世界相对来说谁的表现最厉害？我看还是中国的。中国的外交还是有选择的，同时我们不能光看到中国对外国做了什么，也要看到外国对中国做了什么。在台湾问题、西藏问题、新疆问题上，还有甚至在伊朗、朝鲜、缅甸、苏丹等问题上，因为中国的坚持，连最大的超级大国，不用说其他大国和一些小国，往往都对中国有所敬畏，有时甚而敬畏多多。最后，国际关系民主化，中国觉得这样说明白，也许世界上也有一些人比较明白，国际政治当中不但要平等，而且要协商，要商量着办事。中国不会因为主张国际关系民主化而放弃自己的联合国安理会常任理事国特权，但是在所有安理会常任理事国当中，中国始终是在最小程度上使用中国特权，而且只是在关系到中国核心利益的时候。所以我觉得，中国的话语很大部分终究会得到世界的逐渐适应，就像中国已经很大程度上逐渐适应了世界的话语一样。

余万里：

在处理一些具体的问题的时候，每个国家都是一些大的系统，尤其是像中国、美国这样特别复杂的大系统，如果你要做到像单个人一样意志坚定，整齐划一是不可能的。尤其是在中美之间，我们很多问题已经取得了进展，很多都是系统里面不同的利益集团，不同的部分发生冲突，或者在他们中间寻找平衡才取得的结果。未来中美关系的发展恐怕也是一样，各个系统内部的组成部分中寻找平衡关系，才能进一步推动中美关系的发展，不能简单地把中美关系看成两个人之间的关系，很多问题解释不了也解决不了。

潘忠岐：

袁教授提到学生反对用英文发言这个事情，我觉得可能不是第一次，也不会是最后一次，但是从争夺话语权的角度来讲，这种做法我个人是不提倡的，因为实际上没有用，很多事情话语权的争夺不是靠这种方式，美国人在传播英语的时候，是别人花钱去考托福，考 GRE，同时另外一个例子，荷兰在提倡荷语，因为荷语日渐衰落，他花钱请你去学荷语，所有的学费都给你免，但是还是没有人去学。我觉得靠自己的方式推销没有用，语言的魅力，光靠语言本身是不够的，必须靠国家，就像现在整个世界在学英语一样，将来某一天像时老师说的世界会主动说汉语。我在欧洲感觉到主动跟我说汉语的人远远超过了我的想象，甚至运转电梯的人都会跟你说"你好吗？""是来自北京还是上海？"中国人需要耐心，需要比较长远的眼光来看这个事情。

苏长和：

我简单回应一下，因为时间有限。首先关于国内模式对外移植。我倒觉得各地区发展模式存在差异，当然也存在与人类政治文明一致的东西。问题不是完全把这种模式移植到对外实践上，西方人过去是这么做的，我觉得，怎样维持国内政治和国际政治更高水平的合作，以此使人类政治问题可能更符合中国模式的精神。例如，中国现在的国内政治与国际政治就处于很好的合作状态，这对世界政治有利，对中国国内政治发展也有利。人类政治的前途不在于以什么国内模式来改造世界政治，而在于以什么国际制度来确保国内政治分离于世界政治。第二，关于有人谈及国际政治和国内政治不一样，如何谈两者合作问题。在很多大的地域政治里面，如中国古代（刚才叶自成老师也提到），在古代阿拉伯—伊斯兰帝国，很多时候没有国内政治和国际政治的区别。我提到现代世界政治中的许多问题不得其解，很大程度根源于国内政治和国际政治的分裂和分离，我想，这也是人类政治制度如何创新以求此问题解决的最重大动力所在，就此而言，我们是否能在推动两者相互合作方面贡献自己的制度智慧？第三，关于社会一些消极现象与中国模式优点是不是冲突问题。我觉得任何模式都不是终极的，都是处于发展和完善之中，现实中国确实存在很多社会问题，这些问题很多是阶段性的，通过发展可以解决，我们不能以阶段性问题的存在就否定了中国模式。重要的是，我的看法是，政治领域的合作和共识对现代化进程至关重要。共识的东西一旦分裂的话，可能对国家的现代化不一定是好事情。

叶自成：

西方不干涉内政和中国的不干涉内政不一样，西方的不干涉内政是说你这个国家谁当领导人跟我没关系，这不能干涉。但是中国讲的不干涉内政，除了这个以外，我们的政治怎么发展、经济怎么发展、文化怎么发展，你也别干涉，这跟西方人完全不一样。虽然一些方面是借鉴西方。

关于多极化的问题，几年前我写过一篇文章，叫做超越极化思维。我在上海的讨论会上有一个人说我这个颠覆什么什么了。当时我觉得国内的学术界还是缺少对官方政策的比较合理的批评，当然网上的意见不算，属于网络愤青。昨天潘维也讲到了这一点。2008年宣布单极世界结束了，我觉得以前没有单极世界，以后也不会有，一超多强不能界定为单极世界。

第三，和平共处的问题，周总理讲的这个问题。和平共处这个概念不是中国人发明的，后来到50年代初苏联发表了很多的声明也讲和平共处。最早是列宁。但是我们中国的和平共处还是有意义，意义在什么地方呢？就是列宁讲的和平共处是一种策略，谈和平共处的目的最后是不共处，我要消灭你。这是策略。中国的和平共处，50年代提出来我觉得有策略考虑的那一面，帝国主义国家我们现在不和你玩，现在我们和平共处，但是实际上的想法还是要推翻资本主义制度的，50年代刚刚提出来的。而在实践中，中国也做得不好。文件里面讲了，不光是批判苏联的和平共处，而且我们实践中没有和平共处。各国反动派我们一个一个都要打倒。但是邓小平时期的和平共处是真正的和平共处，不管你是什么国家，只要你不妨碍中国的利益，我们都可以跟你和平共处，这是没有问题的，所以还是有意义的。

最后讲朝贡体系的问题，刚才有人说是不是一种相反的东西支撑朝贡体系，我认为不完全是这样的。假如说有一些小国家起来反抗，那是一种例外，是属于朝贡体系的，但从整个历史来讲，朝贡体系只能是中国很多体系里面的一种，它跟别的体系不是一种重组的关系或者是支撑朝贡体系的关系。很多时候不是主要的一种体系，宋朝的主要关系肯定是对西夏、辽朝，后来对金朝，为什么中国人认同朝贡体系呢？那是一种自我满足感，持的是中华文明中心论，我觉得中国历史的正统观念，我们中华是最好的，所以你要朝贡我，其实他掩盖了很多的历史事实，其实历史上不都是这样的，很多朝代完全是相反的关系，比如汉匈关系，好像刘邦多厉害，一句话就把匈奴给退了。还有李世民灞桥边一句话就把匈奴几十万兵给退了，其实不是这么回事，背后就是中华帝国的力量不行，必须要臣服于北方民族。所以中国的历史里面，北方游牧民族的关系跟中国的政权关系是一个主要的关系，而朝贡体系基本上不适合这种体系。所以我觉得，不能说跟朝贡体系不一样，他是一种例外的，从属的关系，我不同意这一点。

袁　明：

我没有想到我说的这个故事引起了这么多的反响，这其实是一个很有趣的故事，至少香港学生、会议主席从他的大学推举出来参加会议，面对面的对话。大学的领导是完全知道他这样做的，就这样容忍他，让他出来，我觉得这就显示了一种宽容。

在国内，刚才提到这个问题，这就很深了，按照我们如果要有这么一个场合，我们学校北大要征外援，而且是从政府来的，我们敢不敢用所谓的异类，用这种方式，或者是个刺头儿，恐怕我们就要很谨慎，因为我们要经费。从这个问题延伸出来多说一句，大学的使命到底是什么？其实从大学来讲，应该是出思想的，应该独立思想，要出一些真的是要有前沿思考的东西，而这种独立思想的产生必须从多元环境下出来，如果就一个标准、一个声音、一个原则，就很难出真正的多姿多彩的，或者将来真正是为整个社会起大作用的、长远的国家发展出这种建设性的建议。哪怕这个话讲得会很难听，但是这个是有用的。所以多元、宽松的环境真的很重要。刚才潘教授说汉语会走出去，我绝对相信，据我知道的，你看现在华尔街，你看欧美的政要，他们的孩子现在都用各种途径到我们这里来学。春江水暖鸭先知，股市里面表现的是一种智慧，就是洞察世事，他们明白，他们其实抢占先机，都不糊涂。

张睿壮：

第一先说袁明讲的故事，我回应一下，袁教授说要宽容，我觉得不止如此，而且这个年轻人有值得我们学习的精神。我想起来另外一件事，在上海举行的华人物理学大会上，规定工作语言是英语，但是丁肇中是唯一一个上去用中文发言的。国势强了，国家的语言慢慢地会变成强势语言，这是对的。但是坚冰有时候需要有一些极端行动来打破。就像当初的美国黑人，你说种族歧视按趋势来说肯定会消除，但是就是需要一个这样的英雄，到公共汽车上就不给白人让座，激起一个全国性的事件，这是必要的。我们国内也有好多这样的事例。这个事情如果报道出来，在国内讨论起来有没有现实意义？我觉得有。2008年奥运会的时候，我到北京来看一场跆拳道的比赛，最后的决赛中国选手本来是赢了，结果临时裁判委员会开会，把中国选手成绩取消了，全场的观众都不知道怎么回事，明明看到她打赢了，结果宣布另外一个人是冠军。所有这些解释的过程全部用英文，中文没有解释。我后面有一群学生是从海外留学回来的，我估计可能是香港或者是台湾的学生，就在那儿愤愤不平，说为什么只用英文解释？为什么不给中国观众一个交代？比赛场里面的观众外国人大概不到十分之一，就像这种情况，要知道替中国观众维权。

第六场　中国国际秩序观

钱乘旦：

会议组织者跟我联系说希望能够来参加这个会议，我是觉得非常高兴，因为我很愿意来聆听各位的高见，特别是我们国内的国际关系、外交史方面的大家们都在这儿，所以我非常愿意来学习。我想到了一个问题，是不是可以提一提，就是"人民外交"的问题。我想，"人民外交"这个概念，其实对于新中国来说，完全不是陌生的东西，因为在建国以后的十多年，毛泽东时代，乃至于一直到"文化大革命"时期，加在一起二十多年的时间，"人民外交"一直是非常重要的内容，也是我国外交政策当中的一个很重要的组成部分。但是，按照我的理解，那个时代的"人民外交"其实只是官方外交的另外一面。所以，在那个时代所谓的人民外交，基本上是一个官方的组织，官方的形式，官方的指导，所有的一切都带有非常浓厚的官方的色彩。

可是我今天想说的，在改革开放以后，尤其是现在已经是21世纪了，已经是新时代了，"人民外交"是真正存在的，是一个真正的"人民外交"在存在着。我说的是什么意思呢？现在随着中国大步走向世界，越来越多的中国人走出了国门，而且散布到全世界每一个角落，人民或者说普通民众、普通老百姓在我国的外交政策以及外交活动的执行过程中，是不是已经成为了一个很重要的主体了？一个参与者，一个执行者了？我觉得，可能是。我们是不是意识到这个问题呢？我觉得似乎没有，好像还无意识。其实每个人都知道，最近一段时间，若干年以来，中国人已经散布于全世界，中国人的的确确是人太多了。我前几天刚刚在南方有过一个会议，我过去指导的一个博士研究生，他现在是在浙江师范大学，那个地方刚刚成立了一个非洲研究所，是教育部主办的一个非洲研究所。我这个学生在去年、前年曾经都到非洲去过，去了好几次，他在会上介绍，他到非洲去，在飞机场上，说津巴布韦或者类似于赞比亚、坦桑尼亚这些地方，一下飞机到处都是中国人，好像机场不是黑色的，是黄色的，都说中国话。这个情况非常非常地让人吃惊，而又的的确确是一个事实。我想这种情况在世界其他地方更加显著了，比如说欧洲，还有亚洲，当然我们都知道，欧洲、亚洲到处是中国人了，俄罗斯也到处都是中国人，南美洲也到处都是中国人，这很可怕，美国的中国人就更多了。这样的一种情况已经完全改变了建国以后十几二十年的时间当中，中国和世界外部的那种关系的格局。我们有大量的人在全世界各个角落活动，有的是经商的，有的是求学的，有的是打工的，有的是工作的，有的是旅游的，各种各样的情况都有。这种民间性质的活动，其实会影响到我们国家的对外关系，会影响到我们国家的外交，如果我们把外交看作是一个广义上的概念来进行理解的话，我想，这个事实已经是多次向我们说明了这样一个现实状况的存在。

比如说这样的一些事件，俄罗斯的所谓的不法商人的问题，我想俄罗斯政府已经公开宣布过，说是他们要打击中国的不法商人。还有阿尔巴尼亚的斗殴问题、苏丹的绑架问题等等，很多事件其实现在是由民间的活动引发的，然后变成了国与国之间的关系问题，就变成了外交事件。这样一种情况已经非常普遍了，也许到了耳熟能详的地步，似乎中国人在什么地方又有点什么小麻烦了，在什么地方又有点小事情了，诸如此类的，我们现在已经不会觉得非常非常惊讶了。可是我想，这些情况是不是已经被我们纳入到外交这样一个概念当中去了？我觉得似乎还没有。所以我今天要提出来"人民外交"的问题。

实际上，所谓外交，无非就是国与国之间的关系问题。可是国与国之间的关系问题，如果我们仅仅把它理解为国与国官方之间的关系，这样的理解是不是太偏狭了？我觉得，国与国之间的关系问题大量存在于民众的交流之间。民众的交流，在相当大的程度上会影响到国与国官方之间的关系的走向。在相当大的程度上，是在塑造各个民族、各个不同国家的自我的形象，以及对他人形象的一种理解。如果我们这样去理解，所谓的"人民外交"，这是我给的一个说法，我觉得这种"人民外交"的因素是极为重要的，非常非常重要。我记得我在80年代初刚刚改革开放，我在美国，那会儿美国人对日本人的印象是极其恶劣，甚至于是非常非常敌对。我当时觉得非常奇怪，我心里想，这日本不是美国坚定的盟友吗？可是美国的普通老百姓对日本人完全没有好感，走到哪里，他都会说日本人如何如何不好，就会被描绘成那样的一批东方人，黄皮肤、黑头发、矮个子，然后挂着一个照相机，在各个旅游景点上晃悠晃悠，大把大把地花钱，无数的钞票，整个世界都似乎是日本的，日本的照相机、日本的索尼等等诸如此类的，日本的丰田汽车充斥着市场，所以美国人非常非常反感，这是那个时代美国人对日本人的一个印象。实际上那样一种民间的相互之间的印象，或者说理解，其实对国与国之间官方的外交关系是会起影响的。

我又联想到，比如说19世纪，中国人对欧洲人的形象的理解，那完全是负面的。比如说十里洋场，黄埔江畔，充斥着白色的冒险家，他们在本国冒险不成功，然后就到中国来冒险等等。这种西方的形象，这种西方人在中国人脑子中的形象，实际上就会影响国与国之间的关系。在历史上，我们都可以看得很清楚，这种民间的或者普通民众的表现，会对国与国正式的官方关系产生影响。我今天实际上想说的，我们在这样的一个大开放的时代，在这样一个中国人走遍全世界的时代，在这样一个中国人已经意识到中国在世界，在整个地球上的活动的能力、影响、形象都在不断加大，不断地变得重要的时候，我们的外交应该要考虑到人民的因素、民众的因素，就是我说的人民外交。我觉得，我们的外交活动需要把"人民外交"这个概念引入外交这个词所涵盖的意义之中。我觉得，我们的外交战略，应该要有"人民外交"的因素参与。我们实际上应该能够做很多的事情，在"人民外交"这个方面，能够做很多的工作。如果说，我们在世界各地，从事各种活动的中国人，能够把一个很好的形象带到世界，比如说我们要尊重各个地方的文化，我们要尊重所有的他人，我们不要像日本人那样以为自己有钱，耀武扬威，到处花钱。法国的老佛爷里面买东西的都是中国人，刷卡的全是老板等诸如此类。如果我们能够很主动地在这方面进行一些工作的话，肯定能够帮助我们的官方外交活动更加顺利地进行。所以我会建议，我们主管外交事务的部门，不仅仅是外交部，各个地方都有主管外交事务的部门，还有对外友协，如果他们能够在"人民外交"方面真正做一些工作，一些好的工作，发挥一些好的作用，我觉得我们中国的外交活动应该进行得更加顺利。

张睿壮：

我今天讲的内容分两部分，第一部分，我先讲一下关于中国的国际秩序观，这也是今天下午这个时段的主题。

第一，怎么样对待现行的国际秩序。我们知道，现行的国际秩序，如果从政治秩序来说的话，实际上就是二战以后的雅尔塔体系确定的原则，比如说主权平等、主权不可侵犯，比如说在国际关系当中不使用或者威胁使用武力，联合国宪章规定得很明确，只有两种情况下可以合法地使用武力，一个是自卫，一个是集体安全。1991年联合国做了决议以后，惩罚伊拉克，因为伊拉克明目张胆地侵略了一个主权国家——科威特。除了这两种情况以外，不得使用或者威胁使用武力。还有战后边界的不可更改性，到冷战结束的时候，由于比如说东西德的合并等等，这一条其实已经被破坏了。经济体系，我们都知道布雷顿森林体系，在这个体系当中显然有美国霸权，但是同时美国为了能够维持这个霸权地位，它也起到提供国际公益的作用，因为如果你不提供，人家就不跟你玩儿了，你光在那儿立规矩，说这个不可以，那个不可以，人家凭什么听你的？比如说战后相当长一段时间，一直到中国改革开放以后，美国的市场是起了很大的作用，大家都看着美国市场，现在我们的经济增长，其实很大程度上是靠着美国市场。所以说，这两个是支柱，一个是政治，一个是经济。所以我们对于现行的国际秩序，我们看到它的两重性，它有好的一面，有我们可以利用的一面，也有不公正的一面。我特别觉得，在政治秩序上，我们可能要重新估计，本来我们比较强调是一个霸权秩序，是不合理、不公正，但是现在我觉得，实际上它不完全是那么回事，这个雅尔塔体系的原则是二战以后，我说它有相当大的合理性，一个是经过了两次大战血的教训，二战以后的政治家们，当然主要是战胜国或者说美国、苏联、英国，当时是这三个主要的国家，吸取了两次大战血的教训以后，得出的一些经验，凭着这些经验建立了这些规则。另外一方面，当时因为有两个超级大国，有美国和苏联，所以不是一家定的规则，这里面有均势在里面。所以这个秩序应该说有很大的合理性。而且现在对我们来说，在当前的形势下，我们中国可能更有必要看到它的积极一面，这就是我下面要讲的第二个问题。

第二，要警惕西方列强改变现行国际秩序的企图。这一点体会是我上一个学年在美国大学里开了一门课，讲的是"美国霸权与人道干预"，我为了备这个课，查阅了很多的文献，整个90年代，西方的文献这方面非常多，在为废除现行的国际秩序造舆论。大家都知道的就是人权高于主权的新干涉主义，特别是2001年加拿大一个半官半民的委员会向联合国提出一个报告，里面提到"保护的责任"，"保护的责任"实际上就是把人权置于主权之上了。发展到近年来，叫做有责任的主权，主权是有条件的，不是无条件的。然后配合这个，还有一些西方的文献回到了当年老殖民主义的论调，就是说先进国家、发达国家对所谓的失败国家，有保护的责任，因为这些国家说白了，本来这种话在西方来说是政治不正确的话，就是"失败国家"这些民族没有自治的能力，这个报告发了以后，起了作用，这是2001年的报告，2005年安南就说了，联合国必须要进行重大的改革，过去这些，比如说主权原则，都要重新考虑。西方还做了另一手准备，如果按照他们的意图，改组联合国、重建联合国不成功的话，他们准备另起炉灶。布莱尔曾经说过，现行的国际法与国际组织都已经过时了。美国人有一批人鼓吹，如果联合国不按照他们的意图改革的话，就要另起炉灶搞一个民主国家联盟之类的东西。现在我们好像没有看到它的紧迫性，因为这个事情其实也是被"9·11"打岔打掉了，如果不是"9·11"的话，特别是美国新保守主义执政或者像现在奥巴马上台以后，如果民主党的意识形态至上派执掌了外交政策的话，这将是很现实的前景，这对中国的国家利益将是严重的威胁。所以在这一点上，我们要想好应对的办法。

有专家讲我们缺乏一个战略，其实两年前王缉思有一篇文章，说中国到现在还没有一个全球战略。比如说这种应对国际秩序改变的问题，比如说我们的外交战略，如果没有的话，我们能不能现在从实际动手做起来？我觉得潘维做得不错，他那个中心的小册子里，有一个关于中国的核心价值的讨论，他已经在做了，你们都说中国没有核心价值，确实是缺失，我也觉得没有，但是光说没有不够，你们现在要先做起来，有一个起点，然后供大家讨论，供大家批评，不美满的地方大家来补充，来改正，我觉得这是一个办法。

关于民族主义。一是我们缺乏核心价值观，二是缺乏外交战略，我觉得民族主义不能作为全部，但是可以作为核心价值观的一部分，可以作为我们外交战略的一部分，至少作为一个外交的指导原则。用什么做外交指导原则？我觉得民族主义可以。首先，我要为民族主义正名，因为"民族主义"在我们国内一些学者那里变成一个很不好的词，变成一个脏字，因为他们用的是极端民族主义、狂热民族主义、病态民族主义等等，用了那么多形容词加在上面，你把"极端的"加在任何词前面都变成坏东西了，所以是废话。回到民族主义的本义来说不是什么坏东西，可以是中性的东西。民族主义在历史上曾经被各种不同政治色彩的运动所利用。那么什么是民族主义？实际上民族主义说到底，最重要的就是三点，一是民族的认同和忠诚，对本民族的忠诚，你认同你自己是这个民族的一份子。然后第二条就是民族自尊和自爱，你要有民族的尊严，然后你要爱这个民族。三是民族利益至上。我一说这个，可能有人讲，这不好吧？为什么说民族利益至上？我觉得这没有什么不好。我们应该理直气壮地说这一点，这也牵涉到一个伦理上的问题，也就是本身的利益和他人的利益，怎么来处理的问题。我觉得中国的伦理当中，包括民间流行的伦理观念当中，好像应当顾及别人的利益在先，然后再顾及自己的利益，我觉得这是一种扭曲。我发现我们现在的伦理观念当中，在处理自己和他者的利益关系上面，还有很重的这方面的东西。我感到，中国人是不是老觉得讲自己的利益是不大好的一件事？反过来，如果你把他人的利益放在自己利益之上，你缺乏一个伦理的基础和法理的基础，你能说出为什么要这样？像这种情况，有很多例子。为什么要讲这些东西？我们现在在中国存在很多现象，是跟民族主义背道而驰的，正是因为存在着大量的这种现象，所以我觉得，有必要提倡民族主义，所以有必要把民族主义明示地作为我们外交政策的指导方针。

我刚才说与民族利益至上背道而驰的现象，一些民族主义者说的逆向民族主义，就是倒过来歧视自己本国人。事实上，改革开放以来，中国的商业、中国的商人有很大的抱怨，就是我们中国的国民待遇是一种二等的待遇，不像在外国人家都说我们要争取国民待遇，因为那是好的待遇，在中国，国民待遇是次于外国的待遇。中国表现在社会各个方面都有这种歧视，例子我就不举了。因为有很多歧视本国人的做法，所以导致我们民族认同上出现了很大的问题。这个问题如果不解决的话，我们的外交政策就失去方向了。

张小明：

我非常荣幸能被邀请来参加今天这个会议，实际上我自己并不专门研究中国外交。我提交一篇论文，题目是"中国的崛起与国际规范的变迁"。这篇文章实际上是我研究国际关系英国学派的一个副产品，因为英国学派的核心概念是国际社会，所以我的这篇会议论文其实也是围绕着中国与国际社会的关系而展开分析的。

我的发言包括三个内容，第一个内容是中国崛起的含义。第二个内容是国际规范及其变迁。第三个内容是中国与国际规范的变迁。

首先，谈谈所谓"中国崛起"的含义。在我看来，中国崛起应该具有双重含义。第一重含义指的是中国相对实力的提高，特别是指物质层面上的实力的提高，尤其表现在经济实力以及军事实力方面。第二重含义是中国被承认为大国俱乐部的成员，并且参加世界新秩序的塑造，这属于观念上的和社会层面上的中国崛起。第一层含义上的中国崛起，也就是中国实力地位的相对提高，我觉得是中国自己可以有所作为的，而且是完全可以做得到的。第二层含义上的中国崛起，并不主要是自己可以有所作为的，在很大程度上要获得其他国家特别是国际社会主导国家的认可与支持，或者说中国的行为要被认为符合国际社会主流规范，并因此获得合法性。

我们在谈论中国崛起的时候，通常会主要关注第一个层面，也就是综合实力的提高，而往往会忽视第二个层面，即中国被承认为大国俱乐部的一员。最近一些年来，中国的行为在国际舞台上频频受到质疑，在很大程度上就是跟我刚才提到的中国崛起第二个层面有非常密切的关系，就是中国跟现存国际社会当中的主流规范到底是一种什么样的关系。这也是我下面要谈的第二点，即国际规范及其变迁。

我们今天所说的国际规范也有很多的名称，有人把它叫做国际社会的核心价值，有人把它称作国际的行为规则，也有人把它说成国际制度，还有人干脆把它叫做文明标准。我觉得，这几个概念应该有类似的地方，基本上是可以互用的。一般来说，国际规范制约一个国家的对外行为，也是国家国际合法性的重要来源之一。国际规范的制定者是西方国家，国际规范的解释者也是西方国家，国际规范的裁定者依然是西方国家，其主要原因在于国际社会的性质。我们今天所生活的国际社会发源于西方，然后再扩展到全世界，成为今天我们所知道的全球性国际社会，而且西方在国际社会中的主导地位迄今为止一直没有发生根本性的变化，也就是说，到今天为止，国际规范的制定者、裁定者、解释者，依然是西方国家。另外一个方面，国际规范不是一成不变的，它一直都处于变迁的过程当中。但到底什么是国际规范，国际规范包含哪些方面的内容？实际上没有一个为大家所完全认可的概念的界定，一般来说，主权原则是国际规范当中的一项非常重要的内容，而且一直到今天，主权原则依然是国际规范中非常重要的组成部分。但是，大约从冷战结束以后到今天，在很多西方学者看来，国际规范正在发生着非常大的变化，虽然主权原则依然是国际规范的一个核心的内容，但是国际规范当中增加了很多新内容，其中包括人权的原则和民主的原则。也有人把人权和民主称为新文明标准的核心内容，以区别于过去以主权为核心内容的旧的文明标准。也就是说，国际规范从冷战结束以后到今天正在发生着很大的变化。西方一些学者认为，新的文明标准正在取代旧的文明标准。

最后一点是中国与国际规范的变迁。在中国与国际社会的关系中，最核心的内容实际上一直都是中国与国际规范的关系，也就是说中国到底对国际规范采取什么样的态度？由于这个原因，在历史上，中国与国际社会的关系呈现出三个历史阶段。在第一个历史阶段，中国处于国际社会之外，或者说中国长期以来不被视为"文明国家"，因为被认为不符合文明标准，中国是属于国际社会之外的非文明或者不文明的国家。这个阶段的结束大概是在

1943 年，也就是说，从 1943 年开始，中国被认为符合文明标准，从而成为国际社会的一员。第二个历史阶段，在新中国成立之后，一直到改革开放前夕，中国被认为属于主权国家所构成的国际社会的一员，但她被认为是国际社会中的一个革命国家，在努力挑战国际社会的主流规范。第三个历史时期是从改革开放一直到今天，中国努力融入国际社会，也就是说，在相当程度上已经接受了现存的国际规范，成为国际社会中的重要一员。

进入 21 世纪，大家都在谈论中国的崛起。中国的崛起是一个事实，但是中国崛起正值国际规范发生了很大变迁。我刚才提到，很多西方学者提出来，已经出现了一个新文明标准，它取代了旧文明标准。也就是说，正在崛起的中国面临着国际规范变迁的现实。中国对正在发生的国际规范的变迁到底应该采取一种什么样的态度，应该采取一种什么样的立场？这个问题很大，也难以回答，我只想谈几点看法。第一点看法，挑战国际社会的主流规范，不符合中国的国家利益，因为这已经为历史所证明，中国挑战国际社会的时候，正好是中国在国际社会被疏远、被孤立的历史时期。第二点看法，中国在一定程度上适应国际规范的变迁，并寻找机会参加国际规范的重塑，可能是一种合理的政策选择，也有助于中国的和平崛起。第三点看法，中国要处理一个很大的问题，就是如何在保持自身特色的同时又改变自己。当然，这是一个非常大的问题，这个关系是很难处理好的，一方面要保持自身的特色，另一方面要改变自己。

一个相关的问题是，崛起的中国是否可能提出具有普世吸引力的价值观或者国际行为规范？中国假如不喜欢现存的国际规范、现存国际社会核心价值的话，能否提出一个具有普世意义的、普世吸引力的东西？如果中国能提出这样的东西，那么这可能是对国际社会的重大贡献。

潘忠岐：

首先感谢北京大学中国与世界研究中心邀请我参加这个会议。我今天想讲的一个题目是关于中国和平崛起的问题，实际上跟世界秩序不是很直接挂钩。我写这篇文章，主要想解决一个问题，就是金融危机背景下，中国将来进一步和平崛起的前景，还有道路的问题。金融危机发生之后，包括我们国内的很多学者，还有国际上的学者，关于中国崛起的未来走向问题，悲观论是比较占主流的，大家觉得金融危机给中国崛起提出了前所未有的挑战，中国还能不能继续崛起，前景是怎么样的？我觉得在欧洲的时候，非常强烈地感觉到普遍不看好中国和平崛起。我所在的集体也讨论过很多次，中国存在的挑战是什么，中间有没有存在机遇的问题？中国到底将来会怎么样发展？这是所有中国人都非常头疼的事情。我觉得，后来我们的结论还是比较乐观的。这个乐观不是说看不到挑战、看不到危险，但是我觉得，中国人一向有一个本事，就是把挑战化为机遇，就是化危为机，这是中国人非常擅长的事情。很重要的理由，之所以目前的危机不会中断中国崛起的进程，可以类比的事情，就是1997年到1998年的金融危机，亚洲的金融危机没有让中国垮台，这次危机也未必能让中国中断崛起。所以中国到底能不能实现和平崛起，我就写了这样一篇文章。我提出了一个概念"随势"，很头疼的一个事情，当然这个概念也不成熟，想总结一下中国60年和平崛起到底有什么样的历史经验，我们成功的秘诀在什么地方？我发现，中国实际上是跟着"势"走，我们走的道路是符合形势发展的，所以我提出一个概念叫"随势"。实际上中国历史上有这样的事情，但是中国大部分的时间是跟着历史的发展趋势走，这是中国人一向强调的。所以我的总结是，中国实现和平崛起的一个很重要的经验就是随势，也就是顺应历史发展的潮流，抓住机遇，发展自己。

我们现在说中国崛起，有一个战略，实际上和平崛起不是一个战略，和平崛起的提出跟发展进程不是吻合的，我们知道，和平崛起的概念是2003年郑必坚首先提出的，但是中国和平崛起的起点，我想至少可以追溯到1978年的改革开放。所以我想，我们在考虑目前中国崛起这个历史经验的时候，可以从不同的角度去总结。但是最集中的一条就是随势，而且我想把中国60年，前30年后30做一个类比，从中国崛起的角度来看，前30年中国是逆势的战略，中国的外交，在这段时间的发展是很有贡献的，特别是上午讨论了很长时间和平共处五项原则，这是中国的一个贡献。这个期间，中国对国际形势的判断，还有我们提出的战略，现在冷静地想有没有问题。我觉得还是有问题的，冷战的发生跟我们对世界大战不可避免的判断是有很大出入的，所以我们当时对国际形势的判断，对中国的定位是有问题的，所以中国扮演了世界秩序革命者这样一个角色。但是改革开放以后，中国把和平与发展界定为世界的主题，认为中国是社会主义初级阶段，这个对世界形势的判断和对中国的定位，对于中国随后几十年的发展来讲是非常重要的。所以我想，中国顺应历史潮流，参与各种各样的经济方面的国际机制，利用国际和平环境发展自己，取得改革开放这样的成绩，所以我觉得这是一个顺势的行为。但是中国有没有战略？我们上午讨论过，其实我觉得中国没有一个顺势的战略，我在想，怎么样总结这段时间。很长时间里中国没有一个明确的想法，目标很明显，就是要翻两番，但是怎么去走，我们没有一个固定的道路，只能摸着石头过河，不管白猫黑猫，抓到老鼠就是好猫。我们提出韬光养晦实际上也有这个含义，避免风险这样的含义在里面。所以我个人认为，这段时间主要的经验就是顺势。

接下来看目前的现状，中国到底能不能挺过这次金融危机。随着形势的发展，中国的乐观趋势越来越占上风。但是我写这篇文章的时候，还不是很乐观，我个人提出几条理由，为什么中国能够战胜这场危机，能够延续和平崛起。其实我的判断，目前很重要的一个观点就是"得势"，我觉得相对的分析更重要。我提出四个方面的分析，一个是经济增长，中国目前的"保8"的任务是很艰巨的，你再想想西方，想想美国、欧洲、日本的话，你就会发现，中国的相对增长比以前更快，由于美国以前在2%、3%增长的时候，我们是10%，但是你现在再看，西方在普遍衰落，负增长的情况下，中国维持8%的目标，这个时候，你会发现相对增长的差距越来越大。所以美国分析，中国追向美国GDP总量的时间可能比预期要缩短，不仅仅中国人看好这次金融危机以后中国崛起的速度，美国人同样也有这样的一个分析，其中我引用过一个美国学者的分析，芝加哥大学教授，我不知道他怎么计算出来的，他说这次金融危机造成美国实力相对下跌32%，造成中国的实力相对增长144%，你可以想象这之间的差距。

第二方面是中国目前的国际影响和国际地位越来越上升了，多极化的发展趋势越来越明显，这是很重要的判断。不管美国现在还是不是霸权，将来发展状况是什么样的，至少多极化的进程有利于中国成为影响国际社会的很重要的力量。

第三方面，中国在国际上的影响，成为各国借重的方面，特别是美国人提到所谓的 G2 的问题，从利益攸关者到 G2 的提法，说明美国人越来越看重中国，越来越需要中国，这也是一方面的发展。

还有中国观的变化，国际上对中国的看法越来越客观、越来越理性，以前总是戴着有色眼镜，其中一个很重要的看法是关于中国模式的问题。现在国内在讨论中国模式，国际上讨论的还要多，还要广泛，还要深刻，他们对中国模式的看法跟以前有了变化，他们已经开始认可，甚至给出了客观、积极的评价。这些因素说明，跟国际社会相比，我们处于相对得势的地位。

看一下将来，中国再往前走的时候，应该做到一点，应该怎么样"谋势"的问题。所谓谋势，就是说，以前我们总是顺着历史发展潮流走，但是现在，中国搭便车的机会越来越少了，怎么样为自己的发展创造一个势头，创造一个良好的条件，塑造一个良好的环境，这是中国需要考虑的一个问题。

我这里的文章提到有四个方面要谋势，一个是经济增长方面，要谋经济增长之势，二是谋国际地位之势，三是谋国际影响之势，四是谋国家形象之势，这不是排他性的概括，这几方面对中国的进步来讲是非常重要的。所谓谋势，就是为将来的发展预留空间、创造空间，昨天提到非洲和南美的问题，在没有进入非洲和南美之前，美国人和欧洲人从来不找我们谈这个问题，之所以现在要跟我们讨论南美和非洲的问题，就是因为我们进去了，我们进去以后，我们手中有牌，所以大家希望跟我们讨论，也为我们同这些国家讨价还价提供了筹码。所以中国在很多问题上，应该在这方面多做一些事情，为自己的发展预留空间，为自己将来同西方讨价还价下先手棋。

目前来看，中国崛起的速度可能比中国人预想的要快，所以我觉得，中国崛起的事情，不仅超过了西方人的预想，也超出了中国人的预想，中国人和外国人一样都没有做好准备来接受中国的崛起。刚才张小明老师的看法，目前很重要的问题是如何让西方接受或者适应和平崛起的这样一个历史问题。当然提出创造是一个方面，但是我想不仅仅是在这方面。我觉得，促西方接受中国和平崛起，这并不是不可完成的任务，而且美国人跟欧洲人已经开始接受中国和平崛起,利益攸关者,还有 G2 的提法,实际上在某种程度上反映了美国人开始慢慢地接受,不管愿意还是不愿意,都得接受中国和平崛起。另外一个接受最快的,我个人的感受就是英国人。你看整个英国外交的调整是非常明显的,在整个欧洲,在达赖问题上,在"3·14"问题上,跟中国对着干的时候,英国人主动提出来,承认中国对西藏拥有主权,这是跟欧洲人截然相反的思想。而且我跟他们接触的时候,我个人认为他们是比较有战略眼光的,他们说中国现在经济在发展,可能离英国和美国还差得很远,但是谁知道将来 20 年或者 30 年之后会怎么样?所以英国人说,我们现在就要做好准备。所以,英国人有一句话,中国 21 世纪正在成为像美国那样是不可或缺的国家,所以我觉得英国人可能跟美国人会成为国际社会接受中国和平崛起的最先的领导者,而且他们一旦接受了以后,其他国家都容易被引导。所以我的建议是,要从"务实"向"务势"转变。以前"务实"比较多,但是将来的发展可能更需要"务势"。(备注:潘忠岐教授相关论文《从"随势"到"谋势"》已发表于《世界经济与政治》2010 年第 1 期)

叶自成:

我做一些简单的评论,有一些是感想。首先对钱乘旦教授提出"人民外交"的发言我完全赞同,同时也要做一个补充,向钱教授推荐一篇文章,叫做《贾谊的民众主义与国际关系主体的重新定位》,这是我 2007 年发表的文章。主题就是钱教授讲的东西,但是我要补充一下。为什么贾谊提民众主义,不提人民主义或者民本主义?我觉得他的思想超越了民本主义的观念,如果是民本主义的话,贾谊的民众主义的理论一是成体系,二是最高峰。后来没有人超过他。他不光是从国内政治讲,也从国际关系上讲,民,不光是国之本,而且是力之本,而且是一个国家国力的根本。人民让这个国家打胜仗,他就给你卖命,假如人民不给你卖命,你什么仗也打不成。国际关系要重新考虑,一个国家的外交,不仅仅是要对他国政府打交道,那是小外交,外交部适应,而且历史也不是这样的外交。贾谊提出来怎么样争取匈奴民众,让他们认可汉朝的礼仪、制度、风范,从教育、经济、文化一直到风俗习惯,去影响改变匈奴民众,让他们像水从高往下流一样,到汉朝来。但是他提出的东西没有完全实现。后来有一部分还是有一定的实现。

从国际关系的历史来讲，也不是今天才有所谓的主角的重新定位。我们以前学的国际关系史，主要是西方为范本的国际关系史，应该叫做政府间的关系更准确。首先本国政府和他国政府是典型的外交。其次，本国政府和外国民众打交道，是外交组成的另外一部分。第三，他国民众也是一个国家政府必须要重视的。比如说"3·14"事件，主体就是外国民众跟中国政府打交道。第四方面，本国民众和他国民众为了国家的利益在进行交锋。这四个方面，以前我们国家关系史，对历史是比较欠缺的，只是侧重一方面，后面的不太重视。而在历史上，重大的国际关系格局的改变，都涉及民众的选择，比如说我们可以谈到民众的迁徙，好像跟国际关系没有关系，其实是有重大意义的影响。比如说当时罗马帝国怎么灭亡的，一是北欧人不断向罗马帝国的首都逼近。第二就是我们中国汉匈战略的结果，把大量的匈奴人往西赶，越赶越远，一拨一拨，这是导致罗马帝国解体的重要原因。还有一战怎么打起来的，不就是塞尔维亚民族主义者刺杀行为吗？他们不代表任何官方，是民众的东西，但是就引起了第一次世界大战。东欧剧变中，当时东德大量的人口逃到西德，捷克和斯洛伐克大量的人跑到奥地利，引起了东欧的政治动荡，老百姓用脚来改变两国关系，这难道不是国际关系的重大的主体吗？所以我当时的文章就说，要把民众纳入到国际关系主体里面来定位。

张睿壮教授的发言，我有一点补充，联合国宪章是国际秩序没有问题，但是我觉得，我们的国际秩序实际上是有两方面，一方面是由明确的国际法来确定的，还有一部分是"潜规则"，哪个国际法公约法都没有，但是实际上大家都知道，而且你不得不守这个规矩。联合国宪章尽管有很多的规矩，但是美国二战以后干了那么多坏事，由谁去制裁他？没有，这也是一种规则。别的国家你必须要遵守联合国准则，但是我美国是例外，美国可以用各种名义，包括出兵伊拉克也好，策动颠覆别国政权也好，政变也很多，都是破坏国际法的，谁去制裁美国？这也是潜规则。所以游戏规则有两种，一种是公开的成文的，还有一种是不成文的。谈到对西方的秩序的两重性，我也是同意的。对中国民族主义的看法，我基本上很同意张教授的看法，但是有两个问题要特别引起注意，一是中国的民族主义不像西方那样是建立在血缘关系上的，它是一种文化观念。什么是中华民族？不是说某一个民族，包括汉族也不是，汉族历史的发展演变过程中，很多的非汉族接受了你这个规矩，然后认同了中华文化，慢慢地从身份上完全改变了，所以汉族本身是一个复合民族。汉族也有很多的非汉族因素。跟之前讨论的"天下"主义又有联系，跟民族主义是什么样的关系，我没有想好，有兴趣的话，可以进一步考虑。另外，如果强调民族主义的话，会有另外一个问题，就是少数民族认同的是什么样的民族？什么是中国的民族主义呢？有一个概念没有提出来，所谓的中国特色，或者说毛泽东时代的马克思主义的中国化、中国学派、中国风格，那其实是官方的民族主义的起源，而且一直到现在都没有改变。

张小明教授的发言，国际社会的变迁与中国崛起，从三个方面进行说明。要关注的地方，一是中国大国地位身份的变化问题和中国主观态度有关，前几年早就有主张加入G8，但是中国官方一直持否定态度，不愿意加入G8里面变成G9，现在法国提出G14了，这次怎么样，我觉得中国认同的可能性还是比较大的。还有一个官方的观念，就是韬光养晦，怎么样对待这个问题，自己有一个认识。

谈到国际规范改变的问题，一个人权一个民主。第一，我想说，这个东西还没有正式成为国际规范。第二，即使要成为国际规范的话，中国如果不认同，是不是也能够让西方所接受和认同？我觉得这个没有什么矛盾。对人权的概念，中国基本上是认同的，所以在中俄联合声明里讲，我们认同人权是一个普适观念，但是有保留，我们也尊重各国选择发展不同道路。

民主化的观念，基本上中国是不认同的，认同的是民主，中国要发展社会主义民主，但是这个民主跟西方强调的民主规范的民主是两回事，不一样的东西。这样的情况下，有没有可能成为西方主流国际社会的一个重要成员，我觉得是完全没有问题的。就像以前的苏联一样，苏联并没有说我顺从你的规则，然后你来承认，不存在这样的问题，所以我觉得要重新考虑一下这个问题。

潘忠岐教授的和平崛起的和平性的问题，我也基本上同意，中国和平崛起是有机会的，而且可能性是非常大的。但是他说国际影响方面，多极化的趋势越来越明显，这要看怎么理解多极化，G14也是多极化，G24也是多极化的话，这个极就不知道多少个，不好定义了。这是我提的一个疑问吧。

庞中英：

钱乘旦教授那方面，我想说的是收获非常大，但是这里面可能有一个统计学的问题，就是中国出去的还有从外面进来的，这里面顺差和逆差的问题要研究一下。当然还有一个非统计学的问题，就是影响，就是您所说的外交政治问题。另外全球化在降速，这里面就是中国人大量地走向世界，这对于西方的还有包括非西方的移民政策，我自己感觉到我走了50多个国家了，签证总是不顺利。关于刚才张睿壮老师和潘忠岐谈到的干涉的问题，这两个问题合在一块儿谈。张睿壮老师提到"保护责任"的问题，我是觉得中国可以拿过来，潘忠岐谈到的是意味着中国在必要的时候应超越不干涉内政原则，进行必要的建设性干预。这个我同意，张老师的"保护责任"的否定，我有点不太同意，张老师能不能进一步解释一下，或者发展一下。

后面张小明这个我很同意，这里面我很想说的是中国是人口大国，人口是世界人口的五分之一，假如说我们在人权和民主这样两个原则上面、规则上面、标准上面的话，我们可能采取了主动，就像现在奥巴马在气候变化上面变被动为主动的话，国际秩序或者是世界秩序可能就改变了，有可能发生很大的变化。那个时候国际社会的主流就是中国主导，所以这也是一个变迁，这是一个变化。这个历史性的分析可能是再过一段时间我们就要拭目以待了。也许很长时间。

时殷弘：

先做一个小补充。刚才叶自成教授非常雄辩地引了贾谊的话，我要引更古得多的话，《孙子兵法》。《孙子兵法》第一句话大家都很熟悉，"国之大事，生死之地，存亡之道，不可不察也"。接下来，要做五个东西。一曰道、二曰天、三曰地、四曰将、五曰法。英文的经典翻译版本将"道"译成moral law。何谓道？何谓 moral law？"令民与上同意，可与之死，可与之生，而不危也。"所以人民外交我非常赞成，不但是在海外的中国人民的外交，而且更加有人民自发组织的中国在世界上的公民社会集团，只要求他们基本忠于中国的基本制度，不要101%地彻底忠于，彻底忠于就可能缺乏足够的本领和效能。要能够在国际舞台上争中国应有的天下，人民外交是一个重大手段。另外我觉得有人认为中国政府在世界上很软、先不向自己的大陆国民致意等等说法不太恰当。其实我觉得，中国人有中国人的办法，也许有时候看起来是"软"，但是不要说中国人不行。很多话语大家都知道，中国人可并不笨，说的话语有战略目的。先向香港人致意、向台湾人致意、向澳门人致意，为什么？因为台湾要统一，那里"非中化"情绪还很大，香港、澳门回归之后，还有一个巩固的问题。还有，向全世界致意，其实战略上是有好处的，至于向中国大陆人民致意，嘴巴上讲没有大用，必须在国内落实科学发展观。中国在国际上的地位越来越高，影响越来越大，中国外交将越来越多地表现出中国特色，包括在话语策略上。所以我们要用自己的利益、自己的标准来评判，不一定要用使用不同方式的其他民族的标准来评判，其他民族有它们各自的办法，我们有我们的办法，它们也许高明，但是我们如果一定用它们的办法，就很可能变得不那么高明。

于　滨：

我想就"人民外交"和民族主义提几个问题。我想补充一点，您提到海外的华人问题越来越重要，实际上是不是有两层意思：第一，中国的影响会自然扩大，这种影响有正面的也有负面的。但是如果大家记得奥运会期间的"藏独"问题，海外华人整个像搞运动似的，直接的感觉是非常爱国，甚至比在国内的人还要爱国。这对中国来说是一个很大的资源，怎么利用？怎么引导？怎么善待？我觉得这是一个非常大的问题。可以举个例子来说，中国现在讲以人为本，实际上也面临着大量的华人、中国人在海外，给中国的外交也增加了相当大的工作量，全世界各地中国人出事的也是非常多的，中国外交如何应对这个问题，我觉得应该有更多的考虑。因为现在实际上海外的中国人多了以后，跟当地的文化、利益发生冲突的机遇也越来越多，这是非常明显的，包括在非洲。在非洲有两个较多的外来人口，一是印度人，当年英联邦时过去很多印度人在那儿，他们跟当地人融合得很好。中国人到那儿自己扎堆，跟当地的交流不够，有各种各样的情况出现，给中国的外交带来了很多的问题，工作量大大增加。

叶自成教授提到了一个很有意思的问题，中国的天下概念和民族主义到底是什么关系？我个人感觉天下的概念好像容易使中国人对外国人好，对中国人来说，挑战是怎么对本国人好一些。对美国人来说是怎么对外国人好一些，美国人是对自己人好，这是两个概念。中国的天下概念到底和民族主义是什么关系，需要理顺。

刚才谈到中国的民族主义是一个文化的概念，西方是一个血缘的概念，是不是还有第三类，像欧洲和美国都有一个问题，就是社会越来越多元化，美国比较典型的是，民族主义建立在政治的标准上，你要认同美国的政治制度，美国的民主制度或者美国宪法中对人的自由度、保护，是一个政治的观点。实际上我个人觉得，美国人是世界上最爱国的人。美国的小孩子，从小学到中学都有"早请示"的，向美国效忠的。跟我们中国人"文革"时比少了一个"晚汇报"，但是中国人搞了十年就没了，美国人是永远继续下去的，我的孩子一天到晚得早请示，背得烂熟，是效忠美国，而且"在上帝权柄下"（under God）有宗教的色彩、政治的色彩，美国没有传统的文化，没有比较深层次的文化，就靠政治来增加一个移民国家的凝聚力，所以美国人是非常爱国的，到了无以复加的程度。国旗满街挂，国歌随时唱，不分场合地点，不像一般的社会，包括欧洲，不需要这种年复一年、每天都要重复效忠美国的宣誓。美国人甚至比基尼都穿成国旗的，当然也有烧国旗的，走两个极端，但是主流是政治文化，实际上是强化民族主义。在多大程度上，中国民族主义能够向着一个比较健康的方向引导，我觉得张睿壮教授提出了非常有意义的、可以受启发的问题，怎么善待自己的人民。我觉得对中国人来说，是要善待自己的人，这样中国未来有大冲突、大灾难的时候，像四川地震的时候，中国内部的凝聚力会大大加强的。

潘 维：

我提几点问题。第一是钱乘旦教授的"人民外交"改革，我觉得肯定是事实。我也刚在外面晃悠了半年，从非洲、美洲、拉丁美洲都可以看到到处都是中国商人、旅游者、学生。我的问题是就这方面来说，需要做点什么。

比如说我记得早年在日本的飞机上都有一个出国手册，告诉大家吃饭要小心，在外面不要喧哗，类似这样的事情。当然还有很多其他也可能需要做一些事情，或者根本不需要做什么事情。显然人民在外面，比如刚才叶自成教授在这儿说了问题了，就是吸引人民，他一开始就说匈奴搁到汉朝来给我守边疆，就给降服了。或者在春秋战国的时候就已经吸引人民来，三晋人民进秦国，就导致了秦国实力大增。西方国家都有移民局的，中国没有这个，类似这样的东西，都属于人民外交需要从中发掘一些思路的。

第二个问题，针对的是张小明教授说的事情，当然小明肯定很清楚，我肯定不是英国学派的粉丝，但是这里面确实有一个概念，就是国际社会。如果过去我们分成压迫民族、非压迫民族，后来分成共产党阵营、非共产党阵营、资本主义阵营等等，后来分成三个世界。现在不断讲国际社会，所谓的国际社会是西方的国家构成的，占世界人口的10%，这是一个问题。就是我们与国际社会的关系还是我们与西方国家的关系，这是第二个问题。

第三个问题，就是国际规则，在国际政治里面，过去我们讲国际法，今天我们又讲国际规范、国际规则。这个东西的现实意义究竟有多大？我一直持怀疑态度，如果说大国的兴衰或者说国家政治的兴衰，国际政治的操作，是按国际规则走的吗？我们能够用国际规则解释大国兴衰吗？比如说主权问题，我看不出来哪个西方的强国曾经尊重过主权，是弱国尊重主权，强国什么时候尊重主权了？尊重自己主权是肯定的，尊重别国主权有没有过这回事？

在第三世界，在非洲、在拉丁美洲，我没看出来这段历史，是这样来解释的。这样就提出了一个问题，我们把国际规则放在什么地方，什么国际规则，谁遵守国际规则，遵守什么国际规则，这就变成了一个问题了。接下来变成一个问题，就是对潘忠岐教授的说法，我也是提出一个问题，这很有意思，顺势和逆势而为，那我们说前30年是背势而为吗？现在我们说这30年实力大增，但是你比较是前30年结尾的时候，用同样的逻辑比较1919年，1978年国际地位的上升比1919年大得多得多，比后30年提高地位要高得多。所以什么是顺势，什么是背势，什么是势的定义？如果说国际共产主义运动当时就是"势"，比如北大国际关系学院原来就是以研究国际共产主义运动为主的，因为那个时候是大势所趋，或者你可以说是背势而为是我们赢的地方。是不是我们这30年真的是顺西方的势了呢？我们跟西方遭受的种种矛盾，以及我们遭受的种种政治、社会、军事的压力都不算数了？到底是逆势而为赢的还是顺势而为赢的，取决于你对势的定义。所以这个问题我觉得是可以思考的。在这一点上，张睿壮教授在这里面说警惕西方列强改变秩序的企图，因此这个秩序就变成一个问题，我觉得基本上是一种实用主义的。对我有利的只需要服从，对我没利的秩序就反对，这个时候反对，那个时候就支持，没有一定之规。这是对国际政治的一种理解。

乔　良：

刚才潘维教授提出了一些值得大家思考的问题。我这两天听会，听到很多概念，我认为一个有思维能力的人最重要的是你能够质疑而不是全盘的接受。有许多世界上行之有效的概念，可能曾经都是非常有用的，但是到你这儿，到了中国这一步的时候，可能就不那么管用了，或者别人在国与国关系中一直在遵循的准则，到你这儿可能就不遵循了。很多东西我们不能预设前提，我们不能认为所有别人接受的概念都是我们要接受的，所以我认为怀疑是非常重要的，质疑是非常重要的。

钱乘旦：

谢谢刚才几位专家，我觉得关于人民在外交活动中已经是一个角色的这样一个事实，的确是一个不可否认的事实。

其实我想说的就是人民已经在外交活动当中扮演着它的角色了，不管是一个正面的角色还是一个负面的角色。刚才于滨教授举的例子非常好，就是2008年奥运的问题。除了奥运期间发生的一些情况之外，实际上你看新疆"七五"事件，我们海外的华人也起了很大的作用。都在起作用，可是问题是我们应该怎么样认识到人民在外交中起作用，它是角色，这是一。第二，我们要因势利导，化被动为主动，化不利为有利，将人民这样一支强大的外交活动的力量变成我们国家的外交政策中的一个很重要的操作者。我认为这是我们现在外交政策的制定者以及执行者必须要正视以及必须要去解决的一件事。

张睿壮：

我对几位评论人提的问题分别回应一下。我先讲一下叶自成教授提出的关于民族主义，中华民族这个大民族和少数民族关系的处理，我对处理这个问题的思路，就是不纠缠于学理的争辩，否则你搅到这里面就无穷无尽了。所以我找到一个操作层面的办法，历史上在民族的基础上产生了民族国家，又因为民族国家多数都不是单一民族，所以反过来国家又形成了国家民族。国家民族就是以国家为单位，比如说中国56个民族放在一起就叫中华民族了，美利坚民族是全世界各地什么人都有，移民美国就美利坚民族了。英国有英格兰、苏格兰、威尔士还有北爱尔兰，但是就是以国家为单位，所以这样就解决了。

庞中英教授说过要把"保护的责任"拿过来，现在我们不具备这个东西。"保护的责任"就是干涉，是为干涉提供法理基础的。

潘维讲的对国际秩序是不是用实用主义态度，我不排斥用实用主义的态度，但是我觉得现行国际秩序的法理基础还是比较合理的，比如说主权平等，主权平等暗含的基础就是在各民族平等的基础上，我们不承认白人是优等民族，我们不承认索马里根本就没有能力管理自己，我们不承认这一条。这里面有法理和道德问题在里面，哪怕有些民族很落后，发展程度落后，我们不说别的，情况比较糟，你就让它糟着去，自己慢慢会爬出来。

还有最后说一点，提到大批中国人涌出去，人民外交。这样有积极作用，但是另外一方面有消极作用。普通的外国老百姓可能永远没有机会接触到中国，或者对中国形成印象，他们对中国的印象就是通过这些身在外国的中国人形成的。所以日本人搞公民手册放在飞机上，我觉得很要紧，我们国家有关部门在输出劳工的时候应该进行这种教育，因为你出去会代表中国的形象。

张小明：

我作三点简单的回应。第一点回应，在我看来，民主和人权应该是，或者正在成为国际规范，但是民主和人权尚无被普遍接受的定义，不同的国家有不同的理解。中国实际上不反对民主原则，也不反对人权原则，但是中国对民主和人权的解读和西方有所不同。最近一些年来，中国因此在国际舞台上受到很多批评和攻击。

第二点回应。中国跟国际社会的关系是不是跟西方的关系？迄今为止，国际社会的主导国家还在西方国家，所以中国与国际社会关系的核心问题还是跟西方的关系，假如将来西方不再成为国际社会主导国家的话，那么中国国际社会关系的核心就不再是中国跟西方的关系了。

第三点回应。国际规范到底有多重要？我认为应该是非常重要的，今天实际上很多的国际规范都在发挥着作用，国际规范的概念非常的广泛，包括主权原则，能说主权原则不重要吗？人权和民主也被认为是重要的国际规范。还有人提出来市场经济属于国际规范，民族主义也是国际规范，市场经济和民族主义在当今国际社会中无疑是相当重要的。

潘忠岐：

我的问题不多，主要是叶自成老师的评价，潘维老师的问题。叶老师提到国际化的问题无法界定，我非常赞同，所以我认为国际化是永远完不成的进程，永远没有终点的进程。就像中国崛起一样，中国崛起也是没有终点的进程。所以中国一直在讲国际化的进程加快，但是还没有实现国际化。潘维老师的问题是最难回答的，因为"势"的概念特别难界定，中国有一句话是，"善弈者谋势、不善弈者谋子"，那"子"很好界定，就是棋子，但是"势"，你看棋盘看不到"势"在哪里，所以我觉得"势"在国际上更难界定。我可以体会什么叫"势"，我个人感觉这是一种历史发展的潮流，或者是一种趋势。当你附和这种趋势的时候就会得益，我想做一个对比，1978、1979年我们改革开放，前后的对比可能说明问题，我们开放不一定是1978年，如果是1966年开放，会是什么结果？1966～1976年这十年，我不太懂国际上的事情，但是我想中国在搞"文革"的时候，西方在搞科技革命，那时候我们是有历史机遇，但是我们没有抓住这样的机遇。我讲随势不完全是顺势，除了顺势以外还要借势，就是有了机会以后你要抓住它利用它。我们"文革"十年没有利用这个机会，改革开放以后我们利用到了机会，所以我们随势而上，得到了这个机会。所以我个人认为随势的话，除了顺势以外还能够借助机遇发展。

另外我稍微想提一句，刚才有很多老师提到了，其实我特别想说张小明老师的观点和我文章里的观点是一致的，怎么让西方接受，这个问题除了接受西方的规范以外，我觉得还有一个很重要的另外一个问题，就是塑造中国的价值观念的问题，有一个所谓逆向社会化的问题。在很长时间我们都在接受西方的观念，有没有可能让西方人来接受我们的观念？我们提出一些价值观念，比如"天下"，尽管"天下"不好，虽然朝贡体系可能不完善，我们把它完善了，然后向西方推销，有没有这种可能性？

我在文章里面还有一句话想讲的，1949年新中国成立的时候，整个世界、国际体系曾让中国无所适从，但是现在的问题是中国开始让世界无所适从。从国外的角度看，世界不知道中国往哪里走，不知道拿中国怎么办，怎么应对中国崛起。现在中国人要帮助世界解决这个问题，不能让世界对中国人无所适从。

乔　良：

我一直认为我们不能仅仅听人说什么，你必须要看他们做什么。如果所有西方宣传的东西我们认为都是天经地义的，我们可以什么都不做。问题是，西方人在向我们宣传他们的理念的时候，他们一直在破坏这个理念。比如美国金融体系是世界上最严密的，它向中国人这样宣传，美国人的金融监管和金融体系是世界上最严密的体系，结果出了漏洞，出了最大问题的就是美国的金融体系，这个问题怎么解决？如果我们按照它的规范做事情的话，我们是不是跟着它来上一场大的金融危机才跟美国彻底取齐了呢？所以我认为，很多东西我们必须要听其言、观其行，听你说是应该的，因为中国人很多东西还不懂，但是听完你说你怎么做，这才是重要的。潘教授刚才讲到我们自己的话语体系能不能被他们所接受的问题，这的确是很艰巨的摆在中国外交战线上的任务，它是最早最前沿的可以把中国话语体系推出去的前沿阵地。但是塑造什么样的话语体系，这对我们来讲非常重要。所以在部分接受你话语体系的同时改造你的体系，和我用我的抗争表达我的不满，这中间一定有一个平衡点，在这块，外交战线有很长的路要走。

第七场 中国外交实践

周宝根：

我觉得，我们新中国的外交，这60年来有很多方面的工作，其中对外援助是很重要方面的工作，但可能是研究相对比较少的领域。这些年，国际社会对中国的援外是非常关注的，他们有一种指责，说中国援外不透明，这是有问题的，当然每个国家有不同的透明的东西。我下面讲的东西都是根据公开的资料。

我们新中国的对外援助可以说是伴随着新中国成长的，开始于1950年，在力所能及的范围之内，中国通过无偿援助、无息贷款和优惠贷款的方式向发展中国家提供援助，到2008年为止，接受我们国家援助的国家有163个，经常接受中国援助的国家有120个左右，遍及五大洲。援外的方式和内容有成套项目，公路、桥梁等等，还有一般物资，还有其他一些方式，比如说人力资源合作、培训、援外医疗队、人道主义援助、青年志愿者、减免债务等，涉及工业、农业、交通、基础设施等很多领域。截至2008年6月底，中国累计对外提供各类援款2065亿元人民币，其中无偿援助908亿元，免除亚非等49个重债穷国和最不发达国家债务247亿人民币。这是温总理2008年在联大的会议上宣布的。

回顾近60年来的对外援助，我们取得了很大的成就。回过头看，中国的对外援助成就是很大的，分成两个层面，一个是受援国，其他发展中国家，另一个是我们自己的收获。

对于受援国，无论是他们民族独立、民族解放还有民族经济的建立和发展，中国给他们提供了一些帮助。第一，不少重大基础设施项目，在他们的民族独立和经济发展中发挥着很好的作用，像坦赞铁路、毛里塔尼亚友谊港、巴基斯坦瓜达尔港口等等，已成为他们重要的交通枢纽。二是，一些工农业生产项目增加了他们政府的税收，促进了当地就业和经济发展。第三，有一大批公共设施、民用设施项目产生了良好的社会影响。比如，埃及国际会议中心、加蓬议会大厦、孟加拉六座大桥、圣卢西亚体育场等等。第四，通过援建学校，派遣医疗队，类似于当年我们农村的赤脚医生，还有送药品、打井等等形式，中国直接促进了他们群众生活水平的改善。五是，减免债务，在帮助他们减轻负担、发展经济方面也起到了很好的积极作用。另外，通过人员培训，提高了他们发展生产的能力。

同时，中国对外援助维护了我们国家自身的利益，这分成各个层面，一是政治外交领域，回顾60年中国的外交，有很多的非常大的成就，是由一个一个事件所组成的，最大的一个是什么？有人问我，我觉得，到目前为止，新中国这60年来，最了不起的外交事件还是1971年中国恢复联合国的合法席位，这标志着中国成为一个政治大国了。用毛主席的话是非洲兄弟给我们抬进联合国的。当然在其他外交场合我们也得到他们的支持。他们支持我们，不是说我们用金钱外交去买他们，不是这么简单的事情，是通过我们长期的援助积累的友好关系。当初恢复联合国席位的时候，他们是一种自发的，是由于长期形成的良好关系。不仅如此，我们的援外在安全利益方面的作用也是很大的，在座的很明白这一点，中国面临着这么多周边国家，光陆地接壤的就有14个，有人说15个，因为有一个地区算不算国家的问题。这么多的国家，我们绝大部分都提供了援助，上世纪六七十年代，我们提供了周边国家援助，抗美援朝，不仅仅是志愿军过去了，大量的物资也都过去了，同样我们在我们的西南边境，在抗美援越的时候，同样提供了大量的援助，这种援助对我们国家的安全利益也是有非常大帮助的。

中国对外援助不仅在政治方面，在安全方面实现了很大的收获，同时在我们经济领域也得到了好处，尤其是改革开放之后。我们的援外，很多跟西方不一样，我们是自己建的，比如说给你建一个体育场，建一条公路，建设过程当中就有带动效应，比如说你的工程队比较好，一开始是我们自己的援外项目，当地觉得中国的工程队非常好，就把一些项目给你了，达成了工程承包和劳务合作。目前中国对外承包大企业中不少是从外援企业发展起来的，或者承担过援外项目的。同时带动一些出口的，道理跟刚才一样，我送你一台设备，他觉得好，可能会购买。还有一点，昨天潘维老师也说到，我们对国外的能源资源活动，援外也发挥了积极作用。这一点国际社会很关注，对中国的批评和指责也比较多，说是"新殖民主义"等等。仔细看一下，西方这些指责是没有道理的。比如说石油，近年来，中国在非洲搞一些能源石油方面的合作，非洲很炒作，你看看他们非洲的石油，或者能源，绝大部分都到了欧美去了，石油30%以上到了美国，30%到了欧洲，中国有10%左右。外界有误解，好像我们的经济合作都是援助，其实不然，很多不是援外。这里面有一个界定的问题，就是按照国际的标准、按照中国的标准，一些所谓的贷款不是援助的性质，可能是商业性质，但是外国就觉得，这是中国的援助，其实不完全是。需要强调的是，中国与非洲的能源资源合作，双方都得好处，甚至非洲得到了更多的好处。

总的来说，这60年来，中国对外援助是实现了双赢。回过头来，我们总结经验是有必要的，因为我们60年来走出了一条道路。总结的时候，需要和西方比较一下。首先，我觉得，定位是不一样的，中国是属于南南合作的，属于穷帮穷，而西方是南北合作的概念，就是官方发展援助。按照OECD的定义，对官方发展援助有特定含义的，国际机构为促进发展中国家的经济发展和人民生活的改善，向发展中国家提供的无偿援助，还有赠与成份在25%以上的贷款。你的贷款达到一定的优惠条件才算援助，有的是优惠，但是没有达到条件是不算的。第二个，我们中国的援助跟西方不一样，就是条件性，我们中国是不干涉内政，不附加政治条件，西方附加民主、人权、良政等条件。第三，规模上，跟西方国家相比，尤其是跟大国相比，是小得多的。我们2009年年初财政部公布的数据，2008年对外援助是125.59亿人民币，18亿美元左右，占GDP或者国际社会GNI概念的0.04%。如果看西方国家，有一个机构，在经合组织下面有一个援助委员会，23个成员方，他们提供总数，官方发展援助是1200亿美元，美国是260亿，德国、法国、英国、日本这些大国，大体在100亿左右，比我们多得多了，我们只是跟中小国家差不多。从相对概念来说也是如此，2008年他们平均的水平是0.3，美国、日本大国相对比重比较低，而荷兰、北欧一些国家相对比重是比较高的，接近于1%左右。因为联合国有一个规定，或者有一个倡议，官方发展援助要占到国民总收入的0.7%，西方承诺在2015年实现这个目标。第四，方式也不一样，中国的对外援助是项目援助，不像西方那样直接提供钱，而且基本上是我们自己建的，所以有很多人说中国援外是支持腐败，这是不对的，中国援外不是把钱给你，而是把项目给你，给你建公路、建桥梁什么的。另外还有效果，中国的援外还是比较好的。举一个例子，我们的邻居日本，它现在一个很大的梦想就是成为政治大国，标志就是想加入联合国安理会的常任理事国。它对外援助的投入是非常大的，比我们多得多，但是它没有像我们那样，我们是非洲兄弟把我们抬进联合国了，但是他们到目前为止这个梦想还没有实现。西方国家也有很多成功的经验，包括日本，不是说他们一塌糊涂。

归纳一下，从历史回顾，包括与西方比较，我们有一些基本的经验。一是平等相待，不干涉内政。二是急人所需，雪中送炭。这也不是虚的，都是实实在在的。比如说坦赞铁路，影响非常大，当时坦赞这两个国家不是说先找到中国的，先找到西方国家，找到法国、找到国际组织，然后找苏联，他们不愿意干，我们中国人接过来的，他们不愿意干的事我们干了，而且干得很好，可想而知这个效果怎么样。三是实物援助，中方实施。中国的援外相对投入比较低，但是中国有优势，中国的劳动成本低，同样一个美元的投入，西方做的事情和中国做的事情是不一样的，而且中国的效率是比较高的，这是西方国家不能比的。四是双重身份的。我们中国提供援外的同时，也接受了大量的援助，包括以前苏联的援助，包括改革开放以后接受西方的援助，目前，每年接受外来官方发展援助大概有一两亿美金。我这两天听会，很多专家都提到这样的问题，就是中国身份认同的问题，在这个领域，不仅仅是政治领域，经济领域也是如此，这是有优势的，我们能体会到受援者是什么样的感受，援助者是什么样的角色。比如在世贸组织的谈判中，我们中国是什么角色？发展中国家还是发达国家？其实如果你扮演好了这个角色，你两种身份都兼具了，可能会获得更好的收益，当然这需要更好的智慧。

当然我们对外援助也有一些教训,比如对个别国家的援助有点超过实际了,比如说对阿尔巴尼亚的援助,根据当时中国驻阿大使讲到的,当时中国很多援外浪费了,我援助它很多化肥,放在地里面浪费。他们的电线杆子都是用我们非常优质的钢材做的,有这样的教训,但是后来逐渐得到了纠正。

总之,中国对外援助,用邓小平的话说是"一笔不可缺少的战略支出"。谢谢大家。

王 军:

我最近五六年一直研究中国的民族主义。从民族主义的角度来观察中国外交,是很有意思的一个线索。我一直认为民族主义是中国外交的底色,这个底色是固定的"白"还是固定的"黑",值得探讨,为什么呢?因为民族主义是一个话语丛林,具有很大的流变性,这一流变性使得我们在定义什么是民族主义的时候出现了很多问题。我的文章里讲的是国家民族主义,是中华民族意义上的,而不是族群意义上的。当然,这里没有讲的那部分,最近恰恰又被放大为非常重要的议题,可能成为以后影响中国外交的一个很重要议题——族裔民族主义对中国外交的影响。我还从官方民族主义和大众民族主义的分野下来思考民族主义与外交的关系。原来我还想探讨知识分子的民族主义对外交的影响,但是后面感觉难度大了些,就放弃了。文章主要从官方和大众民族主义两个角度,把它区分开来,然后把它们放到60年长河中间来展示两者对中国外交的影响。另外,考虑到民族主义在意识形态和理论上缺乏体系性,我自己打一个比喻,它从来就是一个藤蔓,从来不是一棵树,它具有很强的反应性和附着性。因此,民族主义与其他意识形态或者势力相缠绕,我们很难单独看哪个东西是民族主义的,而没有其他颜色,这是民族主义议题很重要的特点。所以我要把它与其他主流意识形态,一个社会一个国家的主导意识形态相结合,来分析它是怎样影响一个国家的外交的,这是我大体的思路。

时间上,我把新中国建国60年分为前30年后30年。从两个时间段来考察民族主义怎么与意识形态相结合,又怎样与它竞争、共生的。另外,我考察了中国社会性力量的成长，中国大众民族主义是怎么样出来的，它逐渐偏离了官方的民族主义，然后成为影响中国外交的独立变量。以前，因为中国社会是高度同质性的，大众民族主义是国家民族主义的延伸，是同质性的，是大众被动员做那个事的，大众缺乏自主性，后面出现了多元性。这是我主要的思路。

大家知道，建国的时候我们的意识形态有独特性，我们当时的意识形态体系里，民族主义本身是一个被批判的对象，因此当时中国政治话语体系中，民族主义基本是被抛弃的，但是还是有一些作用。抛开这个，我们再来看，我们话语上丢掉民族主义，我们行为上又有民族主义，我们又找到另外一种话语来替代它，这就是爱国主义。

在当时的话语体系背景下和实践中，由于民族主义与无产阶级国际主义的结合，导致中国很多外交行为出现两面性，既可以用民族主义的东西来解释它，又可以用国际主义的东西来解释它。我们现在习惯于用国家利益为中心解释它，但事实上我们看以前的很多行为，应该不仅仅是国家利益至上，或者不仅仅是能用民族主义来解释的，而是必须要有国际主义、民族主义两个纬度结合起来才会很好地解释它，包括我们在抗美援朝等等一系列的问题方面。

接下来就是后30年，前30年，大众民族主义，只有很少数的情况下与官方民族主义分裂开来了。到了第二个阶段，邓小平上台之后，民族主义怎么样与有中国特色的社会主义相结合起来呢？邓小平在1980年的一个讲话里把爱国主义与中国的反霸权、维护世界和平和台湾问题结合起来了，找到了很好的结合点，包括经济建设与爱国主义的关系。这是他的一个很大的手笔，即怎么样由原来的无产阶级国际主义下的爱国主义到抛弃无产阶级国际主义下的爱国主义和民族主义的结合。

另外，后30年我们虽然基本放弃了无产阶级国际主义，但是中国的民族主义仍然与国际主义相结合，那就是与新自由制度主义下的国际主义相结合了，逐渐地结合了，特别是最近这些年来我们所谓的融入国际社会，实质上是民族主义和新的国际主义结合的机制，是原来强调独立自主到现在某种意义上独立自主加相互依赖这样一个并存的状态。

我们的国家民族主义前30年挑战的意味比较浓厚，话语里的极端性比较强，到了后30年，它的温和性和反应性比较明显，这是美国比较高兴的事情。但是，这些年中国发生了很大的变化，其中之一是中国社会性力量的成长，它使得影响中国外交的大众民族主义这样一个新变量出现了。我最近四年一直做互联网上民族主义与中国外交的课题，课题还没有结束，论文中提一些具体的研究状况。（参见论文部分）

网络空间下中国民族主义网站、论坛形成了自己独特的语言，或者领袖、核心网友等等，其公共空间的正面特征和负面特征我们都要关注的。先讲积极的特征，在我看来，这样一个网络民族主义，对于我们中国的市民社会，我们称作网络市民社会的生存是有利的。原来我们讲中国的市民社会不成熟，它具有很强的运动的特点——这是西方的学者研究的结果。我们又知道，市民社会很重要的特征是组织化，互联网的出现，网络空间、网络论坛、博客等等的出现，就提供了一个介乎运动和制度之间的平台，来积聚力量，成立虚拟社群、组织，表达情绪，表达观点，做社会动员，做网外的行动，现在就出现了这样的情况。我知道有一个网站，每天论坛的发贴量都在一万以上，每天浏览的人平均十万人以上。而且有重大事件期的时候，数据可以翻几倍，所以它的影响力是非常大的。正是由于这样的一些情况，中国的外交，包括社会的转型，在这方面都是需要关注的，它为中国外交提供了新的环境，我们需要注意它对中国外交的影响和挑战。

时殷弘：

中国对外援助问题。如果看看中华人民共和国60年的历史，再看看改革开放30年的历史，在外交上恐怕不太多有几个方面还比对外援助更成功的。对外援助，第一是战争援助，在朝鲜的战争、在越南的战争。

第二是援助解放运动，当然个别投资根本投错了，或者投得太多。总的来看，中国过去对解放运动和新独立民族国家的援助有长远的大意义。我们现在处于发展中世界，尽管我们富了，也做了一些不重视发展中世界的事情，但投票起来大家还是帮助我们，他们是记得我们的援助的。

第三，援助周边国家，我们不是把他们当做发展中国家，是当做周边国家,在战略上,对我们的安全,对我们地缘战略非常重要。比如说对朝鲜的援助、对缅甸的援助。对周边国家的援助在经济上也非常重要。

中国要崛起,不能光靠中国自己,还要靠穷兄弟,当然还要利用富朋友。我是后果主义者,白猫黑猫逮住老鼠就是好猫,但目的是要逮住老鼠。改革开放以来,特别是近十几年来,发展非常快的是对发展中国家的出于经济目的甚或战略目的的援助,我们给它们援助,有利于我们获得市场,获得原料供应或能源供应,获得战略缓冲地带,有些是很长久的,其中尤为重要的大概就是对巴基斯坦、阿富汗、朝鲜和少数中亚和非洲国家。

如果看一看全局的话,几十年搞对外援助,最近一些年还有发展,成就很大,也表现了中国的对外政策特征,真还是跟人家不太一样。第一,可以说我们对外援看得比较远,想得比较远,不太怕暂时吃亏,多年后能出大成果。第二就是耐力,持之以恒,这也是中国特色。第三,我们不大提条件,或者不提条件。但是我不赞成不提条件,其实我们大多是提条件的,有一个先决条件:要对中国友好。当然对有些国家的先决条件是不能搞两个中国,不能搞一中一台。如果没有这个先决条件,那真是傻瓜,真是幼稚,真是乱花中国人民的钱和不顾中国的民族国家尊严。我觉得要更加明确,要有先决条件,即对中国有起码的友好。

还有恐怕也是反映中国特点的,对外援助,我们的监督是最小的,不大管。这有好处。人都怕管,想得到礼物,也想按照自己的方式享用。然而这也是问题。讲到问题,就要更精于使用外援去塑造对方的对华态度,甚至有的时候这绝对必要。还有,我们要争取用外援来有礼有节地和巧妙地塑造对方的国内稳定,否则我们的投资就会完蛋。还有,如何平衡中国的发展中国家外交包括外援与对西方国家的外交的关系?总之两个都要打折扣,以便不严重损伤另一个。有些地方,可以跟一些国家共同援助。总之一个结论,中国的崛起,要求显著增长、扩展、深化和用好中国对外援助。

王军的文章也很有意思,在西方历史上,这种民族主义以前有伟大的历史功能,在19世纪中叶以前,但是1848年革命以后,特别是1871年德意志统一实现以后,在西方的Nationalism严重蜕化,导致帝国主义之间发生一战二战。非西方现代历史上,20世纪中叶以前有极为伟大的历史功能,但是

20世纪中叶以后，即殖民统治崩溃和传统社会的现代改造大大起步以后，它就变得非常复杂，好坏参半。中国现代史上有没有更好的东西，使得我们不要用民族主义这个术语，不用民族主义的口号，我觉得是有的，爱国主义嘛。民族主义是谁讲出来的呢？最主要的是德意志人讲出来的。德意志民族主义强调的是民族的族裔、血统和文化的特殊性。爱国主义很明确，爱自己的国家，一般不排斥也不一心针对他人。民族主义却一般并非如此。其次，爱国主义一般是爱一个已经有的本国，而民族主义在历史上好多是一个民族要建一个国家，从而导致分离主义。还有，爱国当然有文化内容，但是爱国往往首先有基本的政治含义，你肯定你的国家的基本生活方式，认同其基本政治体制或者政治生活方式，而民族主义从老祖宗即真正的标准的民族主义诞生以来，上面讲过它强调的是每个民族都有自己"独特的灵魂"，亦即族裔、血统、独特的文化等，因而比较容易 go to excess，甚至变成民族主义圣战征伐。

就此而言，在当代中国，我觉得我们的目标一是追求中华人民共和国的伟大，二是国家的完整和统一。为什么提倡爱国主义？因为有一个"国"字，人们一想到就明白要爱中国，包括中国最基本的政治社会体制。我们是多民族国家，民族主义谁都可以用，许多敌人都力图用民族主义来瓦解中国。还有，我们不是一般的民族，而是一个巨型民族。这个巨型民族怎么跟国际社会打交道，这要慎重，不要那么容易冲撞，巨型民族跟国际社会冲撞不得。但是，有时候巨型民族规模大，发展起来讲话凶一点，对方就会让步。大众民族主义情绪影响过大的时候，往往是我们的政治领导还没有想清楚问题并产生决断和决心的时候，还没有 make their own mind。因此，make their own mind 对于引导和控制过大的大众民族主义情绪至关重要，此外还有勇气和负责精神。

钱乘旦：

民族主义这个问题是一定要非常非常谨慎地对待，特别是涉及关于中国的问题。我们都知道中国是多民族的国家，但是这个民族是一个什么样的界定？这是可以讨论的。我们在使用民族主义的时候，我们特别要当心，民族主义从一开始就是一个双刃剑，本身就有两面的危害性，一方面是可以自保，另一方面可以对自己造成巨大的伤害。尤其对于中国来说，这种民族主义是很容易被其他人所利用的。所以我非常赞成时殷弘教授所说，我们有一个非常好的词，就是爱国主义，这个词应该是我们无论是外交也好，还是内政各种事务的处理方面，更加适合于中国使用的一个词。现在关于民族主义的呼声似乎是甚嚣尘上，我个人不赞成这样的趋势。我们尤其不能够以民族主义作为中国外交的一个基本的出发点或者基本的理论的根基，这样是非常非常危险的。

潘　维：

我问一个问题，民族主义和爱国主义有什么最大的区别？民族主义对外，爱国主义不对外？能不能这样定义？民族主义有一个坏名声，因为一直堕落到种族主义、纳粹主义等等，所以大家不愿意用民族主义，西方也不愿意用，因此我们好像也不愿意用。当年别人用的时候我们也用，孙中山的三民主义，而且他认为是最重要的主义。三民主义，一头是民生主义，一头是民权主义，但是最重要的一部分，是扁担的最中间，是民族主义。所以他在演讲中间反复提出这个概念，扁担当中最重要的部分是民族主义，两头挑着民生和民权。但是后来都不用了，官方也都不用民族主义，都用爱国主义。那么它们的重要区别是什么？比如网络民族主义，是骂外国，说外国不好，是不是有说中国好的呢？也不一定。不说中国好，说外国坏，就叫民族主义？我试图给这个做一个定义，但是没太想清楚，所以问一下。

还有外援，让我觉得真是挺重要的。说老实话，刚才时殷弘教授在那儿说，肯定了我们以往的援助。这么多年了，老是觉得挺压抑的，那么多人在骂，说前30年勒紧了裤腰带，给别人送钱，原来不理性，现在理性了，现在咱们怎么样，我听着很憋气，我是那个时代过来的，而且自豪的援朝、援越等等，有点道义精神，但是好像那个时候都错了，今天听你这么说，还畅快一些。我想正因为这样，才应该把研究和宣传继续进行下去，告诉大家这是道义，这是中国对世界承担的责任。至于负责任的利益攸关方，意思就是我打伊拉克，你得跟着我一起支持，你得投票支持我打伊拉克，那这叫责任，我不同意。这个话语权是很明显的。

于　滨：

谈到爱国主义，回应时殷弘教授讲的，好像世界上所有国家，尤其是大国，都要把自己的民族主义说成是爱国主义，民族主义是别人的。（时殷弘教授插话：有时候他们不说爱国主义，希特勒不说爱国主义。）美国人用 Patriotism 很多，但是我想请教一下，英文中 Patriotism 有没有国的概念？不一定有国的概念，翻成爱国主义了。最近美国人写了一本书，是批评，甚至是非常强烈地反对小布什。Super Patriotism 就是极端的民族主义。

贾庆国：

关于周宝根博士的论文，我是觉得非常好，我觉得现在我们国家关于对外援助的研究太少了，而我们对于对外援助的研究需求越来越大，尤其是现在这个时候，我们国家大规模对外援助的进程刚刚开始，而且发展变化非常快，特别需要这方面的研究。我有两个具体的问题，一是为什么到现在为止我们国家对外援助的资料大部分还是保密的，为什么不能公布？我们需要研究一下过去怎么援助的，我们需要研究一下我们过去的援助的依据是什么，我们需要总结一下过去援助的经验和教训。也许我们公布一些资料，也会引起外界的分析，对我们进行批评，但相对于我们从公布的资料进行总结出经验教训，将来更好地从事对外援助，相比来说，公布资料对我们而言还是利大于弊。

许多人在谈对外援助效果的时候，通常用的是一个标准，那就是援助国的利益。就中国而言，也就是说，这个援助到底给中国带来什么好处？这是正当的。当然，这里面涉及对国家利益的界定问题，到底中国的利益是什么？像援助阿尔巴尼亚，这是不是符合中国的利益？有可能符合，有可能不符合，众说不一，但不管符合不符合，我们应该如何判断，用什么标准来判断？还有一个标准，那就是受援国的利益。既然是援助，至少你对外讲，你是想帮助那个受援国，那么这个受援国是不是真受益？我们说坦赞铁路，帮助了坦桑尼亚和赞比亚，到底我们怎么判断在多大程度上帮助了它们？它们的经济在多大程度上因此改善了？我们在批评西方国家对外援助的时候，老是说你们援助的效果很差，援助了几十年了，花了那么多钱，但没有几个第三世界国家真正发展起来，反而很多国家的情况越来越糟，你们的援助肯定有问题，我们的援助比你们的好。但是我们的援助好在哪儿？我们对于受援国来讲，我们的援助是在哪些方面真正帮助了受援国？我们授之以渔，就是帮助人家学致富的方法，到底怎么体现出来？这个都跟我们的资料有关系，我们到底怎么做才是授之以渔，而不是简单地给他东西。所以我想，对外援助的标准，需要认真地思考。西方国家的援助，到底问题在哪儿？为什么这么几十年下来，没有几个发展中国家真正发展起来？我对西方学者说，你们对发展中国家的援助，给了很多，给的方式也有很多道理，这个条件那个条件，可是结果却是这样，你怎么解释？你把大多数钱实际上花在过程中了，你在多大程度上帮助了第三世界国家？他们对我们的批评也是，没条件哪行啊？道义上不说，说不过去，结果可能也不行。我们的援助方式存在很多的问题，但是你们的援助方式也不行。我们需要坐下来讨论讨论，到底怎么才能行。（潘维插话：美国援助别国也很多，但是受援国最后变成反美国家的比例也最多。）

刚才谈到爱国主义的作用，我想，爱国主义跟国家实力之间的关系到底是什么？一个国家弱的时候，特别需要爱国主义，为什么呢？因为这个国家需要有信心啊，要发展起来，需要有一个东西把人心凝聚起来，这样你才能发展起来。等你强大了，你是不是还需要很强的爱国主义？我觉得，当一个国家真正强大的时候，你还要大讲爱国主义的话，就会让别的国家很害怕，尤其是当一个大国强大的时候。有一次我到新加坡，正好赶上他们国庆，他们请我参加国庆典礼，典礼在一个大型体育场举行，七八万人参加，每个人都穿红色T恤衫，他们摇着国旗，大喊"新加坡万岁"，还有阅兵仪式，我当时感觉很震撼。如果是一个大国，尤其是像中国这样崛起的大国，也这样做的话，外国人看了以后，吓也吓死了，他就会自然而然地感到这个国家是威胁。这对于我们国家的发展，会带来什么样的影响？也可能不像我们想象的那种积极的影响，也可能会使得很多国家接受所谓"中国威胁"的说法，对我们营造和平的、友好的国际环境，集中精力发展和建设、改革可能不太有利。所以我想爱国主义和国家实力之间的关系是非常微妙的。我去美国的时候，那时候人家讲国际主义，那时候中国很穷，后来我想，这个国际主义应该是发达国家的事儿，不是我们国家的事。为什么呢？穷国讲国际主义，那你这个国家还要不要发展？强大的国家，你要光讲爱国主义的话，不讲国际主义的话，那就有问题，你在国际上可能就会很孤立。

这个关系非常微妙，国家实力得多少决定了需要在多大程度上讲爱国主义，这个关系要进一步探讨。（潘维插话：苏俄最困难的时候，最强调无产阶级国际主义，从沙皇宫廷里把珠宝拿出去支持全世界。）那时候苏俄可能还没有明白过来呢，苏俄政权刚刚建立，在海外搞世界革命，后来发觉世界革命不行了，又开始重新调整，强调爱国主义。

关于爱国主义和民族主义的区别，有一个人讲得很经典，说爱国主义是 Love the Country as it is，就是说，不管这个国家境遇如何都爱它，孩子不嫌娘丑，你爱她是因为她是你母亲。民族主义是什么？是 Love the Country as it should be，就是说，爱这个国家的理想状态。后者对现状是非常不满意的，特别是对国家领土的现状也非常不满意，所以倾向于扩张。

于　滨：

如果回过头来看二战以后的援助，美国、西方国家对第三世界的国家、非西方的援助基本上失败了，美国的马歇尔计划对欧洲的援建是相当成功的，但是这里面，美国人讲，对日本也是，对韩国、台湾都是这样，但是有一点，马歇尔计划实际上有一个前提，欧洲人从马歇尔计划中拿走了130亿，前提是必须要买美国的产品和美国的服务，而不能买自己国家或者其他欧洲国家的产品和服务，所以当时美国二战以后已经陷入战后衰退，这实际上是救了美国一把。当然，我们国家对外援助，没有公开，我们也不大清楚，到底是中国民工来建，或者当地用多少，应该有一个比较。相对来说，马歇尔计划不仅对欧洲是成功的，对美国维持战后经济的持续性也是成功的。日本的官方对外援助也是这样，绝对不是无私的。还有比例问题，OECD 国家之间差别非常大，联合国规定发达国家外援应占 GDP 的 0.7%，但是看北欧国家，一般都达到 1% 以上，美国是 0.1%，虽然总额是最大的，它按 GDP 比例是最低的。所以，在很多受援国来看，美国并不是那么慷慨，尽管总额是最多的。所以这个可以考虑，我总觉得中国的外援信息应该更公开，海外研究中国外援的东西也相当多了。对一些民用项目为主的，应该公开，而且要有比较专项的研究、有比较研究，能够说明中国在多大程度上是成功的，能够使受援国最终走向自力更生，或者对当地的经济情况有相当的好转。

周宝根：

关于中国援外的资料有些没有公开，50、60 年代的外交档案公开了一些，里面涉及了援外的东西，这个跟国家外交档案公开过程相关。中国援外领域有一些东西没有公开有各种考虑，西方也不是绝对地公开。另外，有不少西方学者比中国学者更努力，每年中国财政年鉴里都有这个数字，西方学者找得很好，中国学者老觉得没有，仔细挖掘是有一些的。（贾庆国教授插话：今天一个美国的教授还在跟我抱怨，说她搞了十年的中国对外援助研究，到现在为止最头疼的一件事情就是收集资料。）

关于援助效果的问题，发展的角度能起到多大的效果，这是国际援助方面一个非常重要的问题。今年有一本书，是世界银行一个前官员写的，叫做《死亡的援助》，她讲到，援外起的作用可能是相反的，比如说发展意愿给破坏了，还有一些非洲腐败等等原因，形成援助依赖的原因。援助可能起到催化剂的作用，对于韩国、东南亚一些国家，二战后的欧洲，因为他们自身的发展体系比较健全。比如说战后欧洲，其实是重建的问题，整个发展体系是很健全的，可是对于其他发展中国家，可能就是比较大的问题。最近网上很热的一个问题，有人提出要搞中国的马歇尔计划，我觉得这是要打个问号的，中国有没有这样大的实力？中国不是当年的美国，其他发展中国家也不是欧洲的那种情况。中国的发展体系，包括西部，比很多发展中国家还好的，内需都没有很好启动起来，启动人家的，希望人家发展起来，拉动你的需求，我觉得还需要深入探讨。当然，这不否认援助的辅助作用、催化作用。

从很多非洲国家看，中国这么多年的发展，他们觉得有很多经验是可以学习和借鉴的，给我一个项目，意义还不如你教我怎么做，所谓授人以渔。

比如说我们搞一些培训，搞开发区的经验、搞特区的经验，可以做很多事情，比如我们经常搞一些培训，请非洲一些发展官员，到深圳到沿海地区培训，帮助他们，这个他们也是需要的。

西方有个问题，一方面提供大量的援外，但另一方面，在贸易问题，对非洲其实是保护的，比如说农业补贴的问题，每年几千亿给自己的农民。实际上，如果通过开放贸易，比如说国内补贴少一点，贸易起来了，真正把环境、法律健全起来，投资过去了，对非洲是有很大帮助的。非洲国家对中国的援外很肯定的一点，就是中国的援外和投资、贸易是结合在一起的，比如说，2006年中非合作论坛的八项举措，里面提到中国的援外，同时与贸易、投资、合作都是一块儿的。贸易、投资是促进发展的发动机，而援助是一个辅助性的角色，但是有时候可能又比较重要，就像抽水泵引水一样，也就是有带动作用和引导作用，但是，发展真正的还是要靠自己，需要援助和贸易、投资相结合。

王　军：

感谢各位的提问，两大方面的问题，第一是民族主义和爱国主义的区别。其实民族主义有两大来源，然后有几个变异。源头一个是德国、一个是法国。法国是公民民族主义，德国是文化民族主义。民族主义后来又分离出好几支，所以我们讲民族主义时一定要知道它的前提是什么，具体的内涵是什么。从这个意义上来讲，民族主义既是学术概念，又是政治宣传的概念，而爱国主义，更多的是政治宣传的概念。包括王义桅在《环球时报》上说"要用爱国主义来超越民族主义"，——这是好几年前的文章，从宣传上来讲是可以的，但从学理上讲有问题。学理上，不同类型的民族主义与爱国主义的交叉和差异是非常复杂的。

从爱国主义的角度来看，有一些学者做了一些理论化，比如说托克维尔在《美国的民主》一书里面区分了本能的爱国主义和理智爱国主义，一个是与德国传统相关联，一个是与法国的传统相关联。然后哈贝马斯和查尔斯·泰勒在跨大西洋之间有一场对话，前几年在政治哲学界非常有名，就是宪政爱国主义和社群主义的爱国主义的争论。所以说爱国主义后面到底是什么东西，需要具体研究。在中国，爱国主义具有高度政治正确性，你就不知道它具体的内涵是什么，所以在学理上来讲也不是很好的概念。（时殷弘教授插话：我觉得也不一定这么说，也不一定根据哈贝马斯。）

贾老师问及爱国主义与国家实力的关系，从我对中国历史的考察来看，中国实力越弱的时候，爱国主义表达越强，所以我们宋朝爱国主义是表达得最浓烈的。所以有人写文章，中国的民族主义最早的就是宋朝的爱国主义，这是外国人写的。我们还看到，在宋朝的时候，有一个道士（石介）写了一篇文章，叫《论中国》，这是非常少见的那个时代对中国的一种反思。当时一批文人，包括欧阳修，在思考佛教和儒教之间什么关系，这是王朝积弱时的爱国主义的一种体现，知识分子爱国主义的体现。所以，在帝国衰弱时爱国主义就彰显出来了，我认为，天下主义一定是内涵着爱国主义和国家主义。当体系变成国家的时候（也就是实力下降一个大档次时），爱国主义就会在宣传上强大，或者说话语就会比较明显了。另外，钱老师刚才说到民族主义不要作为一国外交的基准点，我觉得这不是要不要的问题，它一直存在着，摆在这里，你没有办法摆脱他（主要指的是国家民族主义，不是族裔民族主义），只能考虑规约它。